超ビジュアル！

幕末・維新人物大事典

矢部健太郎／監修

西東社

超ビジュアル！

幕末・維新人物大事典

もくじ

2章 尊王攘夷《そんのうじょうい》

3章 大政奉還《たいせいほうかん》

4章 戊辰戦争《ぼしんせんそう》

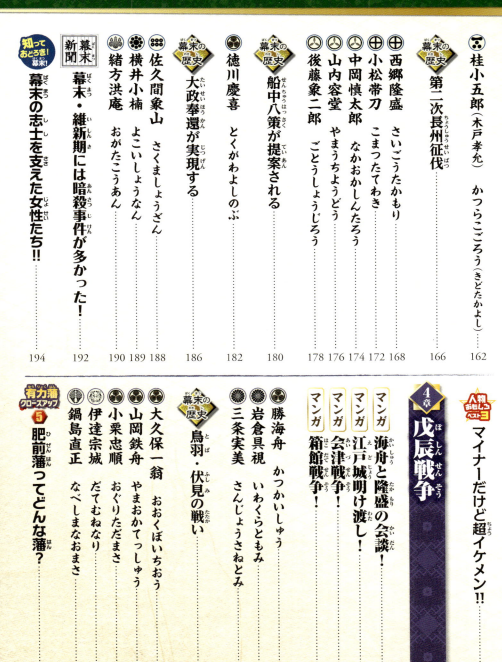

5章 明治維新《めいじいしん》

この本の使い方

肖像《しょうぞう》

残《のこ》されている人物の写真や絵です。想《そう》像《ぞう》でえがかれた絵も含《ふく》まれています。

家紋《かもん》・紋章《もんしょう》

人物がおもに所属《しょぞく》していた藩《はん》や組《そ》織《しき》の家紋《かもん》・紋章《もんしょう》です。

人物イラスト

人物をイラストで再現《さいげん》しています。顔や服装《ふくそう》などは想像《そうぞう》でえがいているものもあります。

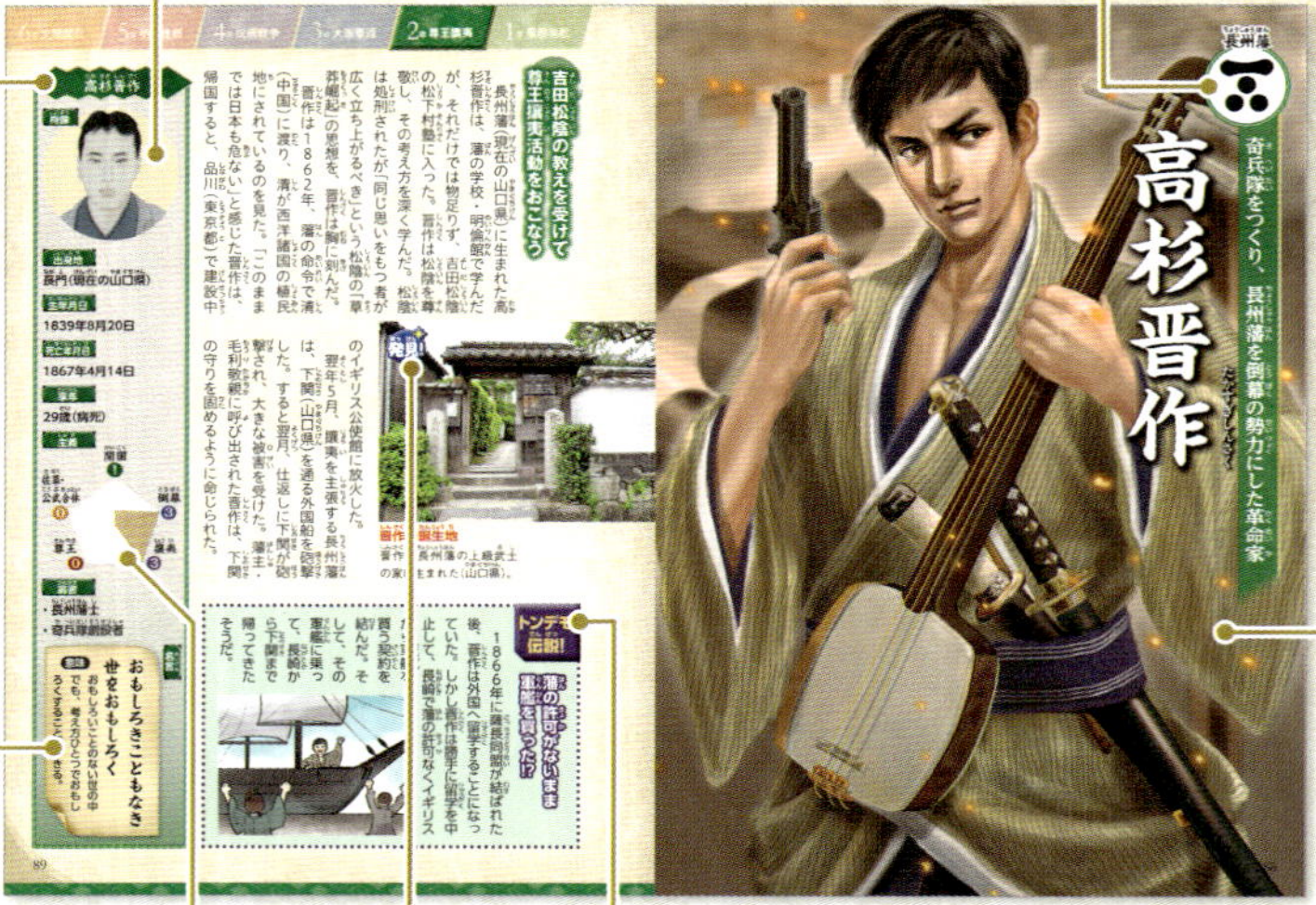
高杉晋作
奇兵隊をつくり、長州藩を倒幕の勢力にした革命家

プロフィール

人物の基本的《きほんてき》な情報《じょうほう》をまとめています。

名言《めいげん》

人物が残《のこ》した言葉を紹介《しょうかい》しています。

主義《しゅぎ》

人物の考え方を示《しめ》すパラメータを入れています。想像《そうぞう》で示《しめ》した数値《すうち》も含《ふく》まれています。

開国《かいこく》 外国とつき合うべきという考え。

倒幕《とうばく》 幕府《ばくふ》を倒《たお》すべきという考え。

攘夷《じょうい》 外国勢力《せいりょく》を追い払《はら》えという考え。

佐幕《さばく》・公武合体《こうぶがったい》 幕府《ばくふ》に味方する立場。また幕府《ばくふ》と朝廷《ちょうてい》が協力《きょうりょく》するべきという考え。

尊王《そんのう》 天皇《てんのう》をうやまうべきという考え。

発見《はっけん》!

現在《げんざい》でも見ることができる銅像《どうぞう》や史跡《しせき》などです。

トンデモ伝説《でんせつ》!

人物に関《かん》する信《しん》じられないようなエピソードを紹介《しょうかい》します。

ビジュアル資料《しりょう》

人物に関《かん》する写真や絵などの資料《しりょう》です。

なるほどエピソード

人物の性格《せいかく》や考え方がわかるエピソードを紹介《しょうかい》しています。

幕末《ばくまつ》のきずな

心のつながりが表れたエピソードを紹介《しょうかい》します。

ウソ!ホント!?

絶対《ぜったい》に本当とは言えないけれど、おどろくような説《せつ》を紹介《しょうかい》します。

- この本で紹介《しょうかい》している年齢《ねんれい》は数え年（生まれた年を「1歳《さい》」として、以降《いこう》1月1日を迎《むか》えるたびに1歳《さい》ずつ増《ふ》やして数える年齢《ねんれい》）で示《しめ》しています。
- マンガ、イラストは基本的《きほんてき》に史実《しじつ》に基《もと》づいていますが、想像《そうぞう》でえがいた場面もあります。
- 人物の生没年《せいぼつねん》、できごとの日時・場所などには別《べつ》の説《せつ》がある場合もあります。

1章

黒《くろ》船《ふね》来《らい》航《こう》

１８５３年６月
アメリカの軍艦《ぐんかん》が開国《かいこく》を
求《もと》めて浦賀《うらが》（神奈川県《かながわけん》）
に現《あらわ》れた。
おぉ～
あれが黒船《くろふね》…
よし、アメリカ人の顔を見てやる！
チャッ
……
ん？
君逆《ぎゃく》だぞ！
あははははは
借《か》り物なんで…

それと 見るならあの船の 大砲《たいほう》を見てみろ!
え
いつのまに来てた・・?
兵学者《へいがくしゃ》 佐久間象山《さくましょうざん》
長州藩士《ちょうしゅうはんし》 吉田松陰《よしだしょういん》
あれでやられたら 日本などすぐに 負けてしまう!
いつかくるとは 思っていたが ついにきたな…
でも 幕府《ばくふ》が上陸《じょうりく》を 許《ゆる》すとは 思えませんが…
おーー
…って
あれ?
また いつのまに・・
……
9日後、アメリカの 軍艦《ぐんかん》は1年後の 再来《さいらい》を約束《やくそく》して 去っていった。

１８５４年１月 アメリカの軍艦《ぐんかん》は 予定より早く 日本に再《ふたた》び現《あらわ》れた。
なるほど これを黒船《くろふね》の アメリカ人に 渡《わた》すのか…
いい手紙だ
密航《みっこう》してでも 海外を回って 西洋のことを学びたい 熱意《ねつい》が伝《つた》わる！
海外へ行くのは この国では大きな 罪《つみ》だと説明《せつめい》すれば
きっとアメリカ人も わたしたちの決意の 強さがわかるはずですから！
お前も 成長《せいちょう》したな
吉田《よしだ》先生！
ふたりとも…

異国《いこく》に立ち向かうために若者《わかもの》を海外で学ばせろというわたしの言葉を幕府《ばくふ》が聞き入れず
結局《けっきょく》こんな危険《きけん》な方法《ほうほう》をすすめるしかなかった…
今、君たちに願《ねが》うのはただひとつ！
必《かなら》ず海外で学び
そして生きて帰れ！
はいっ
この後、ふたりは小舟《こぶね》で黒船《くろふね》に近づき、乗りこんだが
密航《みっこう》は失敗《しっぱい》に終わってしまった。

幕府《ばくふ》

阿部正弘《あべまさひろ》

開国《かいこく》を決めて、アメリカと条約《じょうやく》を結《むす》んだ幕府《ばくふ》の老中《ろうじゅう》

ペリーの要求《ようきゅう》に従《したが》い、「日米和親条約《にちべいわしんじょうやく》」を結《むす》ぶ

18歳《さい》で福山藩《ふくやまはん》(現在《げんざい》の広島県《ひろしまけん》)藩主《はんしゅ》になった阿部正弘《あべまさひろ》は、江戸幕府《えどばくふ》12代将《しょう》軍《ぐん》・徳川家慶《とくがわいえよし》に能力《のうりょく》を認《みと》められると、25歳《さい》で最高職《さいこうしょく》「老中《ろうじゅう》」に選《えら》ばれ、幕府《ばくふ》の実権《じっけん》をにぎった。そんな中、ペリー(➡P16)の率《ひき》いるアメリカの艦隊《かんたい》が、日本との交流を求《もと》めて浦賀《うらが》(神奈川県《かながわけん》)へやってきた。幕府《ばくふ》は200年間、鎖《さ》国《こく》(外国と交流しないこと)を続《つづ》けていたため、正弘《まさひろ》は悩《なや》んだ。しかし、「アメリカと戦《たたか》っても勝てない」と考えた正弘《まさひろ》は、翌年《よくとし》、アメリカと日米和親条《にちべいわしんじょう》約《やく》を結《むす》んで「開国《かいこく》」した。

その後、正弘《まさひろ》は海軍士官《かいぐんしかん》を育てる学校や西洋の学問を研究する施設《しせつ》などをつくったが、「外国勢力《せいりょく》を追い払《はら》え」と主張《しゅちょう》する攘夷派《じょういは》の運動がさかんになった。攘夷派《じょういは》と開国派《かいこくは》(外国とつき合うべきと主張《しゅちょう》する人びと)が激《はげ》しく対立する中、正弘《まさひろ》は病気のため急死した。

徳川家慶《とくがわいえよし》(1793～1853)

江戸幕府《えどばくふ》12代将軍《しょうぐん》。正弘《まさひろ》の才能《さいのう》を認《みと》めて老中《ろうじゅう》に任命《にんめい》した。ペリーが来航《らいこう》して約《やく》3週間後に病死した。

ウソ!ホント!?

正弘《まさひろ》は大奥《おおおく》の女性《じょせい》にモテモテだった!?

正弘《まさひろ》は優秀《ゆうしゅう》なだけでなく、とても男前だったので、大奥《おおおく》(江戸城内《えどじょうない》で将軍《しょうぐん》の妻《つま》などが住む場所)の女性《じょせい》たちにとても人気があったそうだ。当時の老中《ろうじゅう》は、大《おお》奥《おく》に気に入られるかどうかが大切で、きらわれた老中《ろうじゅう》は地位《ちい》を失《うしな》うこともあったという。

阿部正弘《あべまさひろ》

肖像《しょうぞう》

出身地《しゅっしんち》

江戸《えど》(現在《げんざい》の東京都《とうきょうと》)

生年月日《せいねんがっぴ》

1819年10月16日

死亡年月日《しぼうねんがっぴ》

1857年6月17日

享年《きょうねん》

39歳《さい》

主義《しゅぎ》

肩書《かたがき》

・福山藩主《ふくやまはんしゅ》
・幕府《ばくふ》の老中《ろうじゅう》

名言《めいげん》

家臣《かしん》ならば主君《しゅくん》に忠義《ちゅうぎ》を尽《つ》くし、子どもならば親に孝行《こうこう》を尽《つ》くすべきである。

アメリカ

ペリー

黒船《くろふね》に乗って日本を開国《かいこく》させたアメリカの軍人《ぐんじん》

大砲《たいほう》つきの軍艦《ぐんかん》に乗って幕府《ばくふ》に開国《かいこく》を決意させる

アメリカの東インド艦隊司令長官《かんたいしれいちょうかん》・ペリーは、「鎖国《さこく》を続《つづ》けている日本を開国《かいこく》させる」という仕事を任《まか》された。1853年、ペリーは黒船《くろふね》と呼《よ》ばれた軍艦《ぐんかん》4隻《せき》に乗って浦賀《うらが》（神奈川県《かながわけん》）に到着《とうちゃく》すると、幕府《ばくふ》に開国《かいこく》を求《もと》めるアメリカ大統領《だいとうりょう》の手紙をつきつけた。

当時、アメリカやヨーロッパの強国は、強力な軍事力《ぐんじりょく》でアジア各地《かくち》に植民《しょくみん》地《ち》をつくっていたため、幕府《ばくふ》はあわてた。「恐怖《きょうふ》を与《あた》えた方が有利《ゆうり》に交渉《こうしょう》できる」と考えたペリーは、空砲《くうほう》をうちながら江戸湾《えどわん》の奥《おく》まで黒船《くろふね》を進めた。

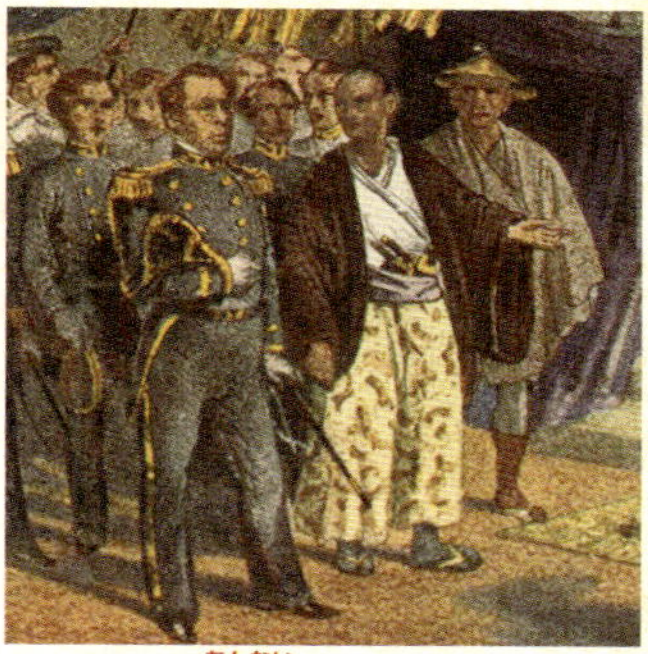

ビジュアル資料《しりょう》
案内《あんない》されるペリー
二度目の来航《らいこう》で、ペリーは横浜《よこはま》に上陸《じょうりく》した。

幕府《ばくふ》から、「返事を待ってほしい」と頼《たの》まれたペリーはいったん日本を離《はな》れたが、半年後に7隻《せき》の軍艦《ぐんかん》を引き連《つ》れてふたたびやってきた。ペリーは幕府《ばくふ》に「日米和親条約《にちべいわしんじょうやく》」を結《むす》ばせ、開国《かいこく》させることに成功《せいこう》した。この条約《じょうやく》によりアメリカの船は下田《しもだ》（静岡県《しずおかけん》）と箱館《はこだて》（北海道《ほっかいどう》）の港を使えるようになった。

なるほどエピソード

幕府《ばくふ》へのおみやげはミニ蒸気機関車《じょうききかんしゃ》!?

ペリーが二度目に来航《らいこう》したとき、幕府《ばくふ》へ小型《こがた》の蒸気機関車《じょうききかんしゃ》を贈《おく》った。実物の4分の1の大きさだったが、しくみは同じもので、横浜《よこはま》の海岸に線路をしいて実際《じっさい》に走らせた。幕府《ばくふ》の役人たちは、「これは魔法《まほう》か」とおどろいたそうだ。

幕府《ばくふ》に贈《おく》られた蒸気機関車《じょうききかんしゃ》。

ペリー

肖像《しょうぞう》

出身地《しゅっしんち》
アメリカ合衆国《がっしゅうこく》

生年月日《せいねんがっぴ》
1794年4月10日

死亡年月日《しぼうねんがっぴ》
1858年3月4日

享年《きょうねん》
65歳《さい》（病死）

主義《しゅぎ》

肩書《かたがき》
- アメリカ合衆国海軍軍人《がっしゅうこくかいぐんぐんじん》
- 東インド艦隊司令長官《かんたいしれいちょうかん》

名言《めいげん》
大砲《たいほう》を備《そな》えた蒸気船《じょうきせん》が2、3隻《せき》あれば、江戸《えど》の町を破壊《はかい》できる。

幕府《ばくふ》

堀田正睦《ほったまさよし》

阿部正弘《あべまさひろ》の後継者《こうけいしゃ》となった老中《ろうじゅう》

出身地《しゅっしんち》	江戸《えど》(現在《げんざい》の東京都《とうきょうと》)
生年月日《せいねんがっぴ》	1810年8月1日
死亡年月日《しぼうねんがっぴ》	1864年3月21日
享年《きょうねん》	55歳《さい》(病死)
肩書《かたがき》	幕府《ばくふ》の老中《ろうじゅう》

肖像《しょうぞう》

孝明天皇《こうめいてんのう》から通商条約《つうしょうじょうやく》の許可《きょか》を得《え》ることに失敗《しっぱい》する

1855年、佐倉藩《さくらはん》(現在《げんざい》の千葉県《ちばけん》)藩主《はんしゅ》・堀田正睦《ほったまさよし》は、阿部正弘《あべまさひろ》から「老《ろう》中首座《じゅうしゅざ》」をゆずられた。江戸幕府《えどばくふ》の最《さい》高職《こうしょく》「老中《ろうじゅう》」の中でもトップの地位《ちい》だ。開国派《かいこくは》(外国と交流・貿易《ぼうえき》するべきと主張《しゅちょう》する人びと)と攘夷派《じょういは》(外国勢力《せいりょく》を打ち払《はら》えと主張《しゅちょう》する人びと)との激《はげ》しい対立をまとめてほしいと、正《まさ》弘《ひろ》に期待されたのだ。正睦《まさよし》は日本を強くするには、貿易《ぼうえき》をして近代技術《ぎじゅつ》を取り入れるべきだと考えていたので、アメリカの外交官《がいこうかん》ハリス(➡P26)と、通商条約《つうしょうじょうやく》を結《むす》ぶ話し合いをはじめた。

さらに正睦《まさよし》は京都《きょうと》の朝廷《ちょうてい》へ向かった。孝明天皇《こうめいてんのう》(➡P104)に開国《かいこく》を賛《さん》成《せい》してもらい、攘夷派《じょういは》をおさえこもうとしたのだ。しかし天皇《てんのう》は攘夷派《じょういは》で、正睦《まさよし》の説得《せっとく》は失敗《しっぱい》に終わった。このため、攘夷派《じょういは》と、「天皇《てんのう》をうやまうべき」と主張《しゅちょう》する尊王派《そんのうは》が結《むす》びついた「尊王攘夷派《そんのうじょういは》」に勢《いきお》いが出た。

その間、権力《けんりょく》をにぎった井伊直弼《いいなおすけ》(➡P24)は強引に「日米修好通商条約《にちべいしゅうこうつうしょうじょうやく》」を結《むす》び、正睦《まさよし》は老中《ろうじゅう》を辞《や》めさせられた。

孝明天皇《こうめいてんのう》から拒否《きょひ》される正睦《まさよし》

正睦《まさよし》は孝明天皇《こうめいてんのう》に会い、アメリカと通商条約《つうしょうじょうやく》を結《むす》ぶことを許可《きょか》してもらおうとしたが、断《ことわ》られた。

幕府《ばくふ》

安藤信正《あんどうのぶまさ》

徳川《とくがわ》家茂《いえもち》と和宮《かずのみや》の結婚《けっこん》を実現《じつげん》させる

出身地《しゅっしんち》	江戸《えど》(現在《げんざい》の東京都《とうきょうと》)
生年月日《せいねんがっぴ》	1819年11月25日
死亡年月日《しぼうねんがっぴ》	1871年10月8日
享年《きょうねん》	53歳《さい》(病死)
肩書《かたがき》	幕府《ばくふ》の老中《ろうじゅう》

肖像《しょうぞう》

幕府《ばくふ》と朝廷《ちょうてい》との「公武合体《こうぶがったい》」を進める

1860年、天皇《てんのう》の許可《きょか》を得《え》られないまま「日米修好通商条約《にちべいしゅうこうつうしょうじょうやく》」を結《むす》んだ井伊直弼《いいなおすけ》(➡P24)が、尊王攘夷派《そんのうじょういは》の志士《しし》に殺《ころ》された。直弼《なおすけ》の後を継《つ》ぎ、老中《ろうじゅう》についたのが磐城平藩《いわきたいらはん》(現在《げんざい》の福島県《ふくしまけん》)の藩主《はんしゅ》の安藤信正《あんどうのぶまさ》だった。

「条約《じょうやく》を結《むす》んだからには、アメリカやヨーロッパに負けないように、国をひとつにまとめなければならない」と考えた信正《のぶまさ》は、朝廷《ちょうてい》(公《こう》)と幕府《ばくふ》(武《ぶ》)の対立をなくし、協力関係《きょうりょくかんけい》を築《きず》くことで、世の中の混乱《こんらん》をおさめようとした(公《こう》武合体《ぶがったい》)。信正《のぶまさ》は朝廷《ちょうてい》に働《はたら》きかけて、1862年、14代将軍《しょうぐん》・徳川家茂《とくがわいえもち》(➡P58)と、孝明天皇《こうめいてんのう》の妹・和宮《かずのみや》(➡P60)を結婚《けっこん》させることに成功《せいこう》した。

しかし、これに怒《おこ》った尊王攘夷派《そんのうじょういは》の志士《しし》たちが、江戸城《えどじょう》の坂下門外《さかしたもんがい》で信正《のぶまさ》をおそった(坂下門外《さかしたもんがい》の変《へん》)。信正《のぶまさ》はたすかったが、老中《ろうじゅう》を辞《や》めさせられた。

なるほどエピソード

「背中《せなか》の傷《きず》」で老中《ろうじゅう》をやめさせられた!?

1862年、信正《のぶまさ》は江戸城《えどじょう》の坂下門外《さかしたもんがい》で、尊王攘夷派《そんのうじょういは》の志士《しし》6人におそわれた。命は無事《ぶじ》だった。信正《のぶまさ》は背中《せなか》を切られたが、「背中《せなか》に傷《きず》を受けたのは、武士《ぶし》らしく戦《たたか》わず、にげたからだ」と責《せ》められ、老中《ろうじゅう》を辞《や》めさせられてしまった。

幕末《ばくまつ》の歴史《れきし》
1853年

黒《くろ》船《ふね》が日本に現《あらわ》れる

日本を開《かい》国《こく》させるために アメリカの軍《ぐん》艦《かん》が現《あらわ》れた！

江戸湾《えどわん》を進む黒船《くろふね》
ペリーは黒船《くろふね》を浦賀《うらが》から江戸湾《えどわん》の奥《おく》まで進ませ、空砲《くうほう》をうって幕府《ばくふ》をおどした。

ペリーの来《らい》航《こう》により激《げき》動《どう》の幕《ばく》末《まつ》がはじまる

1853年6月、ペリーが率《ひき》いるアメリカの軍艦《ぐんかん》4隻《せき》が、浦賀《うらが》（神奈川県《かながわけん》）に現《あらわ》れた。軍艦《ぐんかん》は船体が黒く塗《ぬ》られていたので、「黒《くろ》船《ふね》」と呼《よ》ばれた。黒船《くろふね》には巨大《きょだい》な大砲《たいほう》が備《そな》えつけられていた。

当時の幕府《ばくふ》は、清《しん》（中国《ちゅうごく》）とオランダ以外《いがい》の外国とは交流しないという「鎖国《さこく》」政策《せいさく》を続《つづ》けていた。ペリーは「日本と交流したい」というアメリカ大統領《だいとうりょう》の手紙を幕府《ばくふ》に渡《わた》した。幕府《ばくふ》から返事を待ってほしいと伝《つた》えられたペリーは日本を離《はな》れたが、約《やく》半年後、ふたたび日本に

関連《かんれん》地図

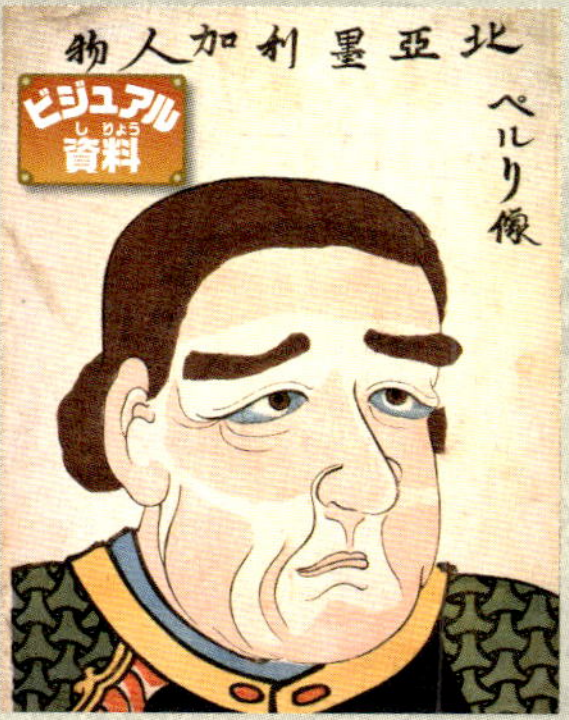

ビジュアル資料《しりょう》

ペリーの似顔絵《にがおえ》

たくさん出回ったペリーの似顔絵《にがおえ》のひとつ。想像《そうぞう》でかかれているため、実際《じっさい》の顔とは全然《ぜんぜん》ちがう。

黒船《くろふね》を見ておどろく庶民《しょみん》

はじめて黒船《くろふね》を見た庶民《しょみん》の中には、おどろいて、にげ出す人も多かった。

ビジュアル資料《しりょう》

横浜《よこはま》に上陸《じょうりく》するペリーたち

ふたたび日本に来たペリーたちは横浜《よこはま》(神奈川《かながわ》県《けん》)に上陸《じょうりく》し、幕府《ばくふ》と「日米和親条約《にちべいわしんじょうやく》」を結《むす》んだ。

現《あらわ》れた。断《ことわ》れないと判断《はんだん》した幕府《ばくふ》は、アメリカとの交流を決定し、日米和親条約《にちべいわしんじょうやく》を結《むす》んだ。黒船《くろふね》の来《らい》航《こう》は、吉田松陰《よしだしょういん》(➡P48)や坂本龍《さかもとりょう》馬《ま》(➡P154)など、幕末《ばくまつ》に活躍《かつやく》する志士《しし》に大きな影響《えいきょう》を与《あた》えた。

なるほどエピソード

アメリカ人たちは力士《りきし》におどろいた!?

条約《じょうやく》の話し合いをするとき、幕《ばく》府《ふ》はアメリカ人たちに相撲《すもう》力士《りきし》を紹介《しょうかい》した。米俵《こめだわら》を軽がると持ち上げる力士《りきし》たちを見て、アメリカ人たちはとてもおどろいたという。このときアメリカ軍《ぐん》兵士《へいし》と力士《りきし》との間で親善《しんぜん》試《じ》合《あい》もおこなわれたが、力士《りきし》が圧勝《あっしょう》したそうだ。

米俵《こめだわら》を持ち上げる力士《りきし》。

超《ちょう》ビジュアル！幕《ばく》末《まつ》新聞

第1号

発行所：デイリー幕末社《ばくまつしゃ》

ペリーは日本人をどう思った!?

ペリーははじめて会った日本人にどんな印象《いんしょう》をもったのだろう？

好奇心《こうきしん》が強い!?

日本人は蒸気機関車《じょうききかんしゃ》や電信機《でんしんき》などを細かく観察《かんさつ》したという。また、船員たちの後ろについてまわり、服に触《さわ》ろうとした。これを見たペリーは日本人の好奇心《こうきしん》の強さにおどろいたという。

女性《じょせい》の「お歯黒《はぐろ》」にぞっとした!?

江戸《えど》時代の日本人女性《じょせい》は、結婚《けっこん》すると歯を黒く染《そ》める習慣《しゅうかん》があった。口を開けるたびに黒く光る歯を見たペリーは、ぞっとしたそうだ。「若《わか》い娘《むすめ》は歯を染《そ》めていないので美しい」とペリーは日記に書いている。

通訳《つうやく》するのがたいへんだった!?

幕府《ばくふ》にはオランダ語の通《つう》訳《やく》がいたが英語《えいご》の通訳《つうやく》はいなかった。ペリー側《がわ》にはオランダ語の通訳《つうやく》がいたので、まず英語《えいご》は、オランダ語に訳《やく》され、幕府《ばくふ》の通訳《つうやく》によって日本語に訳《やく》された。

日本料理《りょうり》は口に合わなかった!?

幕府《ばくふ》はペリーたちのために豪華《ごうか》な食事を用意した。日本料理《りょうり》は、ひとりずつ膳《ぜん》を用意し、小さな器《うつわ》に少量《しょうりょう》ずつ料理《りょうり》を盛《も》りつけるのが基本《きほん》だが、ペリーは量《りょう》が少ないと感じたようで、「見た目は美しいが、料理《りょうり》が貧《ひん》弱《じゃく》で素《そ》っ気《け》ない」と日記に書いている。

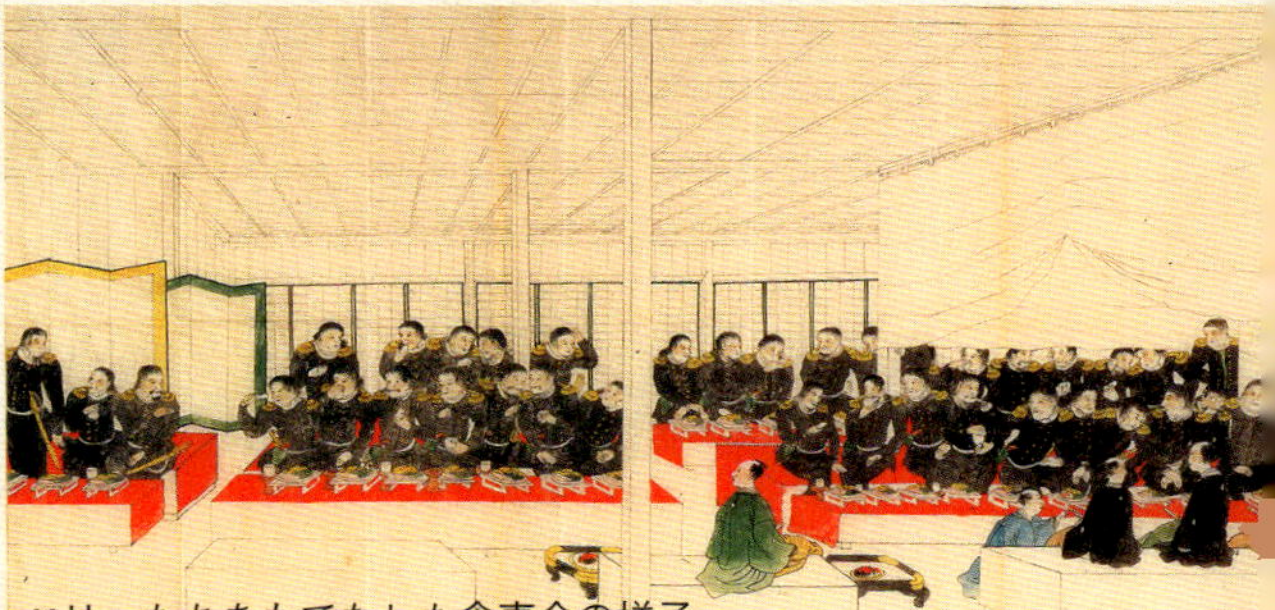
ペリーたちをもてなした食事会の様子。

日本人は世界一礼儀《れいぎ》正しかった!?

幕府《ばくふ》の役人たちは、相手の地位《ちい》や立場によってあいさつを変《か》えていた。これを見たペリーは、「日本人ほど礼儀《れいぎ》正しく振《ふ》る舞《ま》う国民《こくみん》は、世界中どこにもいない」とおどろいた。また、正座《せいざ》を見たペリーは、「わたしたちがやらされたらつらい姿勢《しせい》だ」と記している。

日本にはじめて電信機《でんしんき》を贈《おく》った!?

ペリーが幕府《ばくふ》に贈《おく》った品物の中に、電信機《でんしんき》があった。これが日本で最初《さいしょ》の電信機《でんしんき》となった。ペリーは横浜《よこはま》で電《でん》信線《しんせん》をかけて通《つう》信実験《しんじっけん》をおこない、日本人をおどろかせた。

ペリーが贈《おく》った電信機《でんしんき》。

幕府《ばくふ》

井伊直弼《いいなおすけ》

日《にち》米《べい》修《しゅう》好《こう》通《つう》商《しょう》条《じょう》約《やく》を結《むす》んで、反《はん》対《たい》派《は》を処《しょ》罰《ばつ》した幕《ばく》府《ふ》の大《たい》老《ろう》

強引に力を振《ふ》るって反対者を大量《たいりょう》に処罰《しょばつ》する

1858年、アメリカは幕府《ばくふ》に通商《つうしょう》条約《じょうやく》を結《むす》ぶことを求《もと》めていたが、孝明《こうめい》天皇《てんのう》が許《ゆる》さなかった。そんな中、彦根《ひこね》藩《はん》（現在《げんざい》の滋賀県《しがけん》）の藩主《はんしゅ》で、藩政改革《はんせいかいかく》に成功《せいこう》していた井伊直弼《いいなおすけ》が大老《たいろう》（臨時《りんじ》の最高職《さいこうしょく》）に選《えら》ばれた。直弼《なおすけ》は「日《にち》米修好通商条約《べいしゅうこうつうしょうじょうやく》」を結《むす》ぶことを決断《けつだん》した。日本に不利《ふり》な条件《じょうけん》の不平等条《ふびょうどうじょう》約《やく》だったが、断《ことわ》って戦争《せんそう》になれば、日本が負けるのは明らかだった。

そして、次期将軍《しょうぐん》をめぐる後継《こうけい》問題（➡P38）では、徳川家茂《とくがわいえもち》（➡P58）を選《えら》んだ。直弼《なおすけ》は激《はげ》しい批判《ひはん》を浴《あ》びたが、反対者100名以上《いじょう》を処罰《しょばつ》した（安政《あんせい》の大獄《たいごく》）。うらみを買った直弼《なおすけ》は江戸城《えどじょう》の桜田門外《さくらだもんがい》で尊王攘夷《そんのうじょうい》派《は》の志士《しし》におそわれ、殺《ころ》された（桜田門外《さくらだもんがい》の変《へん》➡P52）。

直弼《なおすけ》の銅像《どうぞう》

直弼《なおすけ》は、「天皇《てんのう》の許可《きょか》なしで条《じょう》約《やく》を結《むす》ぶ罪《つみ》は、わたしひとりが受ける決意だ」と語ったという。

井伊直弼《いいなおすけ》

肖像《しょうぞう》

彦根 清凉寺 蔵

出身地《しゅっしんち》

近江《おうみ》（現在《げんざい》の滋賀県《しがけん》）

生年月日《せいねんがっぴ》

1815年10月29日

死亡年月日《しぼうねんがっぴ》

1860年3月3日

享年《きょうねん》

46歳《さい》（暗殺《あんさつ》）

主義《しゅぎ》

肩書《かたがき》

- 彦根藩主《ひこねはんしゅ》
- 幕府《ばくふ》の大老《たいろう》

名言《めいげん》

たとえ何度《なんど》も同じ人と茶会《ちゃかい》を開いても、「今日の茶会《ちゃかい》は二度とない」と思えば、それは一生に一度の茶会《ちゃかい》になる。

※直弼《なおすけ》は茶道《ちゃどう》の名人だった。

なるほどエピソード

直弼《なおすけ》の元恋人《もとこいびと》は女スパイになった⁉

直弼《なおすけ》は藩主《はんしゅ》になって江戸《えど》に移《うつ》ったとき、恋人《こいびと》・村山《むらやま》たかと別《わか》れた。その後、大《たい》老《ろう》になった直弼《なおすけ》は家臣《かしん》の長野主膳《ながのしゅぜん》に、幕《ばく》府《ふ》に反対する志士《しし》を取りしまるように命じたが、たかは主膳《しゅぜん》のもとで女スパイとして活躍《かつやく》した。

アメリカ

ハリス

幕府《ばくふ》に日米修好通商条約《にちべいしゅうこうつうしょうじょうやく》を結《むす》ばせる

出身地《しゅっしんち》	アメリカ合衆国《がっしゅうこく》
生年月日《せいねんがっぴ》	1804年10月4日
死亡年月日《しぼうねんがっぴ》	1878年2月25日
享年《きょうねん》	75歳《さい》（病死）
肩書《かたがき》	アメリカ合衆国外交官《がっしゅうこくがいこうかん》

肖像《しょうぞう》

日本に来て2年目で通商条約《つうしょうじょうやく》を結《むす》ぶことに成功《せいこう》

日米和親条約《にちべいわしんじょうやく》が結《むす》ばれて2年後の1856年、ハリスは、日本に滞在《たいざい》するはじめてのアメリカ外交官《がいこうかん》（駐日総領事《ちゅうにちそうりょうじ》）として、伊豆《いず》（現在《げんざい》の静岡県《しずおかけん》）の下田《しもだ》にやってきた。

ハリスが来日した目的《もくてき》は、日本と通商条約《つうしょうじょうやく》を結《むす》び、貿易《ぼうえき》をはじめることだった。ハリスは幕府《ばくふ》との話し合いを開始すると、江戸城《えどじょう》で将軍《しょうぐん》・徳川家定《とくがわいえさだ》（⬇P27）に会い、貿易《ぼうえき》を求《もと》めるアメリカ大統領《だいとうりょう》の手紙を渡《わた》した。続《つづ》いて、老中《ろうじゅう》・堀田正睦《ほったまさよし》と通商条約《つうしょうじょうやく》について話し合いをはじめたが、正睦《まさよし》は孝明天皇《こうめいてんのう》の許可《きょか》を得《え》ることができず、通商条約《つうしょうじょうやく》を結《むす》べなかった。次の交渉《こうしょう》相手である大老《たいろう》・井伊直弼《いいなおすけ》には、決断《けつだん》を迫《せま》り、「日米修好通商条約《にちべいしゅうこうつうしょうじょうやく》」を結《むす》ばせることに成功《せいこう》した。

幕府《ばくふ》の役人たちは、誠実《せいじつ》な人柄《ひとがら》のハリスをとても信頼《しんらい》していたという。

なるほどエピソード

ハリスの看病《かんびょう》をした「唐人《とうじん》お吉《きち》」

下田《しもだ》で働《はたら》いていたハリスは、体調をくずしたとき、役人に「看護婦《かんごふ》に来てほしい」と頼《たの》んだ。すると役人は、斎藤《さいとう》きちという芸者《げいしゃ》を連《つ》れてきた。きちは3か月間、ハリスの看病《かんびょう》をしたという。その後、きちは「唐人《とうじん》（外国人）お吉《きち》」と呼《よ》ばれるようになった。

長崎大学附属図書館所蔵

19歳《さい》のきちとされる写真。

幕府《ばくふ》

徳川家定《とくがわいえさだ》

篤姫《あつひめ》と結婚《けっこん》した病弱な13代将軍《しょうぐん》

体が弱く、幕府《ばくふ》の政治《せいじ》を老中《ろうじゅう》たちにほとんど任《まか》せる

ペリーが浦賀《うらが》に現《あらわ》れた1853年6月に、12代将軍《しょうぐん》・徳川家慶《とくがわいえよし》が病死した。13代将軍《しょうぐん》になったのが、家慶《いえよし》の四男・徳川家定《とくがわいえさだ》だった。家定《いえさだ》は体が弱く、病気がちだった。菓子《かし》づくりが趣《しゅ》味《み》で、まわりの者に振《ふ》る舞《ま》っていたが、人前に出ることがきらいだったという。将軍《しょうぐん》になったときは30歳《さい》だったが、子どもがなく、後継《あとつ》ぎが心配された。

このため家定《いえさだ》は、薩摩藩《さつまはん》（現在《げんざい》の鹿《か》児島県《ごしまけん》）の藩主《はんしゅ》・島津斉彬《しまづなりあきら》（⬇P30）の養女《ようじょ》・篤姫《あつひめ》（⬇P28）と結婚《けっこん》することになった。しかし篤姫《あつひめ》との間に子どもはできなかった。このため、次の将軍《しょうぐん》に徳川慶喜《とくがわよしのぶ》（⬇P182）をおす一派《いっぱ》と、徳川家茂《とくがわいえもち》（⬇P58）をおす一派《いっぱ》が激《はげ》しく争《あらそ》うようになった。

家定《いえさだ》は老中《ろうじゅう》などに政治《せいじ》を任《まか》せていたが、日本との貿易《ぼうえき》を求《もと》めるアメリカ外交官《がいこうかん》のハリスに会うなど、政治《せいじ》の表舞台《おもてぶたい》に立つこともあった。しかし、体調がさらに悪化すると、井《い》伊《い》直《なお》弼《すけ》の指示《しじ》で「後継《あとつ》ぎを徳川家茂《とくがわいえもち》にする」と発表し、その2か月後に病死した。

出身地《しゅっしんち》	江戸《えど》（現在《げんざい》の東京都《とうきょうと》）
生年月日《せいねんがっぴ》	1824年4月8日
死亡年月日《しぼうねんがっぴ》	1858年7月6日
享年《きょうねん》	35歳《さい》（病死）
肩書《かたがき》	幕府《ばくふ》13代将軍《しょうぐん》

肖像《しょうぞう》

ハリスと会う家定《いえさだ》

1857年、家定《いえさだ》は、日本との貿易《ぼうえき》を求《もと》めるハリスと江戸城内《えどじょうない》で会った。

「徳川十五代記略 米使ペルリ家定公を拝謁の図」東京都立中央図書館特別文庫室所蔵　※ペルリはまちがいで、正しくはハリス。

幕《ばく》府《ふ》

篤姫《あつひめ》

将《しょう》軍《ぐん》・家《いえ》定《さだ》の妻《つま》として、徳《とく》川《がわ》家《け》を守り続《つづ》けた姫《ひめ》

夫《おっと》・家定《いえさだ》と2年で死別《しべつ》するが最後《さいご》まで徳川家《とくがわけ》に尽《つ》くす

篤姫《あつひめ》は薩摩藩《さつまはん》（現在《げんざい》の鹿児島県《かごしまけん》）の藩《はん》主《しゅ》・島津斉彬《しまづなりあきら》（↓P30）の養女《ようじょ》。1856年、22歳《さい》のとき13代将軍《しょうぐん》・徳《とく》川《がわ》家定《いえさだ》と結婚《けっこん》した。斉彬《なりあきら》は、篤姫《あつひめ》が家《いえ》定《さだ》の子を産《う》むことで自分の発言力が強まり、自分のおす徳川慶喜《とくがわよしのぶ》（↓182）が次の将軍《しょうぐん》になりやすくなるはずだと考えていた。ところが結婚後《けっこんご》わずか2年で家定《いえさだ》は病死し、次の将軍《しょうぐん》は慶喜《よしのぶ》ではなく家茂《いえもち》（↓P58）に決まった。さらに斉彬《なりあきら》も病死した。篤姫《あつひめ》は薩摩藩《さつまはん》からもどってくるように伝《つた》えられたが、篤《あつ》姫《ひめ》の心は、いつしか徳川家《とくがわけ》を守りたいという気持ちに変《か》わっていた。

その後、薩摩藩《さつまはん》を中心とする新政府《しんせいふ》軍《ぐん》と旧幕府軍《きゅうばくふぐん》との間で戦争《せんそう》がはじまると、篤姫《あつひめ》は「江戸城《えどじょう》を攻撃《こうげき》しないでほしい」と新政府軍《しんせいふぐん》の西郷隆盛《さいごうたかもり》（↓P168）に頼《たの》むなど、最後《さいご》まで徳川家《とくがわけ》のために尽《つ》くした。幕府《ばくふ》がほろんだ後は、自由な暮《く》らしを楽しんだという。

「近世人物誌 やまと新聞附録 第壱 天璋院殿」東京都立中央図書館特別文庫室所蔵

ビジュアル資料《しりょう》

篤姫《あつひめ》をえがいた絵

家定《いえさだ》の死後、篤姫《あつひめ》は天璋院《てんしょういん》と名乗り、徳川家《とくがわけ》のために尽《つ》くした。

なるほどエピソード

日本で最初《さいしょ》にミシンを使ったのは篤姫《あつひめ》だった!?

ペリーが日本に来たとき、篤姫《あつひめ》にもいくつか贈《おく》り物をした。その中には足《あし》踏《ぶ》み式ミシンがあったという。篤姫《あつひめ》はとても喜《よろこ》び、自分で使っていたそうた。篤《あつ》姫《ひめ》がミシンを上手《じょうず》に使いこなしていたことは、当時のアメリカの新聞の記事になっている。

篤姫《あつひめ》

肖像《しょうぞう》

出身地《しゅっしんち》
薩摩《さつま》（現在《げんざい》の鹿児島県《かごしまけん》）

生年月日《せいねんがっぴ》
1836年12月19日

死亡年月日《しぼうねんがっぴ》
1883年11月12日

享年《きょうねん》
48歳《さい》（病死）

主義《しゅぎ》

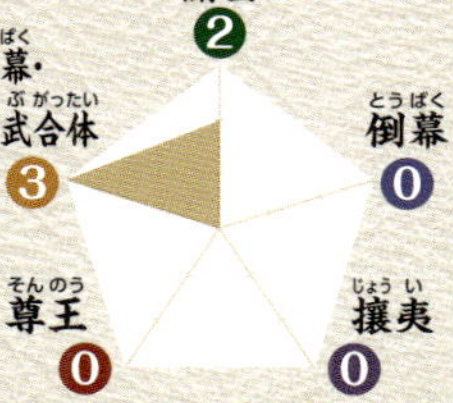

肩書《かたがき》
- 薩摩藩主島津斉彬《さつまはんしゅしまづなりあきら》の養女《ようじょ》
- 徳川家定夫人《とくがわいえさだふじん》

名言《めいげん》

徳川家《とくがわけ》に嫁《とつ》いだからには、徳川家《とくがわけ》の土になります。

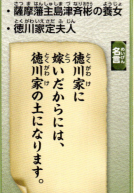

薩摩藩《さつまはん》

日本の近代化を目指した天才的《てんさいてき》な薩摩藩主《さつまはんしゅ》

島津斉彬《しまづなりあきら》

島津斉彬《しまづなりあきら》

肖像《しょうぞう》

出身地《しゅっしんち》

江戸《えど》(現在《げんざい》の東京都《とうきょうと》)

生年月日《せいねんがっぴ》

1809年9月28日

死亡年月日《しぼうねんがっぴ》

1858年7月16日

享年《きょうねん》

50歳《さい》(病死)

主義《しゅぎ》

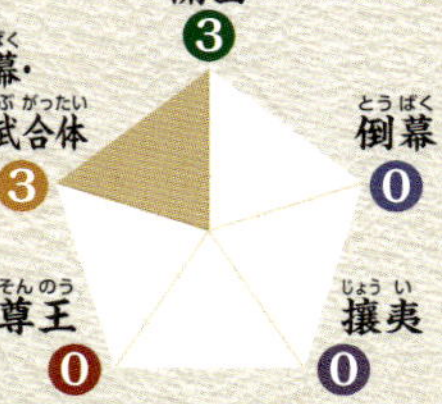

肩書《かたがき》

・薩摩藩主《さつまはんしゅ》

名言《めいげん》

西洋人も肥前人《ひぜんじん》も同じ人間なのだから、薩摩人《さつまじん》にできないことはない。

※反射炉《はんしゃろ》の製造《せいぞう》に苦労《くろう》する藩士《はんし》たちをはげましたときの言葉。肥前藩《ひぜんはん》は反射炉《はんしゃろ》の製造《せいぞう》に成功《せいこう》していた。

兵器《へいき》や軍艦《ぐんかん》をつくり軍事力《ぐんじりょく》の強化を目指す

　薩摩藩《さつまはん》(現在《げんざい》の鹿児島県《かごしまけん》)の藩主《はんしゅ》の子に生まれた島津斉彬《しまづなりあきら》は、子どもの頃《ころ》から秀才《しゅうさい》で、西洋の科学などを学んだ。

　斉彬《なりあきら》は43歳《さい》で藩主《はんしゅ》になると、軍事力《ぐんじりょく》を近代化し、新しい産業《さんぎょう》を育てるため集成館《しゅうせいかん》という大工場群《だいこうじょうぐん》をつくった。鉄《てつ》鋼《こう》や兵器《へいき》、ガラスなどの生産《せいさん》を開始し、完成《かんせい》した軍艦《ぐんかん》を幕府《ばくふ》に贈《おく》った。

　斉彬《なりあきら》は、身分の低《ひく》い西郷隆盛《さいごうたかもり》(⬇P168)の才能《さいのう》を見抜《みぬ》いて起用し、藩《はん》の政治《せいじ》を改革《かいかく》した。また、藩《はん》だけでなく幕府《ばくふ》の政治《せいじ》にも関《かか》わった。幕府《ばくふ》と朝《ちょう》廷《てい》が協力関係《きょうりょくかんけい》を築《きず》き(公武合体《こうぶがったい》)、軍事《ぐんじ》力《りょく》を備《そな》えて国を守るべきと主張《しゅちょう》した。養女《ようじょ》・篤姫《あつひめ》と将軍《しょうぐん》・徳川家定《とくがわいえさだ》を結婚《けっこん》させ、次期将軍《しょうぐん》には秀才《しゅうさい》と評判《ひょうばん》だった徳《とく》川慶喜《がわよしのぶ》(⬇P182)をおした。しかし大老《たいろう》・井伊直弼《いいなおすけ》は徳川家茂《とくがわいえもち》(⬇P58)を将軍《しょうぐん》にすると、逆《さか》らう者を処罰《しょばつ》した。怒《おこ》った斉彬《なりあきら》は、兵《へい》を率《ひき》いて江戸《えど》に向かおうとしたが、突然《とつぜん》病死した。

発見《はっけん》!

©K.P.V.B

反射炉跡《はんしゃろあと》

1857年、斉彬《なりあきら》が集成館《しゅうせいかん》につくらせた反射炉《はんしゃろ》(金属《きんぞく》を溶《と》かす炉《ろ》)の跡《あと》(鹿《か》児島県《ごしまけん》)。

なるほどエピソード　西郷隆盛《さいごうたかもり》と庭先で話し合った!?

　西郷隆盛《さいごうたかもり》の才能《さいのう》を見抜《みぬ》いた斉彬《なりあきら》は、隆盛《たかもり》を近くに呼《よ》んで話したかった。しかし隆盛《たかもり》は身分が低《ひく》かったため、気軽に会えなかった。そこで斉彬《なりあきら》は、隆盛《たかもり》を庭《にわ》方役《かたやく》(庭の手入れをする役職《やくしょく》)に任命《にんめい》し、自由に庭先で話し合えるようにした。

越前藩《えちぜんはん》

開国《かいこく》を主張《しゅちょう》し、幕末《ばくまつ》の政治《せいじ》をリードした越前藩主《えちぜんはんしゅ》

松平春嶽《まつだいらしゅんがく》

「攘夷論《じょういろん》」から「開国論《かいこくろん》」そして「公武合体論《こうぶがったいろん》」へ

「松平慶永《まつだいらよしなが》」の名でも知られる松平春嶽《まつだいらしゅんがく》は越前藩《えちぜんはん》（現在《げんざい》の福井県《ふくいけん》）の藩主《はんしゅ》。橋本《はしもと》左内《さない》（⬇P34）らのたすけを借《か》り、26歳《さい》の若《わか》さで藩《はん》の政治改革《せいじかいかく》に成功《せいこう》した。アメリカが日本に開国《かいこく》を要求《ようきゅう》してきたとき、春嶽《しゅんがく》は「外国勢力《せいりょく》を追い払《はら》うべき」という攘夷論《じょういろん》を主張《しゅちょう》したが、「今の日本の軍事力《ぐんじりょく》では外国と戦《たたか》っても勝てない」と考え、開国論《かいこくろん》に変《か》わった。

幕府《ばくふ》が13代将軍《しょうぐん》・徳川家定《とくがわいえさだ》の後継《あとつ》ぎをだれにするかでもめたとき、春嶽《しゅんがく》は徳《とく》川慶喜《がわよしのぶ》（⬇P182）をおした。しかし、それに反対する大老《たいろう》の井伊直弼《いいなおすけ》に藩主《はんしゅ》を辞《や》めさせられた（安政《あんせい》の大獄《たいごく》）。

直弼《なおすけ》が暗殺《あんさつ》された後、政事総裁職《せいじそうさいしょく》（新《しん》設《せつ》された幕府《ばくふ》の最高職《さいこうしょく》）に任命《にんめい》された春《しゅん》嶽《がく》は、公武合体《こうぶがったい》（朝廷《ちょうてい》と幕府《ばくふ》が協力《きょうりょく》すること）を主張《しゅちょう》したが、幕府《ばくふ》を倒《たお》そうとする勢力《せいりょく》を止められなかった。春嶽《しゅんがく》は新政府《せいふ》でも重要《じゅうよう》な役職《やくしょく》についた。

春嶽《しゅんがく》の書　ビジュアル資料《しりょう》

春嶽《しゅんがく》が13歳《さい》のときに「元気」と記した書。

なるほどエピソード

父親から「羊」と呼《よ》ばれていた!?

春嶽《しゅんがく》は子どもの頃《ころ》から、勉強がとても好《す》きで、字を書くために紙をたくさん使ったそうだ。このため父親から、「お前は、（紙をたくさん食べる）羊のように紙が好《す》きだな」と、からかわれたといわれる。

松平春嶽《まつだいらしゅんがく》

肖像《しょうぞう》

出身地《しゅっしんち》

江戸《えど》（現在《げんざい》の東京都《とうきょうと》）

生年月日《せいねんがっぴ》

1828年9月2日

死亡年月日《しぼうねんがっぴ》

1890年6月2日

享年《きょうねん》

63歳《さい》（病死）

主義《しゅぎ》

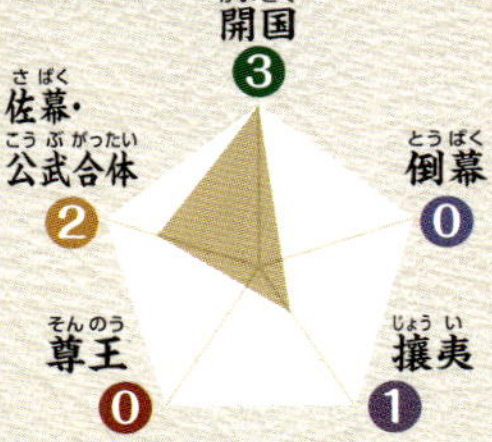

肩書《かたがき》

- 越前藩主《えちぜんはんしゅ》
- 幕府《ばくふ》の政事総裁職《せいじそうさいしょく》

名言《めいげん》

わたしは才能《さいのう》がなく、
特別《とくべつ》な力もない。
だから、いつも他人の言葉を
よく聞き、よい意見に従《したが》う。

越前藩《えちぜんはん》

松平春嶽《まつだいらしゅんがく》のもとで活躍《かつやく》した越前藩士《えちぜんはんし》

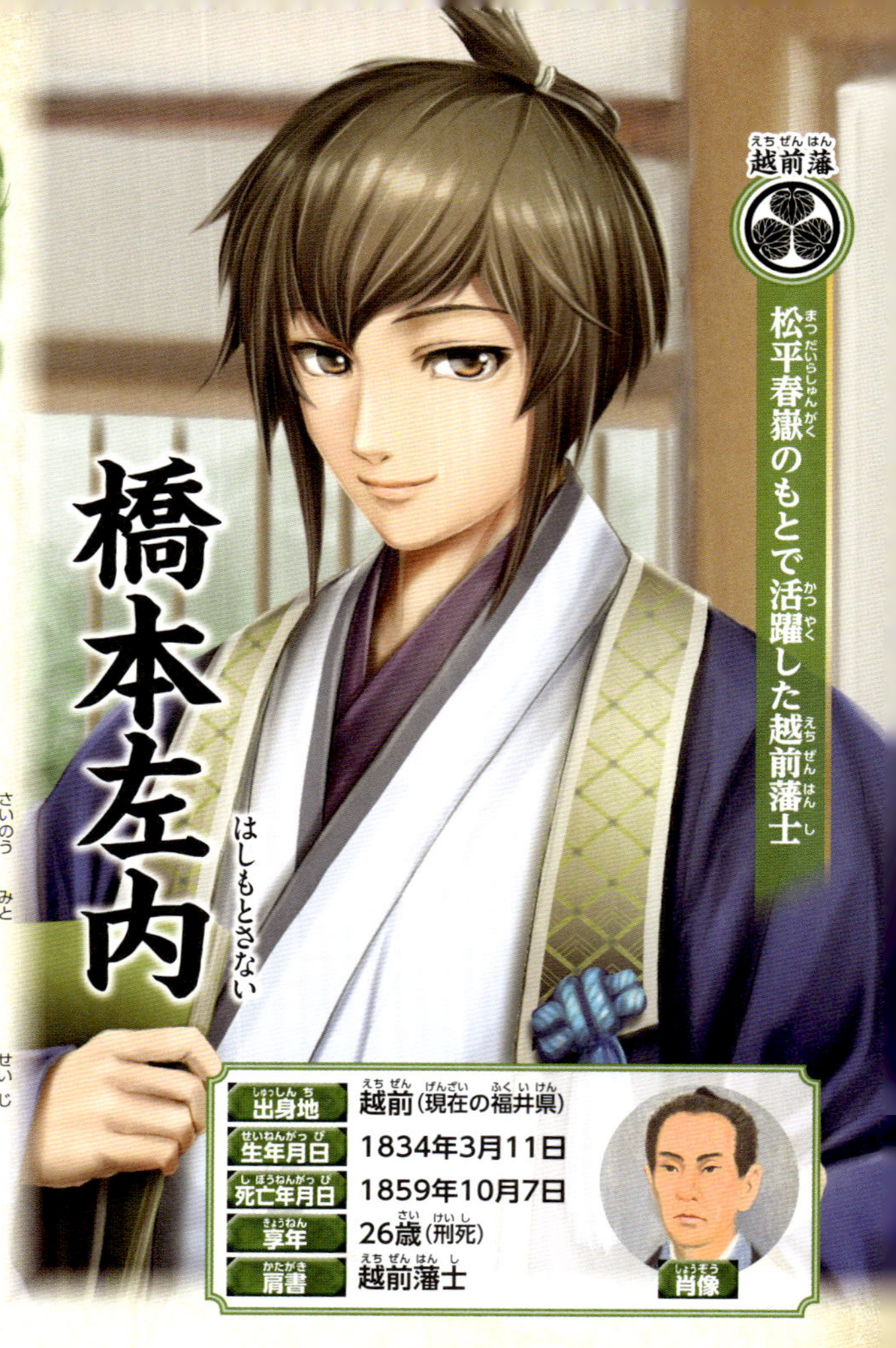

橋本左内

はしもとさない

出身地《しゅっしんち》	越前《えちぜん》(現在《げんざい》の福井県《ふくいけん》)
生年月日《せいねんがっぴ》	1834年3月11日
死亡年月日《しぼうねんがっぴ》	1859年10月7日
享年《きょうねん》	26歳《さい》(刑死《けいし》)
肩書《かたがき》	越前藩士《えちぜんはんし》

肖像《しょうぞう》

松平春嶽《まつだいらしゅんがく》を支《ささ》えるが、安政《あんせい》の大獄《たいごく》で処刑《しょけい》される

橋本左内《はしもとさない》は越前藩《えちぜんはん》(現在《げんざい》の福井県《ふくいけん》)の医師《いし》の子として生まれ、大坂《おおさか》(大阪《おおさか》)に出て西洋医学を学んだ。その後、江戸《えど》に出て藤田東湖《ふじたとうこ》(⬇P35)らと交流し、藩《はん》に帰ってからは、藩主《はんしゅ》・松平春嶽《まつだいらしゅんがく》から才能《さいのう》を認《みと》められ、政治《せいじ》をたすけた。さらに藩《はん》の学校「明道館《めいどうかん》」の責任者《せきにんしゃ》になり、軍《ぐん》を強める政策《せいさく》も手伝《てつだ》った。

左内《さない》は、春嶽《しゅんがく》と同じく開国論《かいこくろん》を主張《しゅちょう》した。幕府《ばくふ》の体制《たいせい》をしっかり整えたうえで、西洋の進んだ技術《ぎじゅつ》を取り入れていくべきだと考えた。

1857年、13代将軍《しょうぐん》・徳川家定《とくがわいえさだ》の後継《あとつ》ぎ問題が起こると、左内《さない》は春嶽《しゅんがく》とともに秀才《しゅうさい》と評判《ひょうばん》だった徳川慶喜《とくがわよしのぶ》(⬇P182)をおした。しかし大老《たいろう》になり、権力《けんりょく》をにぎった井伊直弼《いいなおすけ》が、強引に徳川家茂《とくがわいえもち》(⬇P58)を将軍《しょうぐん》にした。慶喜《よしのぶ》をおした左内《さない》は直弼《なおすけ》の命令《めいれい》で捕《と》らえられ、死刑《しけい》になった(安政《あんせい》の大獄《たいごく》)。

なるほどエピソード

貧《まず》しい人たちのために治療《ちりょう》をしていた!?

10代の頃《ころ》、緒方洪庵《おがたこうあん》(⬇P190)の適塾《てきじゅく》で医学を学んでいた左内《さない》は、夜になるとこっそり塾《じゅく》を抜《ぬ》け出していた。同じ塾生《じゅくせい》だった福沢諭吉《ふくざわゆきち》(⬇P310)が後をつけていくと、左内《さない》は貧《まず》しい人たちを無料《むりょう》で治療《ちりょう》していた。諭吉《ゆきち》は感動し、後をつけたことをあやまった。

水戸藩《みとはん》

藤田東湖《ふじたとうこ》

尊王攘夷《そんのうじょうい》運動に大きな影響《えいきょう》を与《あた》えた学者

出身地《しゅっしんち》	常陸《ひたち》（現在《げんざい》の茨城県《いばらきけん》）
生年月日《せいねんがっぴ》	1806年3月16日
死亡年月日《しぼうねんがっぴ》	1855年10月2日
享年《きょうねん》	50歳《さい》（圧死《あっし》）
肩書《かたがき》	水戸藩士《みとはんし》

肖像《しょうぞう》

水戸学者《みとがくしゃ》として「尊王攘夷論《そんのうじょういろん》」を説《と》く

藤田東湖《ふじたとうこ》は、水戸藩《みとはん》（現在《げんざい》の茨城県《いばらきけん》）の学者・藤田幽谷《ふじたゆうこく》の子として生まれた。幽谷《ゆうこく》は歴史書《れきししょ》『大日本史《だいにほんし》』を編集《へんしゅう》した水戸学者《みとがくしゃ》だった。水戸学《みとがく》の特徴《とくちょう》は、尊王論《そんのうろん》（天皇《てんのう》をうやまうべきという考え）が基本《きほん》になっていることであった。東湖《とうこ》は、父と同じく水戸学者《みとがくしゃ》になった。

その後、東湖《とうこ》は藩主《はんしゅ》・徳川斉昭《とくがわなりあき》（⬇P36）に仕え、水戸藩《みとはん》の政治改革《せいじかいかく》を進めたり、藩校《はんこう》の「弘道館《こうどうかん》」の建設《けんせつ》をたすけたりした。東湖《とうこ》は水戸学《みとがく》の尊王論《そんのうろん》に「外国勢力《せいりょく》を追い払《はら》え」という攘夷論《じょういろん》を結《むす》びつけた尊王攘夷論《そんのうじょういろん》を主張《しゅちょう》し、『弘《こう》道館記述義《どうかんきじゅつぎ》』などの書物を著《あらわ》して自分の考えを広めた。この尊王攘夷論《そんのうじょういろん》は、幕末《ばくまつ》の志士《しし》に大きな影響《えいきょう》を与《あた》えた。

黒船《くろふね》が日本に現《あらわ》れた後、幕府《ばくふ》から海《かい》防参与《ぼうさんよ》に任命《にんめい》された斉昭《なりあき》をたすけるため、一緒《いっしょ》に江戸《えど》へ出たが、地震《じしん》にあって圧死《あっし》した。

幕末《ばくまつ》のきずな

母をたすけるために家の下敷《したじ》きになった⁉

1855年、江戸《えど》で大地震《だいじしん》が起きた。江戸《えど》の藩邸《はんてい》にいた東湖《とうこ》は外へにげ出したが、母親が藩邸《はんてい》の中にいたので引き返した。そのとき、くずれ落ちた鴨居《かもい》を肩《かた》で受け止めて母親を外へにがしたが、力尽《ちからつ》きた東湖《とうこ》は建物《たてもの》の下敷《したじ》きになって死んだ。

水戸藩《みとはん》
徳川斉昭《とくがわなりあき》
尊王攘夷《そんのうじょうい》を主張《しゅちょう》し、井伊直弼《いいなおすけ》と対立した水戸藩主《みとはんしゅ》

尊王攘夷《そんのうじょうい》を主張《しゅちょう》し、外国《がいこく》と戦《たたか》う準備《じゅんび》をする

徳川斉昭《とくがわなりあき》は、水戸藩《みとはん》（現在《げんざい》の茨城県《いばらきけん》）の藩主《はんしゅ》の子として生まれ、30歳《さい》で水戸《みと》藩主《はんしゅ》を継《つ》いだ。その頃《ころ》、日本近海ではヨーロッパやアメリカの船が多く現《あらわ》れていた。危機《きき》を感じた斉昭《なりあき》は、海の守りを固《かた》め、軍隊《ぐんたい》を強化し、大砲《たいほう》などをつくった。また、藩《はん》の学校「弘道館《こうどうかん》」をつくり、尊王攘夷《そんのうじょうい》の考え方を広めた。子の慶喜《よしのぶ》（➡P182）には、早朝から夕方まできびしく勉強させた。

1853年、ペリーが開国《かいこく》を求《もと》めると、斉昭《なりあき》は老中《ろうじゅう》の阿部正弘《あべまさひろ》から幕府《ばくふ》に招《まね》かれ、海の守りを受けもつ「海防参《かいぼうさん》与《よ》」に任命《にんめい》された。尊王攘夷派《そんのうじょういは》の斉昭《なりあき》は開国《かいこく》には反対で、「外国と戦争《せんそう》になっても受けて立つ」として、大砲《たいほう》や軍艦《ぐんかん》をつくり、戦《たたか》う準備《じゅんび》をはじめた。

13代将軍《しょうぐん》・徳川家定《とくがわいえさだ》の後継《あとつ》ぎ問題が起こると、斉昭《なりあき》は子の慶喜《よしのぶ》をおしたが、徳川家茂《とくがわいえもち》（➡P58）をおす井伊直弼《いいなおすけ》に敗《やぶ》れ、外出を禁止《きんし》される罰《ばつ》を受けた。

斉昭《なりあき》と慶喜《よしのぶ》の像《ぞう》

斉昭《なりあき》は15代将軍《しょうぐん》となった徳川慶喜《とくがわよしのぶ》の父としても知られる（茨城県《いばらきけん》）。

徳川斉昭《とくがわなりあき》

肖像《しょうぞう》

出身地《しゅっしんち》

江戸《えど》（現在《げんざい》の東京都《とうきょうと》）

生年月日《せいねんがっぴ》

1800年3月11日

死亡年月日《しぼうねんがっぴ》

1860年8月15日

享年《きょうねん》

61歳《さい》（病死）

主義《しゅぎ》

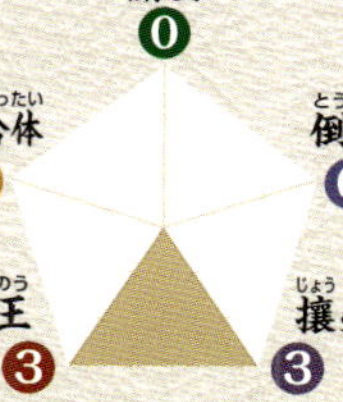

肩書《かたがき》

- 水戸藩主《みとはんしゅ》
- 幕府《ばくふ》の海防参与《かいぼうさんよ》

名言《めいげん》

今日は井伊直弼《いいなおすけ》を切腹《せっぷく》させるまで、江戸城《えどじょう》から退出《たいしゅつ》いたしません。

※日米修好通商条約《にちべいしゅうこうつうしょうじょうやく》が結《むす》ばれたとき、斉昭《なりあき》は江戸城《えどじょう》に入り、こう怒鳴《どな》った。

ウソ! ホント!? 息子・慶喜《よしのぶ》の枕元《まくらもと》にカミソリを立てた!?

斉昭《なりあき》の子・慶喜《よしのぶ》はとても寝相《ねぞう》が悪かった。礼儀作法《れいぎさほう》に厳《きび》しかった斉昭《なりあき》は、「寝相《ねぞう》が悪いことが理由で、将来《しょうらい》、将軍《しょうぐん》になれないかもしれない」と心配し、慶喜《よしのぶ》の枕《まくら》の両側《りょうがわ》にカミソリを立てて、寝《ね》返《がえ》りを打てないようにしたという。

幕末に世の中が混《こん》乱《らん》した原因は？

南紀派《なんきは》と一橋派《ひとつばしは》の対立

勝 **南紀派《なんきは》** 幕府《ばくふ》の権力《けんりょく》を強め、独裁的《どくさいてき》に政治《せいじ》をおこなうことを目指す。

将軍候補《しょうぐんこうほ》

紀州藩主《きしゅうはんしゅ》
徳川家茂《とくがわいえもち》 （➡P58）

支持者《しじしゃ》

彦根藩主《ひこねはんしゅ》
井伊直弼《いいなおすけ》
（➡P24）

譜代《ふだい》大名
関ケ原《せきがはら》の戦《たたか》いより前から徳川《とくがわ》家に従《したが》った大名《だいみょう》で、幕府《ばくふ》の政《せい》治《じ》に参加《さんか》できた。

旗本《はたもと》
徳川家《とくがわけ》に直接《ちょくせつ》仕える家臣《かしん》。

対立

負 **一橋派《ひとつばしは》** 有力藩《ゆうりょくはん》が力を合わせて幕府《ばくふ》の政治《せいじ》をたすけることを目指す。

将軍候補《しょうぐんこうほ》

一橋家当主《ひとつばしけとうしゅ》
一橋慶喜《ひとつばしよしのぶ》（徳川慶喜《とくがわよしのぶ》）
（➡P182）

支持者《しじしゃ》

薩摩藩主《さつまはんしゅ》
島津斉彬《しまづなりあきら》
（➡P30）

越前藩主《えちぜんはんしゅ》
松平春嶽《まつだいらしゅんがく》
（➡P32）

前水戸藩主《ぜんみとはんしゅ》
徳川斉昭《とくがわなりあき》
（➡P36）

直弼《なおすけ》によって藩主《はんしゅ》を辞《や》めさせられるなどの処罰《しょばつ》を受ける

権力争《けんりょくあらそ》いや条約《じょうやく》問題が原因《げんいん》で世の中が混乱《こんらん》する

日米修好通商条約《にちべいしゅうこうつうしょうじょうやく》が結《むす》ばれた後、14代将軍《しょうぐん》をだれにするかという問題が起きた。井伊直弼《いいなおすけ》を中心とする「南紀派《なんきは》」は、紀州藩《きしゅうはん》（現在《げんざい》の和歌山県《わかやまけん》）藩主《はんしゅ》・徳川家茂《とくがわいえもち》をおし、島津斉彬《しまづなりあきら》などを中心とする「一橋派《ひとつばしは》」は徳川慶喜《とくがわよしのぶ》（⬇P182）をおした。直弼《なおすけ》は強引に家茂《いえもち》を14代将軍《しょうぐん》に決めると、反対派《はんたいは》を処罰《しょばつ》していった（安政《あんせい》の大獄《たいごく》）。

一方、幕府《ばくふ》が孝明天皇《こうめいてんのう》（⬇P104）の許可《きょか》なく条約《じょうやく》を結《むす》んだことで、尊王攘夷《そんのうじょうい》運動が全国で活発になった。直弼《なおすけ》は殺《ころ》され、多くの外国人がおそわれた。幕府《ばくふ》はこの混乱《こんらん》をしずめられなかった。

尊王攘夷《そんのうじょうい》とは

攘夷《じょうい》

「外国勢力《せいりょく》を日本から追い払《はら》え」
という考え方

われわれの力で外国勢《せい》力《りょく》を追い払《はら》おう！
全国の下級武士《ぶし》

尊王《そんのう》

「天皇《てんのう》をうやまい、命をかけて国に尽《つ》くすべき」という考え方

尊王《そんのう》の考え方を全国に広めよう！
藤田東湖《ふじたとうこ》

(➡P35)

尊王《そんのう》と攘夷《じょうい》が結《むす》びついた**尊王攘夷運動**《そんのうじょうい》が長州藩《ちょうしゅうはん》を中心に全国で起こる

板ばさみになる幕府《ばくふ》

朝廷《ちょうてい》

早《はや》く攘夷《じょうい》を実行《じっこう》せよ！
121代天皇《てんのう》
孝明天皇《こうめいてんのう》

(➡P104)

要求《ようきゅう》

幕府《ばくふ》

困《こま》った…
14代将軍《しょうぐん》
徳川家茂《とくがわいえもち》

要求《ようきゅう》

外国

外国人《がいこくじん》の安全《あんぜん》を守《まも》ってほしい！
駐日《ちゅうにち》外国人

生麦事件《なまむぎじけん》

1862年、薩摩藩《さつまはん》の島津久光《しまづひさみつ》の行列を横切ったイギリス人が、薩摩《さつま》藩士《はんし》に切り殺《ころ》された。イギリスは幕府《ばくふ》と薩摩《さつま》藩《はん》に賠償金《ばいしょうきん》を求《もと》め、幕府《ばくふ》は支払《しはら》ったが薩摩藩《さつまはん》は断《ことわ》ったため、薩英戦争《さつえいせんそう》(➡P70)が起きた。

大山講
早川松山圖

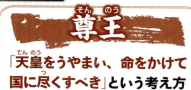

咸《かん》臨《りん》丸《まる》が出発する

日本人の手ではじめて太平洋《たいへいよう》を横断《おうだん》する!

ポーハタン号

アメリカへ向けて出発する咸臨丸《かんりんまる》

咸臨丸《かんりんまる》は、アメリカの軍艦《ぐんかん》「ポーハタン号」を守ることが目的《もくてき》だった。

使節団《しせつだん》を守る役目を任《まか》された幕府《ばくふ》の軍艦《ぐんかん》

関連《かんれん》地図

神奈川県《かながわけん》
浦賀《うらが》

1858年、幕府《ばくふ》はアメリカと貿易《ぼうえき》をするための条約《じょうやく》「日米修好《にちべいしゅうこう》通商条約《つうしょうじょうやく》」を結《むす》んだ。条約《じょうやく》を正式に結《むす》ぶためには、将軍《しょうぐん》がサインした書類《しょるい》を、アメリカ大統領《だいとうりょう》に届《とど》ける必要《ひつよう》があった。このため幕府《ばくふ》は、使節団《しせつだん》を組織《そしき》して、アメリカの軍《ぐん》艦《かん》「ポーハタン号」に乗せてもらった。ポーハタン号を守るために、一緒《いっしょ》に航海《こうかい》する役目を任《まか》されたのが、幕府《ばくふ》の軍艦《ぐんかん》「咸臨丸《かんりんまる》」だった。

咸臨丸《かんりんまる》の司令官《しれいかん》は軍艦奉行《ぐんかんぶぎょう》の木《き》村喜毅《むらよしたけ》だったが、実際《じっさい》に指揮《しき》したのは、軍艦操練所《ぐんかんそうれんじょ》の教授《きょうじゅ》・勝海《かっかい》

咸臨丸《かんりんまる》を指揮《しき》する勝海舟《かつかいしゅう》

咸臨丸《かんりんまる》の艦長《かんちょう》に任命《にんめい》された海舟《かいしゅう》は、約《やく》90人の日本人乗組員を指揮《しき》して太平洋《たいへいよう》を横断《おうだん》した。

太平洋《たいへいよう》を渡《わた》る咸臨丸《かんりんまる》 木村家所蔵・横浜開港資料館保管

咸臨丸《かんりんまる》はオランダでつくられた軍艦《ぐんかん》で、全長は約《やく》49mあった。航海《こうかい》の期間、天候《てんこう》が悪く、アメリカ人の船員にたすけてもらいながら、38日後にアメリカに到着《とうちゃく》した。

舟《しゅう》（➡P206）だった。1860年、咸臨丸《かんりんまる》は浦賀《うらが》（神奈川県《かながわけん》）を出発し、暴風雨《ぼうふうう》と荒波《あらなみ》のなか、同乗していたアメリカ海軍士官《かいぐんしかん》のたすけを借《か》りながら無事《ぶじ》にアメリカにたどり着いた。任務《にんむ》を果《は》たした咸《かん》臨丸《りんまる》は、太平洋《たいへいよう》を渡《わた》って帰国した。

トンデモ伝説《でんせつ》!

渡航《とこう》に備《そな》えて家財《かざい》を売り払《はら》った!?

咸臨丸《かんりんまる》が渡航《とこう》するとき、必要《ひつよう》なお金は幕府《ばくふ》が準備《じゅんび》していた。しかし司令官《しれいかん》の木村喜毅《きむらよしたけ》は、「アメリカで何かあったときのために」と、自分の家財道具《かざいどうぐ》をすべて売って、3000両《りょう》（約《やく》3億《おく》円）を用意したそうだ。

木村喜毅《きむらよしたけ》（1830〜1901）

超《ちょう》ビジュアル！
幕《ばく》末《まつ》新聞

第2号

発行所：
万延新聞社《まんえんしんぶんしゃ》

幕末《ばくまつ》に外国へ行ったサムライがいた!?

1860年、幕府最初《ばくふさいしょ》の使節《しせつ》が乗ったポーハタン号。

外交や勉強のため、西欧諸国《せいおうしょこく》を旅した武士《ぶし》たちは何を経験《けいけん》したのだろう？

土下座《どげざ》でアメリカ人をおどろかせた!?

1860年、日米修好通《にちべいしゅうこうつう》商条約《しょうじょうやく》を正式に結《むす》ぶためにアメリカに向かった幕府《ばくふ》の役人たちは、アメリカ政府《せいふ》の高官《こうかん》に会ったとき、いきなり土下座《どげざ》をして、おどろかせたという。

土下座《どげざ》をする武士《ぶし》たちの絵。

エジプト観光《かんこう》をした幕府《ばくふ》の使節《しせつ》がいた!?

1863年、朝廷《ちょうてい》から「開港した横浜《よこはま》をもう一度閉鎖《へいさ》したい」と強く望《のぞ》まれた幕府《ばくふ》は、その交渉《こうしょう》のため、池田長発《いけだながおき》を団長《だんちょう》とする遣欧使節団《けんおうしせつだん》をフランスに派《は》遣《けん》した。

フランスへ向かう途中《とちゅう》、使節団《しせつだん》はエジプトに立ち寄《よ》り、ピラミッドやスフィンクスを見物した。このとき撮《と》った写真は、海外で撮影《さつえい》された日本初《にほんはつ》の観光《かんこう》写真といわれている。しかし横浜《よこはま》港閉鎖《こうへいさ》の交渉《こうしょう》は失敗《しっぱい》した。

スフィンクスの前で記念撮影《きねんさつえい》をする使節《しせつ》たち

使節団《しせつだん》34人のうち、7名は「われわれは観光《かんこう》に来たのではない」と言って見学を断《ことわ》ったため、27人の武士《ぶし》が写っている。

長州藩士《ちょうしゅうはんし》5人がイギリス留学《りゅうがく》した!?

1863年、長州藩《ちょうしゅうはん》は幕《ばく》府《ふ》に秘密《ひみつ》で、伊藤博文《いとうひろぶみ》（➡P272）や井上馨《いのうえかおる》（➡P314）ら5人の藩士《はんし》をイギリスへ留学《りゅうがく》させ、ロンドン大学などで西洋文明を学ばせた。

長州藩《ちょうしゅうはん》の留学生《りゅうがくせい》たち

右から伊藤博文《いとうひろぶみ》、山尾庸三《やまおようぞう》、野村弥吉《のむらやきち》、遠藤謹助《えんどうきんすけ》、井上馨《いのうえかおる》。5人とも日本の近代化に大きな役割《やくわり》を果《は》たした。

キリスト教を学ぶため新島襄《にいじまじょう》は密航《みっこう》した!!

安中藩《あんなかはん》（群馬県《ぐんまけん》）の藩士《はんし》・新島襄《にいじまじょう》（➡P323）は、聖《せい》書《しょ》を読んで感動し、「キリスト教が自由に教えられている国に行く」と決意した。1864年、箱館《はこだて》（北《ほっ》海道《かいどう》）に向かい、幕府《ばくふ》や藩《はん》に内緒《ないしょ》でアメリカ船にもぐりこんでアメリカに渡《わた》り、キリスト教を学んだ。

大きなまちがい!?
1863年、伊藤博文《いとうひろぶみ》や井上馨《いのうえかおる》らはイギリスへ出発した。
ひとり＊1000両《りょう》も払《はら》っているんだ。ごうかな旅になるぞ
君たちは何を学びたいのだ？
ナビゲーション（航海術《こうかいじゅつ》）です
オーケー！それでは水夫《すいふ》にしてあげよう！
通じたぞ！
実は、ネイビー（海軍《かいぐん》）と言うべきなのに、まちがえてしまったのだ。
つらいなあ…
1000両《りょう》も払《はら》っているのに…
ごしごし

＊現在《げんざい》の約《やく》5000万円

名刺《めいし》をはじめてつくったのは？

遣欧使節団《けんおうしせつだん》の団長《だんちょう》・池《いけ》田《だ》長発《ながおき》（筑後守《ちくごのかみ》）は、フランス滞在中《たいざいちゅう》に名刺《めいし》をつくった。長発《ながおき》は、印刷《いんさつ》した名刺《めいし》を使ったはじめての日本人といわれる。

池田筑後守

池田長発《いけだながおき》と名刺《めいし》。

1859年5月24日長州藩《ちょうしゅうはん》(現在《げんざい》の山口県《やまぐちけん》)——
ザアアアア…
ぱしゃ
ぱしゃ
ばっ
吉田《よしだ》先生っ！
先生っ！明日江戸《えど》に連《つ》れて行かれるのですかっ？幕府《ばくふ》に反抗《はんこう》したから殺《ころ》されてしまうのですか!?
やあ、みんなきてくれたのか
吉田松陰《よしだしょういん》

大丈夫《だいじょうぶ》!
きっと殺《ころ》されたりはしないよ
わたしは心からこの国を異国《いこく》から守りたいと思っている…
それをきちんと幕府《ばくふ》の方に説明《せつめい》すれば、必《かなら》ずわかってくれるはずだ!
久坂《くさか》君
わたしがもどるまで塾《じゅく》を頼《たの》む!
…はい
先生
長州藩士《ちょうしゅうはんし》
久坂玄瑞《くさかげんずい》
ザアアアア…
翌日《よくじつ》、江戸《えど》に送られた松陰《しょういん》は死刑《しけい》となり、二度ともどってくることはなかった…

吉田松陰《よしだしょういん》が処刑《しょけい》されて約《やく》半年後、1860年3月3日
すごい大雪だ！
フフン
かぜを引きますよ！
平気です！武士《ぶし》の子ですから！
パーン
パーン
鉄砲《てっぽう》の音っ！桜田門《さくらだもん》の方だっ！
お待ちなさいっ
ダッ
ばっ
取ったぞー
！

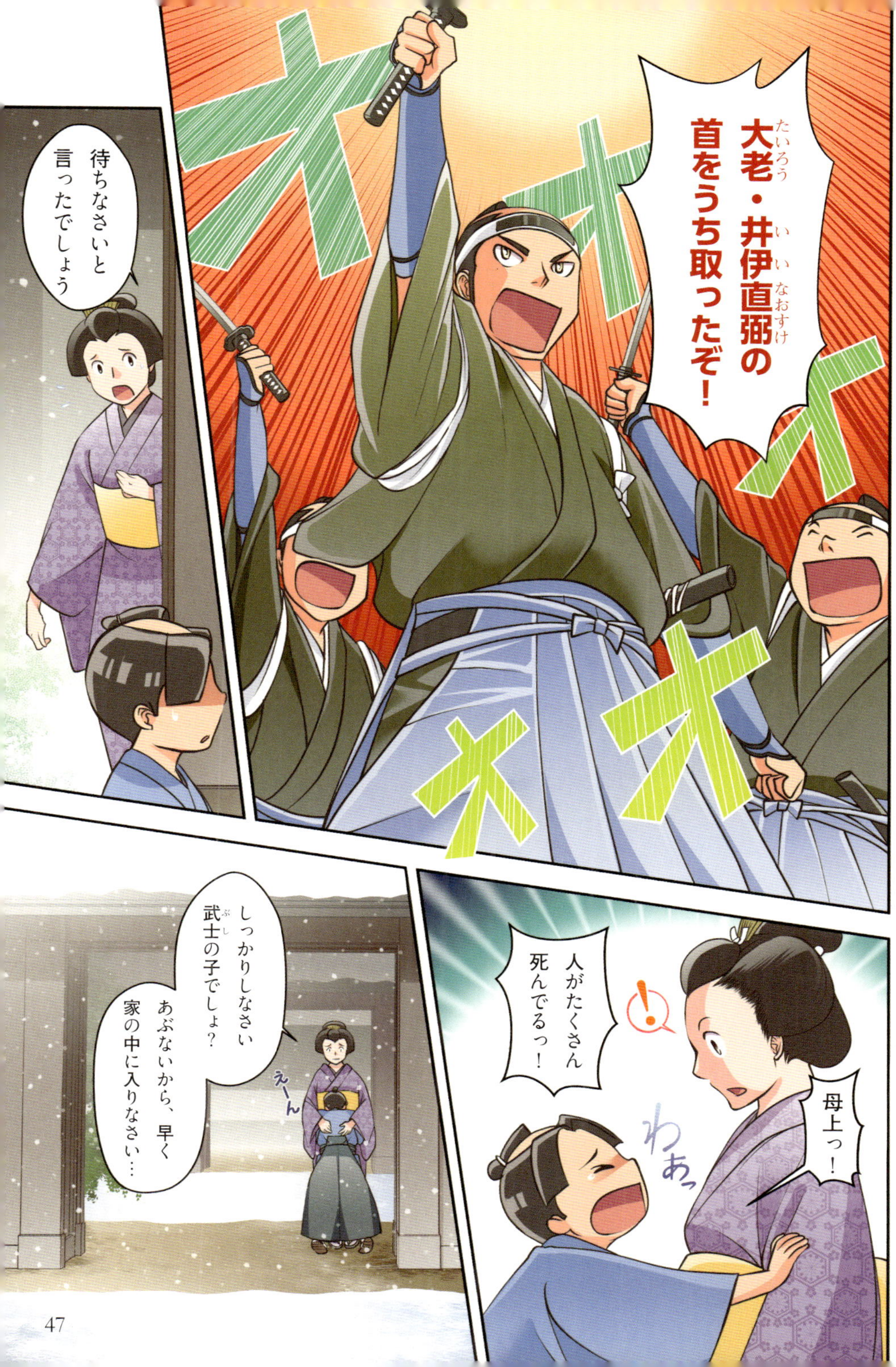
大老《たいろう》・井伊《いい》直弼《なおすけ》の首をうち取ったぞ!
待ちなさいと言ったでしょう
母上っ!
わあっ
人がたくさん死んでるっ!
!
しっかりしなさい
武士《ぶし》の子でしょ?
あぶないから、早く家の中に入りなさい…
えーん

長州藩《ちょうしゅうはん》

吉田松陰《よしだしょういん》

松下村塾《しょうかそんじゅく》を開いて、尊王攘夷《そんのうじょうい》の志士《しし》を育てた思想家

攘夷《じょうい》に必要《ひつよう》なことを身をもって研究する

長州藩《ちょうしゅうはん》(現在《げんざい》の山口県《やまぐちけん》)の藩士《はんし》の子に生まれた松陰《しょういん》は、6歳《さい》で親類《しんるい》の吉田家《よしだけ》の養子《ようし》になった。叔父《おじ》・玉木文之進《たまきぶんのしん》が開いた松下村塾《しょうかそんじゅく》で兵学《へいがく》(軍隊《ぐんたい》を研究する学問)を学ぶと、すぐに理解《りかい》して覚《おぼ》え、9歳《さい》で藩《はん》の学校「明倫館《めいりんかん》」で兵学《へいがく》を教えるまでになった。

松陰《しょういん》が13歳《さい》のとき、強国だと思っていた清《しん》(中国《ちゅうごく》)がイギリスと戦争《せんそう》して大敗《たいはい》し、西洋の強さを知った。この頃《ころ》、尊王攘夷論《そんのうじょういろん》が長州藩《ちょうしゅうはん》にも広まっていたが、松陰《しょういん》は「そもそも日本が強くなければ攘夷《じょうい》はおこなえない」と考えた。そこで松陰《しょういん》は江戸《えど》へ出て、佐久間象山《さくましょうざん》(⬇P188)の塾《じゅく》に入門し、西洋の兵学《へいがく》などを学んだ。

22歳《さい》のとき、藩《はん》を勝手に抜《ぬ》け出して友人の宮部鼎蔵《みやべていぞう》と東北《とうほく》地方を旅して、見聞を広めた。1854年にはペリーの黒船《くろふね》に乗りこんで、アメリカへ行こうとしたが失敗《しっぱい》した。幕府《ばくふ》の役人に捕《つか》まった松陰《しょういん》は長州藩《ちょうしゅうはん》へ送り返された。

発見《はっけん》!
松陰《しょういん》の誕生地《たんじょうち》
松陰《しょういん》は、長州藩士《ちょうしゅうはんし》の子として生まれた(山口県)。

なるほどエピソード
松陰《しょういん》はいきなり黒船《くろふね》に乗りこんだ⁉

黒船《くろふね》を見て、「アメリカを実際《じっさい》に見たい」と思った松陰《しょういん》は、弟子の金子重之輔《かねこしげのすけ》と一緒《いっしょ》に小舟《こぶね》で黒船《くろふね》に近づき、はしごを上って黒船《くろふね》に乗りこんだ。ペリーは松陰《しょういん》たちの勇気《ゆうき》ある行動に感動したが、幕府《ばくふ》との関係《かんけい》が悪くなるのを恐《おそ》れて、乗船を断《ことわ》った。

吉田松陰《よしだしょういん》

肖像《しょうぞう》

出身地《しゅっしんち》
長門《ながと》(現在《げんざい》の山口県《やまぐちけん》)

生年月日《せいねんがっぴ》
1830年8月4日

死亡年月日《しぼうねんがっぴ》
1859年10月27日

享年《きょうねん》
30歳《さい》(刑死《けいし》)

主義《しゅぎ》

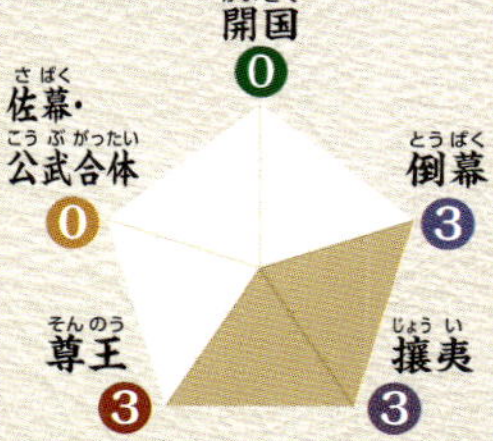

肩書《かたがき》
- 長州藩士《ちょうしゅうはんし》
- 松下村塾《しょうかそんじゅく》の主宰者《しゅさいしゃ》

名言《めいげん》
身《み》はたとひ　武蔵《むさし》の野辺《のべ》に
朽《く》ちぬとも　留置《とどめおか》まし
大和魂《やまとだましい》
※遺書《いしょ》『留魂録《りゅうこんろく》』に残《のこ》した和歌より。

松《しょう》下《か》村《そん》塾《じゅく》で尊《そん》王《のう》攘《じょう》夷《い》の志《し》士《し》を育てる

長州藩《ちょうしゅうはん》に送り返された松陰《しょういん》は、幽閉《ゆうへい》（勝手に外出をしてはいけないという罰《ばつ》）を命じられた。

26歳《さい》になった松陰《しょういん》は、叔父《おじ》・文之進《ぶんのしん》が開いた学校「松下村塾《しょうかそんじゅく》」を引き継《つ》ぎ、新しく塾生《じゅくせい》を集めはじめた。「日本を西洋に負けない強い国にするにはどうしたらよいか」。悩《なや》み続《つづ》けた松陰《しょういん》は、「天皇《てんのう》のもと、すべての人民《じんみん》が心をひとつにするべき」と考えた（一君万民論《いっくんばんみんろん》）。それには身分の区別《くべつ》なく、だれもが自由に学んで議論《ぎろん》し、学んだことを実際《じっさい》にやってみることが大切だと思った。こうした考え方のもと、松下《しょうか》村塾《そんじゅく》で熱心《ねっしん》に教えはじめると、高杉晋作《たかすぎしんさく》（⬇P88）や久坂玄瑞《くさかげんずい》（⬇P92）、吉田《よしだ》稔麿《としまろ》（⬇P94）ら、多くの優秀《ゆうしゅう》な若者《わかもの》が集まり、それぞれが優秀《ゆうしゅう》な尊王攘夷派《そんのうじょういは》の志士《しし》へと成長《せいちょう》した。

松下村塾《しょうかそんじゅく》
松陰《しょういん》が萩《はぎ》に開いた塾《じゅく》。８畳《じょう》と４畳半《じょうはん》の部屋と３畳《じょう》の部屋がふたつあった（山口県《やまぐちけん》）。

松下村塾《しょうかそんじゅく》で教える松陰《しょういん》
松下村塾《しょうかそんじゅく》には、どんな身分の者でも学ぶことができた。松陰《しょういん》は尊王攘夷《そんのうじょうい》の考え方を熱心《ねっしん》に教えた。

松下村塾《しょうかそんじゅく》のおもな塾生《じゅくせい》

高杉晋作《たかすぎしんさく》（➡P88）
奇兵隊《きへいたい》をつくり、反乱《はんらん》を起こして、長州藩《ちょうしゅうはん》の実権《じっけん》をにぎった。

久坂玄瑞《くさかげんずい》（➡P92）
長州藩《ちょうしゅうはん》の尊王攘夷《そんのうじょうい》運動の中心となるが、禁門《きんもん》の変《へん》で自害《じがい》した。

桂小五郎《かつらこごろう》（➡P162）
塾生《じゅくせい》ではなかったが、松陰《しょういん》から直接《ちょくせつ》教えを受けた。

吉田稔麿《よしだとしまろ》（➡P94）
長州藩《ちょうしゅうはん》の尊王攘夷《そんのうじょうい》活動をリードしたが、池田屋《いけだや》事件《じけん》で自害《じがい》した。

伊藤博文《いとうひろぶみ》（➡P272）
晋作《しんさく》や小五郎《こごろう》に従《したが》って、尊王攘《そんのうじょう》夷《い》活動に参加《さんか》した。

ところが1858年、大老《たいろう》の井伊直《いいなお》弼《すけ》が、孝明天皇《こうめいてんのう》の許可《きょか》を得《え》ないまま、アメリカと日米修好通商条約《にちべいしゅうこうつうしょうじょうやく》という不《ふ》平等《びょうどう》な条約《じょうやく》を結《むす》んだ。松陰《しょういん》は塾生《じゅくせい》たちとともに激《はげ》しく怒《おこ》った。松陰《しょういん》の思想に、幕府《ばくふ》を倒《たお》すことを目指す「倒幕《とうばく》」の考えが加《くわ》わった。松陰《しょういん》は、幕府《ばくふ》の権力《けんりょく》をにぎっていた老中《ろうじゅう》・間部詮勝《まなべあきかつ》を暗殺《あんさつ》する計画を立てた。しかし、これには塾生《じゅくせい》の晋作《しんさく》や玄瑞《げんずい》らも反対した。

一方で直弼《なおすけ》を批判《ひはん》する声は、松陰《しょういん》たちだけでなく全国各地《かくち》で高まっていた。

これに対して直弼《なおすけ》は、幕府《ばくふ》に逆《さか》らう尊《そん》王攘夷派《のうじょういは》の人びとを片《かた》っぱしから捕《つか》まえて、処罰《しょばつ》した(安政《あんせい》の大獄《たいごく》)。

松陰《しょういん》は、幕府《ばくふ》を批判《ひはん》した梅田雲浜《うめだうんぴん》との関係《かんけい》を聞かれるために幕府《ばくふ》から江戸《えど》へ呼《よ》ばれたが、松陰《しょういん》は聞かれてもいないのに倒幕《とうばく》の意思と、老中《ろうじゅう》の暗殺《あんさつ》計画を話してしまう。そうすることで、同じ思いをもつ者が広く立ち上がることを願《ねが》ったためだった。松陰《しょういん》は塾生《じゅくせい》に向けて『留魂録《りゅうこんろく》』という遺書《いしょ》を残《のこ》し、処刑《しょけい》された。

ウソ!ホント!?

心配する塾生《じゅくせい》たちと絶交《ぜっこう》した!?

松陰《しょういん》は、幕府《ばくふ》の老中《ろうじゅう》・間部詮勝《まなべあきかつ》を暗殺《あんさつ》する計画を立てたが、長州藩《ちょうしゅうはん》にばれて、ろうやに入れられた。塾生《じゅくせい》たちは、暗殺《あんさつ》をやめるように手紙を送ったが、それを読んだ松陰《しょういん》は怒《おこ》り、「お前たちにはがっかりした」と、塾生《じゅくせい》たちと絶交《ぜっこう》したそうだ。

友情《ゆうじょう》のために脱藩《だっぱん》!?

松陰《しょういん》は熊本藩《くまもとはん》(現在《げんざい》の熊本県《くまもとけん》)の藩士《はんし》・宮部鼎蔵《みやべていぞう》と親友になった。
一緒《いっしょ》に東北《とうほく》旅行に行かないか?
いいね!
当時、旅行をするためには藩《はん》の許可《きょか》が必要《ひつよう》だった。
急いで許可《きょか》をもらいたい!
もっと前に言ってもらわないと無理《むり》!
これでは約束《やくそく》した日に間に合わない…!
かくなるうえは…!
*脱藩《だっぱん》してきた!東北《とうほく》に行こう!
何ーっ!
脱藩《だっぱん》は死罪《しざい》になるほど重い犯罪《はんざい》だった。

*許可《きょか》なく藩《はん》を抜《ぬ》け出すこと。

幕末《ばくまつ》の歴史《れきし》
1860年

幕府《ばくふ》の最高職《さいこうしょく》が尊王攘夷派《そんのうじょういは》の志士《しし》に殺《ころ》された!

桜田門外《さくらだもんがい》の変《へん》

桜田門外《さくらだもんがい》の変《へん》
直弼《なおすけ》の行列は彦根藩邸《ひこねはんてい》を出て、わずか500m先にある江戸城桜田門《えどじょうさくらだもん》の手前で、尊王攘夷派《そんのうじょういは》の志士《しし》18人におそわれた。

幕府《ばくふ》の権力《けんりょく》のおとろえを世間に示《しめ》した事件《じけん》

孝明天皇《こうめいてんのう》(➡P104)の許可《きょか》を得《え》ないまま日米修好通商条約《にちべいしゅうこうつうしょうじょうやく》を結《むす》んだ大老《たいろう》・井伊直弼《いいなおすけ》に対し、尊王《そんのう》攘夷派《じょういは》の志士《しし》たちは怒《おこ》り、幕府《ばくふ》の政治《せいじ》に反対する発言や行動をするようになった。直弼《なおすけ》は、こうした志士《しし》たちを探《さが》し出して捕《と》らえ、きびしく処罰《しょばつ》した。この「安政《あんせい》の大《たい》獄《ごく》」によって、吉田松陰《よしだしょういん》や橋本左《はしもとさ》内《ない》などが処刑《しょけい》された。また直弼《なおすけ》と対立していた徳川斉昭《とくがわなりあき》や松平春嶽《まつだいらしゅんがく》なども処罰《しょばつ》を受けた。

直弼《なおすけ》の強引なやり方を許《ゆる》せないと思った水戸藩《みとはん》(現在《げんざい》の茨城県《いばらきけん》)

発見《はっけん》!

桜田門《さくらだもん》

江戸城《えどじょう》(現在《げんざい》の皇居《こうきょ》)にある桜田門《さくらだもん》の近くで直弼《なおすけ》は殺害《さつがい》された(東京都《とうきょうと》)。

直弼《なおすけ》をおそう志士《しし》たち

直弼《なおすけ》が乗った駕籠《かご》にピストルが発射《はっしゃ》されると、志士《しし》たちはいっせいに攻撃《こうげき》をはじめた。うたれた直弼《なおすけ》は動けなくなったところを駕籠《かご》から出されて殺《ころ》された。

出身の尊王攘夷派《そんのうじょういは》の志士《しし》たちは、1860年3月、江戸城《えどじょう》の桜田《さくらだ》門外《もんがい》で直弼《なおすけ》の行列をおそい、直弼《なおすけ》を殺害《さつがい》した(桜田門外《さくらだもんがい》の変《へん》)。

昼間に堂《どう》どうと、最高職《さいこうしょく》の大老《たいろう》が殺《ころ》されたことで、幕府《ばくふ》の権威《けんい》は大きくおとろえた。

なるほどエピソード

直弼《なおすけ》をうち取ったのは薩摩藩士《さつまはんし》だった!?

直弼《なおすけ》をおそった志士《しし》18人のうち、17人は水戸藩《みとはん》出身だったが、ただひとり、有村次左衛門《ありむらじざえもん》だけが薩摩藩《さつまはん》(現在《げんざい》の鹿児島県《かごしまけん》)出身だった。次左衛門《じざえもん》は直弼《なおすけ》を駕籠《かご》から出して殺《ころ》したが、彦根藩士《ひこねはんし》の反撃《はんげき》にあって重傷《じゅうしょう》を負い、間もなく死亡《しぼう》した。

有村次左衛門《ありむらじざえもん》(1838〜1860)

井伊直弼《いいなおすけ》の暗殺後《あんさつご》、公武合体《こうぶがったい》（朝廷《ちょうてい》と幕府《ばくふ》の協力関係《きょうりょくかんけい》）の政策《せいさく》が進められた。
14代将軍《しょうぐん》
徳川家茂《とくがわいえもち》
そのため、14代将軍《しょうぐん》・徳川家茂《とくがわいえもち》の妻《つま》に孝明天皇《こうめいてんのう》の妹・和宮《かずのみや》が迎《むか》えられることになった。
1861年10月
江戸《えど》への出発が迫《せま》った京都御所《きょうとごしょ》――
旅の準備《じゅんび》で困《こま》っていることはないか？
はい
和宮《かずのみや》…これだけは信《しん》じてくれ！
わたしはそなたを見捨《みす》てたわけではない！
孝明天皇《こうめいてんのう》
はい…
ですが兄上…生まれ育った京《きょう》を離《はな》れて、見知らぬ江戸《えど》の地へ行くのがさみしくて……
孝明天皇《こうめいてんのう》の妹
和宮《かずのみや》

スッ
和宮《かずのみや》…
そなたを将軍《しょうぐん》の妻《つま》にすれば、必《かなら》ず異国《いこく》をこの国から追い払《はら》うと
そう幕府《ばくふ》は約束《やくそく》した！
そなたが江戸《えど》に行くのはこの国を守るためなのだ！
遠く離《はな》れても心はそなたと一緒《いっしょ》だ！さみしいことはない
…わかりました
スッ
お国のため
この身をささげて参《まい》ります…！

薩英戦争《さつえいせんそう》！
1862年8月 生麦村《なまむぎむら》（神奈川県《かながわけん》）──
薩摩藩《さつまはん》（現在《げんざい》の鹿児島県《かごしまけん》）の島津久光《しまづひさみつ》の行列を横切ったイギリス人が、薩摩藩士《さつまはんし》に殺《ころ》された。
翌年《よくとし》8月 イギリスの軍艦《ぐんかん》は薩摩藩《さつまはん》を攻撃《こうげき》した。
ドォォォォォン
大久保様《おおくぼさま》たいへんです！
今夜の戦闘《せんとう》でこちらの砲台《ほうだい》はほぼ全滅《ぜんめつ》！
うむ…そうか
薩摩藩士《さつまはんし》
大久保利通《おおくぼとしみち》
しかたあるまい
ここは「オデタイ作戦《さくせん》」で時間をかせぐぞ！

翌朝《よくあさ》、鹿児島湾《かごしまわん》――
たいへんですっ！昨日《きのう》より大きな大砲《たいほう》が並《なら》んでいます！
なんだと!?
イギリス海軍提督《かいぐんていとく》
キューパー
薩摩《さつま》で使われる長い樽《たる》のことを「オデタイ」といい、大きさや形が大砲《たいほう》に似《に》ていた。
ひとまずにげろっ
イギリスがにげていくぞっ
オデタイが大砲《たいほう》に見えたんだ！
オデタイ作戦《さくせん》成功《せいこう》です！
よしっこの間に次の攻撃《こうげき》に備《そな》えるぞっ
気をひきしめろ

幕府《ばくふ》

幕末《ばくまつ》の混乱期《こんらんき》に、幕府《ばくふ》を率《ひき》いた14代将軍《しょうぐん》

徳川家茂《とくがわいえもち》

公武合体《こうぶがったい》の実現《じつげん》のため皇女《こうじょ》・和宮《かずのみや》と結婚《けっこん》する

4歳《さい》で紀州藩《きしゅうはん》(現在《げんざい》の和歌山県《わかやまけん》)の藩主《はんしゅ》となった徳川家茂《とくがわいえもち》は、13歳《さい》のとき大老《たいろう》・井伊直弼《いいなおすけ》によって14代将軍《しょうぐん》となった。その頃《ころ》、世の中は尊王攘夷派《そんのうじょういは》による活動で混乱《こんらん》していた。日本をまとめるには、朝廷《ちょうてい》(公《こう》)と幕府《ばくふ》(武《ぶ》)が協力《きょうりょく》する必要《ひつよう》があった(公武合体《こうぶがったい》)。危機《きき》を理解《りかい》した家茂《いえもち》は、17歳《さい》で孝明天皇《こうめいてんのう》の妹・和宮《かずのみや》(➡P60)と結婚《けっこん》した。

翌年《よくとし》、家茂《いえもち》は京都《きょうと》へ行き、幕府《ばくふ》に対して攘夷《じょうい》を求《もと》めていた孝明天皇《こうめいてんのう》に攘夷《じょうい》の実行を誓《ちか》った。しかし朝廷《ちょうてい》は、兵庫《ひょうご》港《こう》を開港した幕府《ばくふ》の老中《ろうじゅう》を家茂《いえもち》に無断《むだん》で処罰《しょばつ》した。朝廷《ちょうてい》の勝手な行動に怒《おこ》った家茂《いえもち》は「将軍《しょうぐん》を辞《や》める」と、朝廷《ちょうてい》をおどした。おどろいた孝《こう》明天皇《めいてんのう》は、「今後は幕府《ばくふ》に口出ししない」と約束《やくそく》したという。1866年、家《いえ》茂《もち》は第二次長州征伐《だいにじちょうしゅうせいばつ》(➡P166)を指《し》揮《き》するため西日本に向かったが、その途中《とちゅう》、大坂城《おおさかじょう》で病気のため急死した。

ビジュアル資料《しりょう》
京都《きょうと》へ向かう家茂《いえもち》
和宮《かずのみや》と結婚《けっこん》した後、家茂《いえもち》は京都《きょうと》にいた孝明天皇《こうめいてんのう》を訪《おとず》れ、攘夷《じょうい》を誓《ちか》った。

徳川家茂《とくがわいえもち》

肖像《しょうぞう》

出身地《しゅっしんち》
紀伊《きい》(現在《げんざい》の和歌山県《わかやまけん》)

生年月日《せいねんがっぴ》
1846年5月24日

死亡年月日《しぼうねんがっぴ》
1866年7月20日

享年《きょうねん》
21歳《さい》(病死)

主義《しゅぎ》

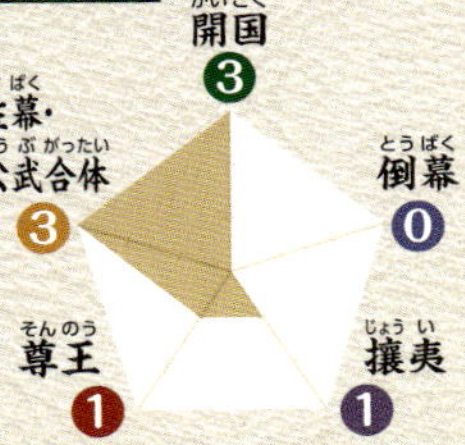

肩書《かたがき》
- 紀州藩主《きしゅうはんしゅ》
- 幕府《ばくふ》の14代将軍《しょうぐん》

名言《めいげん》
馬に罪《つみ》はない。
※幕府《ばくふ》が長州藩《ちょうしゅうはん》と対立したとき、「(長州《ちょうしゅう》藩《はん》の)毛利家《もうりけ》から献上《けんじょう》された馬は、どう処分《しょぶん》しますか」と聞かれたときの言葉。

なるほどエピソード
じいのおもらしに水をかけてごまかした!?

家茂《いえもち》は12歳頃《さいごろ》、70歳《さい》を過《す》ぎた戸川安清《とがわやすずみ》に書道を習っていた。あるとき突然《とつぜん》、家茂《いえもち》は安清《やすずみ》の全身に水をかけて大笑《おおわら》いし、「あとは明日にしよう」と部屋を出て行った。家茂《いえもち》は、安清《やすずみ》がおもらしをしたことに気づき、水をかけて隠《かく》したのであった。安清《やすずみ》は家茂《いえもち》のやさしさに涙《なみだ》を流したという。

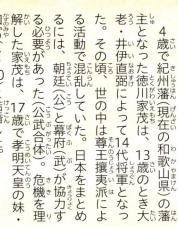

幕府《ばくふ》

和宮《かずのみや》

公武合体《こうぶがったい》のために、徳川家茂《とくがわいえもち》と結婚《けっこん》した孝明天皇《こうめいてんのう》の妹

家茂《いえもち》の死後も江戸《えど》城《じょう》に残《のこ》り徳川家《とくがわけ》を守り続《つづ》ける

孝明天皇《こうめいてんのう》の妹・和宮《かずのみや》は6歳《さい》のとき有栖川宮熾仁親王《ありすがわのみやたるひとしんのう》と婚約《こんやく》した。しかし公武合体《こうぶがったい》（朝廷《ちょうてい》と幕府《ばくふ》が協力関係《きょうりょくかんけい》を築《きず》くこと）のため、婚約《こんやく》を解消《かいしょう》し、14代将軍《しょうぐん》・徳川家茂《とくがわいえもち》と結婚《けっこん》することが決められた。最初《さいしょ》は断《ことわ》った和宮《かずのみや》だったが、兄の苦しむ顔を見て、結婚《けっこん》を決意した。

江戸城《えどじょう》に入った和宮《かずのみや》は、徳川家定《とくがわいえさだ》の妻《つま》・篤姫《あつひめ》につらくあたられたという。しかし和宮《かずのみや》と同じ17歳《さい》の家茂《いえもち》は、和宮《かずのみや》をいたわり、やさしかった。和宮《かずのみや》も、まじめな家茂《いえもち》を愛《あい》するようになった。

ふたりの結婚《けっこん》生活は、家茂《いえもち》の急死によって4年で終わったが、和宮《かずのみや》は朝廷《ちょうてい》にもどらず、徳川家《とくがわけ》に残《のこ》った。

幕府《ばくふ》が倒《たお》れた後、新政府軍《しんせいふぐん》が徳川家《とくがわけ》をほろぼそうと江戸城《えどじょう》に迫《せま》ってきたとき、和宮《かずのみや》は、「徳川家《とくがわけ》をほろぼすなら自分も死ぬ覚悟《かくご》」と伝《つた》え、攻撃《こうげき》を中止させるために力を尽《つ》くした。その後、京都《きょうと》にもどり、再《ふたた》び東京《とうきょう》へ帰った。

「葵艸松の裏苑 第十四帖 家茂公御配偶和宮」東京都立中央図書館特別文庫室所蔵

ビジュアル資料《しりょう》

和宮《かずのみや》をえがいた絵

家茂《いえもち》の死後、和宮《かずのみや》は「静寛院宮《せいかんいんのみや》」と名乗り、徳川家《とくがわけ》を支《ささ》えた。

和宮《かずのみや》

肖像《しょうぞう》

出身地《しゅっしんち》

京《きょう》（現在《げんざい》の京都市《きょうとし》）

生年月日《せいねんがっぴ》

1846年5月10日

死亡年月日《しぼうねんがっぴ》

1877年9月2日

享年《きょうねん》

32歳《さい》（病死）

主義《しゅぎ》

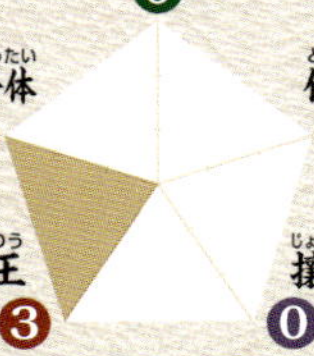

肩書《かたがき》

・徳川家茂夫人《とくがわいえもちふじん》

名言《めいげん》

惜《お》しまじな 君《きみ》と民《たみ》との ためならば 身《み》は武蔵野《むさしの》の 露《つゆ》と消《き》ゆとも

※家茂《いえもち》との結婚《けっこん》を決意したときによんだ和歌より。

幕末《ばくまつ》のきずな

家茂《いえもち》から贈《おく》られた最後《さいご》のプレゼント

第二次長州征伐《ちょうしゅうせいばつ》（➡P166）の前、家茂《いえもち》から「おみやげは何がいい？」と聞かれた和宮《かずのみや》は、「京都《きょうと》で西陣織《にしじんおり》の着物を買ってきてほしい」と言った。しかし家茂《いえもち》は遠征中《えんせいちゅう》に病死し、着物だけが和宮《かずのみや》に届《とど》けられた。和宮《かずのみや》は着物を抱《だ》きしめて泣《な》きくずれたという。

幕末《ばくまつ》の歴史《れきし》
1862年

家《いえ》茂《もち》と和《かずの》宮《みや》が結《けっ》婚《こん》する

結婚《けっこん》した徳川家茂《とくがわいえもち》と和宮《かずのみや》
家茂《いえもち》は何度も贈《おく》り物をしたり、やさしく話しかけたりして、和宮《かずのみや》を大切にした。結婚《けっこん》したとき、ふたりとも17歳《さい》だった。

結婚《けっこん》を利用《りよう》して幕府《ばくふ》と朝廷《ちょうてい》の関係《かんけい》を改善《かいぜん》する

　大老《たいろう》・井伊直弼《いいなおすけ》が孝明天皇《こうめいてんのう》の許《きょ》可《か》を得《え》ずに日米修好通商条約《にちべいしゅうこうつうしょうじょうやく》を結《むす》んだため、幕府《ばくふ》と朝廷《ちょうてい》の関係《かんけい》は悪化していた。さらに、直弼《なおすけ》が殺《さつ》害《がい》されたことで、幕府《ばくふ》の権威《けんい》は大きくおとろえた。世の中は尊王攘《そんのうじょう》夷《い》派《は》の活動で混乱《こんらん》していた。

　孝明天皇《こうめいてんのう》（⬇P104）は、攘《じょう》夷《い》を望《のぞ》んでいたが、幕府《ばくふ》を守りたいという気持ちも強かった。幕府《ばくふ》や有力大名《だいみょう》も、幕府《ばくふ》と朝廷《ちょうてい》との関《かん》係《けい》をよくするべきと考えていた。このため老中《ろうじゅう》・安藤信正《あんどうのぶまさ》などの働《はたら》きによって、孝明天皇《こうめいてんのう》の

公《こう》武《ぶ》合《がっ》体《たい》実《じつ》現《げん》のため若《わか》いふたりが結《けっ》婚《こん》する！

妹・和宮《かずのみや》と14代将軍《しょうぐん》・徳川家茂《とくがわいえもち》の結婚《けっこん》が決まった。朝廷《ちょうてい》(公《こう》)と幕府《ばくふ》(武《ぶ》)が協力関係《きょうりょくかんけい》を築《きず》くための政策《せいさく》は、「公武合体《こうぶがったい》」と呼《よ》ばれる。

1861年10月、京都《きょうと》を出発した和宮《かずのみや》の行列は、約《やく》1か月をかけて江戸城《えどじょう》に到着《とうちゃく》し、翌年《よくとし》2月に結婚式《けっこんしき》がおこなわれた。

公《こう》武《ぶ》合《がっ》体《たい》に賛《さん》成《せい》した人びと

朝廷《ちょうてい》 公《こう》

孝明天皇《こうめいてんのう》 (➡P104)

公家《くげ》

岩倉具視《いわくらともみ》 (➡P210)

幕府《ばくふ》 武《ぶ》

老中《ろうじゅう》

安藤信正《あんどうのぶまさ》 (➡P19)

大名《だいみょう》

宇和島藩主《うわじまはんしゅ》

伊達宗城《だてむねなり》 (➡P222)

土佐藩主《とさはんしゅ》

山内容堂《やまうちようどう》 (➡P176)

越前藩主《えちぜんはんしゅ》

松平春嶽《まつだいらしゅんがく》 (➡P32)

薩摩藩主《さつまはんしゅ》

島津斉彬《しまづなりあきら》 (➡P30)

ビジュアル資料《しりょう》

和宮《かずのみや》の行列

和宮《かずのみや》の行列の人数は約《やく》8000人、長さは約《やく》50kmにもおよび、通り過《す》ぎるまで４日間かかったといわれる。

なるほどエピソード

庶民《しょみん》は和宮《かずのみや》の行列を見られなかった？

和宮《かずのみや》の行列は京都《きょうと》を出発すると、中山道《なかせんどう》(長野県《ながのけん》を通る街道《かいどう》)を通って江戸《えど》に向かった。和宮《かずのみや》の安全を守るため、庶民《しょみん》は行列の見物を禁止《きんし》され、「女性《じょせい》は家の入口より下がってひれ伏《ふ》し、男性《だんせい》は家から出てはいけない」と命じられた。

薩摩藩《さつまはん》

島津久光《しまづひさみつ》

幕府《ばくふ》に「文久《ぶんきゅう》の改革《かいかく》」を迫《せま》った薩摩藩《さつまはん》の権力者《けんりょくしゃ》

幕府《ばくふ》に出向いて公武合体《こうぶがったい》を強制《きょうせい》する

薩摩藩《さつまはん》(現在《げんざい》の鹿児島県《かごしまけん》)藩主《はんしゅ》・島津《しまづ》斉興《なりおき》の子の島津久光《しまづひさみつ》は、兄・斉彬《なりあきら》と藩主《はんしゅ》の座《ざ》をかけて争《あらそ》った。斉彬《なりあきら》の死後、久光《ひさみつ》の子・忠義《ただよし》が藩主《はんしゅ》になったため、久光《ひさみつ》は父の立場で政治《せいじ》をおこなった。

久光《ひさみつ》は、「幕府《ばくふ》は真剣《しんけん》に公武合体《こうぶがったい》(朝廷《ちょうてい》と幕府《ばくふ》の協力関係《きょうりょくかんけい》)に取り組むべき」と主張《しゅちょう》して幕府《ばくふ》に乗りこみ、徳川慶喜《とくがわよしのぶ》や松平春嶽《まつだいらしゅんがく》らを重要《じゅうよう》な役職《やくしょく》につけるなど改革《かいかく》をおこなった(文久《ぶんきゅう》の改革《かいかく》)。

その帰り道、久光《ひさみつ》の行列をさえぎったイギリス人3名を「無礼《ぶれい》」として、久光《ひさみつ》の家来が切りつけた(生麦事件《なまむぎじけん》)。これに怒《おこ》ったイギリスとの間で薩英戦争《さつえいせんそう》(➡P70)が起こり、大きな被害《ひがい》を受けた。その後、久光《ひさみつ》の公武合体政策《こうぶがったいせいさく》は行きづまり、薩摩藩《さつまはん》は家臣《かしん》の西郷隆盛《さいごうたかもり》(➡P168)らの手によって、倒幕勢力《とうばくせいりょく》に変《か》えられていった。

幕府《ばくふ》がほろびた後は、新政府《しんせいふ》の左大臣《さだいじん》に任命《にんめい》された。

ビジュアル資料《しりょう》

生麦事件《なまむぎじけん》の現場《げんば》

生麦事件《なまむぎじけん》が起きた場所でとられた写真。

なるほどエピソード

西郷隆盛《さいごうたかもり》がきらいでしょうがなかった!?

久光《ひさみつ》は、西郷隆盛《さいごうたかもり》と気が合わなかった。勝手な行動をした隆盛《たかもり》を追放したとき、藩士《はんし》たちに何度も「隆盛《たかもり》を許《ゆる》してほしい」と頼《たの》まれた久光《ひさみつ》は、しかたなく隆盛《たかもり》を許《ゆる》したが、くやしさのあまり吸《す》っていた銀のキセルを歯形が残《のこ》るほどかみしめたそうだ。

島津久光《しまづひさみつ》

肖像《しょうぞう》

出身地《しゅっしんち》

薩摩《さつま》(現在《げんざい》の鹿児島県《かごしまけん》)

生年月日《せいねんがっぴ》

1817年10月20日

死亡年月日《しぼうねんがっぴ》

1887年12月6日

享年《きょうねん》

71歳《さい》(病死)

主義《しゅぎ》

肩書《かたがき》

・薩摩藩主《さつまはんしゅ》の父

名言《めいげん》

わたしの本心は、武力《ぶりょく》を使わず、国の体制《たいせい》を守ることである。

薩摩藩《さつまはん》

寺田屋騒動《てらだやそうどう》で殺《ころ》された薩摩藩《さつまはん》の尊王攘夷派《そんのうじょういは》

有馬新七《ありましんしち》

尊王《そんのう》攘夷《じょうい》を主張《しゅちょう》するが寺田屋《てらだや》騒動《そうどう》で闘死《とうし》する

有馬新七《ありましんしち》は、薩摩藩《さつまはん》(現在《げんざい》の鹿児島《かごしま》県《けん》)の武士《ぶし》で、剣術《けんじゅつ》と学問の両方を身につけた後、江戸《えど》に出た。

1856年、尊王攘夷《そんのうじょうい》派《は》の学者・梅《うめ》田《だ》雲浜《うんぴん》と出会って大きな影響《えいきょう》を受け、志士《しし》として活動をはじめた。井伊直弼《いいなおすけ》の政治《せいじ》に反対し、水戸藩《みとはん》(現在《げんざい》の茨城《いばらき》県《けん》)の藩士《はんし》らとともに直弼《なおすけ》をおそう計画を立てたが失敗《しっぱい》し、薩摩《さつま》にもどった。

1862年、島津久光《しまづひさみつ》が幕府《ばくふ》に公武《こうぶ》合体《がったい》を求《もと》めるため江戸《えど》へ向かうことになった。新七《しんしち》は、過激《かげき》な尊王攘夷《そんのうじょうい》派《は》の志士《しし》を全国から集め、京都所司代《きょうとしょしだい》をおそう計画を立てた。新七《しんしち》らは、伏見《ふしみ》(京都府《きょうとふ》)の寺田屋《てらだや》で作戦会議《さくせんかいぎ》を開いたが、これを知った久光《ひさみつ》は、同じ薩摩藩《さつまはん》士《し》たちを送りこみ、計画を中止するように説得《せっとく》させた。しかし新七《しんしち》は聞く耳をもたなかったため、激《はげ》しい切り合いとなり、新七《しんしち》ら8名の尊王攘夷《そんのうじょうい》派《は》の志《し》士《し》が殺害《さつがい》された(寺田屋騒動《てらだやそうどう》➡P68)。

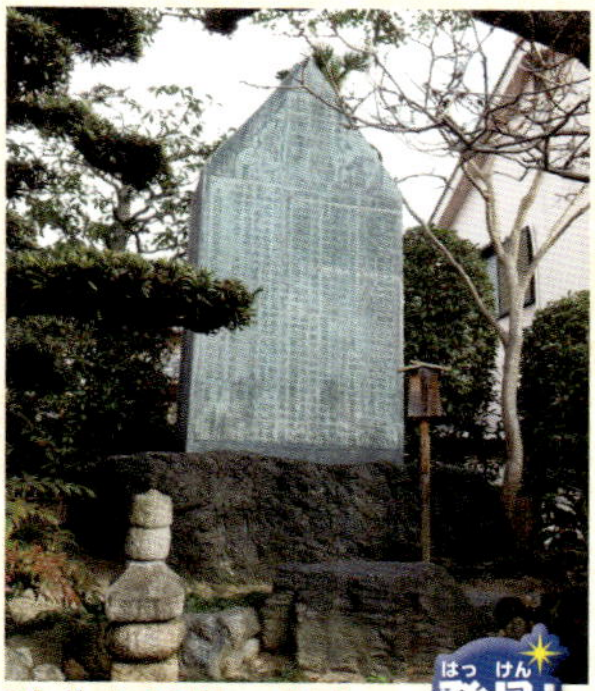

寺田屋騒動《てらだやそうどう》の石碑《せきひ》

寺田屋《てらだや》があった場所には、現在《げんざい》、石碑《せきひ》が立っている(京都府《きょうとふ》)。

なるほどエピソード

仲間《なかま》に「おいごと刺《さ》せ」と叫《さけ》んで死んだ!?

寺田屋騒動《てらだやそうどう》で、新七《しんしち》は道島五郎兵《みちじまごろべ》衛《え》と戦《たたか》っているとき、小刀が折《お》れてしまった。このとき新七《しんしち》は、五郎兵《ごろべ》衛《え》を壁《かべ》に押《お》さえつけ、仲間《なかま》の橋口吉《はしぐちきち》之丞《のじょう》に向かって、「おい(自分)ごと刺《さ》せ」と命じた。このため、ふたりとも串刺《くしざ》しになって死んだ。

有馬新七《ありましんしち》

肖像《しょうぞう》

出身地《しゅっしんち》

薩摩《さつま》(現在《げんざい》の鹿児島県《かごしまけん》)

生年月日《せいねんがっぴ》

1825年11月4日

死亡年月日《しぼうねんがっぴ》

1862年4月23日

享年《きょうねん》

38歳《さい》(闘死《とうし》)

主義《しゅぎ》

肩書《かたがき》

・薩摩藩士《さつまはんし》

名言《めいげん》

おいごと刺《さ》せ

※寺田屋騒動《てらだやそうどう》のとき、仲間《なかま》にかけた言葉。

寺田屋騒動《てらだやそうどう》

薩摩藩士《さつまはんし》どうしの切り合い
説得《せっとく》に向かった薩摩藩士《さつまはんし》は、逆《さか》らう新七《しんしち》らに対し、「上意《じょうい》(主君の命令《めいれい》)」と叫《さけ》んで切りかかり、「同志《どうし》うち」の切り合いがはじまった。

公武合体《こうぶがったい》に反対する薩摩藩士《さつまはんし》が殺《ころ》される

1862年、徳川家茂《とくがわいえもち》と和宮《かずのみや》の結婚《けっこん》を決めた幕府《ばくふ》の老中《ろうじゅう》・安藤《あんどう》信正《のぶまさ》は、「朝廷《ちょうてい》を利用《りよう》するのは許《ゆる》せない」と怒《おこ》った尊王攘夷派《そんのうじょういは》の志士《しし》たちにおそわれた(坂下門外《さかしたもんがい》の変《へん》)。信正《のぶまさ》はたすかったが、老中《ろうじゅう》を辞《や》めさせられた。この事件《じけん》のため、公《こう》武合体《ぶがったい》の動きはにぶくなった。

薩摩藩《さつまはん》(現在《げんざい》の鹿児島県《かごしまけん》)藩主《はんしゅ》の父・島津久光《しまづひさみつ》は、「公武合体《こうぶがったい》を進めるべき」と考え、幕府《ばくふ》に改革《かいかく》を迫《せま》るために兵《へい》を率《ひき》いて薩摩《さつま》を出発した。同じ頃《ころ》、伏見《ふしみ》(京都府《きょうとふ》)の寺《てら》田屋《だや》では、薩摩藩士《さつまはんし》・有馬新七《ありましんしち》ら

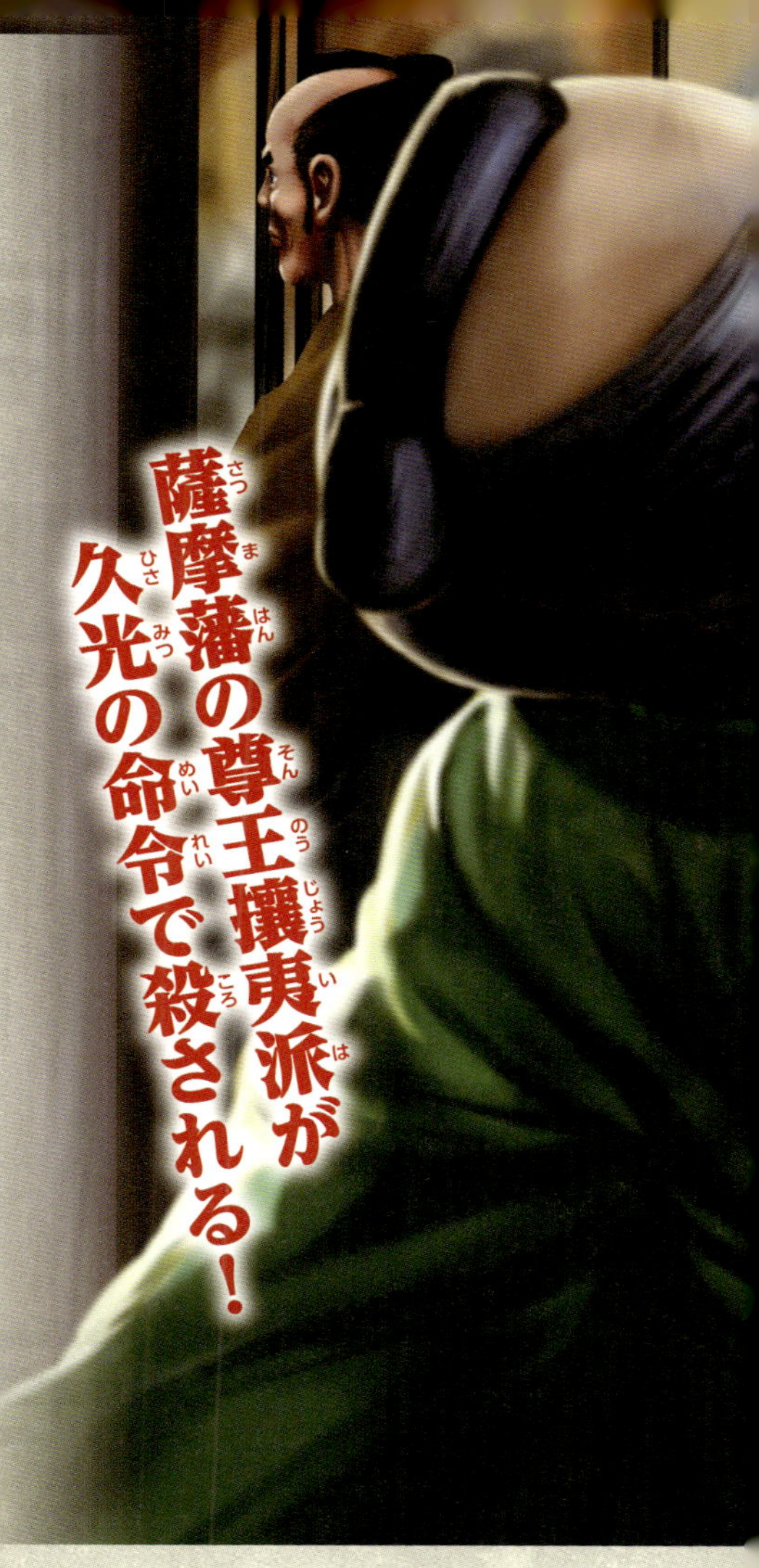

薩摩藩《さつまはん》の尊王攘夷派《そんのうじょういは》が久光《ひさみつ》の命令《めいれい》で殺《ころ》される！

過激《かげき》な尊王攘夷派《そんのうじょういは》が集まり、幕府《ばくふ》の役所をおそう計画を立てていた。これを知った久光《ひさみつ》は剣術《けんじゅつ》の腕《うで》が立つ薩摩藩士《さつまはんし》を寺田屋《てらだや》に向かわせ、計画を中止するように説得《せっとく》させた。しかし新七《しんしち》らは逆《さか》らったので、薩摩藩士《さつまはんし》どうしで戦《たたか》うことになった。この寺田屋騒動《てらだやそうどう》によって、尊王攘夷派《そんのうじょういは》6人が殺《ころ》され、重傷《じゅうしょう》の2名も後に切腹《せっぷく》させられた。

島津久光《しまづひさみつ》の行動

1 薩摩軍《さつまぐん》を率《ひき》いて京都《きょうと》へ向かう

幕府《ばくふ》に公武合体《こうぶがったい》や政治改革《せいじかいかく》を進めるように主張《しゅちょう》するため、薩摩藩主《さつまはんしゅ》の父・島津久光《しまづひさみつ》は薩摩藩士《さつまはんし》1000人を率《ひき》いて京都《きょうと》に向かった。

2 寺田屋騒動《てらだやそうどう》を起こす

久光《ひさみつ》は剣術《けんじゅつ》に優《すぐ》れた家臣《かしん》に命じて、伏見《ふしみ》(京都府《きょうとふ》)の寺田屋《てらだや》に集まっていた薩摩藩《さつまはん》の尊王攘夷派《そんのうじょういは》の志士《しし》たちをおそわせた。

3 江戸《えど》に向かい、幕府《ばくふ》を改革《かいかく》する

江戸《えど》に着いた久光《ひさみつ》は、幕府《ばくふ》に「能力《のうりょく》のある人物を出世させるべき」と主張《しゅちょう》し、徳川慶喜《とくがわよしのぶ》や松平春嶽《まつだいらしゅんがく》を幕府《ばくふ》の高い役職《やくしょく》につけさせた(文久《ぶんきゅう》の改革《かいかく》)。

4 生麦事件《なまむぎじけん》を起こす

江戸《えど》から薩摩《さつま》へ帰る途中《とちゅう》、生麦村《なまむぎむら》(神奈川県《かながわけん》)で、久光《ひさみつ》の行列を乱《みだ》したイギリス人が薩摩藩士《さつまはんし》によって切り殺《ころ》された(生麦事件《なまむぎじけん》)。

幕末《ばくまつ》の歴史《れきし》 1863年

薩《さつ》英《えい》戦《せん》争《そう》

戦争《せんそう》を通じて認《みと》め合った薩摩藩《さつまはん》とイギリス

1862年、生麦村《なまむぎむら》（神奈川県《かながわけん》）で、久光《ひさみつ》の行列を横切ったイギリス人が薩摩藩士《さつまはんし》に切り殺《ころ》された。この生麦事件《なまむぎじけん》に怒《おこ》ったイギリスは、賠償金《ばいしょうきん》と犯人《はんにん》の引き渡《わた》しを要求《ようきゅう》したが、薩摩藩《さつまはん》は賠償金《ばいしょうきん》も払《はら》わず、犯人《はんにん》も渡《わた》さなかった。このためイギリスは軍艦《ぐんかん》7隻《せき》を鹿児島湾《かごしまわん》に侵入《しんにゅう》させた。それでも薩摩藩《さつまはん》は無視《むし》したので、戦闘《せんとう》がはじまった。

イギリス軍艦《ぐんかん》の大砲《たいほう》は遠くまで届《とど》き、破壊力《はかいりょく》も大きかったので、砲弾《ほうだん》が打ちこまれた鹿児島市街《かごしましがい》は炎《ほのお》に包《つつ》まれた。しかし、戦争《せんそう》に備《そな》

分 戦力《せんりょく》 不明《ふめい》

島津久光《しまづひさみつ》

島津忠義《しまづただよし》

薩摩軍《さつまぐん》

VS

イギリス軍《ぐん》

イギリス海軍《かいぐん》

分 戦力《せんりょく》 軍艦《ぐんかん》7隻《せき》

薩摩藩《さつまはん》は攘夷《じょうい》が不可能《ふかのう》なことを理解《りかい》する!

軍艦《ぐんかん》を攻撃《こうげき》する薩摩軍《さつまぐん》

薩摩軍《さつまぐん》は、鹿児島湾《かごしまわん》に入ったイギリス軍艦《ぐんかん》を大砲《たいほう》で攻撃《こうげき》した。戦闘《せんとう》は3日間続《つづ》き、イギリス軍《ぐん》は13人が戦死《せんし》した。薩摩軍《さつまぐん》の戦死者《せんししゃ》は5人だったが、市街地《しがいち》の約《やく》1割《わり》が焼失《しょうしつ》した。

ビジュアル資料《しりょう》

薩英戦争《さつえいせんそう》をえがいた絵

砲台《ほうだい》からイギリス軍艦《ぐんかん》を攻撃《こうげき》している様子がえがかれている。

発見《はっけん》!

大山巌《おおやまいわお》・西郷従道《さいごうつぐみち》・山本権兵衛《やまもとごんべえ》像《ぞう》

鹿児島市《かごしまし》には、イギリス海軍《かいぐん》が現《あらわ》れたときに鹿児島湾《かごしまわん》に向かう大山巌《おおやまいわお》(➡P292)や西郷従道《さいごうつぐみち》(➡P294)などの銅像《どうぞう》が立っている。

えて海岸に大砲《たいほう》を並《なら》べていた薩摩《さつま》軍《ぐん》の攻撃《こうげき》もすさまじく、3隻《せき》の軍《ぐん》艦《かん》を破壊《はかい》されたイギリス艦隊《かんたい》は、勝利《しょうり》をあきらめて引きあげた。この戦《たたか》いにより、お互《たが》いの実力を知り、認《みと》め合った薩摩藩《さつまはん》とイギリスは、協力関係《きょうりょくかんけい》を築《きず》くようになった。

なるほどエピソード

イギリス議会《ぎかい》は市街地《しがいち》への攻撃《こうげき》を非難《ひなん》した!?

薩英戦争《さつえいせんそう》がはじまる前、イギリスは幕府《ばくふ》から生麦事件《なまむぎじけん》の賠償金《ばいしょうきん》として10万ポンド(約《やく》30億《おく》円)を受け取っていた。このためイギリス議《ぎ》会《かい》では、「賠償金《ばいしょうきん》をもらっておいて、市街地《しがいち》を攻撃《こうげき》したのはやりすぎだ」と、非難《ひなん》する声が上がった。

有力藩《ゆうりょくはん》クローズアップ 1

薩《さつ》摩《ま》藩《はん》ってどんな藩《はん》？

薩摩藩《さつまはん》の基本情報《きほんじょうほう》

藩庁《はんちょう》 鹿児島城《かごしまじょう》

© K. P. V. B

1601年に初代《しょだい》藩主《はんしゅ》・島津家久《しまづいえひさ》が築《きず》いた城《しろ》で、鶴丸城《つるまるじょう》とも呼《よ》ばれる。最初《さいしょ》から天守《てんしゅ》も櫓《やぐら》もなかった。

石高《こくだか》

72万8000石《ごく》

幕末期《ばくまつき》の石高《こくだか》ランキング 第2位《い》

大名家《だいみょうけ》

島津家《しまづけ》

外様大名《とざまだいみょう》

薩摩藩《さつまはん》の特徴《とくちょう》

機械工場《きかいこうじょう》
溶鉱炉《ようこうろ》
反射炉《はんしゃろ》
集成館《しゅうせいかん》
ガラス工場

反射炉《はんしゃろ》などの近代設備《きんだいせつび》が建《た》ち並《なら》んでいた。

①密貿易《みつぼうえき》でもうける！

薩摩藩《さつまはん》は支配《しはい》していた琉球《りゅうきゅう》(現在《げんざい》の沖縄県《おきなわけん》)を通じて、秘密《ひみつ》に貿易《ぼうえき》をして、もうけていた。

②工業化《こうぎょうか》を進める！

11代藩主《はんしゅ》・島津斉彬《しまづなりあきら》は近代的《きんだいてき》な工場群《こうじょうぐん》「集成館《しゅうせいかん》」を建設《けんせつ》し、藩《はん》の工業化を進めた。

③藩士《はんし》が強い！

薩摩藩士《さつまはんし》は子どもの頃《ころ》から激《はげ》しい武芸《ぶげい》のけいこをして、勇気《ゆうき》をもつことが大切と教えられていた。薩摩藩士《さつまはんし》は幕末《ばくまつ》で最強《さいきょう》といわれた。

公武合体《こうぶがったい》が行きづまり倒幕勢力《とうばくせいりょく》となる

薩摩《さつま》(現在《げんざい》の鹿児島県《かごしまけん》)は、鎌倉《かまくら》時代より島津氏《しまづし》が支配《しはい》していた。1600年の関ケ原《せきがはら》の戦《たたか》いでは、徳川家康《とくがわいえやす》に敗《やぶ》れた西軍《せいぐん》に属《ぞく》したが、そのまま薩摩《さつま》を支配《しはい》することを認《みと》められ、薩摩藩《さつまはん》が誕生《たんじょう》した。

薩摩藩《さつまはん》は支配下《しはいか》に置《お》いた琉球《りゅうきゅう》(現在《げんざい》の沖縄県《おきなわけん》)を通じて、幕府《ばくふ》に秘密《ひみつ》で外国と貿易《ぼうえき》をおこない、お金をかせいでいた。こうした経済《けいざい》力《りょく》をもとに、11代藩主《はんしゅ》・島津斉彬《しまづなりあきら》は集成館《しゅうせいかん》を築《きず》いて工業化を進め、薩摩藩《さつまはん》を幕末《ばくまつ》で最強《さいきょう》の藩《はん》にした。

斉彬《なりあきら》の死後、弟の久光《ひさみつ》が藩主《はんしゅ》の

薩摩藩《さつまはん》の位置《いち》
鹿児島県《かごしまけん》

幕末《ばくまつ》の薩摩藩《さつまはん》 人物相関図《じんぶつそうかんず》

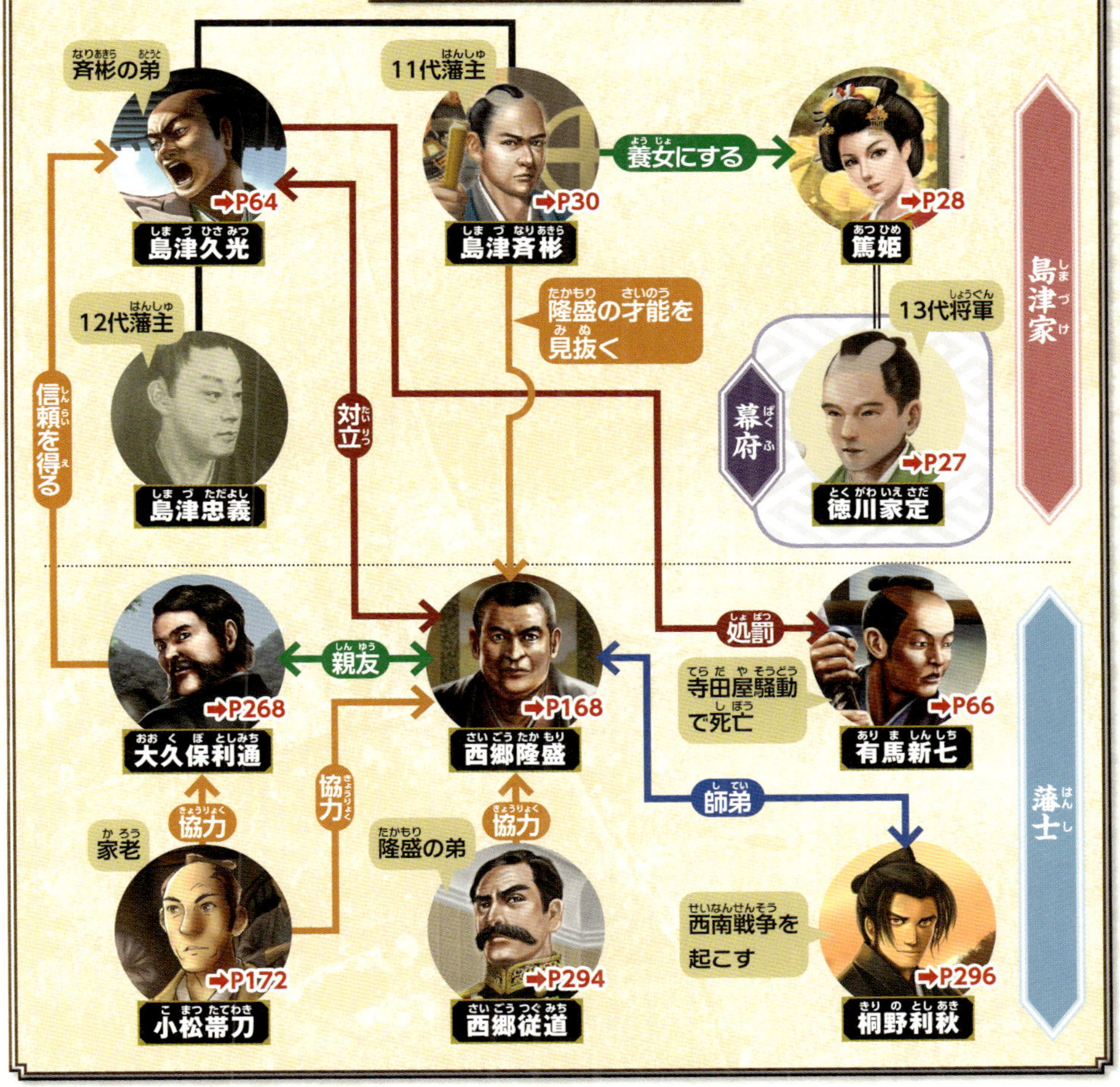

父という立場で薩摩藩《さつまはん》の政治《せいじ》をリードした。久光《ひさみつ》は公武合体《こうぶがったい》を進めるため、幕府《ばくふ》に押《お》しかけて改革《かいかく》を強制《きょうせい》し、さらに長州藩《ちょうしゅうはん》を中心とする尊王攘夷派《そんのうじょういは》との対立を深めたが、やがて公武合体《こうぶがったい》は行きづまった。

しかしその後、藩士《はんし》の西郷隆盛《さいごうたかもり》（➡P168）や大久保利通《おおくぼとしみち》（➡P268）らが実権《じっけん》をにぎると、長《ちょう》州藩《しゅうはん》との同盟《どうめい》を成功《せいこう》させ、薩摩藩《さつまはん》は倒幕勢力《とうばくせいりょく》に変《か》わった。

幕末《ばくまつ》の薩摩藩《さつまはん》の動き

幕末前期《ばくまつぜんき》　島津斉彬《しまづなりあきら》、島津久光《しまづひさみつ》を中心に公武合体《こうぶがったい》を進める

↓

幕末後期《ばくまつこうき》　薩長同盟以降《さっちょうどうめいいこう》、幕府《ばくふ》を倒《たお》す最大《さいだい》の勢力《せいりょく》となる

知ってておどろき! 幕末《ばくまつ》!

江戸《えど》の三大剣士《さんだいけんし》とは?

玄武館《げんぶかん》の道場主

千葉周作《ちばしゅうさく》(1793~1855)

陸奥《むつ》(現在《げんざい》の宮城県《みやぎけん》)で生まれた。剣術修業《けんじゅつしゅぎょう》の後、北辰一刀流《ほくしんいっとうりゅう》をつくり出し、30歳《さい》のとき江戸《えど》に玄武館《げんぶかん》を開いた。弟・定吉《さだきち》の道場では坂本龍馬《さかもとりょうま》(➡P154)が学んでいる。

肖像《しょうぞう》

おもな門下生

山岡鉄舟《やまおかてっしゅう》
(➡P218)

清河八郎《きよかわはちろう》
(➡P140)

江戸《えど》の三大剣士《さんだいけんし》が開いた剣術道場《けんじゅつどうじょう》

江戸《えど》時代後期、江戸《えど》(東京都《とうきょうと》)で評判《ひょうばん》が高かった剣術《けんじゅつ》道場の玄武館《げんぶかん》・練兵館《れんぺいかん》・士学館《しがくかん》は「江戸《えど》の三大《さんだい》道場」と呼《よ》ばれ、多くの志士《しし》たちが学んだ。それぞれの道場主は「江戸《えど》の三大剣士《さんだいけんし》」と評《ひょう》された。

剣術《けんじゅつ》のけいこ

江戸《えど》時代後半、防具《ぼうぐ》と竹刀《しない》を使ったけいこが盛《さか》んになり、多くの道場が誕生《たんじょう》した。

練兵館《れんぺいかん》の道場主

斎藤《さいとう》弥《や》九《く》郎《ろう》(1798~1871)

越中《えっちゅう》(現在《げんざい》の富山県《とやまけん》)で生まれ、江戸《えど》に出て神道無念《しんとうむねん》流《りゅう》の剣術《けんじゅつ》を学び、29歳《さい》のとき江戸《えど》に練兵館《れんぺいかん》を開いた。長州藩《ちょうしゅうはん》から高く評価《ひょうか》され、長州藩士《ちょうしゅうはんし》の多くが練《れん》兵館《ぺいかん》で学んだ。

肖像《しょうぞう》

おもな門下生

桂《かつら》小《こ》五《ご》郎《ろう》

(➡P162)

高杉《たかすぎ》晋作《しんさく》

(➡P88)

士学館《しがくかん》の道場主

桃井《もものい》春蔵《しゅんぞう》(1825~1885)

駿河《するが》(現在《げんざい》の静岡県《しずおかけん》)で生まれ、14歳《さい》のとき江戸《えど》の士学館《しがくかん》で鏡新明智流《きょうしんめいちりゅう》の剣術《けんじゅつ》を学び、28歳《さい》で士学館《しがくかん》を継《つ》いだ。武市半平太《たけちはんぺいた》を高く評価《ひょうか》し、塾頭《じゅくとう》に任命《にんめい》した。

おもな門下生

武市《たけち》半平太《はんぺいた》

(➡P112)

岡田《おかだ》以蔵《いぞう》

(➡P115)

幕《ばく》末《まつ》おもしろコラム

藩《はん》邸《てい》はとても巨《きょ》大《だい》だった!?

福岡藩邸《ふくおかはんてい》と広島藩邸《ひろしまはんてい》

現在《げんざい》の霞《かすみ》が関《せき》（東京都《とうきょうと》）一帯《いったい》をえがいた絵で、福岡藩邸跡《ふくおかはんていあと》には現在《げんざい》、外務《がいむ》省《しょう》の庁舎《ちょうしゃ》が建《た》ち、広島藩邸跡《ひろしまはんていあと》には現在《げんざい》、国土交通省《こくどこうつうしょう》の庁舎《ちょうしゃ》が建《た》っている。

福岡藩邸《ふくおかはんてい》の写真

上の錦絵《にしきえ》にえがかれている福岡藩邸《ふくおかはんてい》の写真。建物《たてもの》は巨大《きょだい》だった。

長崎大学附属図書館所蔵

巨大《きょだい》な藩邸《はんてい》の跡地《あとち》は大学や省庁《しょうちょう》に利用《りよう》された

江戸《えど》時代、全国各地《かくち》の藩主《はんしゅ》たちは参勤交代《さんきんこうたい》のため、1年おきに江戸《えど》（東京都《とうきょうと》）に住んでいた。藩主《はんしゅ》が住む屋敷《やしき》は大名屋敷《だいみょうやしき》（藩邸《はんてい》）と呼《よ》ばれ、江戸《えど》の藩邸《はんてい》は特《とく》に広い敷地《しきち》に建《た》てられていた。このため藩邸《はんてい》の跡地《あとち》は現在《げんざい》、大学や省庁《しょうちょう》などに利用《りよう》されている。

おもな江戸藩邸《えどはんてい》の現在《げんざい》

- ◆加賀藩邸《かがはんてい》→東京大学《とうきょうだいがく》
- ◆島原藩邸《しまばらはんてい》→慶応義塾大学《けいおうぎじゅくだいがく》
- ◆尾張藩邸《おわりはんてい》→防衛省《ぼうえいしょう》
- ◆土佐藩邸《とさはんてい》→東京国際《とうきょうこくさい》フォーラム
- ◆西条藩邸《さいじょうはんてい》→青山学院大学《あおやまがくいんだいがく》

2章

尊《そん》王《のう》攘《じょう》夷《い》

1863年5月
長州藩《ちょうしゅうはん》は外国船への
攻撃《こうげき》を開始した。
ドオオン
うてーっ!
長州藩士《ちょうしゅうはんし》
久坂玄瑞《くさかげんずい》
ドオオン
うった…
異国《いこく》の船を…
高杉《たかすぎ》先生ー!
ザッ
ザッ
たいへんだ!
異国《いこく》と戦争《せんそう》がはじまったよ
ばっ

ばかなことを
勝てるはずもないのに…
長州藩士《ちょうしゅうはんし》
高杉晋作《たかすぎしんさく》
どうして?
わしは清国《しんこく》を見てきた イギリスに負けて 今は完全《かんぜん》に言いなりなんだぞ!
日本も そうなっちゃうの?
いやだよ! 戦《たた》おうよ 高杉《たかすぎ》先生
先生、先生って 弟子にはしないと 言っただろ!
それに わしは今 藩《はん》から勝手に 動くなと 言われてるんだ
ブイッ
えー
でもそうだな…
わしが本気で 戦《たた》うとしたら 軍隊《ぐんたい》をつくるな
武士《ぶし》も農民《のうみん》も やる気があれば だれでも入れる
そういう軍隊《ぐんたい》だ!
だれでも・・

1863年8月 高杉晋作《たかすぎしんさく》は長州藩《ちょうしゅうはん》から命令《めいれい》されて、奇《き》兵隊《へいたい》をつくった。
よし この銃《じゅう》をみんなに配ってくれ！
はい
高杉《たかすぎ》先生
わしも奇《き》兵隊《へいたい》に入れて！
お前どうやってここまで来た!?
奇《き》兵隊《へいたい》はお侍《さむらい》じゃなくても入れるんでしょ？
なら、わしも一緒《いっしょ》に戦《たたか》う！
オー
お前みたいに小さいのは無理《むり》！
帰れっ
ぐんっ
いやだいやだ〜！
ばた
ばた

＊天皇《てんのう》の住居《じゅうきょ》

池田屋事件《いけだやじけん》！
長州藩《ちょうしゅうはん》が京《きょう》を追放されて約《やく》1年後尊王攘夷派《そんのうじょういは》の志士《しし》たちが京《きょう》の池田屋《いけだや》に集まっていた。
天皇《てんのう》を長州《ちょうしゅう》にお連《つ》れすれば攘夷《じょうい》を実行できる
天皇《てんのう》は幕府《ばくふ》にだまされているのだ！
長州藩士《ちょうしゅうはんし》
桂小五郎《かつらこごろう》
幕府《ばくふ》のお調べであるっ
全員切り捨《す》てるっ覚悟《かくご》せよ
新選組《しんせんぐみ》局長
近藤勇《こんどういさみ》
新選組《しんせんぐみ》だっにげろ！
ワーワー
ガチャ
ガチャ
みんな…

小僧《こぞう》っ！
こっちに
侍《さむらい》がにげて
来なかったか？
タッ
うわっ！
ニッ
スッ
あっちです
よしっ！
あっちだな
ダッ
命をたすけられたな
礼を言うぞ

*家の中につくられたろうや

ああ…
そのせいで死んだよ…久坂《くさか》が…
久坂《くさか》…？
ああ
松陰《しょういん》先生の塾《じゅく》で一緒《いっしょ》に学んだんだ
本当に頭がよくてなぁ あいつに負けたくなくてがんばったもんだ
京を攻《せ》めるなんてダメだっ
そうだ
御所《ごしょ》を攻《せ》めることにあいつは反対だった…
わしらはその計画を止めようとしてたんだ
なのに結局《けっきょく》…あんなに優秀《ゆうしゅう》で未来《みらい》のあるやつが死んで…
わしみたいなものが生き残《のこ》った…
先生…
泣《な》いても内緒《ないしょ》にしてあげるよ
いいんだよ
ばか言うな

禁門《きんもん》の変《へん》から2週間後外国船が長州藩《ちょうしゅうはん》に仕返しの攻撃《こうげき》を開始した。
ドオー
ドオーン
大きな被害《ひがい》を出した長州藩《ちょうしゅうはん》は、外国と仲直《なかなお》りすることにした。
おお〜!
大砲《たいほう》がいち、にぃ…
こらっ
お前はまたこんな所で何をしている!
あぶないだろ
高杉《たかすぎ》先生!
白旗《しろはた》上げて降参《こうさん》したんでしょ?
もう、あぶなくないよ
確《たし》かにそうだが…
それよりその格好《かっこう》、どうしたの?
異人《いじん》に戦争《せんそう》をやめてもらうよう説得《せっとく》に行くのさ

負けましたごめんなさいって言うの？
そんな簡単《かんたん》ならいいけどな
ほら、お前も手伝《てつだ》え！
ギッ
ギッ
ギィ…
でも、そういうのってもっとえらい人がすることじゃないの？
そのえらいやつらが行きたくないからわしを行かせるんだ
ギィ…
ギィ…
先生の言ったとおり勝てなかったね
まぁこれで攘夷《じょうい》と言ってたやつも目が覚《さ》めただろう
まぁ見てろこれからだ！
この交渉《こうしょう》しだいで長州《ちょうしゅう》の未来《みらい》が変《か》わる！
この話し合いによって、長州藩《ちょうしゅうはん》とイギリスは交流を深め、長州藩《ちょうしゅうはん》は開国《かいこく》を目指すようになった。

長州藩《ちょうしゅうはん》

高杉晋作《たかすぎしんさく》

奇《き》兵《へい》隊《たい》をつくり、長州藩《ちょうしゅうはん》を倒幕《とうばく》の勢力《せいりょく》にした革命家《かくめいか》

吉田松陰《よしだしょういん》の教えを受けて尊王攘夷《そんのうじょうい》活動をおこなう

長州藩《ちょうしゅうはん》(現在《げんざい》の山口県《やまぐちけん》)に生まれた高《たか》杉晋作《すぎしんさく》は、藩《はん》の学校・明倫館《めいりんかん》で学んだが、それだけでは物足りず、吉田松陰《よしだしょういん》の松下村塾《しょうかそんじゅく》に入った。晋作《しんさく》は松陰《しょういん》を尊《そん》敬《けい》し、その考え方を深く学んだ。松陰《しょういん》は処刑《しょけい》されたが「同じ思いをもつ者が広く立ち上がるべき」という松陰《しょういん》の「草《そう》莽崛起《もうくっき》」の思想を、晋作《しんさく》は胸《むね》に刻《きざ》んだ。

晋作《しんさく》は1862年、藩《はん》の命令《めいれい》で清《しん》(中国《ちゅうごく》)に渡《わた》り、清《しん》が西洋諸国《しょこく》の植民《しょくみん》地《ち》にされているのを見た。「このままでは日本も危《あぶ》ない」と感じた晋作《しんさく》は、帰国すると、品川《しながわ》(東京都《とうきょうと》)で建設中《けんせつちゅう》のイギリス公使館に放火した。

翌年《よくとし》5月、攘夷《じょうい》を主張《しゅちょう》する長州藩《ちょうしゅうはん》は、下関《しものせき》(山口県《やまぐちけん》)を通る外国船を砲撃《ほうげき》した。すると翌月《よくげつ》、仕返しに下関《しものせき》が砲《ほう》撃《げき》され、大きな被害《ひがい》を受けた。藩主《はんしゅ》・毛利《もうり》敬親《たかちか》に呼《よ》び出された晋作《しんさく》は、下関《しものせき》の守りを固《かた》めるように命じられた。

晋作《しんさく》の誕生地《たんじょうち》
晋作《しんさく》は長州藩《ちょうしゅうはん》の上級武士《ぶし》の家に生まれた(山口県《やまぐちけん》)。

トンデモ伝説《でんせつ》! 藩《はん》の許可《きょか》がないまま軍艦《ぐんかん》を買った!?

1866年に薩長同盟《さっちょうどうめい》が結《むす》ばれた後、晋作《しんさく》は外国へ留学《りゅうがく》することになっていた。しかし晋作《しんさく》は勝手に留学《りゅうがく》を中止して、長崎《ながさき》で藩《はん》の許可《きょか》なくイギリスから軍艦《ぐんかん》を買う契約《けいやく》を結《むす》んだ。そして、その軍艦《ぐんかん》に乗って、長崎《ながさき》から下関《しものせき》まで帰ってきたそうだ。

高杉晋作《たかすぎしんさく》

肖像《しょうぞう》

出身地《しゅっしんち》
長門《ながと》(現在《げんざい》の山口県《やまぐちけん》)

生年月日《せいねんがっぴ》
1839年8月20日

死亡年月日《しぼうねんがっぴ》
1867年4月14日

享年《きょうねん》
29歳《さい》(病死)

主義《しゅぎ》

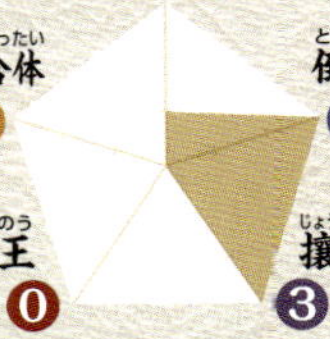

肩書《かたがき》
- 長州藩士《ちょうしゅうはんし》
- 奇兵隊創設者《きへいたいそうせつしゃ》

名言《めいげん》
おもしろきこともなき世をおもしろく

意味
おもしろいことのない世の中でも、考え方ひとつでおもしろくすることができる。

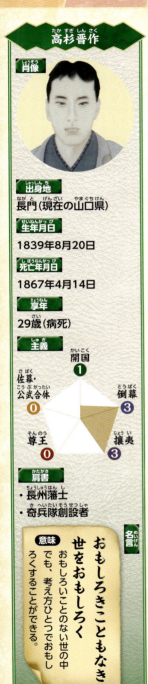

反乱《はんらん》を起こして長州藩《ちょうしゅうはん》の実権《じっけん》をにぎる

奇兵隊《きへいたい》の結成《けっせい》

1862年、晋作《しんさく》は身分に関係《かんけい》なく入《にゅう》隊《たい》できる軍隊《ぐんたい》「奇兵隊《きへいたい》」をつくった。

晋作《しんさく》は、長州藩《ちょうしゅうはん》を守るため、身分に関係《かんけい》なく参加《さんか》できる軍隊《ぐんたい》「奇兵隊《きへいたい》」を組《そ》織《しき》した。奇兵隊《きへいたい》には最新式《さいしんしき》の銃《じゅう》を装備《そうび》させ、西洋式の訓練《くんれん》をおこなった。

一方で公武合体《こうぶがったい》を目指す薩摩藩《さつまはん》(現《げん》在《ざい》の鹿児島県《かごしまけん》)は、長州藩《ちょうしゅうはん》の攘夷《じょうい》活動を過激《かげき》すぎると感じていた。そこで会《あい》津藩《づはん》(現在《げんざい》の福島県《ふくしまけん》)と協力《きょうりょく》して、長州《ちょうしゅう》藩《はん》を朝廷《ちょうてい》から追放した。長州藩士《ちょうしゅうはんし》は京《きょう》都《と》に入れなくなったが、晋作《しんさく》は無断《むだん》で長州藩《ちょうしゅうはん》を抜《ぬ》け出し、京都《きょうと》に入った。晋《しん》作《さく》はその罪《つみ》でろうやに入れられた。

晋作《しんさく》が活動できなかった時期、尊王《そんのう》攘夷派《じょういは》の長州藩士《ちょうしゅうはんし》が京都《きょうと》の池田屋《いけだや》で新《しん》選組《せんぐみ》におそわれる事件《じけん》が起きた(池田《いけだ》屋《や》事件《じけん》➡P96)。これに怒《おこ》った長州藩《ちょうしゅうはん》は、御所《ごしょ》を目がけて京都《きょうと》に攻《せ》めこんだが、薩摩藩《さつまはん》・会津藩《あいづはん》を中心とする幕府《ばくふ》軍《ぐん》に完敗《かんぱい》した(禁門《きんもん》の変《へん》➡P98)。

さらにイギリス・フランス・アメリカ・オランダの連合艦隊《れんごうかんたい》が、長州藩《ちょうしゅうはん》に砲撃《ほうげき》を受けた仕返しのため下関《しものせき》を砲撃《ほうげき》してきた。長州藩《ちょうしゅうはん》は砲台《ほうだい》を破壊《はかい》され、大敗《たいはい》した。罪《つみ》を許《ゆる》された晋作《しんさく》は、連合《れんごう》国《こく》と仲直《なかなお》りするため、藩《はん》から交渉役《こうしょうやく》を任《まか》された。晋作《しんさく》は、負けたとは思えないほど強い態度《たいど》で会議《かいぎ》にのぞみ、仲直《なかなお》りの話し合いを見事にまとめた。

落ち着く間もなく、幕府《ばくふ》は第一次長《ちょう》州征伐《しゅうせいばつ》の軍《ぐん》を送ってきた。藩内《はんない》では、幕府《ばくふ》に味方する勢力《せいりょく》が権力《けんりょく》をにぎった。身の危険《きけん》を感じた晋作《しんさく》は、いった

発見《はっけん》!

晋作像《しんさくぞう》

1864年12月、晋作《しんさく》はわずか80人ほどの仲間《なかま》と一緒《いっしょ》に功《こう》山寺《ざんじ》で反乱《はんらん》を起こした。そのときの姿《すがた》が銅像《どうぞう》となって立っている(山口県《やまぐちけん》)。

ビジュアル資料《しりょう》

九州《きゅうしゅう》へのがれる晋作《しんさく》

第一次長州征伐後《ちょうしゅうせいばつご》、幕府《ばくふ》に味方する勢力《せいりょく》が藩《はん》の実権《じっけん》をにぎったため、晋作《しんさく》は萩《はぎ》から福岡《ふくおか》へにげて、野《の》村望東尼《むらもとに》にかくまってもらった。

「教導立志基」東京都立中央図書館特別文庫室所蔵

ん九州《きゅうしゅう》へにげたが、「今、立ち上がらなければ、長州《ちょうしゅう》は死んでしまう」と考えた。そして下関《しものせき》にもどると功山寺《こうざんじ》で反乱《はんらん》の兵《へい》をあげた。反乱軍《はんらんぐん》に参加《さんか》したのは、わずか80人ほどだったが、晋作《しんさく》は恐《おそ》れずに突《つ》き進んだ。すると味方が次つぎに増《ふ》え、ついに反乱軍《はんらんぐん》は勝利《しょうり》した。幕府《ばくふ》に味方する勢力《せいりょく》を追い出した晋作《しんさく》は、長州藩《ちょうしゅうはん》の実権《じっけん》をにぎると、幕府《ばくふ》を倒《たお》す勢力《せいりょく》へと変《か》えた。

その後、幕府《ばくふ》は第二次長州征伐《ちょうしゅうせいばつ》（⬇P166）を起こし、約《やく》15万人の大軍《たいぐん》を送りこんできたが、晋作《しんさく》は長州軍《しゅうぐん》を率《ひき》いて勝利《しょうり》した。しかし翌年《よくとし》、病気のため亡《な》くなった。

高杉晋作公

ビジュアル資料《しりょう》

晋作《しんさく》をえがいた絵

功山寺《こうざんじ》で反乱《はんらん》を起こしたとき、晋作《しんさく》は、「これより、長州男児《ちょうしゅうだんじ》の肝《きも》っ玉をお目にかけます」と叫《さけ》んだという。

ウソ！ホント!?

最初《さいしょ》、奇兵隊《きへいたい》は反乱《はんらん》に参加《さんか》しなかった!?

晋作《しんさく》は奇兵隊《きへいたい》の総督《そうとく》を3か月で辞《や》めさせられた。その後、奇兵隊《きへいたい》の実権《じっけん》をにぎった山県有朋《やまがたありとも》（⬇P284）は、晋作《しんさく》の反《はん》乱《らん》に反対したが、晋作《しんさく》が勝ち進んでいくと、奇兵隊《きへいたい》も反乱軍《はんらんぐん》に参加《さんか》して戦《たたか》った。

彦島《ひこしま》は絶対《ぜったい》に渡《わた》さん！

下関戦争《しものせきせんそう》に敗《やぶ》れた長州藩《ちょうしゅうはん》は、連合国側《れんごうこくがわ》と仲直《なかなお》りの話し合いをおこなった。
まるで魔王《まおう》のようだ…
長州藩《ちょうしゅうはん》の代表には高杉晋作《たかすぎしんさく》が選《えら》ばれた。
彦島《ひこしま》をわれわれに貸《か》してほしい！
この条件《じょうけん》を受け入れたら、彦島《ひこしま》は植民地《しょくみんち》にされてしまう…！
晋作《しんさく》は『古事記《こじき》』（日本最古《さいこ》の歴史書《れきししょ》）について話しはじめた。
カッ
そもそも日本という国は高天原《たかまがはら》より…
晋作《しんさく》の話が終わらないので、ついに連合国側《れんごうこくがわ》もあきらめた。
疲《つか》れた…
そこにアマテラスオオミカミが…！
いつまで続《つづ》くんだ!?

長州藩《ちょうしゅうはん》

久坂玄瑞《くさかげんずい》

禁門《きんもん》の変《へん》で自害《じがい》した松下村塾《しょうかそんじゅく》の秀才《しゅうさい》

攘夷《じょうい》を実行するが禁門《きんもん》の変《へん》で自害《じがい》する

長州藩《ちょうしゅうはん》(現在《げんざい》の山口県《やまぐちけん》)の久坂玄瑞《くさかげんずい》は、18歳《さい》のとき吉田松陰《よしだしょういん》の松下村塾《しょうかそんじゅく》に入った。玄瑞《げんずい》は松陰《しょういん》を敬《うやま》い、松陰《しょういん》も秀才《しゅうさい》の玄瑞《げんずい》に期待した。松陰《しょういん》は妹・文《ふみ》(➡P194)を玄瑞《げんずい》と結婚《けっこん》させた。

1862年、玄瑞《げんずい》は尊王攘夷《そんのうじょうい》を実行するため、高杉晋作《たかすぎしんさく》らとイギリス公使館を焼《や》き打ちにした。翌年《よくとし》、下関《しものせき》(山《やま》口県《ぐちけん》)を通るアメリカ商船を砲撃《ほうげき》し、続《つづ》いてフランスとオランダの軍艦《ぐんかん》もおそった。しかし翌月《よくげつ》、仕返しの反撃《はんげき》を受け、玄瑞《げんずい》らは敗《やぶ》れた。

1863年、攘夷《じょうい》を強行する長州藩《ちょうしゅうはん》は、公武合体《こうぶがったい》を進める薩摩藩《さつまはん》(現在《げんざい》の鹿児島県《かごしまけん》)などから危険《きけん》に思われ、京都《きょうと》から追放された。これに反発した過激《かげき》な長州藩士《ちょうしゅうはんし》は、翌年《よくとし》、兵《へい》を率《ひき》いて京都《きょうと》へ攻《せ》め上った。玄瑞《げんずい》は過激《かげき》な行動をおさえるように説得《せっとく》を続《つづ》けたが、ついに戦闘《せんとう》がはじまった(禁《きん》門の変《へん》➡P98)。長州藩《ちょうしゅうはん》の戦《たたか》いに巻《ま》きこまれた玄瑞《げんずい》は、敗北《はいぼく》を覚悟《かくご》し、炎《ほのお》の中で自害《じがい》した。

玄瑞《げんずい》の誕生地《たんじょうち》
玄瑞《げんずい》は長州藩《ちょうしゅうはん》の医師《いし》の子として生まれた(山口県《やまぐちけん》)。

久坂玄瑞《くさかげんずい》

肖像《しょうぞう》

出身地《しゅっしんち》
長門《ながと》(現在《げんざい》の山口県《やまぐちけん》)

生年月日《せいねんがっぴ》
1840年(誕生日《たんじょうび》は不明《ふめい》)

死亡年月日《しぼうねんがっぴ》
1864年7月19日

享年《きょうねん》
25歳《さい》(自害《じがい》)

主義《しゅぎ》

肩書《かたがき》
・長州藩士《ちょうしゅうはんし》

名言《めいげん》
尊王攘夷《そんのうじょうい》が実現《じつげん》するならば、お互《たが》いの藩《はん》がつぶれてもよいではないか。

なるほどエピソード

手紙で反論《はんろん》できず、松陰《しょういん》の弟子になった!?

玄瑞《げんずい》は17歳《さい》のとき、「攘夷《じょうい》をするべき」という手紙を松陰《しょういん》に書いたが、玄瑞《げんずい》をばかにする返事が届《とど》いた。玄瑞《げんずい》は怒《おこ》って「自分が外国人を切る」と返事を書いたところ、松陰《しょういん》は「ぜひ実行してほしい」と返事をした。玄瑞《げんずい》は何も言い返せず、松陰《しょういん》の弟子になった。

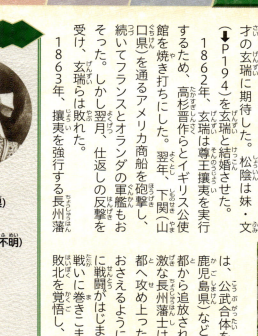

長州《ちょうしゅう》藩《はん》

吉田稔麿《よしだとしまろ》

池田屋《いけだや》事件《じけん》で自害《じがい》した松下村塾《しょうかそんじゅく》の秀才《しゅうさい》

松《しょう》下《か》村《そん》塾《じゅく》に入り、吉《よし》田《だ》松《しょう》陰《いん》から期待される

少年の頃《ころ》から、剣《けん》や槍《やり》のけいこを積《つ》んだ吉《よし》田《だ》稔《とし》麿《まろ》は、たいへんな腕前《うでまえ》になった。16歳《さい》で吉《よし》田《だ》松《しょう》陰《いん》の松《しょう》下《か》村《そん》塾《じゅく》に入ると、松陰《しょういん》からその秀才《しゅうさい》ぶりを高く評価《ひょうか》された。

久坂玄瑞《くさかげんずい》が尊王攘夷《そんのうじょうい》を実行するための団体《だんたい》「光明寺党《こうみょうじとう》」をつくると、稔麿《としまろ》もそれに加《くわ》わった。1863年、光明寺《こうみょうじ》党《とう》は長州藩《ちょうしゅうはん》の軍艦《ぐんかん》「庚申丸《こうしんまる》」に乗り、下《しも》関《せき》を通る外国船を砲撃《ほうげき》した。また、高《たか》杉《すぎ》晋作《しんさく》がつくった奇兵隊《きへいたい》にも参加《さんか》した。さらに稔麿《としまろ》は、差別《さべつ》を受けていた人びとを集めて屠勇隊《とゆうたい》をつくった。

1864年6月、稔麿《としまろ》ら20人あまりの尊王攘夷派《そんのうじょういは》の志士《しし》は、京都《きょうと》で勢力《せいりょく》を回復《かいふく》することを目指し、京都《きょうと》の池田屋《いけだや》に集まった。そのとき突然《とつぜん》、新選組《しんせんぐみ》におそわれた(池田屋事件《いけだやじけん》➡P96)。稔麿《としまろ》は重傷《じゅうしょう》を負い、近くの長州藩邸《ちょうしゅうはんてい》に向かったが、門の前で自害《じがい》したという。

稔麿《としまろ》の誕生地《たんじょうち》

稔麿《としまろ》は長州藩《ちょうしゅうはん》士《し》の子として生まれた。生家は松陰《しょういん》の家の近所だった。

稔麿《としまろ》の墓《はか》

稔麿《としまろ》は池田屋《いけだや》に向かう途《と》中《ちゅう》、会津藩兵《あいづはんぺい》と戦《たたか》って死んだという説《せつ》もある(山口県《やまぐちけん》)。

吉田稔麿《よしだとしまろ》

出身地《しゅっしんち》

長門《ながと》(現在《げんざい》の山口県《やまぐちけん》)

生年月日《せいねんがっぴ》

1841年1月24日

死亡年月日《しぼうねんがっぴ》

1864年6月5日

享年《きょうねん》

24歳《さい》(病死)

主義《しゅぎ》

肩書《かたがき》

・長州藩士《ちょうしゅうはんし》

名言《めいげん》

優《すぐ》れた才能《さいのう》の持ち主は世の中を危険《きけん》にし、巧妙《こうみょう》な策略《さくりゃく》は多くの人をもてあそぶ。

なるほどエピソード

山県有朋《やまがたありとも》を棒《ぼう》にたとえた⁉

あるとき稔麿《としまろ》が放《はな》し飼《が》いの牛と烏帽《えぼ》子《し》、棒《ぼう》の絵をかいていた。山県有朋《やまがたありとも》(➡P284)が意味を聞くと、「牛はだれの言う事も聞かない晋作《しんさく》で、烏帽子《えぼし》は雰囲気《ふんいき》が立派《りっぱ》な玄瑞《げんずい》だ」と答えた。有朋《ありとも》が「棒《ぼう》は?」と聞くと、「お前だ。何も取り柄《え》がない」と答えたそうだ。

池《いけ》田《だ》屋《や》事《じ》件《けん》

新選組《しんせんぐみ》が池田屋《いけだや》にいた尊王攘夷派《そんのうじょういは》をおそう

1863年、長州藩《ちょうしゅうはん》(現在《げんざい》の山《やま》口県《ぐちけん》)の尊王攘夷派《そんのうじょういは》は京都《きょうと》での勢《せい》力《りょく》を強めていた。このため、公武《こうぶ》合体《がったい》を目指す薩摩藩《さつまはん》(現在《げんざい》の鹿児《かご》島県《しまけん》)や会津藩《あいづはん》(現在《げんざい》の福島県《ふくしまけん》)は、長州藩《ちょうしゅうはん》を京都《きょうと》から追放した。

翌年《よくとし》6月、長州藩士《ちょうしゅうはんし》を中心とする尊王攘夷派《そんのうじょういは》の志士《しし》は、勢力回復《せいりょくかいふく》を目指して、京都《きょうと》の池田屋《いけだや》にひそかに集まった。その動きを止めようと、幕府《ばくふ》の配下の新選組《しんせんぐみ》局長・近藤勇《こんどういさみ》(➡P124)は、副長《ふくちょう》・土《ひじ》方歳三《かたとしぞう》(➡P128)と二手に分かれて、集合場所を探《さが》し回っていた。

関連地図《かんれんちず》

新《しん》選《せん》組《ぐみ》が尊《そん》王《のう》攘《じょう》夷《い》派《は》におそいかかる！

池田屋《いけだや》の２階にふみこむ近藤勇《こんどういさみ》

池田屋《いけだや》の２階にふみこんだ勇《いさみ》は、30人あまりの尊王攘夷派《そんのうじょういは》の志士《しし》を発見した。勇《いさみ》は「御用改《ごようあらた》めである。逆《さか》らう者は容赦《ようしゃ》なく切り捨《す》てる」と叫《さけ》び、逆《さか》らう者を切りつけた。

池田屋《いけだや》をあやしいと見た勇《いさみ》は、沖田総司《おきたそうじ》（⬇P132）ら４人でふみこみ、２階へかけ上がると尊王攘夷派《そんのうじょういは》の集団《しゅうだん》を発見した。激《はげ》しい切り合いがはじまったが、人数の少ない勇《いさみ》たちは苦戦《くせん》した。しかし土方隊《ひじかたたい》が到着《とうちゃく》すると一気に有利《ゆうり》になり、勝利《しょうり》した。新選組《しんせんぐみ》は吉田稔麿《よしだとしまろ》ら９人を殺害《さつがい》し、20人以《い》上《じょう》の尊王攘夷派《そんのうじょういは》を捕《と》らえた。

池田屋事件《いけだやじけん》の流れ

1 勇《いさみ》が２階にかけ上がる

沖田総司《おきたそうじ》、永倉新八《ながくらしんぱち》（➡P137）、藤堂平助《とうどうへいすけ》を率《ひき》いて池田屋《いけだや》にふみこんだ勇《いさみ》は、２階に志士《しし》たちがいることを感じて、階段《かいだん》をかけ上がった。

2 総司《そうじ》と平助《へいすけ》が戦《たたか》えなくなる

勇《いさみ》をはじめ、新選組《しんせんぐみ》の４人は志士《しし》たちと切り合う。しかし、総司《そうじ》は病気の発作で倒《たお》れ、平助《へいすけ》は額《ひたい》を切られて戦《たたか》えなくなる。

3 土方隊《ひじかたたい》が到着《とうちゃく》する

勇《いさみ》と新八《しんぱち》のふたりで戦《たたか》っているとき、土方隊《ひじかたたい》24人が池田屋《いけだや》に到着《とうちゃく》した。にげられなくなった志《し》士《し》たちは、新選組《しんせんぐみ》に切られたり捕《つか》まったりした。

幕末《ばくまつ》の歴史《れきし》 1864年

禁門《きんもん》の変《へん》（蛤御門《はまぐりごもん》の変《へん》）

長州軍《ちょうしゅうぐん》は幕府軍《ばくふぐん》に敗北《はいぼく》する！

薩摩軍《さつまぐん》を率《ひき》いる西郷隆盛《さいごうたかもり》
隆盛《たかもり》は、苦戦《くせん》していた会津軍《あいづぐん》のもとにかけつけ、長州軍《ちょうしゅうぐん》を破《やぶ》った。

勝 戦力《せんりょく》 2〜3万人

松平容保《まつだいらかたもり》

西郷隆盛《さいごうたかもり》

幕府軍《ばくふぐん》

VS

長州軍《ちょうしゅうぐん》

久坂玄瑞《くさかげんずい》

負 戦力《せんりょく》 約《やく》3000人

御所《ごしょ》を攻《せ》めた長州軍《ちょうしゅうぐん》が幕府軍《ばくふぐん》の前に敗《やぶ》れ去る

1864年6月、仲間《なかま》が池田屋《いけだや》事件《じけん》で殺《ころ》された長州藩《ちょうしゅうはん》（現在《げんざい》の山口県《やまぐちけん》）では、「幕府《ばくふ》は許《ゆる》せない。京都《きょうと》に乗りこんで朝廷《ちょうてい》に無実《むじつ》を訴《うった》えるべき」と、多くの藩士《はんし》が主張《しゅちょう》した。久坂玄瑞《くさかげんずい》は「軽がるしく行動すべきでない」と説得《せっとく》を続《つづ》けたが、長州軍《ちょうしゅうぐん》は御所《ごしょ》（天皇《てんのう》の住居《じゅうきょ》）を目指して進軍《しんぐん》を開始した。玄瑞《げんずい》は最後《さいご》まで「戦《たたか》うべきでない」と主張《しゅちょう》したが、「命が惜《お》しいのか」と言われ、聞き入れられなかった。

これに対し、孝明天皇《こうめいてんのう》は長州藩《ちょうしゅうはん》をうつように幕府《ばくふ》に命令《めいれい》した。薩《さつ》

ビジュアル資料《しりょう》

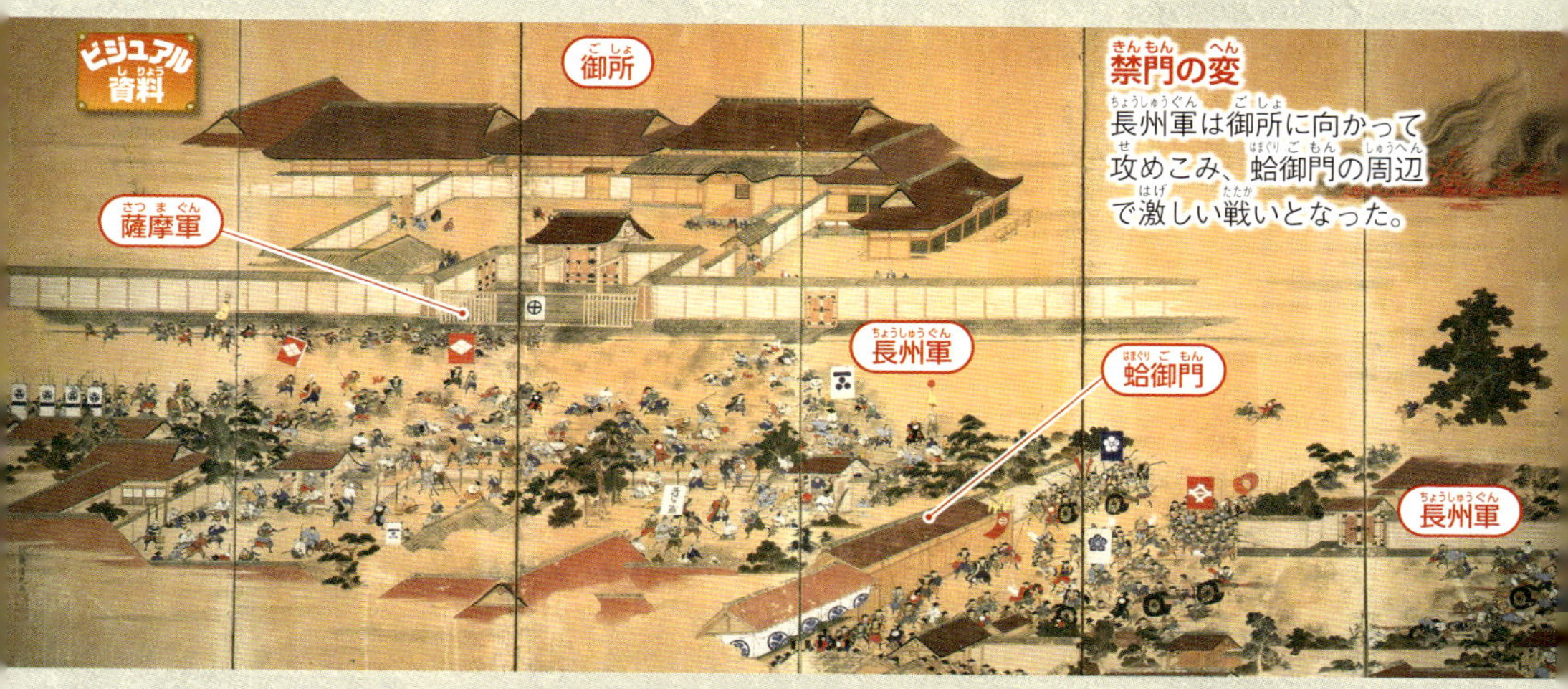

禁門《きんもん》の変《へん》

長州軍《ちょうしゅうぐん》は御所《ごしょ》に向かって攻《せ》めこみ、蛤御門《はまぐりごもん》の周辺《しゅうへん》で激《はげ》しい戦《たたか》いとなった。

「日本外史之内 禁門の変」東京都立中央図書館特別文庫室所蔵

ビジュアル資料《しりょう》

戦《たたか》いを指揮《しき》する徳川慶喜《とくがわよしのぶ》

徳川慶喜《とくがわよしのぶ》(馬上の人物)は、幕府軍《ばくふぐん》を指揮《しき》して長州軍《ちょうしゅうぐん》に攻《せ》めこんだ。

摩藩《まはん》(現在《げんざい》の鹿児島県《かごしまけん》)や会津藩《あいづはん》(現在《げんざい》の福島県《ふくしまけん》)が参加《さんか》した幕府軍《ばくふぐん》が禁門《きんもん》(御所《ごしょ》の門《もん》)を守り、長州藩《ちょうしゅうはん》をむかえうつことになった。

戦闘《せんとう》は蛤御門《はまぐりごもん》付近《ふきん》ではじまった。最初《さいしょ》のうち長州軍《ちょうしゅうぐん》は優勢《ゆうせい》だったが、西郷隆盛《さいごうたかもり》(➡P168)の率《ひき》いる薩摩軍《さつまぐん》が到着《とうちゃく》すると形勢《けいせい》は逆《ぎゃく》転《てん》し、長州軍《ちょうしゅうぐん》は大敗《たいはい》した。長州藩《ちょうしゅうはん》士《し》の多くが戦死《せんし》し、玄瑞《げんずい》は自害《じがい》した。この禁門《きんもん》の変《へん》により、長州藩《ちょうしゅうはん》は朝敵《ちょうてき》(朝廷《ちょうてい》の敵《てき》)となった。

自害《じがい》する久坂玄瑞《くさかげんずい》

負けを覚悟《かくご》した玄瑞《げんずい》は、仲間《なかま》と一緒《いっしょ》に自害《じがい》した。

幕末《ばくまつ》の歴史《れきし》
1864年

下関《しものせき》戦争《せんそう》

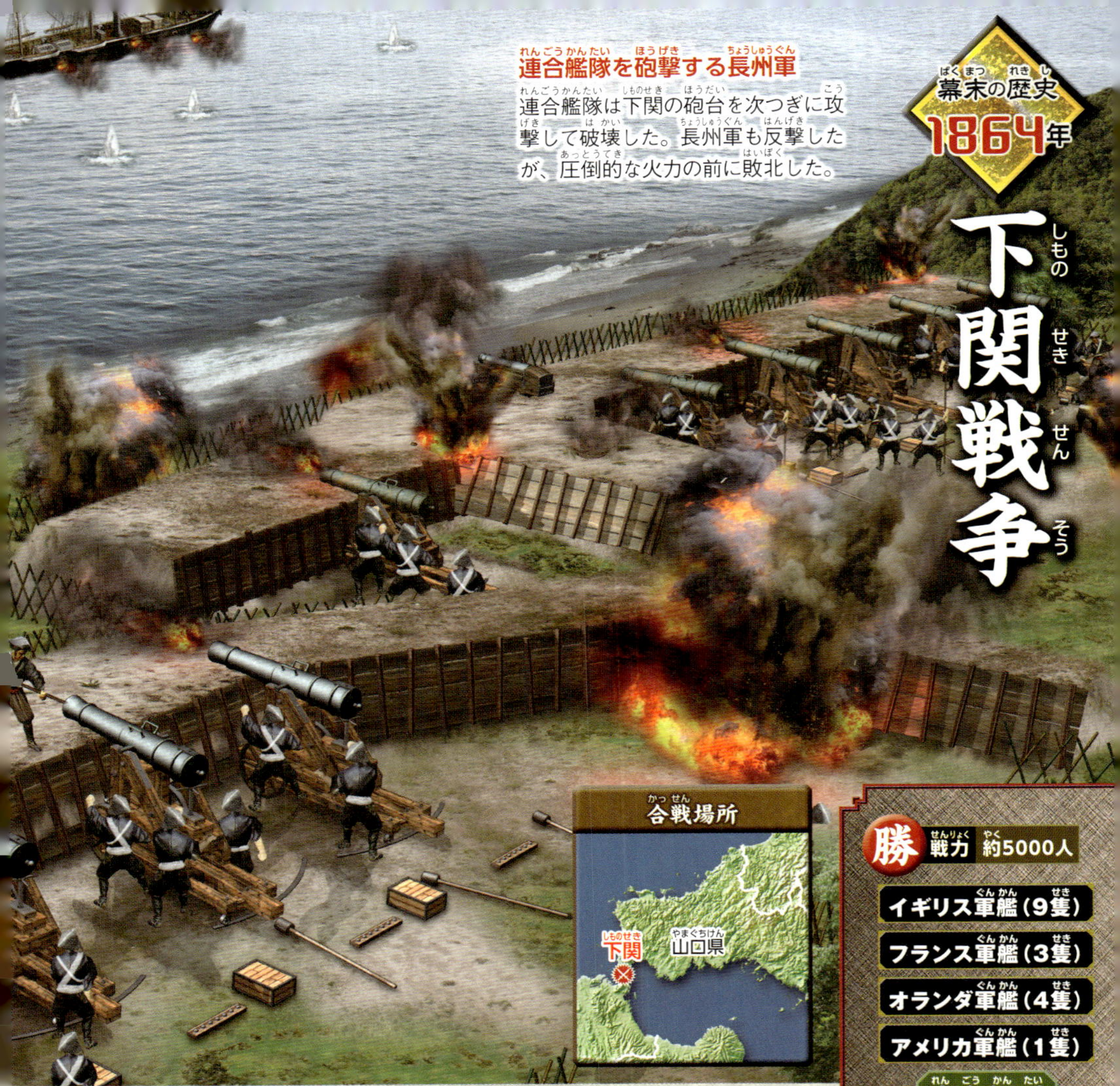

連合艦隊《れんごうかんたい》を砲撃《ほうげき》する長州軍《ちょうしゅうぐん》
連合艦隊《れんごうかんたい》は下関《しものせき》の砲台《ほうだい》を次つぎに攻撃《こうげき》して破壊《はかい》した。長州軍《ちょうしゅうぐん》も反撃《はんげき》したが、圧倒的《あっとうてき》な火力の前に敗北《はいぼく》した。

攘夷《じょうい》を実行するが西洋列強に大敗《たいはい》する

1863年5月、長州藩《ちょうしゅうはん》(現在《げんざい》の山口県《やまぐちけん》)は、攘夷《じょうい》を実行するため、下関海峡《しものせきかいきょう》(山口県《やまぐちけん》)を通った外国船を攻撃《こうげき》した。翌月《よくげつ》、アメリカなどの軍艦《ぐんかん》が仕返しの攻撃《こうげき》をおこなったが、翌年《よくとし》8月、イギリス・アメリカ・フランス・オランダの4か国は、さらに仕返しをするため、全17隻《せき》の連合艦隊《れんごうかんたい》を結成《けっせい》した。連合艦隊《れんごうかんたい》は下関《しものせき》の砲台《ほうだい》をことごとく破壊《はかい》すると、上陸《じょうりく》して内《ない》陸部《りくぶ》へ向けて進軍《しんぐん》を開始した。長《ちょう》州藩士《しゅうはんし》は旧式《きゅうしき》の銃《じゅう》や弓矢で戦《たたか》ったが、敗戦《はいせん》を重ねた。

勝 戦力《せんりょく》 約《やく》5000人

イギリス軍艦《ぐんかん》(9隻《せき》)
フランス軍艦《ぐんかん》(3隻《せき》)
オランダ軍艦《ぐんかん》(4隻《せき》)
アメリカ軍艦《ぐんかん》(1隻《せき》)

連合艦隊《れんごうかんたい》

VS

長州軍《ちょうしゅうぐん》

山県有朋《やまがたありとも》
赤根武人《あかねたけと》

負 戦力《せんりょく》 約《やく》1500人

連合艦隊《れんごうかんたい》の砲撃《ほうげき》で長州藩《ちょうしゅうはん》の砲台《ほうだい》は破壊《はかい》される！

ビジュアル資料《しりょう》

長崎大学附属図書館所蔵

下関《しものせき》に到着《とうちゃく》した連合艦隊《れんごうかんたい》

17隻《せき》の軍艦《ぐんかん》に備《そな》えられていた大砲《たいほう》の数は、合計すると約《やく》290門あった。

発見《はっけん》!

長州軍《ちょうしゅうぐん》の大砲《たいほう》(復元《ふくげん》)

長州軍《ちょうしゅうぐん》の主力となった大砲《たいほう》は、現在《げんざい》、復元《ふくげん》されて展示《てんじ》されている(山口県《やまぐちけん》)。

ビジュアル資料《しりょう》

長州軍《ちょうしゅうぐん》の砲台《ほうだい》を占領《せんりょう》するイギリス軍《ぐん》

連合艦隊《れんごうかんたい》は砲台《ほうだい》を破壊《はかい》した後、陸戦部隊《りくせんぶたい》を上陸《じょうりく》させて長州軍《ちょうしゅうぐん》を破《やぶ》り、砲台《ほうだい》を占領《せんりょう》した。

仲直《なかなお》りの交渉役《こうしょうやく》に選《えら》ばれた高杉《たかすぎ》晋作《しんさく》は、彦島《ひこしま》が植民地《しょくみんち》にされるのを防《ふせ》いだが、連合国側《れんごうこくがわ》の要求《ようきゅう》をほぼすべて受け入れた。

禁門《きんもん》の変《へん》と下関戦争《しものせきせんそう》の敗戦《はいせん》により力を失《うしな》った長州藩《ちょうしゅうはん》では、幕府《ばくふ》に味方する勢力《せいりょく》が権力《けんりょく》をにぎった。この直後、幕府軍《ばくふぐん》が第一次長《ちょう》州征伐《しゅうせいばつ》を開始すると、長州藩《ちょうしゅうはん》は降《こう》伏《ふく》を申し出た。

有力藩《ゆうりょくはん》クローズアップ 2

長《ちょう》州《しゅう》藩《はん》ってどんな藩《はん》？

長州藩《ちょうしゅうはん》の基本情報《きほんじょうほう》

藩庁《はんちょう》 萩城《はぎじょう》

1604年に毛利輝元《もうりてるもと》が築《きず》いた城《しろ》。写真の五層《そう》五階の天守《てんしゅ》は、明治《めいじ》時代に解体《かいたい》された。

石高《こくだか》

36万9000石《ごく》

幕末期《ばくまつき》の石高《こくだか》ランキング 第9位《い》

大名家《だいみょうけ》

毛利家《もうりけ》

外様大名《とざまだいみょう》

長州藩《ちょうしゅうはん》の特徴《とくちょう》

三田尻《みたじり》塩田《えんでん》記念《きねん》公園

巨大《きょだい》な製塩《せいえん》所があった三田尻《みたじり》(山口《やまぐち》県《けん》)には、現在《げんざい》、記念《きねん》公園がある。

①藩主《はんしゅ》が口を出さない！

幕末期《ばくまつき》の藩主《はんしゅ》・毛利《もうり》敬親《たかちか》は、能力《のうりょく》のある家《か》臣《しん》に政治《せいじ》を任《まか》せ、口を出さなかった。

②特産品《とくさんひん》でもうける！

塩《しお》や紙、蝋《ろう》(ろうそくの原料《げんりょう》)などの特産品《とくさんひん》づくりに力を入れ、藩《はん》外に売ってもうけた。

③平等意識《いしき》が強い！

江戸《えど》時代の初期《しょき》、長州藩士《ちょうしゅうはんし》の中には農民《のうみん》や町人になった者が多くいた。このため、他の藩《はん》と比《くら》べて平等意識《いしき》が高かったという。

才能《さいのう》豊《ゆた》かな若者《わかもの》たちが一体となって藩《はん》を支《ささ》えた

安土桃山《あづちももやま》時代、中国《ちゅうごく》地方約《やく》120万石《ごく》を支配《しはい》していた毛利輝《もうりてる》元《もと》は、1600年の関ケ原《せきがはら》の戦《たたか》いで徳川家康《とくがわいえやす》に敗《やぶ》れ、周防《すおう》・長門《ながと》(現在《げんざい》の山口県《やまぐちけん》)約《やく》37万石に領地《りょうち》を減《へ》らされた。これが長州藩《ちょうしゅうはん》のはじまりである。経済力《けいざいりょく》がなくなり、これまでの家臣《かしん》を養《やしな》えなくなったが、ほとんどの家臣《かしん》は毛利家《もうりけ》についてきて、下級武士《ぶし》は農民《のうみん》になった。このため長州藩《ちょうしゅうはん》の農民《のうみん》には、「もとは毛利家《もうりけ》の家臣《かしん》」という意識《いしき》が残《のこ》り、他の藩《はん》と比《くら》べて平等意識《いしき》が強かったという。また、積極的《せっきょくてき》

長州藩《ちょうしゅうはん》の位置《いち》

幕末《ばくまつ》の長州藩《ちょうしゅうはん》 人物相関図《じんぶつそうかんず》

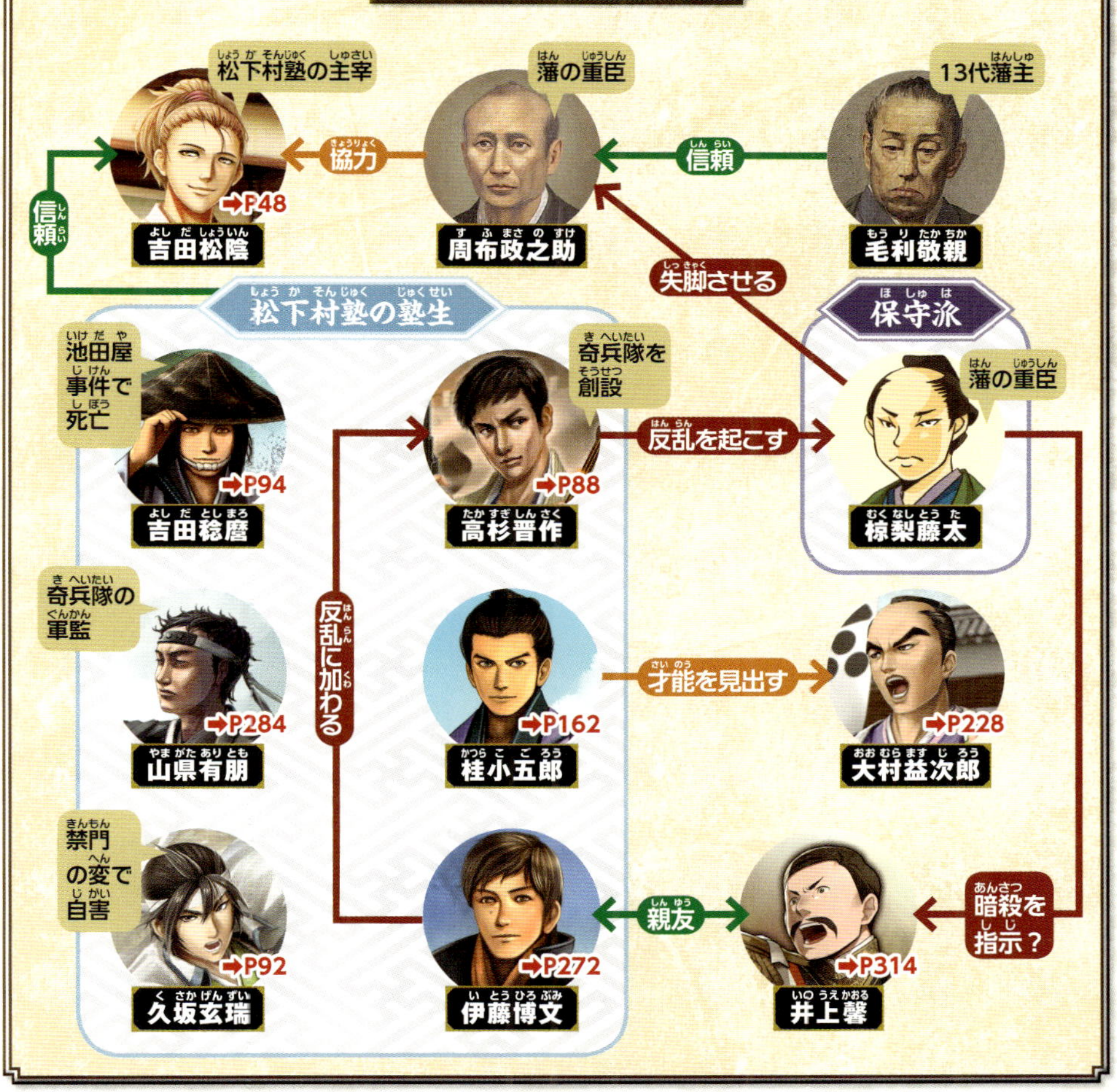

幕末《ばくまつ》の長州藩《ちょうしゅうはん》の動き

幕末前期《ばくまつぜんき》

外国船に砲撃《ほうげき》したり、京《きょう》都《と》に攻《せ》めこむなど、過激《かげき》な尊王攘夷《そんのうじょうい》運動を続ける

↓

幕末後期《ばくまつこうき》

薩摩藩《さつまはん》と同盟《どうめい》を結《むす》んで、幕府《ばくふ》を倒《たお》す強大な勢力《せいりょく》となる

に新田開発をおこなったり、塩《しお》や紙、蝋《ろう》などの特産品《とくさんひん》づくりに力を入れたりして豊《ゆた》かになった。

幕末期《ばくまつき》に藩主《はんしゅ》をつとめた毛利《もうり》敬親《たかちか》は、優秀《ゆうしゅう》な人物に政治《せいじ》を任《まか》せた。意見を聞かれたときは、いつも「そうせい（そうしておけ）」と答えたという。敬親《たかちか》が見抜《みぬ》いた若《わか》くて才能《さいのう》豊《ゆた》かな志士《しし》たちの活躍《かつやく》によって、長州藩《ちょうしゅうはん》は強くなり、激動《げきどう》の時代を生き抜《ぬ》くことができた。

朝廷《ちょうてい》

孝明天皇《こうめいてんのう》

日《に》米《べい》修《しゅう》好《こう》通《つう》商《しょう》条《じょう》約《やく》に反対した攘《じょう》夷《い》派《は》の天《てん》皇《のう》

孝明天皇《こうめいてんのう》

肖像《しょうぞう》

出身地《しゅっしんち》

京《きょう》(現在《げんざい》の京都市《きょうとし》)

生年月日《せいねんがっぴ》

1831年6月14日

死亡年月日《しぼうねんがっぴ》

1866年12月25日

享年《きょうねん》

36歳《さい》(病死)

主義《しゅぎ》

肩書《かたがき》

・121代天皇《てんのう》

名言《めいげん》

骨肉《こつにく》の愛情《あいじょう》をもって、国家を捨《す》てることはできない。

※家茂《いえもち》との結婚《けっこん》をいやがる妹・和宮《かずのみや》を説得《せっとく》した後の言葉。骨肉《こつにく》とは肉親の意味。

公武合体《こうぶがったい》を支持《しじ》し妹を家茂《いえもち》と結婚《けっこん》させる

孝明天皇《こうめいてんのう》は、「外国勢力《せいりょく》を追放せよ」と主張《しゅちょう》する攘夷派《じょういは》だった。老中《ろうじゅう》・堀田《ほった》正睦《まさよし》がアメリカとの通商条約《つうしょうじょうやく》を結《むす》ぶ許可《きょか》を求《もと》めてきても反対した。しかし大老《たいろう》の井伊直弼《いいなおすけ》は、天皇《てんのう》の許可《きょか》なしで日米修好通商条約《にちべいしゅうこうつうしょうじょうやく》を結《むす》んでしまった。

攘夷派《じょういは》ではあったが、天皇《てんのう》は幕府《ばくふ》の味方であり、幕府《ばくふ》と朝廷《ちょうてい》が協力《きょうりょく》する公武合体《こうぶがったい》には賛成《さんせい》だった。このため、妹・和宮《かずのみや》と14代将軍《しょうぐん》・徳川家茂《とくがわいえもち》を結婚《けっこん》させることを受け入れた。

しかし天皇《てんのう》は、攘夷《じょうい》に突《つ》き進む長州藩《ちょうしゅうはん》(現在《げんざい》の山口県《やまぐちけん》)に対して、行動が過激《かげき》すぎると感じていた。1864年、長州藩《ちょうしゅうはん》が京都《きょうと》での勢力《せいりょく》の回復《かいふく》を目指して御所《ごしょ》に攻《せ》めこんできたとき、天皇《てんのう》は長州藩《ちょうしゅうはん》をうつように命令《めいれい》し、長州藩《ちょうしゅうはん》を破《やぶ》った会津藩主《あいづはんしゅ》・松平容保《まつだいらかたもり》(⬇P106)を信頼《しんらい》するようになった。しかしその2年後、36歳《さい》の若《わか》さで病死した。

御常御殿《おつねごてん》

京都御所《きょうとごしょ》の中で最大《さいだい》の建物《たてもの》で、孝明《こうめい》天皇《てんのう》がふだん生活した場所(京都府《きょうとふ》)。

ウソ!ホント!?

孝明天皇《こうめいてんのう》は節約《せつやく》生活をしていた!?

1849年、ある大名《だいみょう》から孝明天皇《こうめいてんのう》に塩鮭《しおざけ》が贈《おく》られ、食事に出された。食後、膳《ぜん》が運ばれそうになったとき、鮭《さけ》の身が少し残《のこ》っていた。天皇《てんのう》は「捨《す》ててはならぬ。酒のつまみにする」と命じたという。幕末期《ばくまつき》、朝廷《ちょうてい》にはあまりお金がなかったといわれる。

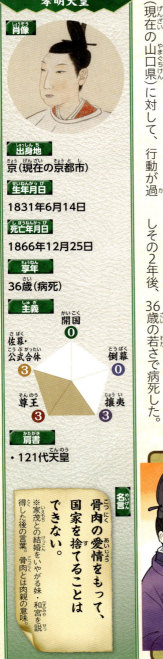

会津藩《あいづはん》

松平容保《まつだいらかたもり》

京都《きょうと》守護職《しゅごしょく》として京都《きょうと》の安全を守った会津藩主《あいづはんしゅ》

京都守護職《きょうとしゅごしょく》に就任《しゅうにん》して尊王攘夷派《そんのうじょういは》を取りしまる

松平容保《まつだいらかたもり》は、18歳《さい》で会津藩《あいづはん》(現在《げんざい》の福島県《ふくしまけん》)の藩主《はんしゅ》となった。会津藩《あいづはん》は初《しょ》代藩主《だいはんしゅ》が残《のこ》した掟《おきて》により、全力で幕府《ばくふ》を支《ささ》えることになっていた。

容保《かたもり》は幕府《ばくふ》から、京都《きょうと》の安全を守る京都守護職《きょうとしゅごしょく》になるように頼《たの》まれた。その頃《ころ》、京都《きょうと》では尊王攘夷派《そんのうじょういは》による暗殺《あんさつ》事件《じけん》が多発していた。危険《きけん》な役目であることを知りつつ、容保《かたもり》は京都守護職《きょうとしゅごしょく》を引き受け、配下の新選組《しんせんぐみ》を使って尊《そん》王攘夷派《のうじょういは》をきびしく取りしまった。

ところが、容保《かたもり》を信頼《しんらい》していた孝明《こうめい》天皇《てんのう》が亡《な》くなり、15代将軍《しょうぐん》・徳川慶喜《とくがわよしのぶ》(➡P182)は政権《せいけん》を朝廷《ちょうてい》に返した。

その後、朝廷《ちょうてい》を中心とする新政府《しんせいふ》と、旧幕府《きゅうばくふ》との間で戦争《せんそう》が起きたため、容《かた》保《もり》は朝廷《ちょうてい》の敵《てき》になった。新政府軍《しんせいふぐん》は会《あい》津《づ》にもどった容保《かたもり》に激《はげ》しい攻撃《こうげき》を開始した。多くの犠牲者《ぎせいしゃ》を出し、力尽《つ》きた容保《かたもり》はついに降伏《こうふく》した(会津戦争《あいづせんそう》)。

破壊《はかい》された会津若松城《あいづわかまつじょう》

会津戦争《あいづせんそう》(➡P240)で新政府軍《しんせいふぐん》の激《はげ》しい砲撃《ほうげき》を受けた会津若松城《あいづわかまつじょう》は大きな被害《ひがい》を出した。

幕末《ばくまつ》のきずな　孝明天皇《こうめいてんのう》からの手紙を一生大切にした!?

明治維新後《めいじいしんご》、容保《かたもり》は小さな竹筒《たけづつ》をいつも首にかけて持ち歩き、中身をだれにも見せなかった。容保《かたもり》の死後、家族が竹筒《たけづつ》の中身を確認《かくにん》すると、孝明天皇《こうめいてんのう》の手紙が入っていた。そこには、容保《かたもり》の活躍《かつやく》に対する天皇《てんのう》の感謝《かんしゃ》の気持ちが書かれていた。

松平容保《まつだいらかたもり》

肖像《しょうぞう》

出身地《しゅっしんち》

江戸《えど》(現在《げんざい》の東京都《とうきょうと》)

生年月日《せいねんがっぴ》

1835年12月29日

死亡年月日《しぼうねんがっぴ》

1893年12月5日

享年《きょうねん》

59歳《さい》(病死)

主義《しゅぎ》

肩書《かたがき》

- 会津藩主《あいづはんしゅ》
- 幕府《ばくふ》の京都守護職《きょうとしゅごしょく》

名言《めいげん》

義《ぎ》に死すとも不義《ふぎ》に生きず

意味　正義《せいぎ》をおこなわずに生きるより、正義《せいぎ》を貫《つらぬ》いて死ぬ。

会津藩《あいづはん》

西郷頼母《さいごうたのも》

松平容保《まつだいらかたもり》の京都守護職就任《きょうとしゅごしょくしゅうにん》に反対した会津藩《あいづはん》の家老《かろう》

会津藩《あいづはん》に降伏《こうふく》をすすめるが説得《せっとく》に失敗《しっぱい》する

会津藩《あいづはん》(現在《げんざい》の福島県《ふくしまけん》)の家老《かろう》(有力家臣《かしん》)・西郷頼母《さいごうたのも》は、藩主《はんしゅ》・松平容保《まつだいらかたもり》が、京都《きょうと》を守る「京都守護職《きょうとしゅごしょく》」になるように頼《たの》まれたとき、「薪《まき》を背負《せお》って火に飛《と》びこむようなもの」と言って反対した。当時、京都《きょうと》では尊王攘夷派《そんのうじょういは》が過《か》激《げき》な活動をくり返していたので、争《あらそ》いに巻《ま》きこまれるおそれが大きかった。しかし容保《かたもり》は幕府《ばくふ》の命令《めいれい》に従《したが》う道を選《えら》び、頼母《たのも》は家老《かろう》を辞《や》めさせられた。

京都《きょうと》で活躍《かつやく》した会津藩《あいづはん》だったが、幕《ばく》府《ふ》がほろびた後、新政府《しんせいふ》と旧幕府《きゅうばくふ》が対立したため、会津藩《あいづはん》は旧幕府《きゅうばくふ》とともに朝廷《ちょうてい》の敵《てき》にされた。新政府軍《しんせいふぐん》が会津藩《あいづはん》に攻《せ》めてくると、頼母《たのも》は降伏《こうふく》をすすめたが、容保《かたもり》や他の藩士《はんし》は戦《たたか》う道を選《えら》んだ。頼母《たのも》の予想どおり、圧倒的《あっとうてき》な戦力《せんりょく》差《さ》の前に会津藩《あいづはん》は敗《やぶ》れた。会津若松城《あいづわかまつじょう》を脱出《だっしゅつ》した頼母《たのも》は、箱館《はこだて》(北海道《ほっかいどう》)でも新政府軍《しんせいふぐん》と戦《たたか》ったが敗《やぶ》れ、降伏《こうふく》した。

容保《かたもり》を説得《せっとく》する頼母《たのも》

頼母《たのも》は容保《かたもり》に、京都守護職《きょうとしゅごしょく》を断《ことわ》るように説得《せっとく》したが、聞き入れられなかった。

なるほどエピソード

頼母《たのも》の娘《むすめ》に「味方だ」と答えた新政府軍兵士《しんせいふぐんへいし》

会津戦争《あいづせんそう》のとき、頼母《たのも》の妻《つま》や娘《むすめ》たち21人が自害《じがい》した。新政府軍《しんせいふぐん》の兵士《へいし》が頼《たの》母《も》の屋敷《やしき》に入ったとき、死に切れずに苦しんでいた娘《むすめ》が「敵《てき》ですか？　味方ですか？」と聞いたので兵士《へいし》は「味方だ」と答えた。娘《むすめ》は小刀を差《さ》し出し、兵士《へいし》は娘《むすめ》を刺《さ》して楽にしてあげたという。

西郷頼母《さいごうたのも》

肖像《しょうぞう》

出身地《しゅっしんち》

陸奥《むつ》(現在《げんざい》の福島県《ふくしまけん》)

生年月日《せいねんがっぴ》

1830年3月24日

死亡年月日《しぼうねんがっぴ》

1903年4月28日

享年《きょうねん》

74歳《さい》(病死)

主義《しゅぎ》

肩書《かたがき》

・会津藩家老《あいづはんかろう》

名言《めいげん》

殿《との》(松平容保《まつだいらかたもり》)が京都守護職《きょうとしゅごしょく》に就任《しゅうにん》するだけの力は、会津藩《あいづはん》にはありません。

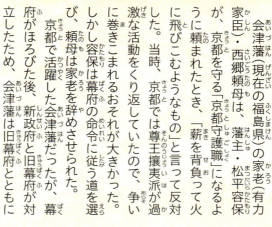

有力藩《ゆうりょくはん》クローズアップ

3

会津藩《あいづはん》ってどんな藩《はん》？

会津藩《あいづはん》の基本情報《きほんじょうほう》

藩庁《はんちょう》 会津若松城《あいづわかまつじょう》

1592年、戦国《せんごく》武将《ぶしょう》の蒲生氏郷《がもううじさと》が改造《かいぞう》した城《しろ》。鶴ケ城《つるがじょう》とも呼《よ》ばれる。会津戦争《あいづせんそう》で大きな被害《ひがい》を受けた。

石高《こくだか》 28万石《ごく》

幕末期《ばくまつき》の石高《こくだか》ランキング 第16位《い》

大名家《だいみょうけ》

松平家《まつだいらけ》

親藩《しんぱん》

会津藩《あいづはん》の特徴《とくちょう》

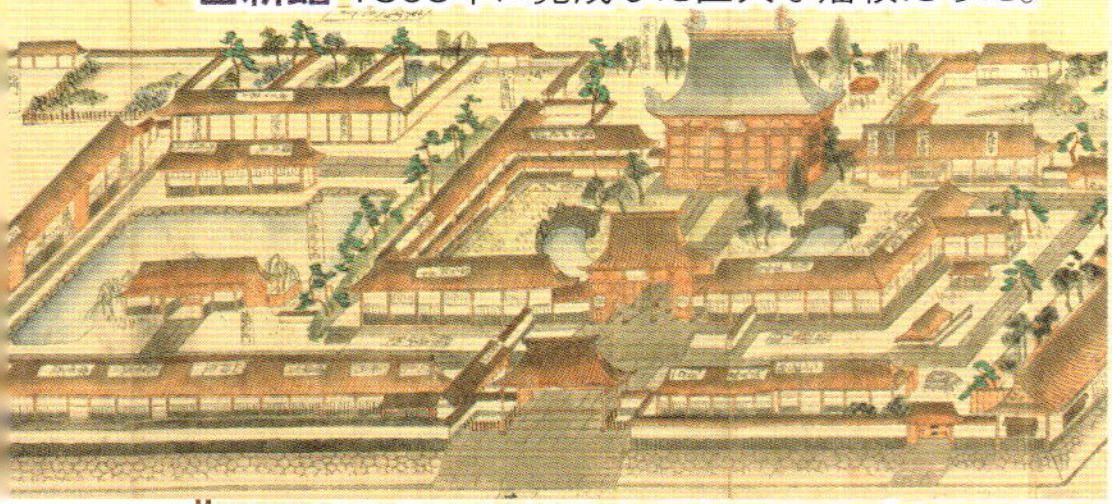

日新館《にっしんかん》 1803年に完成《かんせい》した巨大《きょだい》な藩校《はんこう》だった。

①徳川家《とくがわけ》に忠誠《ちゅうせい》を尽《つ》くす！

初代藩主《しょだいはんしゅ》・保科正之《ほしなまさゆき》は、徳川秀忠《とくがわひでただ》の子で、「会津藩《あいづはん》は将軍家《しょうぐんけ》を守るべき」と命じた。

②教育にとても熱心《ねっしん》！

藩士《はんし》の子は、10歳《さい》になると藩校《はんこう》「日新館《にっしんかん》」に入学し、漢文や武芸《ぶげい》を学んだ。

③藩士《はんし》が強い！

会津藩士《あいづはんし》は子どもの頃《ころ》から武士《ぶし》らしく振《ふ》る舞《ま》うようにきびしい教育を受けた。会津藩士《あいづはんし》は薩摩藩《さつまはん》士《し》と並《なら》ぶほど強かったという。

初代藩主《しょだいはんしゅ》の定めた方針《ほうしん》が容保《かたもり》の運命を決定づける

会津《あいづ》藩《はん》の初代藩主《しょだいはんしゅ》・保科正之《ほしなまさゆき》は、2代将軍《しょうぐん》・徳川秀忠《とくがわひでただ》の子だった。幕府《ばくふ》の政治《せいじ》を支《ささ》え続《つづ》けた正之《まさゆき》は、「将軍家《しょうぐんけ》に忠誠《ちゅうせい》を尽《つ》くすべき」「軍備《ぐんび》をしっかり整えておくべき」などの方針《ほうしん》を藩《はん》の掟《おきて》として定めた。

その後、会津藩《あいづはん》では正之《まさゆき》の方針《ほうしん》どおりの政治《せいじ》がおこなわれた。藩《はん》士《し》は子どもの頃《ころ》から、武士《ぶし》らしく振《ふ》る舞《ま》うことを教えられ、「ならぬことはならぬものです」と、きびしい掟《おきて》の中で育った。

幕末期《ばくまつき》に藩主《はんしゅ》となった松平容保《まつだいらかたもり》は、高須藩《たかすはん》(現在《げんざい》の岐阜県《ぎふけん》)藩主《はんしゅ》の

会津藩《あいづはん》の位置《いち》

幕末《ばくまつ》の会津藩《あいづはん》 人物相関図《じんぶつそうかんず》

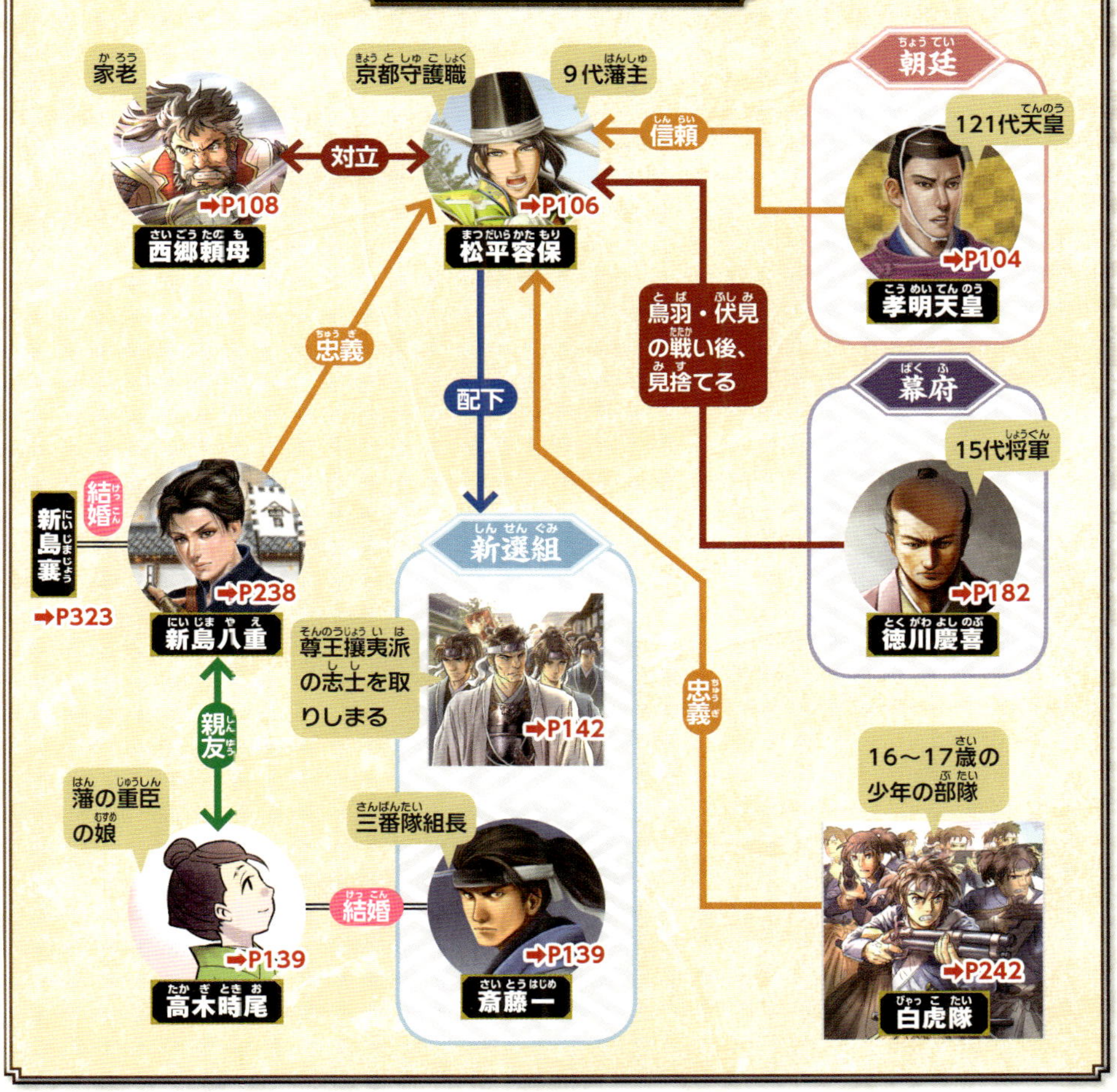

子だったが、松平家《まつだいらけ》の養子《ようし》になり、会津藩特有《あいづはんとくゆう》の教育を受け、藩《はん》主《しゅ》の座《ざ》についた。混乱《こんらん》する京都《きょうと》の安全を守るため、幕府《ばくふ》から京都守《きょうとしゅ》護職《ごしょく》を命じられた容保《かたもり》は、危険《きけん》な役目であることをわかっていながら、正之《まさゆき》が残《のこ》した掟《おきて》を守るため、この役目を引き受けた。京都《きょうと》守護職就任《しゅごしょくしゅうにん》を伝《つた》えたとき、暗い運命を予感して、容保《かたもり》と家臣《かしん》たちは肩《かた》を抱《だ》き合って泣《な》いたという。

幕末《ばくまつ》・明治初期《めいじしょき》の会津藩《あいづはん》の動き

幕末期《ばくまつき》

松平容保《まつだいらかたもり》が京都守護職《きょうとしゅごしょく》になり、京都《きょうと》の過激《かげき》な尊王《そんのう》攘夷派《じょういは》を取りしまる

↓

明治初期《めいじしょき》

江戸幕府《えどばくふ》がほろびた後に起きた戊辰戦争《ぼしんせんそう》で、新政《しんせい》府軍《ふぐん》に激《はげ》しく攻撃《こうげき》される

土佐藩《とさはん》
土佐《とさ》勤王党《きんのうとう》を率《ひき》いて土佐藩《とさはん》の実権《じっけん》をにぎる
武市半平太《たけちはんぺいた》

武市半平太《たけちはんぺいた》

肖像《しょうぞう》

出身地《しゅっしんち》

土佐《とさ》(現在《げんざい》の高知県《こうちけん》)

生年月日《せいねんがっぴ》

1829年9月27日

死亡年月日《しぼうねんがっぴ》

1865年5月11日

享年《きょうねん》

37歳《さい》(切腹《せっぷく》)

主義《しゅぎ》

肩書《かたがき》

- 土佐藩士《とさはんし》
- 土佐勤王党《とさきんのうとう》の党首《とうしゅ》

名言《めいげん》

国のため、君(天皇《てんのう》)のために命を捨《す》てることは、武士《ぶし》の真《まこと》の道である。

土佐藩《とさはん》の実権《じっけん》をにぎるが暗殺《あんさつ》の罪《つみ》で切腹《せっぷく》させられる

土佐藩《とさはん》(現在《げんざい》の高知県《こうちけん》)の藩士《はんし》だった武市半平太《たけちはんぺいた》は、28歳《さい》のとき剣術修行《けんじゅつしゅぎょう》のため江戸《えど》の士学館《しがくかん》に入門し、塾頭《じゅくとう》をつとめるほど腕《うで》を上げた。半平太《はんぺいた》は、高杉晋作《たかすぎしんさく》らと交流するうちに、「土佐《とさ》を尊王攘夷《そんのうじょうい》の藩《はん》にするべき」と考えるようになった。半平太《はんぺいた》が「土佐勤王党《とさきんのうとう》」を結成《けっせい》すると、坂本龍馬《さかもとりょうま》(⬇P154)ら、約《やく》200人の藩士《はんし》が参加《さんか》した。

しかし土佐藩《とさはん》では、公武合体《こうぶがったい》を主張《しゅちょう》する参政《さんせい》(藩《はん》の重役)・吉田東洋《よしだとうよう》が力をもち、半平太《はんぺいた》と対立した。半平太《はんぺいた》は勤《きん》王党員《のうとういん》に東洋《とうよう》を暗殺《あんさつ》させ、藩《はん》の実権《じっけん》をにぎった。そして京都《きょうと》へ行き、尊王攘《そんのうじょう》夷《い》派《は》の中心的《ちゅうしんてき》人物として活動した。反対する者は岡田以蔵《おかだいぞう》(⬇P115)に暗《あん》殺《さつ》させた。しかし1863年、江戸《えど》から土佐《とさ》にもどった前藩主《ぜんはんしゅ》・山内容堂《やまうちようどう》(⬇P176)に、東洋暗殺《とうようあんさつ》の罪《つみ》で捕《と》らえられ、切腹《せっぷく》を命じられた。

切腹《せっぷく》する半平太《はんぺいた》

吉田東洋暗殺《よしだとうようあんさつ》の罪《つみ》により、半平太《はんぺいた》は切腹《せっぷく》を命じられた。

幕末《ばくまつ》のきずな

妻《つま》の富子《とみこ》は半平太《はんぺいた》に蛍《ほたる》を届《とど》けた!?

半平太《はんぺいた》と妻《つま》の富子《とみこ》はとても仲《なか》がよかった。吉田東洋《よしだとうよう》を暗殺《あんさつ》した疑《うたが》いで、半平太《はんぺいた》がろうやに入れられたとき、妻《つま》の富子《とみこ》は約《やく》3年間、毎日3食分の弁当《べんとう》をつくって半平太《はんぺいた》に届《とど》けた。また、半平太《はんぺいた》をなぐさめるため、花や蛍《ほたる》まで届《とど》けたそうだ。

土佐藩《とさはん》

土佐《とさ》勤王党《きんのうとう》に暗殺《あんさつ》された土佐藩《とさはん》の参政《さんせい》

吉田東洋《よしだとうよう》

山内容堂《やまうちようどう》に信頼《しんらい》されて政治改革《せいじかいかく》をおこなう

土佐藩《とさはん》（現在《げんざい》の高知県《こうちけん》）の藩士《はんし》だった吉田東洋《よしだとうよう》は、38歳《さい》のとき、藩主《はんしゅ》の山内《やまうち》容堂《ようどう》（→P１７６）から才能《さいのう》を認《みと》められ、参政《さんせい》（藩《はん》の重役）に任命《にんめい》されると、容堂《ようどう》と改革《かいかく》に取り組んだ。しかし翌《よく》年《とし》、幕府《ばくふ》の役人とけんかをした罪《つみ》で参《さん》政《せい》を辞《や》めさせられ、政治《せいじ》から遠ざけられた。この時期、東洋《とうよう》は塾《じゅく》を開き、後藤象二郎《ごとうしょうじろう》（→P１７８）や岩崎弥太郎《いわさきやたろう》（→P３１６）を指導《しどう》した。

42歳《さい》で参政《さんせい》に復帰《ふっき》した東洋《とうよう》は、ふたたび改革《かいかく》に乗り出した。しかし翌年《よくとし》、大老《たいろう》・井伊直弼《いいなおすけ》が徳川家茂《とくがわいえもち》を強引に14代将軍《しょうぐん》にすると、それに怒《おこ》った容堂《ようどう》は藩主《はんしゅ》の座《ざ》を降《お》りてしまった。すると容《よう》堂《どう》は直弼《なおすけ》から江戸《えど》藩邸《はんてい》から外出することを禁止《きんし》されてしまう。容堂《ようどう》から土佐《とさ》藩《はん》の政治《せいじ》のすべてを任《まか》された東洋《とうよう》は、優《すぐ》れた人材《じんざい》を出世させて藩《はん》の組織改革《そしきかいかく》をしたり、軍隊《ぐんたい》を近代化したりするなど本格的《ほんかくてき》な政治改革《せいじかいかく》をはじめた。

しかし、東洋《とうよう》の急激《きゅうげき》な改革《かいかく》は反発を招《まね》き、尊王攘夷《そんのうじょうい》を目指す武市半平太《たけちはんぺいた》と対立した。そして１８６２年、半平《はんぺい》太《た》が差《さ》し向けた暗殺者《あんさつしゃ》に殺害《さつがい》された。

出身地《しゅっしんち》	土佐《とさ》（現在《げんざい》の高知県《こうちけん》）
生年月日《せいねんがっぴ》	1816年（誕生日《たんじょうび》は不明《ふめい》）
死亡年月日《しぼうねんがっぴ》	1862年4月8日
享年《きょうねん》	47歳《さい》（暗殺《あんさつ》）
肩書《かたがき》	土佐藩参政《とさはんさんせい》

肖像《しょうぞう》

暗殺《あんさつ》される東洋《とうよう》

東洋《とうよう》は高知城《こうちじょう》から帰る途中《とちゅう》、土佐《とさ》勤王党《きんのうとう》の党員《とういん》により暗殺《あんさつ》された。

土佐藩《とさはん》

岡田以蔵《おかだいぞう》

半平太《はんぺいた》に命じられて暗殺《あんさつ》をくり返す

出身地《しゅっしんち》	土佐《とさ》（現在《げんざい》の高知県《こうちけん》）
生年月日《せいねんがっぴ》	1838年（誕生日《たんじょうび》は不明《ふめい》）
死亡年月日《しぼうねんがっぴ》	1865年5月11日
享年《きょうねん》	28歳《さい》（刑死《けいし》）
肩書《かたがき》	土佐藩士《とさはんし》

「天誅《てんちゅう》」として暗殺《あんさつ》をくり返した「人斬《ひとき》り以蔵《いぞう》」

のちに「人斬《ひとき》り以蔵《いぞう》」と恐《おそ》れられた岡《おか》田以蔵《だいぞう》は、土佐藩《とさはん》（現在《げんざい》の高知県《こうちけん》）で生まれ、武市半平太《たけちはんぺいた》の弟子として剣術《けんじゅつ》を学んだ。のちに江戸《えど》の士学館《しがくかん》でも学び、「まるでハヤブサ」と評《ひょう》されるほど、速く激《はげ》しい剣《けん》の使い手となった。

以蔵《いぞう》は、半平太《はんぺいた》がつくった土佐勤王《とさきんのう》党《とう》に加《くわ》わると、半平太《はんぺいた》とともに京都《きょうと》に入り、半平太《はんぺいた》の命令《めいれい》で尊王攘夷《そんのうじょうい》に反対した者を「天誅《てんちゅう》（天罰《てんばつ》）」と言って、次つぎと暗殺《あんさつ》した。しかし1864年、以《い》蔵《ぞう》は役人に捕《つか》まり、土佐《とさ》へ送られた。

土佐《とさ》では吉田東洋《よしだとうよう》の暗殺事件《あんさつじけん》に関《かか》わった者として、半平太《はんぺいた》をはじめ、土《と》佐勤王党《さきんのうとう》の仲間《なかま》が捕《つか》まっていた。拷問《ごうもん》に耐《た》えきれなかった以蔵《いぞう》は京都《きょうと》でおこなった暗殺《あんさつ》を自白し、処刑《しょけい》された。以《い》蔵《ぞう》の証言《しょうげん》により、多くの仲間《なかま》が逮捕《たいほ》され、処刑《しょけい》されたという。

なるほどエピソード

以蔵《いぞう》は勝海舟《かつかいしゅう》のボディーガードだった⁉

1862年頃《ごろ》、以蔵《いぞう》は坂本龍馬《さかもとりょうま》（⬇P154）に頼《たの》まれて、勝海舟《かつかいしゅう》（⬇P206）の護衛《ごえい》をつとめていた。海舟《かいしゅう》が暗殺者《あんさつしゃ》におそわれたとき、以蔵《いぞう》はすぐに切り殺《ころ》したが、海舟《かいしゅう》から「人を殺《ころ》すのはよくない」と注意された。以《い》蔵《ぞう》は「わたしがいなかったら、先生の首は飛《と》んでました」と答えたそうだ。

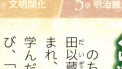

土佐藩《とさはん》

日本とアメリカの関係《かんけい》をよくするために努力《どりょく》する

ジョン万次郎《ジョンまんじろう》

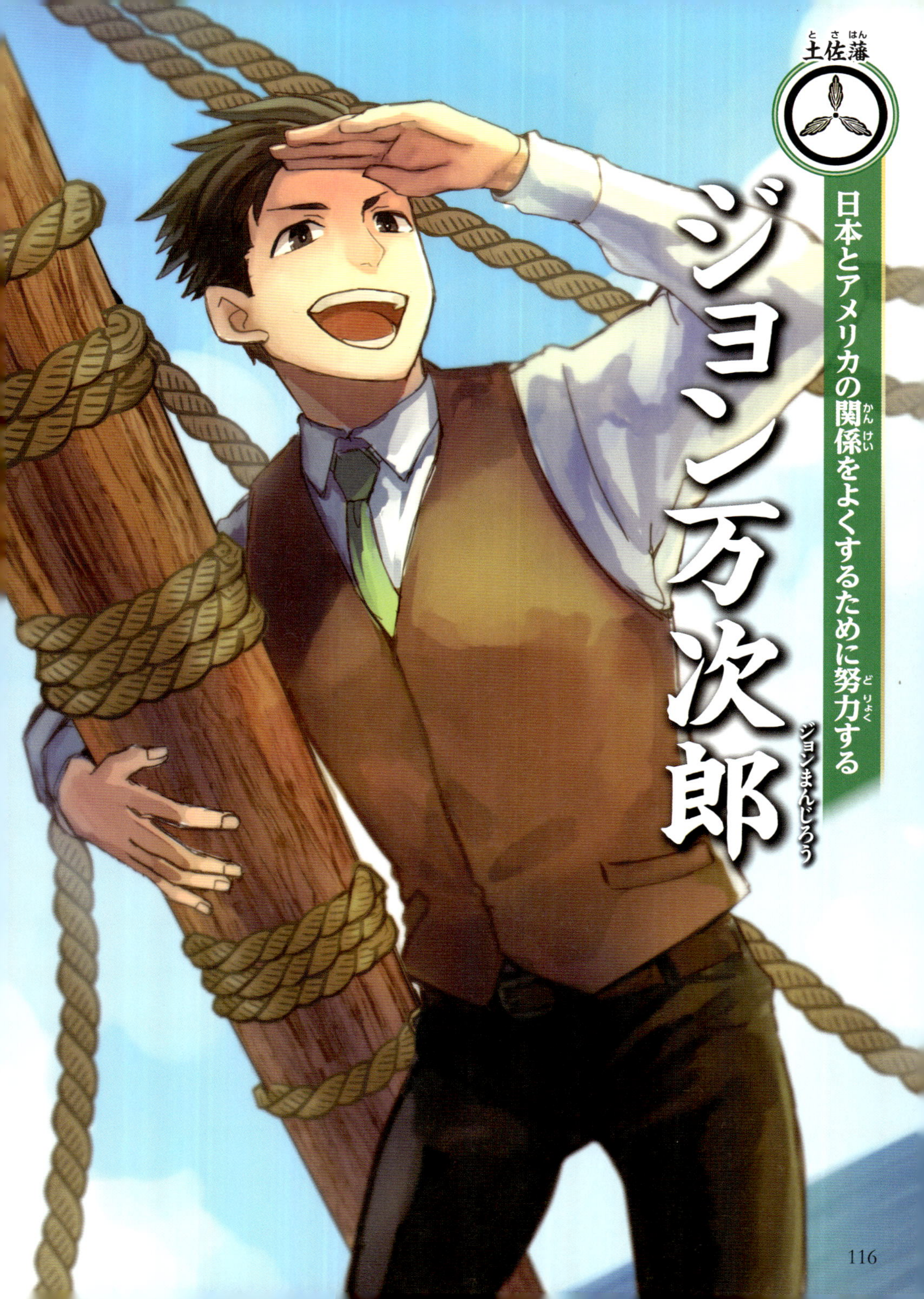

アメリカで学んだ知識《ちしき》を日本のために生かす

ジョン万次郎《まんじろう》の名で知られるが、本名は中浜万次郎《なかはままんじろう》といい、土佐藩《とさはん》(現在《げんざい》の高知県《こうちけん》)の漁師《りょうし》の家に生まれた。

15歳《さい》のとき、漁師《りょうし》として海に出たが、嵐《あらし》にあって遭難《そうなん》し、無人島《むじんとう》にたどり着いたところをアメリカ船にたすけられた。英語《えいご》を覚《おぼ》えた万次郎《まんじろう》は、船長に気に入られ、アメリカへ渡《わた》った。船名「ジョン・ハラウンド号」にちなんで、万次郎《まんじろう》は「ジョン・マン」と呼《よ》ばれた。

万次郎《まんじろう》は船長の養子《ようし》となり、学校へ通い、英語《えいご》・数学・航海術《こうかいじゅつ》・造船技術《ぞうせんぎじゅつ》などを学んだ。万次郎《まんじろう》は、アメリカの科学技術《ぎじゅつ》が日本よりはるかに進んでいることがわかり、「鎖国《さこく》をやめないと、日本は世界から取り残《のこ》されてしまう」と感じた。そこで万次郎《まんじろう》は船長と別《わか》れ、船を乗りつぎ26歳《さい》で土佐《とさ》へ帰った。

黒船《くろふね》が現《あらわ》れ、幕府《ばくふ》から江戸《えど》へ呼《よ》び出された万次郎《まんじろう》はアメリカとの交渉《こうしょう》についてアドバイスしたり、外交文書を翻訳《ほんやく》したりした。その後も通訳《つうやく》として咸臨丸《かんりんまる》に乗りこむなど、日本とアメリカの交流に力を尽《つ》くした。

万次郎《まんじろう》の銅像《どうぞう》
足摺岬《あしずりみさき》(高知県《こうちけん》)には万次郎《まんじろう》の銅《どう》像《ぞう》が立っている。

ジョン万次郎《まんじろう》

肖像《しょうぞう》

出身地《しゅっしんち》
土佐《とさ》(現在《げんざい》の高知県《こうちけん》)

生年月日《せいねんがっぴ》
1827年1月1日

死亡年月日《しぼうねんがっぴ》
1898年11月12日

享年《きょうねん》
72歳《さい》(病死)

主義《しゅぎ》

肩書《かたがき》
- 土佐《とさ》の漁師《りょうし》
- 幕府《ばくふ》の通訳《つうやく》

名言《めいげん》
世界各国《かっこく》のうち、日本以外《いがい》のほとんどの国は同盟《どうめい》したり貿易《ぼうえき》をしたりしています。

トンデモ伝説《でんせつ》!

帰国の費用《ひよう》を金山でかせいだ!?

どうしてもアメリカから日本に帰りたくなった万次郎《まんじろう》は、帰国の費用《ひよう》を得《え》るため、アメリカ西部のカリフォルニアに行き、金山で働《はたら》きはじめた。そして70日間に600ドルもの大金をかせいだそうだ。現《げん》在《ざい》の価値《かち》で500万円以上《いじょう》になるという。

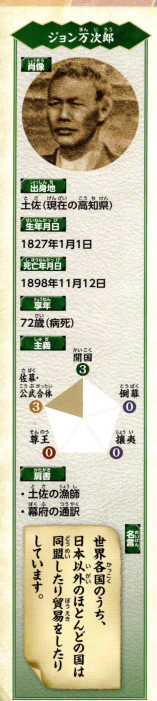

土《と》佐《さ》藩《はん》ってどんな藩《はん》？

土佐藩《とさはん》の基本情報《きほんじょうほう》

藩庁《はんちょう》

高知城《こうちじょう》

1601年に初代《しょだい》藩主《はんしゅ》・山内一豊《やまうちかずとよ》が築《きず》いた城《しろ》。焼失《しょうしつ》後《ご》、1749年に再建《さいけん》された天守《てんしゅ》が現在《げんざい》も残《のこ》っている。

石高《こくだか》

20万2000石《ごく》

幕末期《ばくまつき》の石高《こくだか》ランキング **第21位《い》**

大名家《だいみょうけ》

山内家《やまうちけ》

外様大名《とざまだいみょう》

土佐藩《とさはん》の特徴《とくちょう》

①徳川家《とくがわけ》に恩《おん》を感じる！

初代藩主《しょだいはんしゅ》・山内一豊《やまうちかずとよ》は、関ケ原《せきがはら》の戦《たたか》いで徳川家康《とくがわいえやす》に味方したことで、土佐藩《とさはん》を与《あた》えられた。このため山内《やまうち》家《け》は徳川家《とくがわけ》に恩《おん》を感じていた。

②藩士《はんし》は上士《じょうし》と下士《かし》に分かれる！

江戸《えど》時代に土佐《とさ》に入った山内家《やまうちけ》の家臣《かしん》の子《し》孫《そん》は上士《じょうし》（上級武士《ぶし》）、戦国《せんごく》時代に土佐《とさ》を支《し》配《はい》していた長宗我部《ちょうそかべ》氏《し》の家臣《かしん》の子孫《しそん》は下士《かし》（下級武士《ぶし》）とされ、区別《くべつ》された。

下士《かし》

郷士《ごうし》や足軽《あしがる》などに分かれ、上士《じょうし》から差別《さべつ》された。

上士《じょうし》

家老《かろう》や中老《ちゅうろう》などに分かれ、藩《はん》の政治《せいじ》に参加《さんか》できた。

差別《さべつ》を受けていた下士《かし》が尊王攘夷《そんのうじょうい》活動をはじめる

安土桃山《あづちももやま》時代、掛川《かけがわ》（静岡県《しずおかけん》）の小大名《しょうだいみょう》だった山内一豊《やまうちかずとよ》は、関ケ原《せきがはら》の戦《たたか》いのとき、真っ先に徳川家《とくがわいえ》康《やす》に味方した功績《こうせき》で、土佐藩《とさはん》を与《あた》えられた。このため山内《やまうち》家《け》は徳川《とくがわ》家《け》に恩《おん》を感じ続《つづ》け、幕末《ばくまつ》前期には公武合体《こうぶがったい》を支持《しじ》した。

土佐《とさ》に入るとき、一豊《かずとよ》が引き連《つ》れてきた家臣《かしん》の子孫《しそん》は上士《じょうし》（上級武《ぶ》士《し》）とされた。それまで土佐《とさ》を支配《しはい》していた長宗我部《ちょうそかべ》氏《し》の家臣《かしん》の子孫《しそん》は下士《かし》（下級武士《ぶし》）とされ、上《じょう》士《し》からきびしく差別《さべつ》された。尊王《そんのう》攘夷《じょうい》を目指す武市半平太《たけちはんぺいた》が結成《けっせい》し

土佐藩《とさはん》の位置《いち》

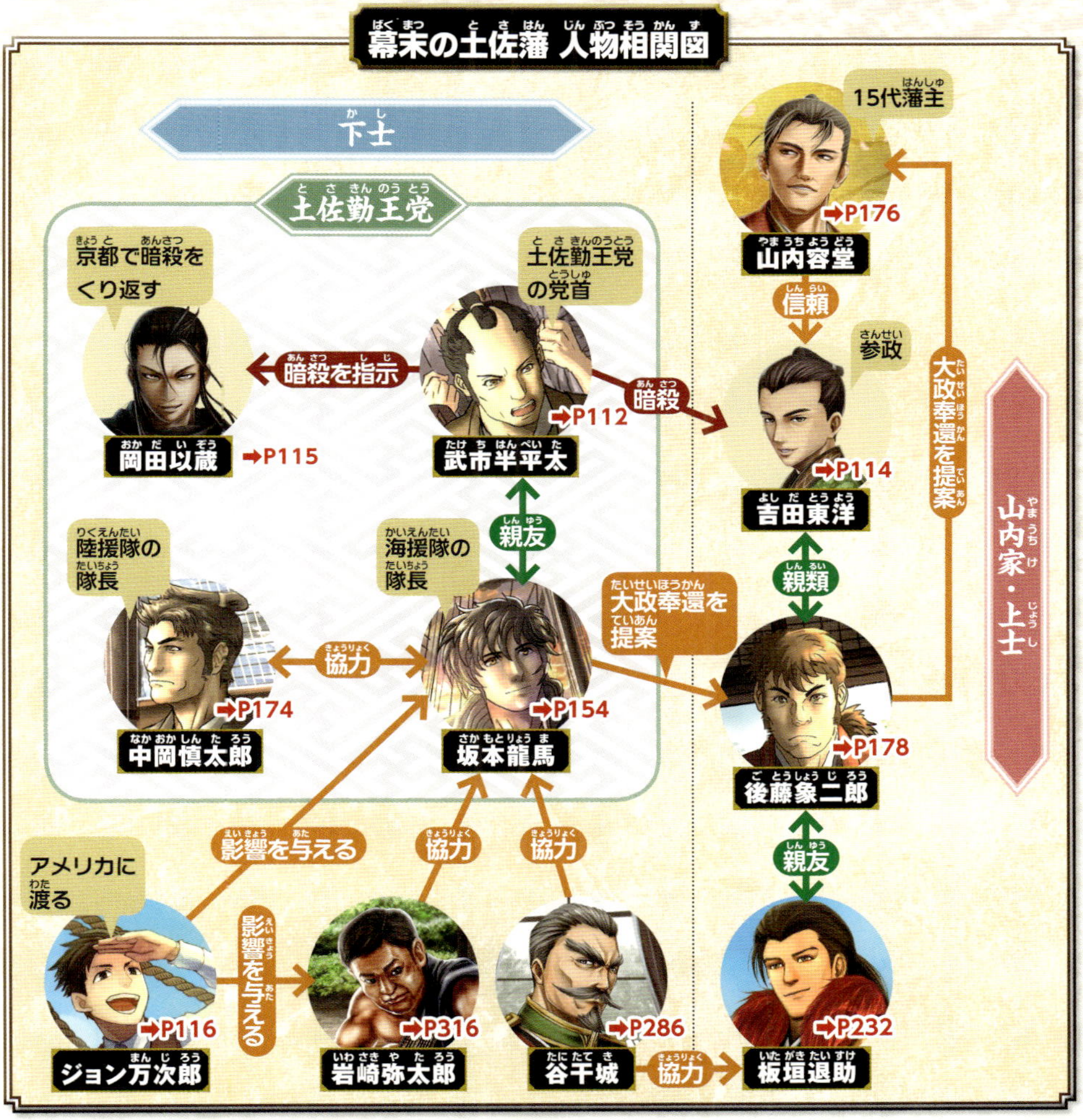

た土佐勤王党《とさきんのうとう》に参加《さんか》したのは、坂《さか》本龍馬《もとりょうま》（➡P154）や中岡慎太郎《なかおかしんたろう》（➡P174）などの下士《かし》だった。

幕末《ばくまつ》後期、龍馬《りょうま》が提案《ていあん》した大政《たいせい》奉還《ほうかん》（幕府《ばくふ》が政権《せいけん》を朝廷《ちょうてい》に返すこと）の案《あん》を伝《つた》えられた前藩主《ぜんはんしゅ》・山《やま》内容堂《うちようどう》（➡P176）は、「徳川家《とくがわけ》を守れる案《あん》」として、将軍《しょうぐん》・徳川《とくがわ》慶喜《よしのぶ》（➡P182）に伝《つた》えた。慶喜《よしのぶ》がこれを受け入れたため、幕府《ばくふ》はほろびることになった。

幕末《ばくまつ》の土佐藩《とさはん》の動き

幕末前期《ばくまつぜんき》

公武合体派《こうぶがったいは》の山内容堂《やまうちようどう》が藩内《はんない》の尊王攘夷派《そんのうじょういは》の活動をおさえこむ

↓

幕末後期《ばくまつこうき》

大政奉還《たいせいほうかん》を将軍《しょうぐん》・徳川慶《とくがわよし》喜《のぶ》に提案《ていあん》して、徳川家《とくがわけ》を守ろうとする

尾張藩《おわりはん》

徳川慶勝《とくがわよしかつ》

第一次長州征伐《ちょうしゅうせいばつ》の総督《そうとく》になった尾張藩主《おわりはんしゅ》

出身地《しゅっしんち》	美濃《みの》(現在《げんざい》の岐阜県《ぎふけん》)
生年月日《せいねんがっぴ》	1824年3月15日
死亡年月日《しぼうねんがっぴ》	1883年8月1日
享年《きょうねん》	60歳《さい》(病死)
肩書《かたがき》	尾張藩主《おわりはんしゅ》

肖像《しょうぞう》

西郷隆盛《さいごうたかもり》を参謀《さんぼう》にして長州藩《ちょうしゅうはん》の降伏《こうふく》を受け入れる

尾張藩《おわりはん》(現在《げんざい》の愛知県《あいちけん》)14代藩主《はんしゅ》・徳川慶勝《とくがわよしかつ》は尊王攘夷派《そんのうじょういは》で、井伊直弼《いいなおすけ》が不《ふ》平等な日米修好通商条約《にちべいしゅうこうつうしょうじょうやく》を結《むす》んだとき、抗議《こうぎ》した。このため藩主《はんしゅ》を辞《や》めさせられるという罰《ばつ》を受けた。しかし直弼《なおすけ》が桜田門外《さくらだもんがい》の変《へん》で暗殺《あんさつ》されると、慶勝《よしかつ》は、新藩主《しんはんしゅ》の弟・茂徳《もちなが》の後ろ盾《だて》となり、藩《はん》の実権《じっけん》をふたたびにぎった。

1863年、過激《かげき》な尊王攘夷《そんのうじょうい》活動を続《つづ》ける長州藩《ちょうしゅうはん》(現在《げんざい》の山口県《やまぐちけん》)が京都《きょうと》から追放された。翌年《よくとし》、怒《おこ》った長州藩《ちょうしゅうはん》は京《きょう》都《と》へ攻《せ》め上ってきたが、幕府《ばくふ》軍《ぐん》に撃退《げきたい》された(禁門《きんもん》の変《へん》)。朝廷《ちょうてい》を攻《せ》めた長州藩《ちょうしゅうはん》は「朝敵《ちょうてき》(朝廷《ちょうてい》の敵《てき》)」とされ、幕府《ばくふ》は長州藩《ちょうしゅうはん》をほろぼすために第一次長州征伐《ちょうしゅうせいばつ》をおこなうことにした。幕府軍《ばくふぐん》の総督《そうとく》に任命《にんめい》された慶勝《よしかつ》は、西郷隆盛《さいごうたかもり》(➡P168)を参謀《さんぼう》にした。隆盛《たかもり》から出された「長州藩《ちょうしゅうはん》が降伏《こうふく》すれば戦《たたか》わずに許《ゆる》す」という意見を採用《さいよう》し、長州藩《ちょうしゅうはん》をほろぼさなかった。

その後、慶勝《よしかつ》は尾張藩《おわりはん》の方針《ほうしん》を尊王《そんのう》攘夷《じょうい》に変更《へんこう》し、第二次長州征伐《ちょうしゅうせいばつ》(➡P166)には参加《さんか》しなかった。明治維新《めいじいしん》後は、名古屋藩知事《なごやはんちじ》になった。

ビジュアル資料《しりょう》

慶勝《よしかつ》の兄弟たち

慶勝《よしかつ》の兄弟には、幕末《ばくまつ》に活躍《かつやく》した藩主《はんしゅ》が多い。写真は右から慶勝《よしかつ》、徳川茂徳《とくがわもちなが》(尾張藩主《おわりはんしゅ》)、松平《まつだいら》容保《かたもり》(➡P106)、松平定敬《まつだいらさだあき》(➡P121)である。

松平定敬《まつだいらさだあき》

桑名藩《くわなはん》

最後《さいご》まで新政府軍《しんせいふぐん》に抵抗《ていこう》した容保《かたもり》の弟

出身地《しゅっしんち》	江戸《えど》(現在《げんざい》の東京都《とうきょうと》)
生年月日《せいねんがっぴ》	1846年12月2日
死亡年月日《しぼうねんがっぴ》	1908年7月21日
享年《きょうねん》	63歳《さい》(病死)
肩書《かたがき》	桑名藩主《くわなはんしゅ》

肖像《しょうぞう》

京都所司代《きょうとしょしだい》として兄とともに京都《きょうと》を守る

松平定敬《まつだいらさだあき》は、桑名藩《くわなはん》(現在《げんざい》の三重県《みえけん》)藩主《はんしゅ》で、兄には会津藩《あいづはん》(現在《げんざい》の福島県《ふくしまけん》)藩主《はんしゅ》・松平容保《まつだいらかたもり》がいた。1862年、容保《かたもり》が京都守護職《きょうとしゅごしょく》についた2年後、定敬《さだあき》は「京都所司代《きょうとしょしだい》」に任命《にんめい》され、ともに京都《きょうと》の安全を守った。この年に起こった禁門《きんもん》の変《へん》では、京都《きょうと》に攻《せ》め上ってきた長州藩《ちょうしゅうはん》(現在《げんざい》の山口県《やまぐちけん》)を、兄の会津藩《あいづはん》とともにうち破《やぶ》った。

15代将軍《しょうぐん》・徳川慶喜《とくがわよしのぶ》(⬇P182)が政権《せいけん》を朝廷《ちょうてい》に返した後、新政府《しんせいふ》と旧《きゅう》幕府《ばくふ》が対立し、戊辰戦争《ぼしんせんそう》がはじまった。江戸《えど》にいた定敬《さだあき》は桑名《くわな》に帰って戦《たたか》おうとしたが、藩《はん》の家老《かろう》たちが新《しん》政府《せいふ》に味方したので、もどれなくなった。このため越後《えちご》(現在《げんざい》の新潟県《にいがたけん》)に渡《わた》り、家臣《かしん》たちを北越戦争《ほくえつせんそう》に参加《さんか》させた後、自らは容保《かたもり》のいる会津藩《あいづはん》へ向かった。容保《かたもり》の降伏後《こうふくご》は、箱館《はこだて》(北海道《ほっかいどう》)に渡《わた》って新政府軍《しんせいふぐん》に抵抗《ていこう》を続《つづ》けたが、ついに降伏《こうふく》した。

なるほどエピソード

新政府軍《しんせいふぐん》を苦しめた定敬《さだあき》の家臣《かしん》・立見尚文《たつみなおふみ》

北越戦争《ほくえつせんそう》(⬇P236)のとき、桑《くわ》名藩士《なはんし》・立見尚文《たつみなおふみ》は、主君・定敬《さだあき》から新政府軍《しんせいふぐん》と戦《たたか》うように命じられた。尚文《なおふみ》は新政府軍《しんせいふぐん》の山県有朋《やまがたありとも》(⬇P284)の部隊《ぶたい》を破《やぶ》るなど、大活躍《だいかつやく》した。明治《めいじ》時代、尚文《なおふみ》は陸軍《りくぐん》に入ったが、陸軍《りくぐん》の高官《こうかん》になっていた有朋《ありとも》は尚文《なおふみ》に会うのをさけていたそうだ。

ざっくり知ろう！

幕末《ばくまつ》！

幕末《ばくまつ》の長州藩《ちょうしゅうはん》と薩摩藩《さつまはん》の動き

幕末《ばくまつ》に複雑《ふくざつ》な対立・協力関係《きょうりょくかんけい》を結《むす》んだ薩摩藩《さつまはん》と長州藩《ちょうしゅうはん》の動きを整理しよう。

1863年5月 外国船砲撃事件《ほうげきじけん》

攘夷《じょうい》（外国勢力《せいりょく》の追放）を実行するため、長州藩《ちょうしゅうはん》は関門海峡《かんもんかいきょう》を通る外国船を大砲《たいほう》で攻撃《こうげき》した。

長州藩《ちょうしゅうはん》 → 攻撃《こうげき》 → 外国

1863年7月 薩英戦争《さつえいせんそう》（➡P70）

生麦事件《なまむぎじけん》の仕返しのため、イギリス艦隊《かんたい》が鹿児島湾《かごしまわん》に侵入《しんにゅう》して攻撃《こうげき》したが、引き分けに終わった。

分 薩摩藩《さつまはん》 → ✕ ← イギリス 分

1863年8月 八月十八日《はちがつはちじゅうにち》の政変《せいへん》

会津藩《あいづはん》や薩摩藩《さつまはん》は、過激《かげき》な長州藩《ちょうしゅうはん》を危険《きけん》に感じ、御所《ごしょ》（天皇《てんのう》の住居《じゅうきょ》）の門を守る役目をしていた長州藩《ちょうしゅうはん》を追放した。

薩摩藩《さつまはん》 会津藩《あいづはん》 → 追放 → 長州藩《ちょうしゅうはん》

1863年8月 七卿落《しちきょうお》ち

長州藩《ちょうしゅうはん》に味方していた三条実美《さんじょうさねとみ》ら７人の公卿《くぎょう》（朝廷《ちょうてい》に仕える高官《こうかん》）は、追放された長州藩士《ちょうしゅうはんし》とともに長州《ちょうしゅう》へにげた。

1864年6月 池田屋事件《いけだやじけん》（➡P96）

京都《きょうと》に残《のこ》っていた過激《かげき》な長州藩士《ちょうしゅうはんし》は、池田屋《いけだや》で集まっているところを新選組《しんせんぐみ》におそわれ、殺《ころ》された。

新選組《しんせんぐみ》 → 襲撃《しゅうげき》 → 長州藩士《ちょうしゅうはんし》

1864年7月 禁門《きんもん》の変《へん》（➡P98）

池田屋事件《いけだやじけん》に怒《おこ》った長州藩《ちょうしゅうはん》は、京都《きょうと》での勢力《せいりょく》を取りもどそうとして、御所《ごしょ》を攻《せ》めたが、会津藩《あいづはん》や薩摩藩《さつまはん》に敗《やぶ》れた。

勝 薩摩藩《さつまはん》 会津藩《あいづはん》 → ✕ ← 長州藩《ちょうしゅうはん》 負

1864年7月 第一次長州征伐《ちょうしゅうせいばつ》

禁門《きんもん》の変《へん》を起こした長州藩《ちょうしゅうはん》を罰《ばっ》するため、幕府《ばくふ》は、薩摩藩《さつまはん》などと一緒《いっしょ》に幕府軍《ばくふぐん》をつくり、長州藩《ちょうしゅうはん》へ軍《ぐん》を進めた。

薩摩藩《さつまはん》 → 進軍《しんぐん》 → 長州藩《ちょうしゅうはん》

1864年8月 下関戦争《しものせきせんそう》 （➡P100）

１年前の長州藩《ちょうしゅうはん》の攻撃《こうげき》に仕返しするため、イギリスを中心とする外国の軍艦《ぐんかん》17隻《せき》が下関《しものせき》を攻撃《こうげき》。長州《ちょうしゅう》藩《はん》は負け、大打撃《だいだげき》を受けた。

勝 外国 → ← 長州藩《ちょうしゅうはん》 負

1864年11月 長州藩《ちょうしゅうはん》の降伏《こうふく》

長州藩《ちょうしゅうはん》の内部では、幕府軍《ばくふぐん》に降伏《こうふく》する勢力《せいりょく》が権力《けんりょく》をにぎり、幕府《ばくふ》にあやまって降伏《こうふく》した。高杉晋作《たかすぎしんさく》らは追放された。

1864年12月 高杉晋作《たかすぎしんさく》の反乱《はんらん》

晋作《しんさく》は長州藩《ちょうしゅうはん》に反乱《はんらん》を起こし、翌年《よくとし》２月に勝利《しょうり》した。幕府《ばくふ》にしたがおうとする勢力《せいりょく》を追放して、藩《はん》の実権《じっけん》をにぎった。

勝 高杉軍《たかすぎぐん》 → ← 長州藩《ちょうしゅうはん》 負

1866年1月 薩長同盟《さっちょうどうめい》の成立《せいりつ》 （➡P160）

坂本龍馬《さかもとりょうま》の仲介《ちゅうかい》により、薩摩藩《さつまはん》と長州藩《ちょうしゅうはん》は同盟《どうめい》を結《むす》び、一緒《いっしょ》に幕府《ばくふ》と戦《たたか》うことを約束《やくそく》した。

薩摩藩《さつまはん》 → 同盟《どうめい》 ← 長州藩《ちょうしゅうはん》

1866年6月 第二次長州征伐《ちょうしゅうせいばつ》 （➡P166）

幕府《ばくふ》は西日本の藩《はん》に長州藩《ちょうしゅうはん》を攻撃《こうげき》するように命じるが、薩摩藩《さつまはん》は断《ことわ》った。戦《たたか》う気力のない幕府軍《ばくふぐん》は、長《ちょう》州軍《しゅうぐん》に敗《やぶ》れた。

勝 薩摩藩《さつまはん》 長州藩《ちょうしゅうはん》 → ← 幕府《ばくふ》 負

新選組《しんせんぐみ》

近藤勇《こんどういさみ》

尊《そん》王《のう》攘《じょう》夷《い》派《は》の志《し》士《し》を取りしまった新《しん》選《せん》組《ぐみ》局長

剣術《けんじゅつ》の腕《うで》をみがき将軍《しょうぐん》を守る浪士組《ろうしぐみ》に入る

近藤勇《こんどういさみ》は、武蔵国多摩郡《むさしのくにたまぐん》(現在《げんざい》の東《とう》京都《きょうと》)の農家の三男に生まれた。16歳《さい》で江戸《えど》にあった天然理心流《てんねんりしんりゅう》の剣術《けんじゅつ》道場「試衛館《しえいかん》」に通いはじめると、めきめきと上達《じょうたつ》した。師匠《ししょう》の近藤周助《こんどうしゅうすけ》は、勇《いさみ》の腕《うで》を見こんで養子《ようし》にむかえた。

1863年、14代将軍《しょうぐん》・徳川家茂《とくがわいえもち》が、京都《きょうと》の孝明天皇《こうめいてんのう》のもとへあいさつに行くことになった。天皇《てんのう》は家茂《いえもち》の義理《ぎり》の兄にあたり、攘夷主義者《じょういしゅぎしゃ》だったため、家茂《いえもち》は天皇《てんのう》と、外国とのつき合い方を話し合おうとしたのだ。

このとき家茂《いえもち》を守る「浪士組《ろうしぐみ》」がつくられることになった。幕府《ばくふ》の家臣《かしん》・佐々木只三郎《ささきただざぶろう》(⬇P141)の募集《ぼしゅう》に応《おう》じ、勇《いさみ》は試衛館《しえいかん》の門人だった土方歳三《ひじかたとしぞう》(⬇P128)や沖田総司《おきたそうじ》(⬇P132)らとともに、浪士組《ろうしぐみ》約《やく》250名の一員となった。農民《のうみん》出身だったが、「武士《ぶし》になりたい」という願《ねが》いがあった。

勇《いさみ》の生家跡《せいかあと》

勇《いさみ》は多摩《たま》(東京都《とうきょうと》)の農民《のうみん》の子として生まれた。

ウソ!ホント!?

げんこつが入るくらい口が開いた!?

勇《いさみ》は口を大きく開けて、げんこつを丸ごと口の中に入れることができたそうだ。勇《いさみ》が尊敬《そんけい》していた戦国《せんごく》時代の武《ぶ》将《しょう》・加藤清正《かとうきよまさ》も同じことができたといわれていたので、勇《いさみ》は「おれも清正《きよまさ》のように出世したい」と語っていたという。

近藤勇《こんどういさみ》

肖像《しょうぞう》

出身地《しゅっしんち》

武蔵《むさし》(現在《げんざい》の東京都《とうきょうと》)

生年月日《せいねんがっぴ》

1834年10月9日

死亡年月日《しぼうねんがっぴ》

1868年4月25日

享年《きょうねん》

35歳《さい》(刑死《けいし》)

主義《しゅぎ》

肩書《かたがき》

・新選組《しんせんぐみ》局長

名言《めいげん》

ながながご厄介《やっかい》に相成《あいな》った

意味　(処刑前《しょけいまえ》、警備《けいび》の武士《ぶし》たちに向けて)長い間お世話になりました。

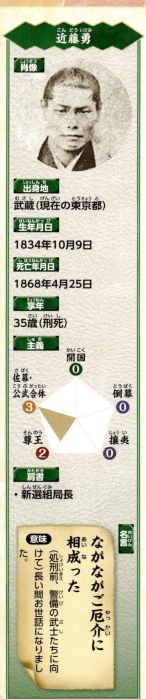

新選組《しんせんぐみ》の局長として最後《さいご》まで幕府《ばくふ》に尽《つ》くす

1863年2月、勇《いさみ》らは無事《ぶじ》、家茂《いえもち》を京都《きょうと》へ送り届《とど》けた。すると浪士組《ろうしぐみ》をつくることを提案《ていあん》した清河八郎《きよかわはちろう》(⬇P140)は、「浪士組《ろうしぐみ》の本来の目的《もくてき》は、尊王攘夷《そんのうじょうい》の実行である」と宣言《せんげん》した。

納得《なっとく》のいかない勇《いさみ》は、八郎《はちろう》と別《わか》れることにした。歳三《としぞう》や総司《そうじ》ら、勇《いさみ》と同じ考えの隊士《たいし》は数十名いた。只三郎《たださぶろう》は京《きょう》都守護職《としゅごしょく》・松平容保《まつだいらかたもり》にかけあって、勇《いさみ》たちが京都《きょうと》の安全を守る仕事につけるように取り計らった。

勇《いさみ》らの集団《しゅうだん》は、京都《きょうと》の壬生《みぶ》を拠点《きょてん》としたので、「壬生浪士組《みぶろうしぐみ》」と呼《よ》ばれた。腕《うで》の立つ勇《いさみ》は、芹沢鴨《せりざわかも》(⬇P136)とともに局長になった。しかし京都《きょうと》の人たちは、寄《よ》せ集めの集団《しゅうだん》と見て、「壬《み》生浪《ぶろ》」と呼《よ》んで馬鹿《ばか》にした。

まもなく京都《きょうと》では、長州藩《ちょうしゅうはん》(現在《げんざい》の山口県《やまぐちけん》)の勢力《せいりょく》を追放することが計画され、勇《いさみ》らは御所《ごしょ》(天皇《てんのう》の住居《じゅうきょ》)の警備《けいび》につくことになった。このときの働《はたら》きが評価《ひょうか》され、壬生浪士組《みぶろうしぐみ》は「新選組《しんせんぐみ》」という新しい隊《たい》名が与《あた》えられた。新選組《しんせんぐみ》をさらに活躍《かつやく》させたいと考えた勇《いさみ》は、きびしいけいこで隊士《たいし》たちをきたえ

ビジュアル資料《しりょう》

勇《いさみ》をえがいた絵

新選組《しんせんぐみ》の隊士《たいし》・中島登《なかじまのぼり》がかいた勇《いさみ》の絵。恐《こわ》い顔つきをしている。

発見《はっけん》!

池田屋跡《いけだやあと》

池田屋事件《いけだやじけん》の舞台《ぶたい》となった池田屋《いけだや》は現在《げんざい》残《のこ》っておらず、石碑《せきひ》が立っている(京都府《きょうとふ》)。

ビジュアル資料《しりょう》

甲州勝沼《こうしゅうかつぬま》の戦《たたか》い

戊辰戦争《ぼしんせんそう》がはじまると、勇《いさみ》は甲《こう》陽鎮撫隊《ようちんぶたい》(新選組《しんせんぐみ》の名を変《か》えたもの)を率《ひき》いて、甲府《こうふ》(山梨県《やまなしけん》)で新《しん》政府軍《せいふぐん》と戦《たたか》ったが、敗《やぶ》れた。

た。また、勝手な行動をする者は、ためらうことなく処罰《しょばつ》し、京都《きょうと》で乱暴《らんぼう》を働《はたら》いた局長の鴨《かも》さえも暗殺《あんさつ》した。いつしか新選組《しんせんぐみ》は、勇《いさみ》を局長、歳三《としぞう》を副長《ふくちょう》とする最強《さいきょう》の戦闘集団《せんとうしゅうだん》となり、尊王攘《そんのうじょう》夷《い》派《は》をきびしく取りしまった。

翌年《よくとし》6月、新選組《しんせんぐみ》は長州藩士《ちょうしゅうはんし》を中心とする尊王攘夷派《そんのうじょういは》の志士《しし》が集まっていた京都《きょうと》の旅館「池田屋《いけだや》」にふみこんだ。勇《いさみ》たちは命がけの切り合いの末《すえ》、9人を殺害《さつがい》し、20人以上《いじょう》を逮捕《たいほ》した。この池田屋事件《いけだやじけん》の活躍《かつやく》によって新選組《しんせんぐみ》は名を上げ、京都《きょうと》の人びとは、その強さをほめたたえた。

ところが1867年、幕府《ばくふ》は朝廷《ちょうてい》に政権《せいけん》を返し、朝廷《ちょうてい》は薩摩藩《さつまはん》(現在《げんざい》の鹿児島県《かごしまけん》)や長州藩《ちょうしゅうはん》とともに新政府《しんせいふ》をつくった。勇《いさみ》は目標《もくひょう》を失《うしな》い、新選組《しんせんぐみ》内部で起きた対立によりけがを負った。

勇《いさみ》は旧幕府軍《きゅうばくふぐん》の命令《めいれい》で、甲陽鎮撫隊《こうようちんぶたい》を率《ひき》いて江戸《えど》に向かってくる新政府軍《しんせいふぐん》を甲府《こうふ》(山梨県《やまなしけん》)でむかえうったが、敗北《はいぼく》した。そして流山《ながれやま》(千葉県《ちばけん》)で新政府軍《しんせいふぐん》に捕《と》らえられ、処刑《しょけい》された。

ウソ!ホント!?

勇《いさみ》は刀の話をするのが大好《す》きだった!?

勇《いさみ》は刀が大好《す》きで、ひまがあれば刀の話をしていたそうだ。愛用《あいよう》していたのは「虎徹《こてつ》」という名の刀で、池田屋事件《いけだやじけん》でも虎徹《こてつ》で戦《たたか》った。事件後、養父《ようふ》にあてた手紙には、「虎《こ》徹《てつ》だったから無事《ぶじ》だった」と書いている。

勇《いさみ》と歳三《としぞう》の別《わか》れ

新《しん》選《せん》組《ぐみ》

誠

土方歳三《ひじかたとしぞう》

新《しん》選《せん》組《ぐみ》を強力な戦《せん》闘《とう》集《しゅう》団《だん》にした「鬼《おに》の副《ふく》長《ちょう》」

剣《けん》で生きる決心をして壬生浪士組《みぶろうしぐみ》で活躍《かつやく》する

土方歳三《ひじかたとしぞう》は、武蔵国《むさしのくに》多摩郡《たまぐん》(現在《げんざい》の東京都《とうきょうと》)の農家に生まれた。25歳《さい》で天然理心流《てんねんりしんりゅう》の道場「試衛館《しえいかん》」に入門し、短期間のうちに腕《うで》を上げた。ここで知り合った1歳《さい》上の近藤勇《こんどういさみ》とは、兄弟のように心が通じ合ったという。

1863年、14代将軍《しょうぐん》・徳川家茂《とくがわいえもち》を京都《きょうと》まで護衛《ごえい》するための「浪士組《ろうしぐみ》」が募《ぼ》集《しゅう》された。剣《けん》で生きることに決めた歳《とし》三《ぞう》は勇《いさみ》とともに加《くわ》わった。しかし京都《きょうと》に到着《とうちゃく》した浪士組《ろうしぐみ》は、尊王攘夷《そんのうじょうい》活動をすると宣言《せんげん》し、江戸《えど》に帰った。京都《きょうと》に残《のこ》った歳三《としぞう》や勇《いさみ》たちは、京都守護職《きょうとしゅごしょく》・松平容保《まつだいらかたもり》のもとで、京都《きょうと》の安全を守る壬生浪士組《みぶろうしぐみ》の一員となった。

壬生浪士組《みぶろうしぐみ》は新選組《しんせんぐみ》と隊名《たいめい》を改《あらた》め、歳三《としぞう》は、過激《かげき》な尊王攘夷《そんのうじょうい》活動をおこなう長州藩《ちょうしゅうはん》(現在《げんざい》の山口県《やまぐちけん》)の志士《しし》たちを取りしまった。足元の砂《すな》をけり上げて敵《てき》をひるませ、そのすきに切るなど、歳三《としぞう》は実戦《じっせん》で特《とく》に強かった。

壬生屯所跡《みぶとんしょあと》

新選組《しんせんぐみ》が拠点《きょてん》とした屋敷《やしき》が現在《げんざい》も残《のこ》っている(京都府《きょうとふ》)。

なるほどエピソード　風呂《ふろ》上がりに裸《はだか》で相撲《すもう》のけいこをした!?

歳三《としぞう》は子どもの頃《ころ》から強い武士《ぶし》になることが夢《ゆめ》だった。このため歳三《としぞう》は風呂《ふろ》から上がると、裸《はだか》のまま家の大黒柱《だいこくばしら》(家を支《ささ》える最《もっと》も太い柱)で相撲《すもう》の張《は》り手のけいこをして、体をきたえていたそうだ。

土方歳三《ひじかたとしぞう》

肖像《しょうぞう》

出身地《しゅっしんち》

武蔵《むさし》(現在《げんざい》の東京都《とうきょうと》)

生年月日《せいねんがっぴ》

1835年5月5日

死亡年月日《しぼうねんがっぴ》

1869年5月11日

享年《きょうねん》

35歳《さい》(戦死《せんし》)

主義《しゅぎ》

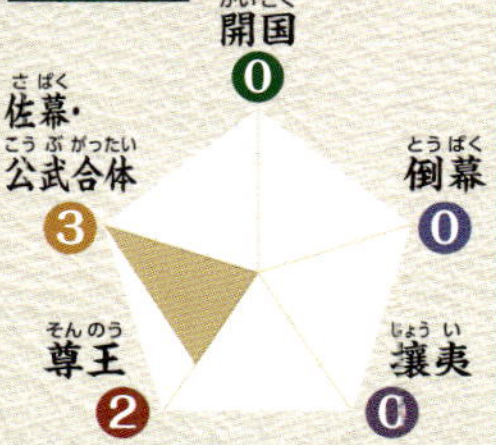

肩書《かたがき》

・新選組副長《しんせんぐみふくちょう》

名言《めいげん》

我《われ》この柵《さく》にありて、退《しりぞ》く者を切る

意味　(箱館戦争《はこだてせんそう》のとき、退却《たいきゃく》する味方に向かって)わたしはこの柵《さく》の前で退却《たいきゃく》する者を切る。

ビジュアル資料《しりょう》

歳三《としぞう》をえがいた絵

新選組《しんせんぐみ》の隊士《たいし》・中島登《なかじまのぼり》がかいた歳三《としぞう》。りりしい表情《ひょうじょう》が印象的《いんしょうてき》だ。

幕《ばく》府《ふ》がほろびても最《さい》後《ご》まで戦《たたか》い続《つづ》ける

歳三《としぞう》は勇《いさみ》とともに新選組《しんせんぐみ》を最強《さいきょう》の戦《せん》闘集団《とうしゅうだん》に育てることを目指した。初代《しょだい》局長・芹沢鴨《せりざわかも》（↓P136）は、乱暴《らんぼう》な行動が多かったため、歳三《としぞう》は沖田総司《おきたそうじ》（↓P132）らとともに暗殺《あんさつ》した。その後、副長《ふくちょう》となった歳三《としぞう》は、きびしい掟《おきて》で隊士《たいし》をしばり、「鬼《おに》の副長《ふくちょう》」と呼《よ》ばれて恐《おそ》れられた。

1863年6月の池田屋事件《いけだやじけん》では、先に池田屋《いけだや》に乗りこんで戦《たたか》う勇《いさみ》たちのもとにかけつけ、出入り口を固《かた》め、多くの尊王攘夷派《そんのうじょういは》の志士《しし》を殺害《さつがい》・逮捕《たいほ》した。この活躍《かつやく》で新選組《しんせんぐみ》の名は全国にとどろき、幕府《ばくふ》と朝廷《ちょうてい》からほうびを与《あた》えられた。このとき歳三《としぞう》は勇《いさみ》とともに幕《ばく》臣《しん》（幕府《ばくふ》の家臣《かしん》）となった。

1868年、幕府《ばくふ》がほろびた後、新《しん》政府《せいふ》と旧幕府《きゅうばくふ》との間で対立が起こり、鳥羽《とば》・伏見《ふしみ》の戦《たたか》い（↓P214）がはじまった。このとき、けがを負った勇《いさみ》の代わりに、歳三《としぞう》は新選組《しんせんぐみ》の指揮《しき》を取った。切り合いでは無敵《むてき》の新選組《しんせんぐみ》だったが、大砲《たいほう》や銃《じゅう》などの近代兵器《へいき》が不足《ふそく》しており、苦戦《くせん》した。新政府《しんせいふ》と旧幕府《きゅうばくふ》による戊辰戦争《ぼしんせんそう》が続《つづ》く中、勇《いさみ》は甲府《こうふ》（山《やま》梨県《なしけん》）で新政府軍《しんせいふぐん》と戦《たたか》ったが、大敗《たいはい》した。歳三《としぞう》は勇《いさみ》をたすけに向かったが、勇《いさみ》は新政府軍《しんせいふぐん》に捕《つか》まって処刑《しょけい》された。

その後、歳三《としぞう》は大鳥圭介《おおとりけいすけ》（↓P246）が率《ひき》いる旧幕府軍《きゅうばくふぐん》に合流し、宇都宮《うつのみや》（栃木県《とちぎけん》）での戦《たたか》いに参加《さんか》した。さらに榎本武揚《えのもとたけあき》（↓P244）が率《ひき》いる旧幕府海軍《きゅうばくふかいぐん》と合流し、箱館《はこだて》（北海道《ほっかいどう》）の五稜郭《ごりょうかく》を占領《せんりょう》した。武揚《たけあき》が蝦夷地《えぞち》（北《ほっ》海道《かいどう》）につくった「蝦夷共和国《えぞきょうわこく》」で、歳《とし》三《ぞう》は陸軍《りくぐん》の指揮官《しきかん》に任命《にんめい》された。

ビジュアル資料《しりょう》

箱館戦争《はこだてせんそう》での歳三《としぞう》

歳三《としぞう》は箱館戦争《はこだてせんそう》に参加《さんか》し、陸軍《りくぐん》を指揮《しき》して新政府軍《しんせいふぐん》と戦《たたか》った。

箱館戦争《はこだてせんそう》（➡P250）がはじまると、新政府軍《しんせいふぐん》は五稜郭《ごりょうかく》を目指して進軍《しんぐん》を開始したが、歳三《としぞう》は箱館《はこだて》に通じる二《ふた》股口《またぐち》で激《はげ》しい攻撃《こうげき》を加《くわ》えて食い止めた。しかし別方面《べつほうめん》の部隊《ぶたい》が敗《やぶ》れたため、歳三《としぞう》は五稜郭《ごりょうかく》にもどった。新政府《しんせいふ》軍《ぐん》が箱館《はこだて》に総攻撃《そうこうげき》を開始すると、歳三《としぞう》は味方をたすけるため、五稜郭《ごりょうかく》から出《しゅつ》撃《げき》した。一本木関門《いっぽんぎかんもん》の柵《さく》の前で馬に乗りながら、敗走《はいそう》してくる兵《へい》に、「退却《たいきゃく》する者は切る」と叫《さけ》んで、ふるい立たせたが、銃弾《じゅうだん》を受けて戦死《せんし》した。

発見《はっけん》!

歳三《としぞう》の戦死地《せんしち》

歳三《としぞう》は一本木関門《いっぽんぎかんもん》で退却《たいきゃく》する味方の兵《へい》を勇気《ゆうき》づけていたとき、敵《てき》の銃弾《じゅうだん》を受けて戦死《せんし》した（北海道《ほっかいどう》）。

ウソ！ホント!?

箱館戦争《はこだてせんそう》では兵《へい》から母のように慕《した》われた!?

新選組《しんせんぐみ》では鬼《おに》のように恐《おそ》れられた歳《とし》三《ぞう》だったが、箱館戦争《はこだてせんそう》のときはいつもおだやかで、兵《へい》からは母親のように慕《した》われていたそうだ。歳三《としぞう》は死を覚悟《かくご》していたため、やさしくなったといわれる。

モテ自慢《じまん》をしすぎ!?

歳三《としぞう》は男前だったので、京都《きょうと》の女性《じょせい》にたいへんもてた。
すてき！
土方《ひじかた》さん！
恋文《こいぶみ》（ラブレター）もたくさんもらった。
こんなにたくさんもらったしまった…
とりあえず、恋文《こいぶみ》をまとめておこう！
そうだ、いいことを思いついた！
歳三《としぞう》はその恋文《こいぶみ》を故郷《こきょう》の知人に送った。
送るものがないので、もらった恋文《こいぶみ》を送ります…
ただの自慢《じまん》じゃないか！

新選組《しんせんぐみ》で最強《さいきょう》といわれた天才剣士《けんし》

沖田総司《おきたそうじ》

新選組《しんせんぐみ》のために戦《たたか》うが病《やまい》に倒《たお》れる

沖田総司《おきたそうじ》は、白河藩《しらかわはん》(現在《げんざい》の福島県《ふくしまけん》)藩士《はんし》の子として江戸《えど》で生まれた。9歳《さい》頃《ごろ》、天然理心流《てんねんりしんりゅう》の試衛館《しえいかん》に入門し、早くも剣術《けんじゅつ》の才能《さいのう》を輝《かがや》かせたという。天《てん》然理心流《ねんりしんりゅう》は、刀をのどもとに突《つ》きつける「突《つ》き技《わざ》」に特徴《とくちょう》があるが、総司《そうじ》は一瞬《いっしゅん》に3か所を突《つ》く「三段突《さんだんづ》き」を得意《とくい》としたという伝説《でんせつ》が残《のこ》る。8歳《さい》上の近藤《こんどう》勇《いさみ》は、そんな総司《そうじ》を弟のようにかわいがり、総司《そうじ》も勇《いさみ》を信頼《しんらい》した。

総司《そうじ》は、勇《いさみ》や兄弟子の土方歳三《ひじかたとしぞう》とともに浪士組《ろうしぐみ》(後の新選組《しんせんぐみ》)に入った。新《しん》選組《せんぐみ》では一番隊《いちばんたい》組長をつとめ、最強《さいきょう》の剣士《けんし》と評判《ひょうばん》だった。しかし総司《そうじ》は結核《けっかく》という肺《はい》の病気をわずらっていた。

1864年の池田屋事件《いけだやじけん》では、勇《いさみ》と一緒《いっしょ》に池田屋《いけだや》に乗りこみ、すぐさまひとりを切り倒《たお》したが、その直後、血をはいて倒《たお》れてしまう。総司《そうじ》はその後も、病気をおして活躍《かつやく》した。山南敬助《やまなみけいすけ》(➡P138)が新選組《しんせんぐみ》を抜《ぬ》け出したときは、勇《いさみ》の命令《めいれい》で、総司《そうじ》が敬助《けいすけ》をつかまえ、切腹《せっぷく》させた。

1868年、旧幕府軍《きゅうばくふぐん》と新政府軍《しんせいふぐん》の間で鳥羽《とば》・伏見《ふしみ》の戦《たたか》い(➡P214)がはじまったが、結核《けっかく》が悪化した総司《そうじ》は参加《さんか》できず、江戸《えど》にもどることになった。そして、新政府軍《しんせいふぐん》に勇《いさみ》が処刑《しょけい》された5日後、総司《そうじ》も息を引き取った。

発見《はっけん》!

総司《そうじ》が死亡《しぼう》した地

総司《そうじ》は幕府《ばくふ》がほろびた後、結核《けっかく》が悪化して江戸《えど》(東京都《とうきょうと》)で死んだ。

沖田総司《おきたそうじ》

出身地《しゅっしんち》

江戸《えど》(現在《げんざい》の東京都《とうきょうと》)

生年月日《せいねんがっぴ》

1844年?

死亡年月日《しぼうねんがっぴ》

1868年5月30日

享年《きょうねん》

25歳《さい》?(病死)

主義《しゅぎ》

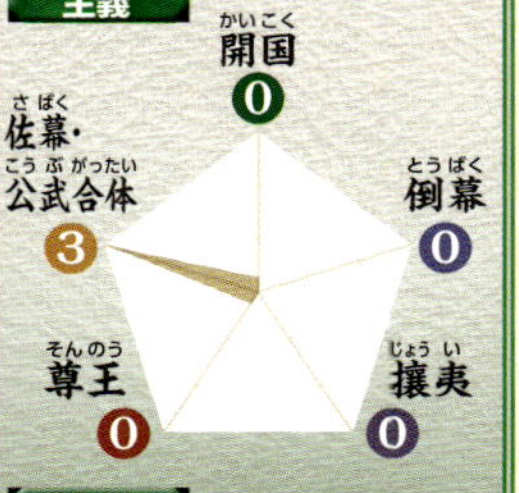

肩書《かたがき》

・新選組一番隊組長《しんせんぐみいちばんたいくみちょう》

トンデモ伝説《でんせつ》!

12歳《さい》で剣術《けんじゅつ》の先生に試合《しあい》で勝利《しょうり》した!?

新選組《しんせんぐみ》で最強《さいきょう》といわれた総司《そうじ》は、子どものときから天才的《てんさいてき》な剣術《けんじゅつ》の腕《うで》前《まえ》だったという。わずか12歳《さい》のとき、父が仕える白河藩《しらかわはん》(現在《げんざい》の福島県《ふくしまけん》)の剣《けん》術《じゅつ》の指南役《しなんやく》(先生)と試合《しあい》をすることになったが、総司《そうじ》は勝利《しょうり》したそうだ。

新《しん》選《せん》組《ぐみ》

誠

御《ご》陵《りょう》衛《え》士《じ》をつくるが、新《しん》選《せん》組《ぐみ》に暗《あん》殺《さつ》される

伊東甲子太郎《いとうかしたろう》

新選組《しんせんぐみ》にさそわれて入るが考えが合わずに離《はな》れる

近藤勇《こんどういさみ》は、新選組《しんせんぐみ》をさらに強くするため、腕《うで》の立つ剣士《けんし》を集めていた。江戸《えど》で北辰一刀流《ほくしんいっとうりゅう》の道場を開いていた伊東甲子太郎《いとうかしたろう》は、新選組《しんせんぐみ》の隊士《たいし》・藤《とう》堂平助《どうへいすけ》にさそわれて、新選組《しんせんぐみ》に入隊《にゅうたい》した。常陸《ひたち》(現在《げんざい》の茨城県《いばらきけん》)出身の甲《か》子太郎《したろう》は、水戸藩《みとはん》で水戸学《みとがく》を学んだ尊《そん》王攘夷論者《のうじょういろんしゃ》だった。

実力を認《みと》められた甲子太郎《かしたろう》は、新選《しんせん》組《ぐみ》の参謀《さんぼう》(作戦《さくせん》を立てる重要《じゅうよう》な役)になった。しかしすぐ、幕府《ばくふ》に忠実《ちゅうじつ》な勇《いさみ》とは考え方がちがうことに気づいた。

1867年3月、甲子太郎《かしたろう》は孝明天《こうめいてん》皇《のう》を守るための部隊《ぶたい》「御陵衛士《ごりょうえじ》」をつくり、平助《へいすけ》らとともに新選組《しんせんぐみ》を離《はな》れた。しかし新選組《しんせんぐみ》の掟《おきて》では、組を抜《ぬ》けることは許《ゆる》されなかった。甲子太郎《かしたろう》は勇《いさみ》から宴会《えんかい》に招《まね》かれ、酒を飲まされた後、その帰り道に、新選組《しんせんぐみ》の隊士《たいし》に暗殺《あんさつ》された。甲子太郎《かしたろう》の遺体《いたい》を引き取りにきた平助《へいすけ》らも、待ち伏《ぶ》せていた隊《たい》士《し》によって殺《ころ》された(油小路事件《あぶらのこうじじけん》)。

発見《はっけん》!

甲子太郎《かしたろう》がおそわれた地

甲子太郎《かしたろう》が殺《ころ》された地には石碑《せきひ》が立っている(京都府《きょうとふ》)。

伊東甲子太郎《いとうかしたろう》

出身地《しゅっしんち》

常陸《ひたち》(現在《げんざい》の茨城県《いばらきけん》)

生年月日《せいねんがっぴ》

1835年(誕生日《たんじょうび》は不明《ふめい》)

死亡年月日《しぼうねんがっぴ》

1867年11月18日

享年《きょうねん》

33歳《さい》(暗殺《あんさつ》)

主義《しゅぎ》

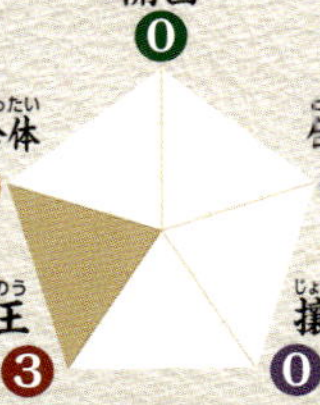

肩書《かたがき》

- 新選組参謀《しんせんぐみさんぼう》
- 御陵衛士首領《ごりょうえじしゅりょう》

名言《めいげん》

奸賊輩《かんぞくばら》

意味 卑怯《ひきょう》な逆賊《ぎゃくぞく》たちめ!

油小路事件《あぶらのこうじじけん》

近藤勇《こんどういさみ》は甲子太郎《かしたろう》を宴会《えんかい》に呼《よ》んで酒を飲ませた後、その帰り道「油小路《あぶらのこうじ》」で新選組《しんせんぐみ》の隊士《たいし》におそわせた。甲子太郎《かしたろう》は「奸賊輩《かんぞくばら》」と叫《さけ》んで死んだ。

新選組《しんせんぐみ》

誠

芹沢鴨《せりざわかも》

仲間《なかま》に暗殺《あんさつ》された新選組《しんせんぐみ》初代《しょだい》局長

出身地《しゅっしんち》	常陸《ひたち》(現在《げんざい》の茨城県《いばらきけん》)
生年月日《せいねんがっぴ》	1826年?
死亡年月日《しぼうねんがっぴ》	1863年9月16日
享年《きょうねん》	38歳《さい》?(暗殺《あんさつ》)
肩書《かたがき》	新選組初代局長《しんせんぐみしょだい》

新選組《しんせんぐみ》の局長となるが仲間《なかま》に暗殺《あんさつ》される

芹沢鴨《せりざわかも》は、水戸藩《みとはん》(現在《げんざい》の茨城県《いばらきけん》)に生まれた。水戸《みと》は尊王攘夷《そんのうじょうい》思想に大きな影響《えいきょう》を与《あた》えた水戸学《みとがく》の本場で、鴨《かも》も水戸学《みとがく》を学んだ。鴨《かも》は剣術《けんじゅつ》も学び、神《しん》道無念流《とうむねんりゅう》の達人《たつじん》となった。

1863年2月、京都《きょうと》へ向かう将《しょう》軍《ぐん》・徳川家茂《とくがわいえもち》を守るため、幕府《ばくふ》が「浪《ろう》士組《しぐみ》」の隊士《たいし》を募集《ぼしゅう》すると、鴨《かも》も参加《さんか》した。京都《きょうと》に到着後《とうちゃくご》、近藤勇《こんどういさみ》らと壬生《みぶ》浪士組《ろうしぐみ》(後の新選組《しんせんぐみ》)を結成《けっせい》し、勇《いさみ》とともに局長となった。

鴨《かも》が持ち歩いていた鉄の扇《おうぎ》には、「尽忠報国《じんちゅうほうこく》」と刻《きざ》まれていた。これは「忠義《ちゅうぎ》を尽《つ》くし、国の恩《おん》に報《むく》いる」という意味で、尊王攘夷《そんのうじょうい》の志《こころざし》を表していたが、新選組《しんせんぐみ》の役割《やくわり》は、尊王攘夷派《そんのうじょういは》の志《し》士《し》を取りしまることだった。新選組《しんせんぐみ》で活動する目標《もくひょう》を見失《みうしな》った鴨《かも》は、活動資《し》金《きん》を借《か》りるとき、商人に乱暴《らんぼう》を働《はたら》くなど、悪い行動が目立つようになった。

京都《きょうと》の安全を乱《みだ》す存在《そんざい》になってしまった鴨《かも》は、新選組《しんせんぐみ》を配下におさめる京都守護職《きょうとしゅごしょく》・松平容保《まつだいらかたもり》から危険《きけん》に思われるようになった。容保《かたもり》から鴨《かも》の暗殺《あんさつ》指令《しれい》を受けた勇《いさみ》は、土方歳三《ひじかたとしぞう》や沖田総《おきたそう》司《じ》らに命じて、壬生屯所《みぶとんしょ》で寝《ね》ていた鴨《かも》を暗殺《あんさつ》した。

この事件《じけん》で、新選組《しんせんぐみ》は尊王攘夷派《そんのうじょういは》の志士《しし》を取りしまる組織《そしき》として、ひとつにまとまったといわれる。

鴨《かも》の墓《はか》

鴨《かも》は寝《ね》ているところを、土方歳三《ひじかたとしぞう》や沖田総司《おきたそうじ》に殺《ころ》された。墓《はか》は壬生寺《みぶでら》(京都府《きょうとふ》)にある。

新選組《しんせんぐみ》

誠

永倉新八《ながくらしんぱち》

池田屋事件《いけだやじけん》で活躍《かつやく》した新選組《しんせんぐみ》二番隊《にばんたい》組長

最前線《さいぜんせん》で戦《たたか》い続《つづ》けた新選組《しんせんぐみ》最強《さいきょう》の剣士《けんし》のひとり

永倉新八《ながくらしんぱち》は、松前藩《まつまえはん》(現在《げんざい》の北海道《ほっかいどう》)藩士《はんし》の子として、江戸《えど》で生まれた。神道無念流《しんとうむねんりゅう》の剣術《けんじゅつ》を学んだが、満足《まんぞく》せず、藩《はん》を抜《ぬ》け出て修行《しゅぎょう》の旅に出た。近藤勇《こんどういさみ》に会い、心が通じ合った新八《しんぱち》は、勇《いさみ》とともに浪士組《ろうしぐみ》(後の新選組《しんせんぐみ》)に入った。新選組《しんせんぐみ》で二番隊《にばんたい》組長になった新八《しんぱち》の剣《けん》の腕前《うでまえ》は、沖田総司《おきたそうじ》より上だったともいわれ、常《つね》に最前線《さいぜんせん》で戦《たたか》った。

1864年、尊王攘夷派《そんのうじょういは》の志士《しし》が集まる京都《きょうと》の池田屋《いけだや》に、新八《しんぱち》や勇《いさみ》、総司《そうじ》らが飛《と》びこんだ。すさまじい切り合いがはじまり、新八《しんぱち》は刀を折《お》り、深い傷《きず》を負いながらも戦《たたか》う活躍《かつやく》を見せた。

この後、勇《いさみ》にいばった振《ふ》る舞《ま》いが見られるようになると、新八《しんぱち》は対立を恐《おそ》れず、勇《いさみ》をいましめたという。

戊辰戦争後《ぼしんせんそうご》は松前藩《まつまえはん》にもどり、明治《めいじ》時代はおもに北海道《ほっかいどう》で暮《く》らした。死の直前に残《のこ》した『新撰組顛末記《しんせんぐみてんまつき》』は、新選組《しんせんぐみ》での活動や体験《たいけん》を語り残《のこ》したもので、貴重《きちょう》な資料《しりょう》となっている。

出身地《しゅっしんち》	江戸《えど》(現在《げんざい》の東京都《とうきょうと》)
生年月日《せいねんがっぴ》	1839年4月11日
死亡年月日《しぼうねんがっぴ》	1915年1月5日
享年《きょうねん》	77歳《さい》(病死)
肩書《かたがき》	新選組《しんせんぐみ》二番隊《にばんたい》組長

肖像《しょうぞう》

ウソ!ホント!?

暴力団《ぼうりょくだん》員をにらんで追い払《はら》った!?

新八《しんぱち》は晩年《ばんねん》、孫《まご》を連《つ》れて映画館《えいがかん》に出かけることを楽しみにしていた。あるとき、映画館《えいがかん》の出口で数人の暴力団員《ぼうりょくだんいん》にからまれた。しかし、新八《しんぱち》がするどい目つきでにらみつけると、暴力団員《ぼうりょくだんいん》たちはにげ出したそうだ。

新選組《しんせんぐみ》

山南敬助

やまなみけいすけ

脱走《だっそう》の罪《つみ》で切腹《せっぷく》した新選組総長《しんせんぐみそうちょう》

出身地《しゅっしんち》	陸奥《むつ》(現在《げんざい》の宮城県《みやぎけん》)
生年月日《せいねんがっぴ》	1833年?
死亡年月日《しぼうねんがっぴ》	1865年2月23日
享年《きょうねん》	33歳《さい》?(切腹《せっぷく》)
肩書《かたがき》	新選組総長《しんせんぐみそうちょう》

おだやかな人柄《ひとがら》で総司《そうじ》らにしたわれる

山南敬助《やまなみけいすけ》は、仙台藩《せんだいはん》(現在《げんざい》の宮城県《みやぎけん》)から江戸《えど》へ出て、北辰一刀流《ほくしんいっとうりゅう》を学んだ。

ある日、天然理心流《てんねんりしんりゅう》の道場「試衛館《しえいかん》」に立ち寄《よ》った敬助《けいすけ》は、道場主の近藤勇《こんどういさみ》に会い、試合《しあい》をおこなうことになった。勇《いさみ》に敗《やぶ》れた敬助《けいすけ》は、その場で試衛《しえい》館《かん》に入門したといわれる。

１８６３年、幕府《ばくふ》により浪士組《ろうしぐみ》が結《けっ》成《せい》されると、敬助《けいすけ》も勇《いさみ》らとともに参加《さんか》し京都《きょうと》へ出た。壬生浪士組《みぶろうしぐみ》(後の新選《しんせん》組《ぐみ》)では土方歳三《ひじかたとしぞう》とともに副長《ふくちょう》に選《えら》ばれた。敬助《けいすけ》は学問に優《すぐ》れ、おだやかな人柄《ひとがら》で組をまとめたという。

大坂《おおさか》の商店・岩城升屋《いわきますや》に、乱暴《らんぼう》な浪《ろう》士《し》たちが押《お》し入ったとき、かけつけた敬助《けいすけ》は浪士《ろうし》たちを切って事件《じけん》をおさめる活躍《かつやく》を見せたが、しだいに活動が目立たなくなる。敬助《けいすけ》は悩《なや》みを抱《かか》えていたとも、幕府《ばくふ》にただ忠実《ちゅうじつ》な局長・勇《いさみ》と意見が合わなくなったともいわれる。

新選組《しんせんぐみ》と隊名《たいめい》が変《か》わると、敬助《けいすけ》の肩《かた》書《が》きは副長《ふくちょう》から総長《そうちょう》へと上がったが、実際《じっさい》の仕事は減《へ》った。１８６５年、敬《けい》助《すけ》は新選組《しんせんぐみ》を脱走《だっそう》したが、新選組《しんせんぐみ》には、「入隊《にゅうたい》したら抜《ぬ》けられない」という掟《おきて》があった。敬助《けいすけ》を追いかけてきたのは、弟のようにかわいがっていた沖田《おきた》総司《そうじ》だった。総司《そうじ》に連《つ》れもどされた敬《けい》助《すけ》は、いさぎよく切腹《せっぷく》した。脱走《だっそう》した理由は、今も謎《なぞ》とされている。

切腹《せっぷく》する敬助《けいすけ》

介錯人《かいしゃくにん》(切腹《せっぷく》する人の首を切る人)は、敬助《けいすけ》を兄のようにしたっていた沖田総司《おきたそうじ》がつとめた。

新選組《しんせんぐみ》

誠

斎藤一《さいとうはじめ》

会津《あいづ》戦争《せんそう》にも参加《さんか》した新選組《しんせんぐみ》三番隊《さんばんたい》組長

出身地《しゅっしんち》	江戸《えど》(現在《げんざい》の東京都《とうきょうと》)
生年月日《せいねんがっぴ》	1844年1月1日
死亡年月日《しぼうねんがっぴ》	1915年9月28日
享年《きょうねん》	72歳《さい》(病死)
肩書《かたがき》	新選組《しんせんぐみ》三番隊《さんばんたい》組長

肖像《しょうぞう》

会津《あいづ》戦争《せんそう》を生き残《のこ》った新選組《しんせんぐみ》の剣《けん》の達人《たつじん》

斎藤一《さいとうはじめ》は江戸《えど》で生まれ、近藤勇《こんどういさみ》の道場「試衛館《しえいかん》」で剣《けん》を学んだ時期もあったという。一《はじめ》は京都《きょうと》で壬生浪士組《みぶろうしぐみ》に加《くわ》わると、その1か月後、京都守護職《きょうとしゅごしょく》の松《まつ》平容保《だいらかたもり》に、壬生浪士組《みぶろうしぐみ》(後の新選組《しんせんぐみ》)の腕前《うでまえ》を見せるために、剣術《けんじゅつ》の試合《しあい》をすることになった。それに選《えら》ばれたのが一《はじめ》と永倉新八《ながくらしんぱち》だった。一《はじめ》は、新八《しんぱち》や沖《おき》田総司《たそうじ》と並《なら》ぶ剣《けん》の使い手だったとされ、新選組《しんせんぐみ》の三番隊《さんばんたい》組長になった。

伊東甲子太郎《いとうかしたろう》が御陵衛士《ごりょうえじ》をつくって新選紐《しんせんぐみ》から独立《どくりつ》すると、一《はじめ》も新選組《しんせんぐみ》を抜《ぬ》けてこれに加《くわ》わった。しかしこの行動は、勇《いさみ》の命令《めいれい》でスパイになるためだったといわれる。

坂本龍馬《さかもとりょうま》(➡P154)が暗殺《あんさつ》された後、海援隊士《かいえんたいし》が仕返しのために紀州藩《きしゅうはん》士《し》・三浦安《みうらやすし》をおそったとき、一《はじめ》は安《やすし》を守るために戦《たたか》った。戊辰戦争《ぼしんせんそう》がはじまると、処刑《しょけい》された勇《いさみ》に代わり、新選組《しんせんぐみ》を率《ひき》いて会津戦争《あいづせんそう》(➡P240)に参加《さんか》した。戦死《せんし》をまぬがれた一《はじめ》は、明治《めいじ》時代に警察官《けいさつかん》になった。

幕末《ばくまつ》のきずな

会津藩士《あいづはんし》となり会津《あいづ》の娘《むすめ》と結婚《けっこん》した

会津戦争《あいづせんそう》の後、一《はじめ》は会津《あいづ》に残《のこ》り、会《あい》津藩士《づはんし》として生きていくことを決意した。1874年頃《ごろ》、会津藩士《あいづはんし》の娘《むすめ》で、新島八重《にいじまやえ》(➡P238)の親友とされる高木時尾《たかぎときお》と結婚《けっこん》した。結婚式《けっこんしき》の仲人《なこうど》は、松平容保《まつだいらかたもり》がつとめたといわれる。

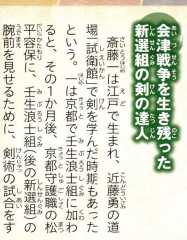

庄内藩《しょうないはん》

清河八郎《きよかわはちろう》

幕府《ばくふ》を利用《りよう》して浪士組《ろうしぐみ》を結成《けっせい》する

出身地《しゅっしんち》	出羽《でわ》(現在《げんざい》の山形県《やまがたけん》)
生年月日《せいねんがっぴ》	1830年10月10日
死亡年月日《しぼうねんがっぴ》	1863年4月13日
享年《きょうねん》	34歳《さい》(暗殺《あんさつ》)
肩書《かたがき》	浪士組首領《ろうしぐみしゅりょう》

肖像《しょうぞう》

尊王攘夷《そんのうじょうい》をたくらむが幕府《ばくふ》によって暗殺《あんさつ》される

清河八郎《きよかわはちろう》は、庄内藩《しょうないはん》(現在《げんざい》の山形《やまがた》県《けん》)藩士《はんし》の子に生まれた。18歳《さい》のとき江戸《えど》へ出て、千葉周作《ちばしゅうさく》の道場「玄武館《げんぶかん》」で剣術《けんじゅつ》を学び、幕府《ばくふ》の学校「昌平坂学問所《しょうへいざかがくもんじょ》」で学問を学んだ。その後、江戸《えど》で剣術《けんじゅつ》と学問の両方をひとりで教える塾《じゅく》を開いた。

その後、全国をまわった八郎《はちろう》は各地《かくち》の志士《しし》たちと意見を交わし、尊王攘夷《そんのうじょうい》論者《ろんしゃ》となった。八郎《はちろう》は尊王攘夷《そんのうじょうい》をおこなうために、強力な戦闘集団《せんとうしゅうだん》をつくりたいと考えた。ちょうどその頃《ころ》、14代将軍《しょうぐん》・徳川家茂《とくがわいえもち》が、江戸《えど》から京都《きょうと》の孝明天皇《こうめいてんのう》のところへ行くことになった。八郎《はちろう》が「家茂様《いえもちさま》を警護《けいご》する集団《しゅうだん》を組織《そしき》するべき」と幕府《ばくふ》に提案《ていあん》すると、これが採用《さいよう》され、「浪士組《ろうしぐみ》」が組織《そしき》された。

ところが警護《けいご》の仕事が無事《ぶじ》に終わると、八郎《はちろう》は浪士組《ろうしぐみ》の隊士《たいし》たちに、「本当の目的《もくてき》は尊王攘夷《そんのうじょうい》を実行することだ」と語った。八郎《はちろう》に反対した近藤勇《こんどういさみ》、土方歳三《ひじかたとしぞう》らは京都《きょうと》に残《のこ》ったが、八郎《はちろう》は賛成《さんせい》した約《やく》200人を率《ひき》いて江戸《えど》にもどった。この動きが幕府《ばくふ》に伝《つた》わり、危《き》険《けん》人物と見られた八郎《はちろう》は、幕府《ばくふ》の放った剣士《けんし》・佐々木《ささき》只三郎《たださぶろう》に暗殺《あんさつ》された。

トンデモ伝説《でんせつ》!

親孝行《おやこうこう》のために大旅行に出かけた

八郎《はちろう》は26歳《さい》のとき、親孝行《おやこうこう》のため、母親を連《つ》れて大旅行に出かけた。故《こ》郷《きょう》の山形《やまがた》を出発し、関西《かんさい》・四国《しこく》・中《ちゅう》国《ごく》地方をまわった後、江戸《えど》に立ち寄《よ》り、半年後にもどってきた。八郎《はちろう》がつけた旅日記は、当時の日本を知る貴《き》重《ちょう》な資料《しりょう》となっている。

幕府《ばくふ》

佐々木只三郎《ささきたださぶろう》

清河八郎《きよかわはちろう》を暗殺《あんさつ》した剣《けん》の達人《たつじん》

出身地《しゅっしんち》	陸奥《むつ》(現在《げんざい》の福島県《ふくしまけん》)
生年月日《せいねんがっぴ》	1833年(誕生日《たんじょうび》は不明《ふめい》)
死亡年月日《しぼうねんがっぴ》	1868年1月12日
享年《きょうねん》	36歳《さい》(戦死《せんし》)
肩書《かたがき》	京都《きょうと》見《み》廻組《まわりぐみ》隊士《たいし》

京都見廻組《きょうとみまわりぐみ》を率《ひき》いて京都《きょうと》の安全を守る

会津藩《あいづはん》(現在《げんざい》の福島県《ふくしまけん》)藩士《はんし》の子として生まれた佐々木只三郎《ささきたださぶろう》は、親類《しんるい》の旗《はた》本《もと》(幕府《ばくふ》の家臣《かしん》)の養子《ようし》となり、剣術《けんじゅつ》を学んだ。その腕前《うでまえ》は、「小太刀《こだち》をとったら日本一」といわれ、幕府《ばくふ》の剣術《けんじゅつ》訓《くん》練所《れんしょ》で教師《きょうし》をつとめるほどだった。

幕府《ばくふ》が将軍警護《しょうぐんけいご》のために浪士組《ろうしぐみ》の結《けっ》成《せい》を決めると、只三郎《たださぶろう》は隊士《たいし》を募集《ぼしゅう》した。ところが「浪士組《ろうしぐみ》をつくろう」と言い出した清河八郎《きよかわはちろう》は、「本当の目的《もくてき》は尊王攘夷《そんのうじょうい》の実行だ」と宣言《せんげん》し、仲間《なかま》とともに江戸《えど》へ向かった。近藤勇《こんどういさみ》らは反発して京都《きょうと》に残《のこ》った。只三郎《たださぶろう》は、勇《いさみ》らを京都守護職《きょうとしゅごしょく》・松平容保《まつだいらかたもり》の配下として働《はたら》けるように取り計らった。

八郎《はちろう》の計画を知った幕府《ばくふ》は、只三郎《たださぶろう》に八郎《はちろう》の暗殺《あんさつ》を命じた。江戸《えど》にもどった只三郎《たださぶろう》は、八郎《はちろう》を切り殺《ころ》した。その後、京都《きょうと》にもどった只三郎《たださぶろう》は、京都見《きょうとみ》廻組《まわりぐみ》を率《ひき》いて、新選組《しんせんぐみ》とともに、京都《きょうと》の尊王攘夷派《そんのうじょういは》の志士《しし》を取りしまった。

１８６８年、鳥羽《とば》・伏見《ふしみ》の戦《たたか》い(⬇Ｐ２１４)がはじまると、只三郎《たださぶろう》は旧《きゅう》幕府軍《ばくふぐん》として戦《たたか》ったが、銃弾《じゅうだん》を受けて重傷《じゅうしょう》を負い、にげる途中《とちゅう》に死亡《しぼう》した。

ウソ！ホント!?

龍馬《りょうま》を暗殺《あんさつ》したのは只三郎《たださぶろう》だった!?

１８６７年に京都《きょうと》の近江屋《おうみや》で坂本龍《さかもとりょう》馬《ま》(⬇Ｐ１５４)と中岡慎太郎《なかおかしんたろう》(⬇Ｐ１７４)が暗殺《あんさつ》された。犯人《はんにん》は不明《ふめい》だが、京都見廻組《きょうとみまわりぐみ》という説《せつ》が有力だ。只三《たださぶ》郎《ろう》は見廻組《みまわりぐみ》の指導者《しどうしゃ》だったので、暗殺《あんさつ》を指揮《しき》したのは只三郎《たださぶろう》だといわれる。

知っておどろき! 幕末《ばくまつ》!

新選組《しんせんぐみ》はどんな組織《そしき》だったの!?

京都《きょうと》を警備《けいび》する新選組《しんせんぐみ》
死《し》を覚悟《かくご》して戦《たたか》う新選組《しんせんぐみ》は、尊王攘夷派《そんのうじょういは》の志士《しし》から恐《おそ》れられた。

同じ道場の出身者が一致団結《いっちだんけつ》した戦闘集団《せんとうしゅうだん》

新選組《しんせんぐみ》は、幕府《ばくふ》が徳川家茂《とくがわいえもち》の警護《けいご》のためにつくった浪士組《ろうしぐみ》から誕生《たんじょう》した。京都守護職《きょうとしゅごしょく》・松平容保《まつだいらかたもり》の配下になると、京都《きょうと》の尊王攘夷派《そんのうじょういは》の志士《しし》をきびしく取りしまった。

新選組《しんせんぐみ》の中心となる隊士《たいし》は、近藤勇《こんどういさみ》が江戸《えど》で道場主をつとめた天然理心流《てんねんりしんりゅう》の試衛館《しえいかん》で学んだ者が多く、もともと団結力《だんけつりょく》が強かった。

新選組《しんせんぐみ》には「局中法度《きょくちゅうはっと》」という掟《おきて》があった。隊士《たいし》は「武士《ぶし》らしく振《ふ》る舞《ま》うこと」が最《もっと》も重要《じゅうよう》とされ、違反《いはん》した隊士《たいし》は切腹《せっぷく》させられた。この局中法度《きょくちゅうはっと》により、新選組《しんせんぐみ》の団結力《だんけつりょく》はさらに強化され、最強《さいきょう》の戦闘集団《せんとうしゅうだん》に育っていった。

新選組《しんせんぐみ》の編成《へんせい》 1865年5月頃《ごろ》

新選組《しんせんぐみ》は内部抗争《こうそう》が起きたり、隊士《たいし》が増《ふ》えたりするにつれて、組織《そしき》が何度も変更《へんこう》された。ここで紹介《しょうかい》するのは、10人の「組長」が誕生《たんじょう》した1865年５月頃《ごろ》の編成《へんせい》である。総長《そうちょう》だった山南敬助《やまなみけいすけ》は、1865年２月に切腹《せっぷく》している。

局長《きょくちょう》 近藤勇《こんどういさみ》 （➡P124）

参謀《さんぼう》 伊東甲子太郎《いとうかしたろう》 （➡P134）

副長《ふくちょう》 土方歳三《ひじかたとしぞう》 （➡P128）

一番隊《いちばんたい》組長 沖田総司《おきたそうじ》 （➡P132）

二番隊《にばんたい》組長 永倉新八《ながくらしんぱち》 （➡P137）

三番隊《さんばんたい》組長 斎藤一《さいとうはじめ》 （➡P139）

四番隊《よばんたい》組長 松原忠司《まつばらちゅうじ》

五番隊《ごばんたい》組長 武田観柳斎《たけだかんりゅうさい》

六番隊《ろくばんたい》組長 井上源三郎《いのうえげんざぶろう》

七番隊《ななばんたい》組長 谷三十郎《たにさんじゅうろう》

八番隊《はちばんたい》組長 藤堂平助《とうどうへいすけ》

九番隊《きゅうばんたい》組長 鈴木三樹三郎《すずきみきさぶろう》

十番隊《じゅうばんたい》組長 原田左之助《はらださのすけ》

局中法度《きょくちゅうはっと》の内容《ないよう》

1. 武士《ぶし》らしく振《ふ》る舞《ま》うこと
2. 入隊《にゅうたい》したら抜《ぬ》けられない
3. 勝手にお金を貸《か》し借《か》りするな
4. 勝手に裁判《さいばん》を起こすな
5. けんかをしてはいけない

これらをひとつでも破《やぶ》ったら切腹《せっぷく》

局中法度《きょくちゅうはっと》に違反《いはん》して切腹《せっぷく》などの処分《しょぶん》を受けた隊士《たいし》は21人もいた。戦《たたか》いで死んだ隊士《たいし》は６人だけだった。

新選組《しんせんぐみ》の担当地域《たんとうちいき》

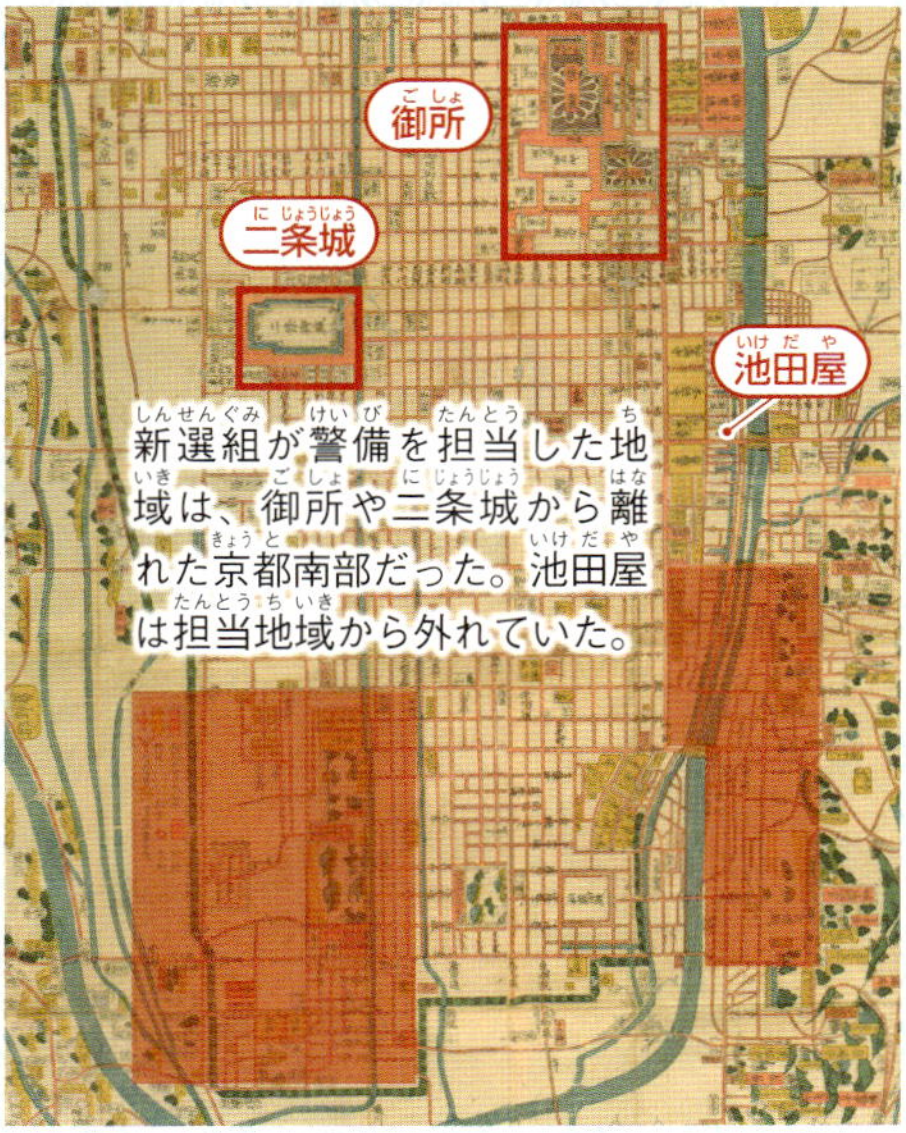

新選組《しんせんぐみ》が警備《けいび》を担当《たんとう》した地域《ちいき》は、御所《ごしょ》や二条城《にじょうじょう》から離《はな》れた京都《きょうと》南部だった。池田屋《いけだや》は担当地域《たんとうちいき》から外れていた。

超《ちょう》ビジュアル！
幕《ばく》末《まつ》新聞
第3号
発行所：デイリー攘夷《じょうい》

過激《かげき》な尊王攘夷《そんのうじょうい》運動が続発《ぞくはつ》した!?

幕府《ばくふ》が開国《かいこく》した後には、どのような尊王攘夷《そんのうじょうい》運動が起きたのだろう？

吉村虎太郎像《よしむらとらたろうぞう》（高知県《こうちけん》）。

二度も起こった「東禅寺事件《とうぜんじじけん》」!!

1861年、高輪《たかなわ》（東京《とうきょう》都《と》）の東禅寺《とうぜんじ》に置《お》かれていたイギリス公使館を、過激《かげき》な攘夷派《じょういは》の志士《しし》がおそった。翌年《よくとし》には、東禅寺《とうぜんじ》を警護《けいご》していた武士《ぶし》が、イギリス兵《へい》を殺《ころ》す事件《じけん》が起きた。

長州藩士《ちょうしゅうはんし》がイギリス公使館に放火した!?

1862年、長州藩《ちょうしゅうはん》の高《たか》杉《すぎ》晋作《しんさく》や久坂玄瑞《くさかげんずい》、伊藤博《いとうひろ》文《ぶみ》（➡P272）らは、横浜《よこはま》の外国人居留地《きょりゅうち》をおそう計画を立てていたが、まわりの人びとから説得《せっとく》されて、しかたなく中止した。しかし晋作《しんさく》らは、品川《しながわ》（東京都《とうきょうと》）に建設中《けんせつちゅう》だったイギリス公使館を焼《や》き打ちにした。

幕府《ばくふ》の役所をおそった「天誅組《てんちゅうぐみ》の変《へん》」!!

1863年、土佐藩《とさはん》出身の吉村虎太郎《よしむらとらたろう》と公家《くげ》の中山《なかやま》忠光《ただみつ》らは、「天誅組《てんちゅうぐみ》」をつくり、大和《やまと》（現在《げんざい》の奈良県《ならけん》）にあった幕府《ばくふ》の代官所《だいかんしょ》をおそった。天誅組《てんちゅうぐみ》は幕府軍《ばくふぐん》と戦《たたか》いを続《つづ》けたが、約《やく》1か月後、敗《やぶ》れた。

奇兵隊《きへいたい》も加《くわ》わった「生野《いくの》の変《へん》」!!

平野国臣《ひらのくにおみ》(1828〜1864)

1863年、福岡藩《ふくおかはん》(福岡県《ふくおかけん》)出身の平野国臣《ひらのくにおみ》らは、公家《くげ》の沢宣嘉《さわのぶよし》をリーダーに迎《むか》えて、地元の農民《のうみん》約《やく》2000人と反乱《はんらん》を起こした。反乱軍《はんらんぐん》には奇兵隊《きへいたい》も加《くわ》わり、生野《いくの》(兵庫県《ひょうごけん》)の代官所《だいかんしょ》をおそったが、わずか3日で幕府軍《ばくふぐん》に敗《やぶ》れた。

水戸藩《みとはん》で起きた「天狗党《てんぐとう》の乱《らん》」!!

1864年、水戸藩《みとはん》(茨城県《いばらきけん》)で、武田耕雲斎《たけだこううんさい》や藤田小四郎《ふじたこしろう》が率《ひき》いる天狗党《てんぐとう》が、幕府《ばくふ》に攘夷《じょうい》を実行させるため、筑波山《つくばさん》で兵《へい》を挙《あ》げた。天狗党《てんぐとう》は幕府軍《ばくふぐん》と戦《たたか》うが敗戦《はいせん》を続《つづ》け、京都《きょうと》に向かう途中《とちゅう》、加賀《かが》(現在《げんざい》の石川県《いしかわけん》)で降伏《こうふく》した。耕雲斎《こううんさい》や小四郎《こしろう》は処刑《しょけい》された。

本心は…!?
明治維新《めいじいしん》は尊王攘夷《そんのうじょうい》を目指す志士《しし》たちの力で実現《じつげん》した。
外国勢力《せいりょく》を追い払《はら》え!
外国とつき合う幕府《ばくふ》を倒《たお》せ!
しかし、新政府《しんせいふ》は開国政策《かいこくせいさく》を続《つづ》けた。
攘夷《じょうい》はどうなった!?
話がちがうぞ!
あるとき、井上馨《いのうえかおる》のもとに知人が訪《たず》ねてきた。
井上《いのうえ》さん、いつ攘夷《じょうい》は取り止めになったのですか?
井上馨《いのうえかおる》
幕府《ばくふ》を倒《たお》すには攘夷《じょうい》でなければいかんかったのだ!!
馨《かおる》たちは攘夷派《じょういは》をだまして味方につけていたのだ…。

「ええじゃないか」で庶民《しょみん》は熱狂《ねっきょう》した!?

1867年、東海《とうかい》・近畿《きんき》地方を中心に、庶民《しょみん》が「ええじゃないか」と叫《さけ》びながら踊《おど》り狂《くる》う騒《さわ》ぎが起こった。幕府《ばくふ》に対する不満《ふまん》が原《げん》因《いん》といわれ、幕府《ばくふ》はこの騒《さわ》ぎをしずめられなかった。

「ええじゃないか」をえがいた絵。

藤田小四郎《ふじたこしろう》(1842〜1865)
武田耕雲斎《たけだこううんさい》(1803〜1865)

人物おもしろベスト3

長生きした幕《ばく》末《まつ》の有名人!!

幕末《ばくまつ》に活躍《かつやく》した志士《しし》や藩主《はんしゅ》、公家《くげ》の中でご長寿《ちょうじゅ》の3人を紹介《しょうかい》しよう。

No.1　97歳《さい》

浅野長勲《あさのながこと》

(1842～1937)

広島藩《ひろしまはん》の最後《さいご》の藩主《はんしゅ》。土佐藩《とさはん》に続《つづ》いて大政奉還《たいせいほうかん》を徳川慶喜《とくがわよしのぶ》にすすめた。新政府《しんせいふ》では、イタリア公使や貴族院議員《きぞくいんぎいん》などをつとめた。

「最後《さいご》の
お殿様《とのさま》」と
呼《よ》ばれる!

陸援隊《りくえんたい》に参加《さんか》した
元土佐藩士《もとどさはんし》!

戊辰戦争《ぼしんせんそう》に
参加《さんか》した
元公家《もとくげ》!

No.2　97歳《さい》

田中光顕《たなかみつあき》

(1843～1939)

土佐藩士《とさはんし》で、土佐勤王党《とさきんのうとう》に参加《さんか》した。1863年に脱藩《だっぱん》し、その後中《なか》岡慎太郎《おかしんたろう》の陸援隊《りくえんたい》に加入《かにゅう》した。新政府《しんせいふ》では岩倉使節団《いわくらしせつだん》に参加《さんか》し、宮内大臣《くないだいじん》を11年間つとめた。

No.3　92歳《さい》

西園寺公望《さいおんじきんもち》

(1849～1940)

公家《くげ》として生まれ、戊辰戦争《ぼしんせんそう》に参加《さんか》した。その後フランスに留学《りゅうがく》し、帰国後、明治法律学校《めいじほうりつ》(現在《げんざい》の明治大学《めいじだいがく》)の設立《せつりつ》に協力《きょうりょく》した。総理大臣《そうりだいじん》も二度つとめた。

3章

大《たい》政《せい》奉《ほう》還《かん》

1866年1月
大坂《おおさか》（大阪府《おおさかふ》）
長府藩士《ちょうふはんし》
三吉慎蔵《みよししんぞう》
桂《かつら》さんたちが待っている
急ごう
はい
三吉《みよし》君っ
大坂《おおさか》は幕府《ばくふ》の見回りが多いと聞いたが本当だな
京《きょう》に入ればもっと増《ふ》えますよ
じーっ
小僧《こぞう》ブーツがめずらしいか？
ぶーつ？

異国《いこく》のはき物じゃ！丈夫《じょうぶ》で歩きやすいぞ
異国《いこく》の？
異国《いこく》は恐《こわ》いって聞いた…
そんなことない 異国《いこく》とだって仲《なか》よくなれる
そのために わしはこれから 長州《ちょうしゅう》と薩摩《さつま》を仲直《なかなお》りさせに行くんじゃ！
あ、小僧《こぞう》、これはだれにも言うなよ！
うっかり言うとたいへんだ！
わかった お侍《さむらい》さん名前は？
わしは坂本龍馬《さかもとりょうま》じゃ！

薩長同盟《さっちょうどうめい》の成立《せいりつ》から
約《やく》1年半後、
坂本龍馬《さかもとりょうま》は
土佐《とさ》の船で京《きょう》へ
向かっていた。
まずは大政奉還《たいせいほうかん》じゃ！
それで薩摩《さつま》を説得《せっとく》ですね
土佐藩士《とさはんし》
後藤象二郎《ごとうしょうじろう》
そうだ これなら幕府《ばくふ》を武力《ぶりょく》で倒《たお》す必要《ひつよう》がなくなる！
大政奉還《たいせいほうかん》？
あぁっ すいませんっ
おじゃましてしまい…
かまわん かまわん 興味《きょうみ》が あるなら 君も座《すわ》れ
いいんですか？
あっ わたしは…
だれでも かまわんよ
それより 知りたいんだろ 大政奉還《たいせいほうかん》が何か？

大政奉還《たいせいほうかん》っていうのはな…
政権《せいけん》を将軍《しょうぐん》から天皇《てんのう》にお返しするってことだ!
そんなことできるんですかっ?
それだけじゃない 他にも新しい日本をつくるための案《あん》がある
議会《ぎかい》をつくる
能力《のうりょく》のある人材《じんざい》を出世させる 外国との不平等《ふびょうどう》な条約《じょうやく》を改正《かいせい》する 憲法《けんぽう》をつくる…
すごいなぁ でも本当にできるのでしょうか?
やってみせるさ! 君も興味《きょうみ》があるなら手伝《てつだ》ってくれ!
はいっ やりますっ!
よーし 一緒《いっしょ》に日本を変《か》えよう!

１８６８年10月
将軍《しょうぐん》・徳川慶喜《とくがわよしのぶ》は
大政奉還《たいせいほうかん》を発表した。
京都《きょうと》——
おお
これは新政府《しんせいふ》に入る者の一覧《いちらん》か？
ああ、新しい国づくりにふさわしい人物を選《えら》んだんじゃ！
でも、まさか将軍《しょうぐん》が大政奉還《たいせいほうかん》を受け入れるとは…
わしは絶対《ぜったい》に武力《ぶりょく》が必要《ひつよう》だと思っていたが さすがは龍馬《りょうま》だな
土佐藩士《とさはんし》
中岡慎太郎《なかおかしんたろう》
いや
わしにとってもあれは大きな賭《か》けだった…
あれ…？
この表には龍馬《りょうま》の名がないが…？
ああ…

わしは新政府《しんせいふ》には入らん！
船で異国《いこく》を見に行きたいんじゃ！
ほぉ！龍馬《りょうま》らしいな！
でも、まずはこの国の土台づくりが先じゃ！
みんなが頼《たよ》りにしているから、異国《いこく》へ行くのはしばらく先だな
そうかもな
ははは
そういえば明日、出発か？
あぁ、＊越前《えちぜん》の三岡八郎《みつおかはちろう》に会いに行くんだ

＊福井県《ふくいけん》

土佐藩《とさはん》

坂本龍馬《さかもとりょうま》

薩長同盟《さっちょうどうめい》や大政奉還《たいせいほうかん》を実現《じつげん》させた志士《しし》

坂本龍馬《さかもとりょうま》

肖像《しょうぞう》

出身地《しゅっしんち》

土佐《とさ》（現在《げんざい》の高知県《こうちけん》）

生年月日《せいねんがっぴ》

1835年11月15日

死亡年月日《しぼうねんがっぴ》

1867年11月15日

享年《きょうねん》

33歳《さい》（暗殺《あんさつ》）

主義《しゅぎ》

肩書《かたがき》

- 土佐藩士《とさはんし》
- 海援隊《かいえんたい》の隊長《たいちょう》

名言《めいげん》

日本を今一度洗濯《せんたく》いたし申《もう》し候《そうろう》

意味　日本を一度、新しくきれいにしたいと思います。

自由な活動を目指して藩《はん》を抜《ぬ》け出す

坂本龍馬《さかもとりょうま》は、土佐藩《とさはん》（現在《げんざい》の高知県《こうちけん》）の藩士《はんし》の子に生まれた。14歳《さい》で剣術《けんじゅつ》を習いはじめ、19歳《さい》で修行《しゅぎょう》のため江戸《えど》へ出て、千葉周作《ちばしゅうさく》の弟・定吉《さだきち》の道場へ入門した。この年、ペリーが黒船《くろふね》で日本に現《あらわ》れた。龍馬《りょうま》は土佐藩《とさはん》の命令《めいれい》で、品川《しながわ》（東京都《とうきょうと》）の海岸を守る警備隊《けいびたい》に加《くわ》わった。西洋の国ぐにが、日本より進んだ科学技術《ぎじゅつ》をもっていることを知った龍馬《りょうま》は、佐久間象山《さくましょうざん》（➡P188）の塾《じゅく》に入学し、西洋式の砲術《ほうじゅつ》や兵学《へいがく》（軍隊《ぐんたい》を研究する学問）を学び、翌年《よくとし》、土佐藩《とさはん》へ帰った。

藩《はん》では、幼《おさな》なじみの武市半平太《たけちはんぺいた》が尊王攘夷《そんのうじょうい》を強く主張《しゅちょう》し、1861年、土佐勤王党《とさきんのうとう》を結成《けっせい》した。龍馬《りょうま》もこれに参加《さんか》したが、半平太《はんぺいた》の吉田東洋暗殺《よしだとうようあんさつ》計画を知ると、考え方のちがいを感じた。龍馬《りょうま》は、自由に活動することを目指して脱藩《だっぱん》（藩《はん》を抜《ぬ》け出すこと）した。

脱藩《だっぱん》する龍馬《りょうま》

龍馬《りょうま》は28歳《さい》のとき、土佐藩《とさはん》を抜《ぬ》け出して全国で活動するようになった。

なるほどエピソード

龍馬《りょうま》は行儀《ぎょうぎ》がとても悪かった!?

龍馬《りょうま》が武市半平太《たけちはんぺいた》の家を訪《おとず》れたとき、柿《かき》が出された。半平太《はんぺいた》の妻《つま》は皮をむこうとしたが、龍馬《りょうま》は勝手に柿《かき》を手に取り、何も言わず皮ごと食べはじめ、種《たね》もはき出していたそうだ。また、龍馬《りょうま》は半平太《はんぺいた》の家の門に、よく立ち小便《しょうべん》をしていたという。

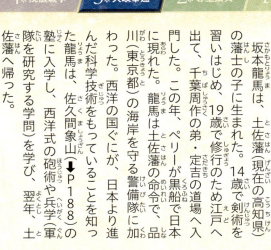

薩長同盟《さっちょうどうめい》と大政奉還《たいせいほうかん》を実現《じつげん》させる

脱藩《だっぱん》して江戸《えど》へ出た龍馬《りょうま》は、勝海舟《かつかいしゅう》（➡P206）の家を訪《おとず》れた。海舟《かいしゅう》は軍艦《ぐんかん》「咸臨丸《かんりんまる》」でアメリカへ渡《わた》ったことのある幕府《ばくふ》の実力者だった。龍馬《りょうま》は海舟《かいしゅう》から世界情勢《じょうせい》を聞き、「開国《かいこく》して強い海軍《かいぐん》をつくるべき」と説《と》かれた。海舟《かいしゅう》の話に感動した龍馬《りょうま》は、その場で海舟《かいしゅう》の弟子になりたいと申し出た。

勝海舟《かつかいしゅう》の弟子になる龍馬《りょうま》

勝海舟《かつかいしゅう》の家を訪《おとず》れた龍馬《りょうま》は、その場で弟子になりたいと申し出た。

海舟《かいしゅう》は、神戸《こうべ》（兵庫県《ひょうごけん》）に海軍操練所《かいぐんそうれんじょ》（海軍士官《かいぐんしかん》を育てる学校）をつくる計画を立てていたが、龍馬《りょうま》はその仕事を手伝《てつだ》うようになった。1864年、神戸《こうべ》海軍操練所《かいぐんそうれんじょ》は開校したが、生徒《せいと》の中に池田屋事件《いけだやじけん》に巻《ま》きこまれた者がいた。「操練所《そうれんじょ》には幕府《ばくふ》に逆《さか》らう者がいる」と考えた幕府《ばくふ》は、海舟《かいしゅう》に江戸《えど》へ帰るように命じた。操練所《そうれんじょ》も閉鎖《へいさ》された。

この頃《ころ》、長州藩《ちょうしゅうはん》（現在《げんざい》の山口県《やまぐちけん》）と薩摩藩《さつまはん》（現在《げんざい》の鹿児島県《かごしまけん》）は、禁門《きんもん》の変《へん》などで対立し、仲《なか》が悪かった。力のある藩《はん》が対立したら、日本の将来《しょうらい》はないと考えた龍馬《りょうま》は、両藩《りょうはん》を結《むす》びつける活動をはじめた。亀山社中《かめやましゃちゅう》（後の海援隊《かいえんたい》）という海運業の組織《そしき》をつくった龍馬《りょうま》は、薩摩藩《さつまはん》が外国から買った最新《さいしん》の武器《ぶき》を長州藩《ちょうしゅうはん》に運び、長州藩《ちょうしゅうはん》の米を薩摩藩《さつまはん》に運んだ。龍馬《りょうま》はこうして両藩《りょうはん》を近づけ、薩摩藩《さつまはん》の西郷隆盛《さいごうたかもり》らと長州藩《ちょうしゅうはん》の桂《かつら》小五郎《こごろう》らを会談させ、「薩長同盟《さっちょうどうめい》」を結《むす》ばせることに成功《せいこう》した。

その後、長州藩《ちょうしゅうはん》と薩摩藩《さつまはん》は武力《ぶりょく》によって幕府《ばくふ》を倒《たお》そうと考えるように

龍馬像《りょうまぞう》

龍馬《りょうま》の写真に着色したもの。龍馬《りょうま》は幕末《ばくまつ》の志士《しし》の中では、めずらしくおしゃれだったそうだ。

桂浜《かつらはま》の龍馬像《りょうまぞう》 発見《はっけん》!

龍馬《りょうま》の故郷《こきょう》にある海岸「桂浜《かつらはま》」には龍馬《りょうま》の銅像《どうぞう》が立っている（高知県《こうちけん》）。

なった。「国内で戦争《せんそう》が起これば、日本の国力がおとろえる」と考えた龍馬《りょうま》は、幕府《ばくふ》が政権《せいけん》を朝廷《ちょうてい》に返す「大政奉還《たいせいほうかん》」を土佐藩《とさはん》の重役・後藤象二郎《ごとうしょうじろう》（⬇P178）に提案《ていあん》した。この提案《ていあん》は、土佐藩《とさはん》の前藩主《ぜんはんしゅ》・山内容堂《やまうちようどう》から15代将軍《しょうぐん》・徳川慶喜《とくがわよしのぶ》（⬇P182）に伝《つた》えられた。慶喜《よしのぶ》がこれを受け入れたため、1867年10月、大政奉還《たいせいほうかん》が実現《じつげん》し、幕府《ばくふ》はほろびた。

しかしその1か月後、龍馬《りょうま》は京都《きょうと》の近江屋《おうみや》で何者かによって暗殺《あんさつ》された。

なるほどエピソード 龍馬《りょうま》の背中《せなか》は毛むくじゃらだった!?

龍馬《りょうま》は生まれたとき、背中《せなか》に馬のたてがみのような毛が生えていたので「龍馬《りょうま》」と名づけられたという。大人になっても背中《せなか》には毛がびっしりと生えていて、見た人はおどろいたそうだ。

名前を変《か》えさせた!?

亀《かめ》山《やま》社《しゃ》中《ちゅう》は日本最《さい》初《しょ》の会社!?

亀山社中《かめやましゃちゅう》の跡《あと》

龍馬《りょうま》は長崎《ながさき》の亀山《かめやま》に「亀《かめ》山社中《やましゃちゅう》」を設立《せつりつ》した。「社《しゃ》中《ちゅう》」とは「人の集まり」という意味（長崎県《ながさきけん》）。

独立《どくりつ》して海運業を営《いとな》んだ龍馬《りょうま》の組織《そしき》

1865年、坂本龍馬《さかもとりょうま》は長《なが》崎《さき》に、閉鎖《へいさ》された神戸《こうべ》海軍《かいぐん》操《そう》練所《れんじょ》の仲間《なかま》たちとともに海運業をおこなう団体《だんたい》「亀山社中《かめやましゃちゅう》」をつくった。亀山社中《かめやましゃちゅう》は軍艦《ぐんかん》「ユニオン号」で活動し、長州《ちょうしゅう》藩《はん》と薩摩《さつま》藩《はん》を仲《なか》よくさせるため、両藩《りょうはん》の間で武器《ぶき》や米などを運び、薩長同盟《さっちょうどうめい》の実現《じつげん》に貢《こう》献《けん》した。

亀山社中《かめやましゃちゅう》は、船は借《か》りていたが、基本的《きほんてき》には独立《どくりつ》して利《り》益《えき》を得《え》ていたため、「日本最《さい》初《しょ》の会社」ともいわれている。亀山社中《かめやましゃちゅう》は結成《けっせい》から2年後、土佐藩《とさはん》（現在《げんざい》の高知県《こうちけん》）の

長崎港《ながさきこう》に入るユニオン号

ユニオン号は、長州藩《ちょうしゅうはん》がイギリスのグラバー商会から買った軍艦《ぐんかん》だったが、亀山社中《かめやましゃちゅう》が使えることになっていた。

援助《えんじょ》を受けて、「海援隊《かいえんたい》」と名を改《あらた》めた。

海援隊《かいえんたい》には、土佐藩《とさはん》の出身者だけでなく、他藩《たはん》の出身者や町人なども加入《かにゅう》していた。龍馬《りょうま》がつくった海援隊《かいえんたい》の規則《きそく》には、「海外で仕事をしたいという志《こころざし》があれば、どの藩《はん》の出身でも海援隊《かいえんたい》に入隊《にゅうたい》できる」と記されている。龍馬《りょうま》は、身分や出身などにしばられない、自由な組織《そしき》を目指していたのだ。

海援隊《かいえんたい》の隊士《たいし》たち

ビジュアル資料《しりょう》

亀山社中《かめやましゃちゅう》がユニオン号を長州藩《ちょうしゅうはん》に返した後、土佐藩《こさはん》の援助《えんじょ》を受けて海援隊《かいえんたい》が生まれた。

薩《さっ》長《ちょう》同《どう》盟《めい》が結《むす》ばれる

坂本龍馬《さかもとりょうま》
桂小五郎《かつらこごろう》

薩長同盟《さっちょうどうめい》を結《むす》ぶための会談
龍馬《りょうま》は、薩摩藩《さつまはん》と長州藩《ちょうしゅうはん》の代表者を集めて、薩長同盟《さっちょうどうめい》を結《むす》ぶための話し合いをさせた。

龍馬《りょうま》の情熱《じょうねつ》が隆盛《たかもり》の心を動かす

関連地図《かんれんちず》
京都府《きょうとふ》
京都《きょうと》

1865年、坂本龍馬《さかもとりょうま》は薩摩藩《さつまはん》（現在《げんざい》の鹿児島県《かごしまけん》）の西郷隆盛《さいごうたかもり》（⬇P168）に「長州藩《ちょうしゅうはん》（現在《げんざい》の山口県《やまぐちけん》）と手を結《むす》ぶべき」と訴《うった》えた。隆盛《たかもり》が賛成《さんせい》すると、龍馬《りょうま》は長州藩《ちょうしゅうはん》の桂小五郎《かつらこごろう》（⬇P162）に会い、「薩摩《さつま》と仲直《なかなお》りするべき」と説得《せっとく》した。当時、長州藩《ちょうしゅうはん》は外国から武器《ぶき》を買うことを禁止《きんし》されていた。そこで龍馬《りょうま》は薩摩藩《さつまはん》が買った武器《ぶき》を長州藩《ちょうしゅうはん》に運んだ。

こうして仲直《なかなお》りした両藩《りょうはん》の代表者は、1866年、京都《きょうと》の薩摩藩《さつまはん》邸《てい》に集まり、話し合いをはじめ

龍馬《りょうま》が薩摩《さつま》と長州《ちょうしゅう》の手を結《むす》ばせる!

た。しかし両藩《りょうはん》とも、自分たちから「同盟《どうめい》を結《むす》びたい」と言わなかった。龍馬《りょうま》は小五郎《こごろう》から、「薩摩《さつま》に殺《ころ》された仲間《なかま》のことを思うと、自分から言い出せない」と聞くと、隆盛《たかもり》のもとにかけつけ、「日本のため、薩摩《さつま》から同盟《どうめい》を申し出てほしい」と訴《うった》えた。龍馬《りょうま》の熱意《ねつい》にうたれた隆盛《たかもり》は、自分から同盟《どうめい》を申し出て、薩長同盟《さっちょうどうめい》が成立《せいりつ》した。

薩長同盟《さっちょうどうめい》が結《むす》ばれるまで

1 龍馬《りょうま》が両藩《りょうはん》に必要《ひつよう》な物資《ぶっし》を運ぶ

龍馬《りょうま》は亀山社中《かめやましゃちゅう》を使って、長州藩《ちょうしゅうはん》に必要《ひつよう》な最新《さいしん》の武器《ぶき》や船を薩摩藩《さつまはん》から運び、薩摩藩《さつまはん》に必要《ひつよう》な米を長州藩《ちょうしゅうはん》から運んだ。こうして両藩《りょうはん》を仲直《なかなお》りさせた。

2 京都《きょうと》に両藩《りょうはん》の代表者が集まる

長州藩《ちょうしゅうはん》の桂小五郎《かつらこごろう》や、薩摩藩《さつまはん》の西郷隆盛《さいごうたかもり》は京都《きょうと》の薩摩藩邸《さつまはんてい》に集まったが、どちらも「同盟《どうめい》を結《むす》びたい」と言わないまま、10日以上《いじょう》が経《た》った。

3 龍馬《りょうま》が隆盛《たかもり》を説得《せっとく》する

薩摩藩《さつまはん》に多くの仲間《なかま》が殺《ころ》された桂小五郎《かつらこごろう》は、自分から同盟《どうめい》をお願《ねが》いできなかった。龍馬《りょうま》は隆盛《たかもり》に「薩摩《さつま》から同盟《どうめい》を申し出てほしい」と訴《うった》えた。

長州藩《ちょうしゅうはん》

薩長同盟《さっちょうどうめい》を結《むす》んだ長州藩《ちょうしゅうはん》の代表者

桂小五郎（木戸孝允）《かつらこごろう（きどたかよし）》

江戸《えど》で剣術《けんじゅつ》を修業《しゅぎょう》した後、長州藩《ちょうしゅうはん》のリーダーとなる

小五郎《こごろう》は、長州藩《ちょうしゅうはん》(現在《げんざい》の山口県《やまぐちけん》)の医師《いし》の子に生まれ、武士《ぶし》の桂家《かつらけ》に養子《ようし》に入ると、14歳《さい》で剣術《けんじゅつ》をはじめた。17歳《さい》のとき、吉田松陰《よしだしょういん》の弟子にな り、兵学《へいがく》を学んだ。20歳《さい》のとき、剣術《けんじゅつ》修業《しゅぎょう》のため江戸《えど》に出て、江戸《えど》三大道場のひとつ「練兵館《れんぺいかん》」に入門し、翌年《よくとし》、塾頭《じゅくとう》になるほど腕《うで》を上げた。江戸《えど》では黒船《くろふね》を見て衝撃《しょうげき》を受け、西洋の学問を学びはじめた。やがて小五郎《こごろう》は、高杉晋作《たかすぎしんさく》らとともに長州藩《ちょうしゅうはん》の尊王攘夷派《そんのうじょういは》のリーダーのひとりになったが、久坂玄瑞《くさかげんずい》らの過激《かげき》な行動には反対だった。

1863年、長州藩《ちょうしゅうはん》は京都《きょうと》から追放されたが、小五郎《こごろう》は長州藩《ちょうしゅうはん》の勢力《せいりょく》を回《かい》復《ふく》させるため、危険《きけん》をかえりみず京都《きょうと》に残《のこ》って活動を続《つづ》けた。小五郎《こごろう》は剣《けん》の達《たつ》人《じん》だったが、敵《てき》に会っても切り合うことなく、いつもにげた。翌年《よくとし》、禁門《きんもん》の変《へん》で長州藩《ちょうしゅうはん》が幕府軍《ばくふぐん》に敗《やぶ》れたときは、橋の下に隠《かく》れて幕府《ばくふ》の手からのがれた。

小五郎《こごろう》の生家

小五郎《こごろう》が生まれた2階建《かいだ》ての家が現在《げんざい》も残《のこ》っている(山口県《やまぐちけん》)。

ウソ!ホント!? 便所《べんじょ》に行くふりをしてにげ出した!?

禁門《きんもん》の変《へん》の後、小五郎《こごろう》は会津藩《あいづはん》(現《げん》在《ざい》の福島県《ふくしまけん》)の藩士《はんし》に捕《つか》まった。このとき小五郎《こごろう》は、「便所《べんじょ》に行かせてくれ」と頼《たの》み、便所《べんじょ》に連《つ》れて行ってもらった。そして、しゃがんで袴《はかま》を脱《ぬ》ぐふりをすると、勢《いきお》いよく走り出して、にげ出したそうだ。

桂小五郎《かつらこごろう》(木戸孝允《きどたかよし》)

肖像《しょうぞう》

出身地《しゅっしんち》

長門《ながと》(現在《げんざい》の山口県《やまぐちけん》)

生年月日《せいねんがっぴ》

1833年6月26日

死亡年月日《しぼうねんがっぴ》

1877年5月26日

享年《きょうねん》

45歳《さい》(病死)

主義《しゅぎ》

肩書《かたがき》

- 長州藩士《ちょうしゅうはんし》
- 新政府《しんせいふ》の参議《さんぎ》、内閣顧問《ないかくこもん》

名言《めいげん》

大道《だいどう》を行くべし、また何《なん》ぞ妨《さまた》げん

意味 信念《しんねん》をもって道を進めば、それをじゃまするものは何もない。

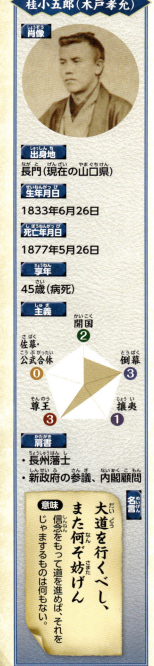

長州藩《ちょうしゅうはん》の代表として薩摩藩《さつまはん》と同盟《どうめい》を結《むす》ぶ

小五郎《こごろう》がひそかに隠《かく》れていた頃《ころ》、長《ちょう》州藩《しゅうはん》は、第一次長州征伐《ちょうしゅうせいばつ》により幕府軍《ばくふぐん》から攻《せ》められた。長州藩《ちょうしゅうはん》では、幕府《ばくふ》に従《したが》う勢力《せいりょく》が権力《けんりょく》をにぎり、幕府《ばくふ》に降伏《こうふく》した。しかし晋作《しんさく》らは反乱《はんらん》を起こし、ふたたび権力《けんりょく》をにぎった。小五郎《こごろう》は晋《しん》作《さく》とともに、長州藩《ちょうしゅうはん》を、幕府《ばくふ》を倒《たお》す勢《せい》力《りょく》に変《か》えていった。

その頃《ころ》、坂本龍馬《さかもとりょうま》が「長州藩《ちょうしゅうはん》と薩摩《さつま》藩《はん》は手を結《むす》ぶべき」と説得《せっとく》にやってきた。小五郎《こごろう》は薩摩藩《さつまはん》の西郷隆盛《さいごうたかもり》と会うことにしたが、隆盛《たかもり》に約束《やくそく》を破《やぶ》られた。小五郎《こごろう》は、「やはり薩摩《さつま》は信《しん》じられない」と怒《おこ》ったが、龍馬《りょうま》は、「長州《ちょうしゅう》が必《ひつ》要《よう》な武器《ぶき》を薩摩《さつま》に買わせる」と提案《ていあん》した。当時、長州藩《ちょうしゅうはん》は幕府《ばくふ》から外国の武《ぶ》器《き》を買うことを禁止《きんし》されていたからである。龍馬《りょうま》の働《はたら》きで最新式《さいしんしき》の銃《じゅう》や軍艦《ぐんかん》を手に入れた小五郎《こごろう》は薩摩藩《さつまはん》を許《ゆる》し、1866年、薩長同盟《さっちょうどうめい》を結《むす》んだ。この年、幕府《ばくふ》は第二次長州征伐《ちょうしゅうせいばつ》（⬇P166）をしかけてきた。小五郎《こごろう》らは幕府軍《ばくふぐん》をむかえうち、幕府軍《ばくふぐん》を破《やぶ》った。この敗《はい》戦《せん》で勢力《せいりょく》がおとろえた幕府《ばくふ》は、1867年にほろび、翌年《よくとし》、長州藩《ちょうしゅうはん》や薩摩藩《さつまはん》を中心とする新政府《しんせいふ》が成立《せいりつ》した。

怒《おこ》って席《せき》を立つ小五郎《こごろう》

1865年、坂本龍馬《さかもとりょうま》の仲介《ちゅうかい》で、小五郎《こごろう》は下関《しものせき》で隆盛《たかもり》と会うことになっていたが、隆盛《たかもり》は来なかった。小五郎《こごろう》は怒《おこ》って帰ろうとした。

新政府《しんせいふ》の重職《じゅうしょく》をつとめ、廃藩置県《はいはんちけん》などを実行する

新政府《しんせいふ》に参加《さんか》した小五郎《こごろう》は、由利公《ゆりきみ》正《まさ》（⬇P276）らと新政府《しんせいふ》の基本方針《きほんほうしん》「五箇条《ごかじょう》の誓文《せいもん》」を定めた。この頃《ころ》から小五郎《こごろう》は「木戸孝允《きどたかよし》」と名前を改《あらた》め、新《しん》政府《せいふ》の重要《じゅうよう》な役職《やくしょく》につき、「廃藩置県《はいはんちけん》（藩《はん》を廃止《はいし》して、新しく府《ふ》や県を置《お》くこと）」などの大改革《だいかいかく》を実行していった。

さらに孝允《たかよし》は、岩倉具視《いわくらともみ》（⬇P210）の率《ひき》いる「岩倉使節団《いわくらしせつだん》」に加《か》わり、ヨーロッパやアメリカへ渡《わた》った。西洋の進んだ文化や制度《せいど》を目の当たり

小五郎《こごろう》の銅像《どうぞう》

京都《きょうと》の長州藩邸《ちょうしゅうはんてい》があった場所には、小《こ》五郎《ごろう》の銅像《どうぞう》が立っている（京都府《きょうとふ》）。

気軽に訪《たず》ねすぎ!?

ビジュアル資料《しりょう》

木戸孝允《きどたかよし》の肖像画《しょうぞうが》

小五郎《こごろう》は、明治《めいじ》時代に木戸孝允《きどたかよし》と名前を変《か》えて、明治新政府《めいじしんせいふ》の重要《じゅうよう》な役職《やくしょく》をつとめ、日本が民主的《みんしゅてき》な国になることを目指した。

にした孝允《たかよし》は、「まず、国内の制度《せいど》や産業《さんぎょう》を充実《じゅうじつ》させることが大切」と感じるようになった。しかし、孝允《たかよし》らが帰国したとき、隆盛《たかもり》らが「征韓論《せいかんろん》」を主張《しゅちょう》していた。鎖国《さこく》をしている朝鮮《ちょうせん》を開国《かいこく》させて、朝鮮《ちょうせん》へ進出しようという考えだった。孝允《たかよし》らは、具視《ともみ》や大久保利通《おおくぼとしみち》(➡P268)らとともに征韓論《せいかんろん》に反対し、隆盛《たかもり》らを新政府《しんせいふ》から去らせた。

その後、隆盛《たかもり》らは西南戦争《せいなんせんそう》(➡P298)を起こしたが、その最中《さいちゅう》に孝允《たかよし》は病気のため亡《な》くなった。

なるほどエピソード

『もういいかげんにせんか』が最期《さいご》の言葉!?

孝允《たかよし》は隆盛《たかもり》が起こした西南戦争《せいなんせんそう》の最《さい》中《ちゅう》に病気で倒《たお》れた。孝允《たかよし》は見舞《みま》いに来た大久保利通《おおくぼとしみち》の手をにぎりながら、「西郷《さいごう》、もういいかげんにせんか」とつぶやいて、亡《な》くなったという。

幕末《ばくまつ》の歴史《れきし》
1866年

第二次長州《ちょうしゅう》征伐《せいばつ》

長州藩《ちょうしゅうはん》が幕府《ばくふ》に勝利《しょうり》する！

戦《たたか》いを指揮《しき》する高杉晋作《たかすぎしんさく》
小倉口《こくらぐち》の戦《たたか》いを指揮《しき》した晋作《しんさく》は、積極的《せっきょくてき》な作戦《さくせん》で幕府軍《ばくふぐん》を破《やぶ》った。

勝 戦力《せんりょく》 約《やく》3500人

高杉晋作《たかすぎしんさく》

大村益次郎《おおむらますじろう》

長州軍《ちょうしゅうぐん》 VS 幕府軍《ばくふぐん》

負 戦力《せんりょく》 約《やく》15万人

最新《さいしん》の武器《ぶき》を備《そな》えて戦《たたか》った長州軍《ちょうしゅうぐん》

長州藩《ちょうしゅうはん》(現在《げんざい》の山口県《やまぐちけん》)が最新《さいしん》の武器《ぶき》を集めていることを知った幕府《ばくふ》は、1866年、西日本の32藩《はん》に「長州藩《ちょうしゅうはん》をふたたび攻撃《こうげき》せよ」と命令《めいれい》を出した。しかし、薩《さっ》長同盟《ちょうどうめい》を結《むす》んでいた薩摩藩《さつまはん》(現在《げんざい》の鹿児島県《かごしまけん》)は、兵《へい》を出さなかった。幕府軍《ばくふぐん》に参加《さんか》した他の藩《はん》も戦《せん》意《い》は低《ひく》かったが、それでも約《やく》15万人の大軍《たいぐん》になった。

一方の長州軍《ちょうしゅうぐん》の兵力《へいりょく》は、合計しても3500人ほどだったが、奇兵隊《きへいたい》を中心とする部隊《ぶたい》には最新《さいしん》の武器《ぶき》が装備《そうび》され、大村益次郎《おおむらますじろう》

ビジュアル資料《しりょう》

長州《ちょうしゅう》へ進む幕府軍《ばくふぐん》　幕府軍《ばくふぐん》は幕府《ばくふ》から命令《めいれい》された西日本の各藩《かくはん》の兵士《へいし》で構成《こうせい》されていた。武器《ぶき》は旧式《きゅうしき》で、戦《たたか》う気力もあまりなかった。

下関市立長府博物館所蔵

ビジュアル資料《しりょう》

奇兵隊《きへいたい》を指揮《しき》する晋作《しんさく》
小倉口《こくらぐち》の戦《たたか》いで、晋作《しんさく》が奇兵隊《きへいたい》を指揮《しき》して戦《たたか》う様子をえがいた絵。

(➡P228)によって近代的《きんだいてき》な軍《ぐん》事訓練《じくんれん》がおこなわれていた。

幕府軍《ばくふぐん》は、4方面から長州藩《ちょうしゅうはん》に攻《せ》めこんだが、石州口《せきしゅうぐち》の戦《たたか》いでは益次郎《ますじろう》が優《すぐ》れた作戦《さくせん》で幕府軍《ばくふぐん》を破《やぶ》り、小倉口《こくらぐち》の戦《たたか》いでは、高《たか》杉晋作《すぎしんさく》の活躍《かつやく》で幕府軍《ばくふぐん》を撃退《げきたい》した。敗戦《はいせん》を重ねた幕府軍《ばくふぐん》は、徳川《とくがわ》家茂《いえもち》が大坂城《おおさかじょう》で病死したことを理由に、兵《へい》を引き上げた。

なるほどエピソード

坂本龍馬《さかもとりょうま》も晋作《しんさく》をたすけるために戦《たたか》った!?

坂本龍馬《さかもとりょうま》は、小倉口《こくらぐち》の戦《たたか》いでユニオン号に乗り、小倉《こくら》へ上陸《じょうりく》する長州軍《ちょうしゅうぐん》をたすけるために幕府軍《ばくふぐん》に砲撃《ほうげき》した。この後、晋作《しんさく》のもとに向かった龍馬《りょうま》は、晋作《しんさく》が笑《わら》いながら長州軍《ちょうしゅうぐん》を指揮《しき》する姿《すがた》を見ておどろいたという。

薩《さつ》摩《ま》藩《はん》

西郷隆盛《さいごうたかもり》

薩《さつ》摩《ま》藩《はん》を率《ひき》いて幕《ばく》府《ふ》を倒《たお》した幕《ばく》末《まつ》の英《えい》雄《ゆう》

島津斉彬《しまづなりあきら》の秘書《ひしょ》となり実力をたくわえる

西郷隆盛《さいごうたかもり》は、薩摩藩《さつまはん》（現在《げんざい》の鹿児島《かごしま》県《けん》）藩士《はんし》の家に生まれた。12歳《さい》のとき、右腕《みぎうで》に大けがをした隆盛《たかもり》は、武芸《ぶげい》をあきらめて勉強をがんばることに決めたという。18歳《さい》で農村を管理《かんり》する仕事についた隆盛《たかもり》は、その仕事ぶりを藩《はん》主《しゅ》・島津斉彬《しまづなりあきら》に認《みと》められた。隆盛《たかもり》は庭《にわ》方役《かたやく》（秘書《ひしょ》）に任命《にんめい》され、斉彬《なりあきら》の側近《そっきん》として仕えることになった。おかげで隆《たか》盛《もり》は、多くの学者や力のある藩士《はんし》たちと交わり、見聞を広めることができた。ところが斉彬《なりあきら》は急死してしまった。目標《もくひょう》を失《うしな》った隆盛《たかもり》は自害《じがい》しようとしたが生きのびた。その後、奄美大島《あまみおおしま》（鹿児島県《かごしまけん》）に隠《かく》れて住んでいた隆盛《たかもり》は、公武合体《こうぶがったい》を目指す島津久光《しまづひさみつ》に呼《よ》びもどされた。しかし意見が合わず、久《ひさ》光《みつ》の怒《いか》りにふれた隆盛《たかもり》は、沖永良部島《おきのえらぶじま》（鹿児島県《かごしまけん》）に追放されてしまった。

１８６４年、罪《つみ》を許《ゆる》された隆盛《たかもり》は、薩摩軍《さつまぐん》を率《ひき》いて禁門《きんもん》の変《へん》に参加《さんか》し、御《ご》所《しょ》（天皇《てんのう》の住居《じゅうきょ》）を攻《せ》めてきた長州藩《ちょうしゅうはん》（現在《げんざい》の山口県《やまぐちけん》）の兵士《へいし》を打ち破《やぶ》った。

発見《はっけん》！

隆盛《たかもり》の誕生地《たんじょうち》

隆盛《たかもり》は薩摩藩《さつまはん》の下級武士《ぶし》の子として生まれた。近所には大久保利通《おおくぼとしみち》や大山巌《おおやまいわお》などが住んでいた（鹿児島県《かごしまけん》）。

ウソ！ホント!?　隆盛《たかもり》は島流しにされて激《げき》やせした!?

隆盛《たかもり》は36歳《さい》のとき、島津久光《しまづひさみつ》の怒《いか》りを買って沖永良部島《おきのえらぶじま》に追放され、雨や風が入る粗末《そまつ》なろうやに入れられた。隆盛《たかもり》はやせおとろえ、病気になったが、藩《はん》の役人が座敷牢《ざしきろう》（部屋の中のろうや）をつくってくれ、そこに移《うつ》されたので命がたすかったそうだ。

西郷隆盛《さいごうたかもり》

肖像《しょうぞう》

出身地《しゅっしんち》

薩摩《さつま》（現在《げんざい》の鹿児島県《かごしまけん》）

生年月日《せいねんがっぴ》

1827年12月7日

死亡年月日《しぼうねんがっぴ》

1877年9月24日

享年《きょうねん》

51歳《さい》（自害《じがい》）

主義《しゅぎ》

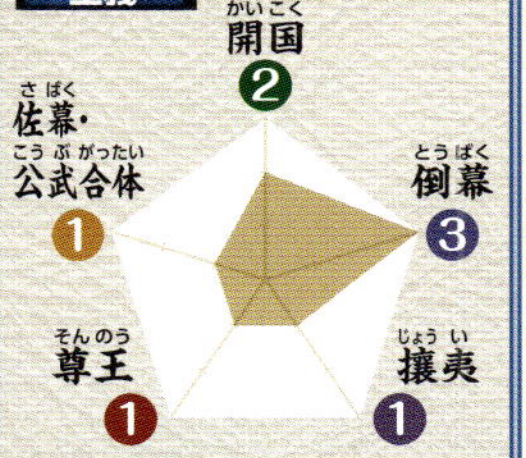

肩書《かたがき》

- 薩摩藩士《さつまはんし》
- 新政府《せいふ》の参議《さんぎ》、陸軍大将《りくぐんたいしょう》

名言《めいげん》

雪に耐《た》えて梅花《ばいか》麗《うるわ》し

意味　梅《うめ》の花が寒い冬を耐《た》えて美しく咲《さ》くように、人も苦しみに耐《た》えることで成長《せいちょう》する。

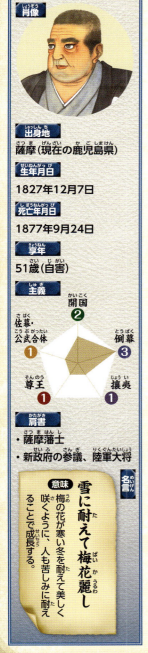

薩摩藩《さつまはん》を武力《ぶりょく》で幕府《ばくふ》を倒《たお》す勢力《せいりょく》にする

幕府《ばくふ》は、禁門《きんもん》の変《へん》を起こした長州藩《ちょうしゅうはん》をうつことを決定した(第一次長州征《ちょうしゅうせい》伐《ばつ》)。その直後、幕府《ばくふ》の役人・勝海舟《かつかいしゅう》(➡P206)と会った隆盛《たかもり》は、「有力《ゆうりょく》藩《はん》が協力《きょうりょく》して政治《せいじ》をするべき」と説得《せっとく》された。これに賛成《さんせい》した隆盛《たかもり》は、「長《ちょう》州藩《しゅうはん》をほろぼしてはいけない」と考えた。幕府軍《ばくふぐん》の参謀《さんぼう》を任《まか》された隆盛《たかもり》は、戦《たたか》わずに長州藩《ちょうしゅうはん》を降伏《こうふく》させた。

しかし長州藩《ちょうしゅうはん》は、仲間《なかま》を殺《ころ》した薩摩《さつま》藩《はん》に強い反感をもっていた。そんな両《りょう》藩《はん》の仲《なか》を、坂本龍馬《さかもとりょうま》らが取りもった。龍馬《りょうま》から「薩摩《さつま》から同盟《どうめい》を申し出てほしい」と頼《たの》まれた隆盛《たかもり》は、体面を捨《す》てて同盟《どうめい》を願《ねが》い出て、薩長同盟《さっちょうどうめい》を成立《せいりつ》させた。これで薩摩藩《さつまはん》と長州藩《ちょうしゅうはん》は、協力《きょうりょく》して武力《ぶりょく》で幕府《ばくふ》を倒《たお》す勢力《せいりょく》になった。

1867年、将軍《しょうぐん》・徳川慶喜《とくがわよしのぶ》(➡P182)は政権《せいけん》を朝廷《ちょうてい》に返すことを宣《せん》言《げん》し、幕府《ばくふ》はほろびた。しかし、慶喜《よしのぶ》の領地《りょうち》は広く、権力《けんりょく》は残《のこ》っていた。隆《たか》盛《もり》らは、「慶喜《よしのぶ》に領地《りょうち》を朝廷《ちょうてい》に返させるべき」と主張《しゅちょう》した。これを断《ことわ》った旧《きゅう》幕府《ばくふ》と新政府《しんせいふ》は対立し、戊辰戦争《ぼしんせんそう》がはじまった。新政府軍《しんせいふぐん》の参謀《さんぼう》となった隆《たか》盛《もり》は、旧幕府軍《きゅうばくふぐん》を破《やぶ》って進軍《しんぐん》を続《つづ》け、江戸城《えどじょう》を総攻撃《そうこうげき》することに決めた。しかし隆盛《たかもり》は海舟《かいしゅう》と話し合いをおこない、江戸城《えどじょう》を新政府《しんせいふ》に明け渡《わた》すことを条件《じょうけん》に、総攻撃《そうこうげき》の中止を決めた。

長州征伐《ちょうしゅうせいばつ》に向かう隆盛《たかもり》

第一次長州征伐《ちょうしゅうせいばつ》のとき、隆盛《たかもり》は参謀《さんぼう》(作戦《さくせん》の責任者《せきにんしゃ》)として幕府軍《ばくふぐん》を率《ひき》いたが、戦《たたか》わずに長州藩《ちょうしゅうはん》を降伏《こうふく》させるつもりだった。

「西郷肖像」床次正精画(鹿児島市立美術館所蔵)

隆盛《たかもり》の肖像画《しょうぞうが》

現在《げんざい》、確実《かくじつ》に隆盛《たかもり》とされる写真や肖像画《しょうぞうが》は残《のこ》っていない。上の絵は、隆盛《たかもり》に会ったことがある薩摩《さつま》出身の画家・床次正精《とこなみまさよし》がえがいた隆盛《たかもり》の肖像画《しょうぞうが》で、威厳《いげん》に満《み》ちた顔をしている。

新政府《しんせいふ》でも活躍《かつやく》するが西南戦争《せいなんせんそう》を起こす

新政府《しんせいふ》には、隆盛《たかもり》と幼《おさな》なじみの大久《おおく》保利通《ぼとしみち》(➡P268)も加《くわ》わった。隆盛《たかもり》も重要《じゅうよう》な職《しょく》につき、木戸孝允《きどたかよし》とともに、廃藩置県《はいはんちけん》などをおこなった。その後、孝允《たかよし》や利通《としみち》らが、西洋諸国《せいようしょこく》の視察《しさつ》に出発した。留守《るす》を守っていた隆盛《たかもり》は、日本との交流を拒否《きょひ》する朝鮮《ちょうせん》に対し、直接《ちょくせつ》乗りこんで話し合いをしようとした。帰国した利通《としみち》は、「今は国内政治《せいじ》の方が大事だ」と主張《しゅちょう》し、隆盛《たかもり》と激《はげ》しい論争《ろんそう》になった。この征韓論争《せいかんろんそう》(↓P280)に敗《やぶ》れた隆盛《たかもり》は新政府《しんせいふ》を去り、鹿児島《かごしま》に帰った。このとき薩摩《さつま》出身の士族《しぞく》(元武士《もとぶし》)の多くが、新政府《しんせいふ》を辞《や》めて、隆盛《たかもり》と行動をともにした。

鹿児島《かごしま》の士族《しぞく》たちをおさえるため、隆盛《たかもり》は私学校《しがっこう》をつくった。しかし新政《しんせい》府《ふ》は、私学校《しがっこう》の士族《しぞく》たちの行動を不安《ふあん》に思い、警察官《けいさつかん》を送りこんだ。怒《おこ》った士族《しぞく》たちは反乱《はんらん》を決意し、隆盛《たかもり》もそれに従《したが》い、西南戦争《せいなんせんそう》をはじめたが、新政《しんせい》府軍《ふぐん》に敗《やぶ》れ、自害《じがい》した。

史跡 西郷隆盛洞窟

発見《はっけん》!

城山《しろやま》の洞窟《どうくつ》

西南戦争《せいなんせんそう》で敗北《はいぼく》を重ねた隆盛《たかもり》は鹿児島《かごしま》の城山《しろやま》にもどり、洞《どう》窟《くつ》に立てこもった(鹿児島県《かごしまけん》)。

ウソ!ホント!?

隆盛《たかもり》の本名は「隆永《たかなが》」だった!?

隆盛《たかもり》の本名は隆永《たかなが》だったが、ふだんは吉之助《きちのすけ》と呼《よ》ばれていた。新政府《しんせいふ》で書類《しょるい》をつくるとき、知人が「本名は隆盛《たかもり》だった」とまちがえて伝《つた》えたので、これが正式な名前に登録《とうろく》されてしまった。しかし隆盛《たかもり》は気にしなかったそうだ。

西郷隆盛

カステラが大好物《だいこうぶつ》!?

1873年、隆盛《たかもり》は高島鞆之助《たかしまとものすけ》と一緒《いっしょ》に大久保利通《おおくぼとしみち》の家を訪《たず》ねた。
どうぞ。カステラじゃ
しかし、隆盛《たかもり》と利通《としみち》は言い争《あらそ》いになった。
スクッ
高島《たかしま》どん、もう帰るぞっ!
は、はい!
高島《たかしま》どん、あのカステラ、だいぶ残《のこ》っとったなあ
もどって取ってきてくれんか?
は!? はいっ!
もらってきました!
そうか、そうか。そらよかった!
隆盛《たかもり》はとてもうれしそうだったそうだ。

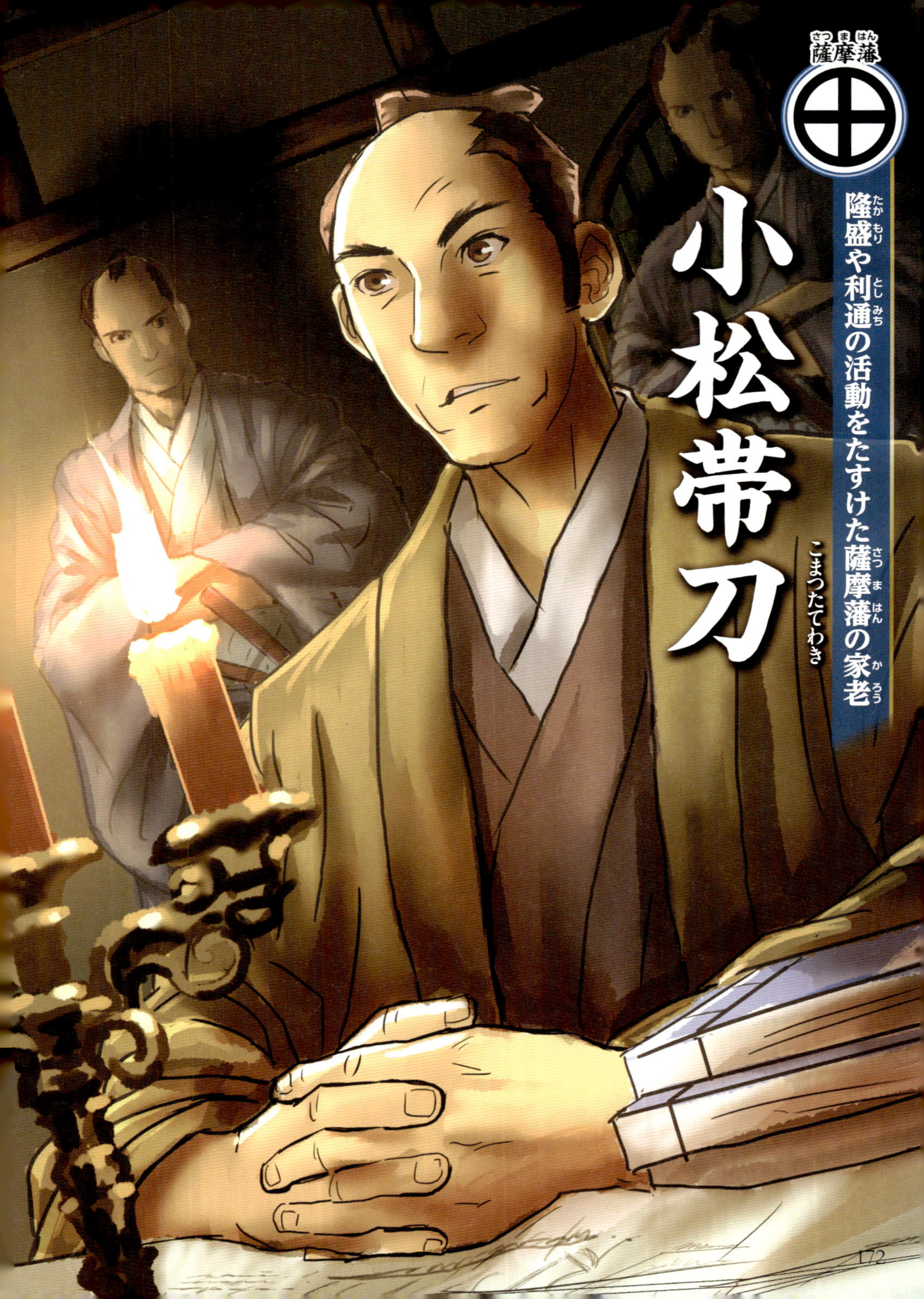

薩摩藩《さつまはん》

隆盛《たかもり》や利通《としみち》の活動をたすけた薩摩藩《さつまはん》の家老《かろう》

小松帯刀《こまつたてわき》

龍馬《りょうま》や利通《としみち》の活動を陰《かげ》で支《ささ》え続《つづ》ける

小松帯刀《こまつたてわき》は、薩摩藩《さつまはん》(現在《げんざい》の鹿児島《かごしま》県《けん》)の武家《ぶけ》の名門に生まれた。子どもの頃《ころ》からたいへんな勉強家だったという。島津久光《しまづひさみつ》から能力《のうりょく》を認《みと》められて出世すると、大久保利通《おおくぼとしみち》(⬇P268)らを重要《じゅうよう》な役職《やくしょく》につかせ、28歳《さい》で家老《かろう》(藩《はん》の重役)に任命《にんめい》された。

帯刀《たてわき》は他の藩《はん》や朝廷《ちょうてい》との話し合いを担当《たんとう》し、その中で坂本龍馬《さかもとりょうま》とも親しくなった。龍馬《りょうま》が海運業の亀山社中《かめやましゃちゅう》をつくるときは、それを手伝《てつだ》った。当時、薩摩藩《さつまはん》と長州藩《ちょうしゅうはん》(現在《げんざい》の山口県《やまぐちけん》)は対立していたが、帯刀《たてわき》は龍馬《りょうま》とともに薩長《さっちょう》同盟《どうめい》を結《むす》ぶ準備《じゅんび》を進め、長州藩《ちょうしゅうはん》にイギリスの武器《ぶき》商人グラバー(⬇P252)を紹介《しょうかい》した。

薩長同盟《さっちょうどうめい》の話し合いには、薩摩藩《さつまはん》の代表のひとりとして参加《さんか》した。徳川慶喜《とくがわよしのぶ》(⬇P182)から大政《たいせい》奉還《ほうかん》の相談をされたときは、薩摩藩《さつまはん》の代表として、これに賛成《さんせい》した。

新政府《しんせいふ》にも参加《さんか》し、重要《じゅうよう》な役職《やくしょく》についたが、病気のため亡《な》くなった。

発見《はっけん》!

帯刀《たてわき》の銅像《どうぞう》

帯刀《たてわき》は名門出身でありながら、倒幕《とうばく》運動に参加《さんか》した(鹿児島県《かごしまけん》)。

ウソ!ホント!? 寝《ね》て待つ隆盛《たかもり》のために枕《まくら》を用意させた!?

西郷隆盛《さいごうたかもり》ははじめて帯刀《たてわき》に会うとき、帯刀《たてわき》の心の広さを試《ため》すためにわざと部屋で寝転《ねころ》んで待った。それを見た帯刀《たてわき》は、「西郷《さいごう》は疲《つか》れているのだろう」と言い、従者《じゅうしゃ》に枕《まくら》をもってこさせた。それを聞いた隆盛《たかもり》は姿勢《しせい》を正して、帯刀《たてわき》にあやまったそうだ。

小松帯刀《こまつたてわき》

肖像《しょうぞう》

出身地《しゅっしんち》

薩摩《さつま》(現在《げんざい》の鹿児島県《かごしまけん》)

生年月日《せいねんがっぴ》

1835年10月14日

死亡年月日《しぼうねんがっぴ》

1870年7月20日

享年《きょうねん》

36歳《さい》(病死)

主義《しゅぎ》

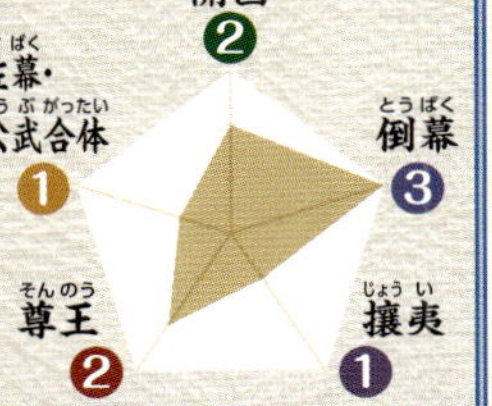

肩書《かたがき》

- 薩摩藩家老《さつまはんかろう》
- 新政府《しんせいふ》の総裁局顧問《そうさいきょくこもん》

名言《めいげん》

海外に行きたいと志願《しがん》したけれど、聞き入れてもらえず、残念《ざんねん》です。

※1867年のパリ万博《ばんぱく》に行けなかった帯刀《たてわき》が利通《としみち》にあてた手紙の一節《いっせつ》。

土佐藩《とさはん》

中岡慎太郎《なかおかしんたろう》

龍馬《りょうま》とともに薩長同盟《さっちょうどうめい》の実現《じつげん》に尽《つ》くした志士《しし》

陸援隊《りくえんたい》を組織《そしき》して武力《ぶりょく》で幕府《ばくふ》を倒《たお》すことを目指す

土佐藩《とさはん》(現在《げんざい》の高知県《こうちけん》)の庄屋《しょうや》(村の役人)の子に生まれた中岡慎太郎《なかおかしんたろう》は、武市半平太《たけちはんぺいた》の道場で剣術《けんじゅつ》を学び、半平太《はんぺいた》が率《ひき》いる土佐勤王党《とさきんのうとう》に入った。しかし、前藩主《ぜんはんしゅ》・山内容堂《やまうちようどう》(⬇P176)が土佐勤王党《とさきんのうとう》の処罰《しょばつ》を開始すると、藩《はん》を抜《ぬ》け出し、長州藩《ちょうしゅうはん》(現在《げんざい》の山口県《やまぐちけん》)へにげた。その後、禁門《きんもん》の変《へん》にも参加《さんか》したが、幕府《ばくふ》に完敗《かんぱい》した長州藩《ちょうしゅうはん》を見て、単純《たんじゅん》な尊王攘夷《そんのうじょうい》活動を続《つづ》けることは無理《むり》だと考えるようになった。「有力な藩《はん》が協力《きょうりょく》しなければ幕府《ばくふ》を倒《たお》せない」と考えた慎太郎《しんたろう》は、坂本龍馬《さかもとりょうま》とともに、薩摩藩《さつまはん》(現在《げんざい》の鹿児島県《かごしまけん》)と長州藩《ちょうしゅうはん》が手を結《むす》ぶように力を尽《つ》くし、薩長同盟《さっちょうどうめい》を成立《せいりつ》させた。

武力《ぶりょく》で幕府《ばくふ》を倒《たお》すことを目指した慎太郎《しんたろう》は、奇兵隊《きへいたい》を参考《さんこう》にして「陸援隊《りくえんたい》」という部隊《ぶたい》をつくり、隊長《たいちょう》になった。しかしその約《やく》5か月後、京都《きょうと》の近江屋《おうみや》で何者かにおそわれ、龍馬《りょうま》とともに暗殺《あんさつ》された。

ビジュアル資料《しりょう》

慎太郎《しんたろう》の裃《かみしも》

この裃《かみしも》(武士《ぶし》の正装《せいそう》)から、慎太郎《しんたろう》の身長が150cm台だったことがわかった。

なるほどエピソード

慎太郎《しんたろう》には笑顔《えがお》の写真が残《のこ》っている!?

幕末《ばくまつ》の頃《ころ》のカメラで写真を撮《と》ってもらうとき、数秒から数十秒じっとしなければならなかった。このため志士《しし》の写真のほとんどは、真顔である。しかし慎太郎《しんたろう》には、当時としてはとてもめずらしい笑顔《えがお》の写真が残《のこ》っている。

笑顔《えがお》の慎太郎《しんたろう》。

中岡慎太郎《なかおかしんたろう》

肖像《しょうぞう》

出身地《しゅっしんち》

土佐《とさ》(現在《げんざい》の高知県《こうちけん》)

生年月日《せいねんがっぴ》

1838年4月13日

死亡年月日《しぼうねんがっぴ》

1867年11月17日

享年《きょうねん》

30歳《さい》(暗殺《あんさつ》)

主義《しゅぎ》

肩書《かたがき》

- 土佐藩士《とさはんし》
- 陸援隊《りくえんたい》の隊長《たいちょう》

名言《めいげん》

天下を興《おこ》さん者は、必《かなら》ず薩長両藩《さっちょうりょうはん》なるべし

意味 天下を発展《はってん》させるのは、絶対《ぜったい》に薩摩藩《さつまはん》と長州藩《ちょうしゅうはん》だ。

土《と》佐《さ》藩《はん》

大《たい》政《せい》奉《ほう》還《かん》を徳《とく》川《がわ》慶《よし》喜《のぶ》にすすめた前《ぜん》土《と》佐《さ》藩《はん》主《しゅ》

山内容堂《やまうちようどう》

徳川家《とくがわけ》を守るために大政奉還《たいせいほうかん》を慶喜《よしのぶ》に提案《ていあん》する

山内容堂《やまうちようどう》は、22歳《さい》で土佐藩《とさはん》（現在《げんざい》の高知県《こうちけん》）の藩主《はんしゅ》になると、吉田東洋《よしだとうよう》を参政《さんせい》（藩《はん》の重役）に任命《にんめい》し、改革《かいかく》を進めた。しかし幕府《ばくふ》の大老《たいろう》・井伊直弼《いいなおすけ》と対立して藩主《はんしゅ》を辞《や》め、罰《ばつ》を受けて江戸屋《えどや》敷《しき》に閉《と》じこめられた。この間に藩政《はんせい》を任《まか》せていた東洋《とうよう》が、武市半平太《たけちはんぺいた》に暗殺《あんさつ》された。怒《おこ》った容堂《ようどう》は、罪《つみ》を許《ゆる》されて土佐《とさ》にもどると半平太《はんぺいた》を処刑《しょけい》した。

容堂《ようどう》は幕府《ばくふ》を守る立場だったが、薩《さつ》摩藩《まはん》（現在《げんざい》の鹿児島県《かごしまけん》）を中心に幕府《ばくふ》を武力《ぶりょく》で倒《たお》そうとする動きが強まっていた。家臣《かしん》の後藤象二郎《ごとうしょうじろう》から大政奉還《たいせいほうかん》の案《あん》を伝《つた》えられた容堂《ようどう》は、「これで徳《とく》川家《がわけ》を守れる」と考え、将軍《しょうぐん》・徳川《とくがわ》慶喜《よしのぶ》（➡P182）にすすめた。慶喜《よしのぶ》がこれを受け入れたため、幕府《ばくふ》はほろびた。しかし新政府《しんせいふ》は慶喜《よしのぶ》に領地《りょうち》を返すように求《もと》めた。容堂《ようどう》はこれに反対したが、受け入れられなかった。その後、容堂《ようどう》は新政府《しんせいふ》に入ったが、すぐに辞《や》め、自由気ままな生活を送った。

容堂《ようどう》の銅像《どうぞう》

酒杯《しゅはい》を手にして、大政奉《たいせいほう》還《かん》の実現《じつげん》を喜《よろこ》ぶ姿《すがた》を表現《ひょうげん》している（高知県《こうちけん》）。

小御所会議《こごしょかいぎ》

大政奉還後《たいせいほうかんご》、徳川家《とくがわけ》の処分《しょぶん》をめぐる会議《かいぎ》がおこなわれた。容堂《ようどう》は徳川家《とくがわけ》を守ろうとしたが、岩倉具視《いわくらともみ》らは徳川家《とくがわけ》の領地《りょうち》を取り上げるべきと主張《しゅちょう》した。

「明治天皇紀附図 王政復古」宮内庁所蔵

山内容堂《やまうちようどう》

肖像《しょうぞう》

出身地《しゅっしんち》

土佐《とさ》（現在《げんざい》の高知県《こうちけん》）

生年月日《せいねんがっぴ》

1827年10月9日

死亡年月日《しぼうねんがっぴ》

1872年6月21日

享年《きょうねん》

46歳《さい》（病死）

主義《しゅぎ》

肩書《かたがき》

- 土佐藩主《とさはんしゅ》

名言《めいげん》

無益《むえき》の殺生《せっしょう》、憐《あわ》れむべし

意味　意味のない殺人《さつじん》は、悲しむべきことだ。

※尊王攘夷派《そんのうじょういは》が容堂《ようどう》をおどすため、農民《のうみん》の首を屋敷《やしき》の前に置《お》いたときの言葉。

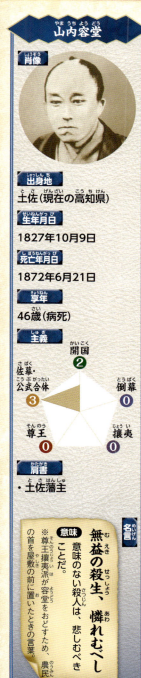

土佐藩《とさはん》

龍馬《りょうま》の大政奉還案《たいせいほうかんあん》を山内容堂《やまうちようどう》に伝《つた》える

後藤象二郎《ごとうしょうじろう》

大政奉還《たいせいほうかん》を実現《じつげん》させ、新政府《しんせいふ》でも活躍《かつやく》する

土佐藩《とさはん》(現在《げんざい》の高知県《こうちけん》)の藩士《はんし》で、吉田東洋《よしだとうよう》のおいにあたる。東洋《とうよう》に教えを受けた後、江戸《えど》へ出て、英語《えいご》、航海術《こうかいじゅつ》などを身につけた。土佐《とさ》にもどると、山内容堂《やまうちようどう》のもとで武市半平太《たけちはんぺいた》ら、土佐《とさ》勤王党《きんのうとう》に対して罪《つみ》をきびしく追求《ついきゅう》した。

その後、象二郎《しょうじろう》は坂本龍馬《さかもとりょうま》と親しくなり、大政奉還《たいせいほうかん》を提案《ていあん》された。「これで国内の戦争《せんそう》をさけられる」と賛成《さんせい》した象二郎《しょうじろう》は、この案《あん》を容堂《ようどう》にすすめ、1867年、大政奉還《たいせいほうかん》が実現《じつげん》した。このときの働《はたら》きが認《みと》められた象二郎《しょうじろう》は、新政府《しんせいふ》に参加《さんか》すると、重要《じゅうよう》な役職《やくしょく》を次つぎと任《まか》された。

1873年、征韓論争《せいかんろんそう》(⬇P280)で西郷隆盛《さいごうたかもり》に味方したため新政府《せいふ》を去ったが、板垣退助《いたがきたいすけ》(⬇P232)らと愛国公党《あいこくこうとう》をつくり、新政府《しんせいふ》に対して議《ぎ》会《かい》の設立《せつりつ》を求《もと》める運動をはじめた。その後、新政府《しんせいふ》にもどり、逓信大臣《ていしんだいじん》などをつとめた。

発見《はっけん》!

象二郎《しょうじろう》の誕生地《たんじょうち》

象二郎《しょうじろう》は上士《じょうし》の家に生まれた。吉田東洋《よしだとうよう》はおじだった(高知県《こうちけん》)。

後藤象二郎《ごとうしょうじろう》

肖像《しょうぞう》

出身地《しゅっしんち》

土佐《とさ》(現在《げんざい》の高知県《こうちけん》)

生年月日《せいねんがっぴ》

1838年3月19日

死亡年月日《しぼうねんがっぴ》

1897年8月4日

享年《きょうねん》

60歳《さい》(病死)

主義《しゅぎ》

肩書《かたがき》

- 土佐藩士《とさはんし》
- 新政府《しんせいふ》の参議《さんぎ》

名言《めいげん》

余《よ》も生還《せいかん》の意なし

意味 (大政奉還《たいせいほうかん》が実現《じつげん》しなかったら)わたしも生きて二条城《にじょうじょう》からもどるつもりはない。

ウソ!ホント!?

象二郎《しょうじろう》はヴィトンの日本人初《はつ》のお得意様《とくいさま》!?

1883年、象二郎《しょうじろう》はパリのルイ・ヴィトン本店で板垣退助《いたがきたいすけ》のために大型《おおがた》のトランクを買った。このときの記録《きろく》が顧客《こきゃく》(お得意様《とくいさま》)リストに残《のこ》っているため、象二郎《しょうじろう》は「日本人初《はつ》のルイ・ヴィトンの顧客《こきゃく》」といわれる。

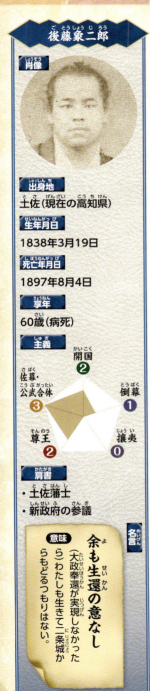

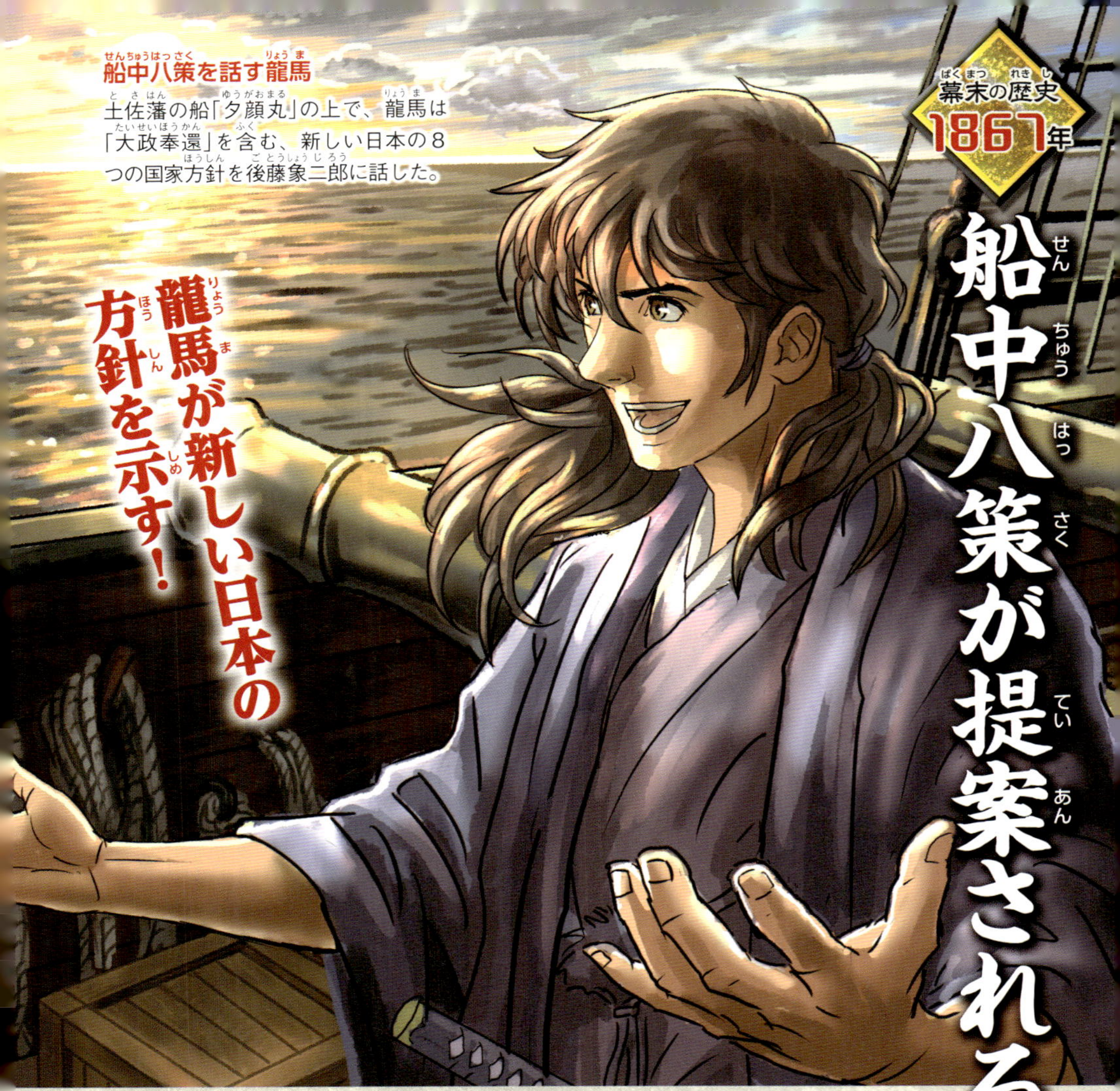

幕末《ばくまつ》の歴史《れきし》
1867年

船中八策《せんちゅうはっさく》が提案《ていあん》される

龍馬《りょうま》が新しい日本の方針《ほうしん》を示《しめ》す！

船中八策《せんちゅうはっさく》を話す龍馬《りょうま》
土佐藩《とさはん》の船「夕顔丸《ゆうがおまる》」の上で、龍馬《りょうま》は「大政奉還《たいせいほうかん》」を含《ふく》む、新しい日本の8つの国家方針《ほうしん》を後藤象二郎《ごとうしょうじろう》に話した。

龍馬《りょうま》の8つの案《あん》が新政府《しんせいふ》の基本方針《きほんほうしん》になる

1867年、有力藩《ゆうりょくはん》の指導者《しどうしゃ》4人と15代将軍《しょうぐん》・徳川慶喜《とくがわよしのぶ》（➡P182）は、今後の政治《せいじ》を話し合うために京都《きょうと》に集まった（四侯会議《しこうかいぎ》）。しかし慶喜《よしのぶ》が会議《かいぎ》の主導権《しゅどうけん》をにぎったため、危機《きき》を感じた薩摩藩《さつまはん》（現在《げんざい》の鹿児島県《かごしまけん》）と長州藩《ちょうしゅうはん》（現在《げんざい》の山口県《やまぐちけん》）は武力《ぶりょく》で幕府《ばくふ》を倒《たお》す動きを進めた。

「国内で戦争《せんそう》をするべきでない」と考えていた坂本龍馬《さかもとりょうま》は、長崎《ながさき》から京都《きょうと》へ向かう船の中で、同じ土佐藩《とさはん》（現在《げんざい》の高知県《こうちけん》）出身の後藤象二郎《ごとうしょうじろう》に、大政奉還《たいせいほうかん》（将軍《しょうぐん》が政権《せいけん》を

関連地図《かんれんちず》

朝廷《ちょうてい》に返すこと）の案《あん》を伝《つた》えた。
このとき龍馬《りょうま》は、大政奉還《たいせいほうかん》以外《いがい》にも、「議会《ぎかい》の設置《せっち》」や「憲法《けんぽう》の制定《せいてい》」など、新しい日本の8つの方針《ほうしん》を伝《つた》えた。これは「船中八策《せんちゅうはっさく》」と呼《よ》ばれ、幕府《ばくふ》がほろびた後、新政府《しんせいふ》の基本方針《きほんほうしん》になった。龍馬《りょうま》に賛成《さんせい》した象二郎《しょうじろう》は、山内容堂《やまうちようどう》にこの案《あん》を伝《つた》えた。容堂《ようどう》はさっそく大政奉還《たいせいほうかん》を慶喜《よしのぶ》に伝《つた》える準備《じゅんび》をはじめた。

船中八策《せんちゅうはっさく》前後の流れ

1 四侯会議《しこうかいぎ》が開かれる

15代将軍《しょうぐん》・徳川慶喜《とくがわよしのぶ》と松平春嶽《まつだいらしゅんがく》、山内容堂《やまうちようどう》、島津久光《しまづひさみつ》、伊達宗城《だてむねなり》（➡P222）は会議《かいぎ》を開いたが、慶喜《よしのぶ》は有利《ゆうり》に話し合いを進めた。

2 龍馬《りょうま》と象二郎《しょうじろう》が京都《きょうと》へ向かう

龍馬《りょうま》は、長崎《ながさき》から京都《きょうと》へ向かう船の中で、象二郎《しょうじろう》に大政奉還《たいせいほうかん》の案《あん》を提案《ていあん》する。

3 象二郎《しょうじろう》が容堂《ようどう》に会う

京都《きょうと》から土佐《とさ》にもどった象二郎《しょうじろう》は、容堂《ようどう》に会い、龍馬《りょうま》の大政奉還《たいせいほうかん》の案《あん》を伝《つた》える。容堂《ようどう》はこの案《あん》を将軍《しょうぐん》・徳川慶喜《とくがわよしのぶ》に伝《つた》える準備《じゅんび》をはじめる。

幕府《ばくふ》

大政奉還《たいせいほうかん》を決断《けつだん》した江戸幕府《えどばくふ》15代将軍《しょうぐん》

徳川慶喜《とくがわよしのぶ》

幕府《ばくふ》の期待を背負《せお》い15代将軍《しょうぐん》になる

徳川慶喜《とくがわよしのぶ》は、水戸藩《みとはん》(現在《げんざい》の茨城県《いばらきけん》)藩主《はんしゅ》・徳川斉昭《とくがわなりあき》の七男。幼《おさな》い頃《ころ》から秀才《しゅうさい》として知られ、10代から将軍《しょうぐん》候補《こうほ》になっていた。

13代将軍《しょうぐん》・徳川家定《とくがわいえさだ》の後継《あとつ》ぎをめぐり、慶喜《よしのぶ》と徳川家茂《とくがわいえもち》のどちらを将軍《しょうぐん》にするかで派閥争《はばつあらそ》いが起きた。しかし大老《たいろう》・井伊直弼《いいなおすけ》の力により、14代将《しょう》軍《ぐん》についたのは家茂《いえもち》だった。

さらに直弼《なおすけ》は、孝明天皇《こうめいてんのう》の許可《きょか》を得《え》ないまま、日米修好通商条約《にちべいしゅうこうつうしょうじょうやく》を結《むす》んだ。慶喜《よしのぶ》はこれに怒《おこ》って抗議《こうぎ》したため、直弼《なおすけ》と対立した。慶喜《よしのぶ》は直弼《なおすけ》に罰《ばつ》を受け、外出を禁《きん》じられた。だが直弼《なおすけ》が暗殺《あんさつ》された後は、慶喜《よしのぶ》は家茂《いえもち》の政治《せいじ》をたすける立場になり、公武合体《こうぶがったい》をおし進めた。その後は朝廷《ちょうてい》を守る「禁裏《きんり》御守衛総督《ごしゅえいそうとく》」になった。

1866年、家茂《いえもち》が病死したため、慶喜《よしのぶ》が15代将軍《しょうぐん》になった。

ビジュアル資料《しりょう》

禁裏御守衛総督《きんりごしゅえいそうとく》時代の慶喜《よしのぶ》

1864年、慶喜《よしのぶ》は禁裏御守衛総督《きんりごしゅえいそうとく》(御所《ごしょ》を守る役職《やくしょく》)に任命《にんめい》された。

徳川慶喜《とくがわよしのぶ》

肖像《しょうぞう》

出身地《しゅっしんち》

江戸《えど》(現在《げんざい》の東京都《とうきょうと》)

生年月日《せいねんがっぴ》

1837年9月29日

死亡年月日《しぼうねんがっぴ》

1913年11月22日

享年《きょうねん》

77歳《さい》(病死)

主義《しゅぎ》

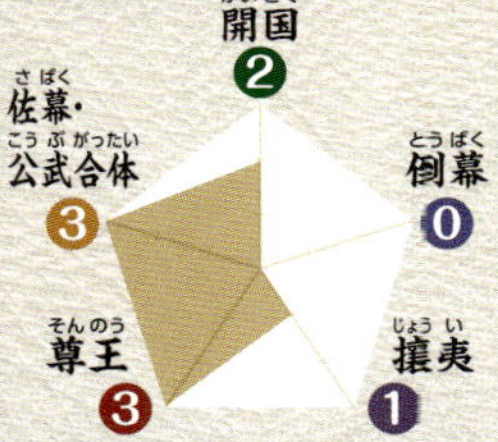

肩書《かたがき》

- 江戸幕府《えどばくふ》15代将軍《しょうぐん》
- 貴族院議員《きぞくいんぎいん》

名言《めいげん》

徳川家《とくがわけ》の政権《せいけん》を朝廷《ちょうてい》に還《かえ》し奉《たてまつ》るなり

意味

徳川家《とくがわけ》の政権《せいけん》を朝廷《ちょうてい》に奉還《ほうかん》いたします。

なるほどエピソード

慶喜《よしのぶ》は将軍《しょうぐん》になりたくなかった!?

13代将軍《しょうぐん》・徳川家定《とくがわいえさだ》の後継者《こうけいしゃ》をめぐって、慶喜《よしのぶ》をおす一橋派《ひとつばしは》と、徳川《とくがわ》家茂《いえもち》をおす南紀派《なんきは》が対立した。慶喜《よしのぶ》自身は、「骨《ほね》が折《お》れるので、将軍《しょうぐん》にならない方がいい」と手紙に書いていて、将軍《しょうぐん》になりたくなかったようだ。

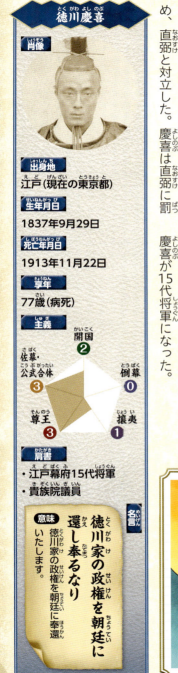

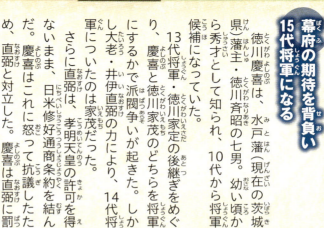

徳川家《とくがわけ》の生《い》き残《のこ》りをかけて大政奉還《たいせいほうかん》を決断《けつだん》する

ビジュアル資料《しりょう》

大政奉還《たいせいほうかん》を発表する慶喜《よしのぶ》

慶喜《よしのぶ》は二条城《にじょうじょう》に各藩《かくはん》の重臣《じゅうしん》を集めて、大政奉還《たいせいほうかん》の意志《いし》を伝《つた》え、それに対する意見を聞いた。

慶喜《よしのぶ》はフランスからの援助《えんじょ》を受け、製鉄所《せいてつしょ》を建設《けんせつ》し、軍事改革《ぐんじかいかく》を実行した。さらに有力藩《ゆうりょくはん》の指導者《しどうしゃ》が集まって今後の政治《せいじ》を相談する会議《かいぎ》で、慶喜《よしのぶ》は有利《ゆうり》に話し合いを進めた（四侯会議《しこうかいぎ》）。慶喜《よしのぶ》の能力《のうりょく》を恐《おそ》れた薩摩藩《さつまはん》（現在《げんざい》の鹿児《かご》島県《しまけん》）と長州藩《ちょうしゅうはん》（現在《げんざい》の山口県《やまぐちけん》）は、幕府《ばくふ》を武力《ぶりょく》で倒《たお》すことを決意する。「薩摩《さつま》・長州《ちょうしゅう》と戦《たたか》っても勝てない」と感じた慶喜《よしのぶ》は、山内容堂《やまうちようどう》が提案《ていあん》した「大政《たいせい》奉還《ほうかん》（幕府《ばくふ》が政権《せいけん》を朝廷《ちょうてい》に返すこと）」の案《あん》を受け入れ、１８６７年10月、二条《にじょう》城《じょう》（京都府《きょうとふ》）で発表した。これで幕府《ばくふ》はほろびたが、政権《せいけん》を朝廷《ちょうてい》に返しても、慶喜《よしのぶ》の領地《りょうち》は４００万石《ごく》もあった。慶喜《よしのぶ》は経済力《けいざいりょく》を背景《はいけい》に新政府《しんせいふ》に入り、実権《じっけん》をにぎろうと考えた。

しかし慶喜《よしのぶ》は新政府《しんせいふ》からしめ出され、領地《りょうち》を朝廷《ちょうてい》に返すように命令《めいれい》された。領地《りょうち》を返せば家臣《かしん》たちを養《やしな》えなくなる。この命令《めいれい》を無視《むし》した慶喜《よしのぶ》は、大《おお》坂城《さかじょう》に入り、状況《じょうきょう》が変《か》わるのを待った。

その後、対立を深めた新政府《しんせいふ》と旧幕《きゅうばく》府《ふ》は、１８６８年１月、京都《きょうと》南方の鳥《と》羽《ば》・伏見《ふしみ》で戦《たたか》った。旧幕府軍《きゅうばくふぐん》の兵力《へいりょく》は多かったが、新政府軍《しんせいふぐん》の最新兵器《さいしんへいき》による攻撃《こうげき》で敗《やぶ》れた。敗戦《はいせん》を知った慶喜《よしのぶ》は、大坂城《おおさかじょう》を脱出《だっしゅつ》すると、江戸《えど》へにげ帰った。新政府軍《しんせいふぐん》が、朝廷《ちょうてい》の旗《はた》（錦《にしき》の御《み》旗《はた》）をかかげたため、慶喜《よしのぶ》は、朝敵《ちょうてき》（朝《ちょう》

ビジュアル資料《しりょう》

大坂城《おおさかじょう》からにげ出す慶喜《よしのぶ》

鳥羽《とば》・伏見《ふしみ》の戦《たたか》いに敗《やぶ》れた慶喜《よしのぶ》は、味方の兵《へい》を捨《す》てて、軍艦《ぐんかん》に乗って江戸《えど》へにげ帰った。

ビジュアル資料《しりょう》

慶喜《よしのぶ》の肖像画《しょうぞうが》

明治《めいじ》時代、慶喜《よしのぶ》は静岡《しずおか》で趣味《しゅみ》に明け暮《く》れる生活を送った。その後、東京《とうきょう》に移《うつ》り住み、貴族《きぞく》院議員《いんぎいん》となった。

廷《てい》の敵《てき》)になるのを恐《おそ》れたのだといわれる。新政府軍《しんせいふぐん》が江戸《えど》に向かって進軍《しんぐん》すると、慶喜《よしのぶ》は寛永寺《かんえいじ》(東京都《とうきょうと》)に入って降伏《こうふく》した。慶喜《よしのぶ》からすべてを任《まか》された勝海舟《かつかいしゅう》(⬇P206)は、新政府軍《しんせいふぐん》の西《さい》郷隆盛《ごうたかもり》と会談し、江戸城《えどじょう》を明け渡《わた》す代わりに、江戸城総攻撃《えどじょうそうこうげき》を中止してもらった。その後、慶喜《よしのぶ》は駿河《するが》(現在《げんざい》の静《しず》岡県《おかけん》)に移《うつ》された。

明治《めいじ》時代、慶喜《よしのぶ》は静岡《しずおか》で静《しず》かに暮《く》らした。地元の人びととも交流し、「けいき様」と呼《よ》ばれて親しまれたという。

なるほどエピソード

毎日弓を150本も射《い》ていた!?

武芸《ぶげい》が好《す》きだった慶喜《よしのぶ》は、明治《めいじ》時代、毎日150本の弓を射《い》ていたそうだ。晩年《ばんねん》は医師《いし》から「多すぎて体に悪い」と、100本に減《へ》らされたが、それでも全部射《い》るのに約《やく》3時間かけたという。

弓を射《い》る慶喜《よしのぶ》。

趣味《しゅみ》が多すぎ!?

江戸城《えどじょう》を新政府《しんせいふ》に明け渡《わた》した後、慶喜《よしのぶ》は静岡《しずおか》に移《うつ》り住んだ。
これからは政治《せいじ》に関《かか》わることはやめよう
趣味《しゅみ》を見つけよう!
当時、とてもめずらしかった油絵に挑戦《ちょうせん》した。
う、うまい!
写真の腕前《うでまえ》もプロ級になった。
この風景《ふうけい》、いいね!
静岡県《しずおかけん》で、はじめて自転車を手に入れ、町を走ったそうだ。
こりゃ楽しい!
キコ キコ キコ
な、何だあれはっ!?

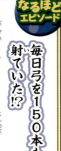

大《たい》政《せい》奉《ほう》還《かん》が実《じつ》現《げん》する

江戸《えど》幕府《ばくふ》がほろびる！

大政奉還《たいせいほうかん》を発表する慶喜《よしのぶ》
1867年10月13日、慶喜《よしのぶ》は京都《きょうと》にいた約《やく》40藩《はん》の重臣《じゅうしん》を二条城《にじょうじょう》に集め、大政奉還《たいせいほうかん》をする決意を伝《つた》えた。

将軍《しょうぐん》・慶喜《よしのぶ》が容堂《ようどう》の提案《ていあん》を受け入れる

将軍《しょうぐん》・徳川慶喜《とくがわよしのぶ》は、幕府《ばくふ》を倒《たお》そうとする薩摩藩《さつまはん》(現在《げんざい》の鹿児島県《かごしまけん》)や長州藩《ちょうしゅうはん》(現在《げんざい》の山口県《やまぐちけん》)に対抗《たいこう》できないと感じていた。１８６７年10月3日、土佐藩《とさはん》(現在《げんざい》の高知県《こうちけん》)の前藩主《ぜんはんしゅ》・山内容堂《やまうちようどう》から、大政奉還《たいせいほうかん》(幕府《ばくふ》が政権《せいけん》を朝廷《ちょうてい》に返すこと)の案《あん》を伝《つた》えられると、すぐに受け入れることを決めた。

その10日後、慶喜《よしのぶ》は二条城《にじょうじょう》(京都府《きょうとふ》)に各藩《かくはん》の重臣《じゅうしん》を集めて、大政奉還《たいせいほうかん》の意志《いし》を伝《つた》えると、翌日《よくじつ》、慶喜《よしのぶ》は正式に朝廷《ちょうてい》に大政奉還《たいせいほうかん》を申し出た。これにより２６０年以上《いじょう》続《つづ》い

関連《かんれん》地図

ビジュアル資料《しりょう》
二条城《にじょうじょう》を出る慶喜《よしのぶ》

新政府《しんせいふ》から約《やく》400万石《ごく》の領地《りょうち》を返すように命令《めいれい》された慶喜《よしのぶ》は、この命令《めいれい》を無視《むし》して二条城《にじょうじょう》を出ると、大坂城《おおさかじょう》に向かった。

発見《はっけん》!

二条城《にじょうじょう》の二《に》の丸御殿《まるごてん》

慶喜《よしのぶ》が各藩《かくはん》の重臣《じゅうしん》を集め、大政奉還《たいせいほうかん》を発表した場所(京都府《きょうとふ》)。翌日《よくじつ》、大政奉還《たいせいほうかん》をすることが正式に朝廷《ちょうてい》に提出《ていしゅつ》された。

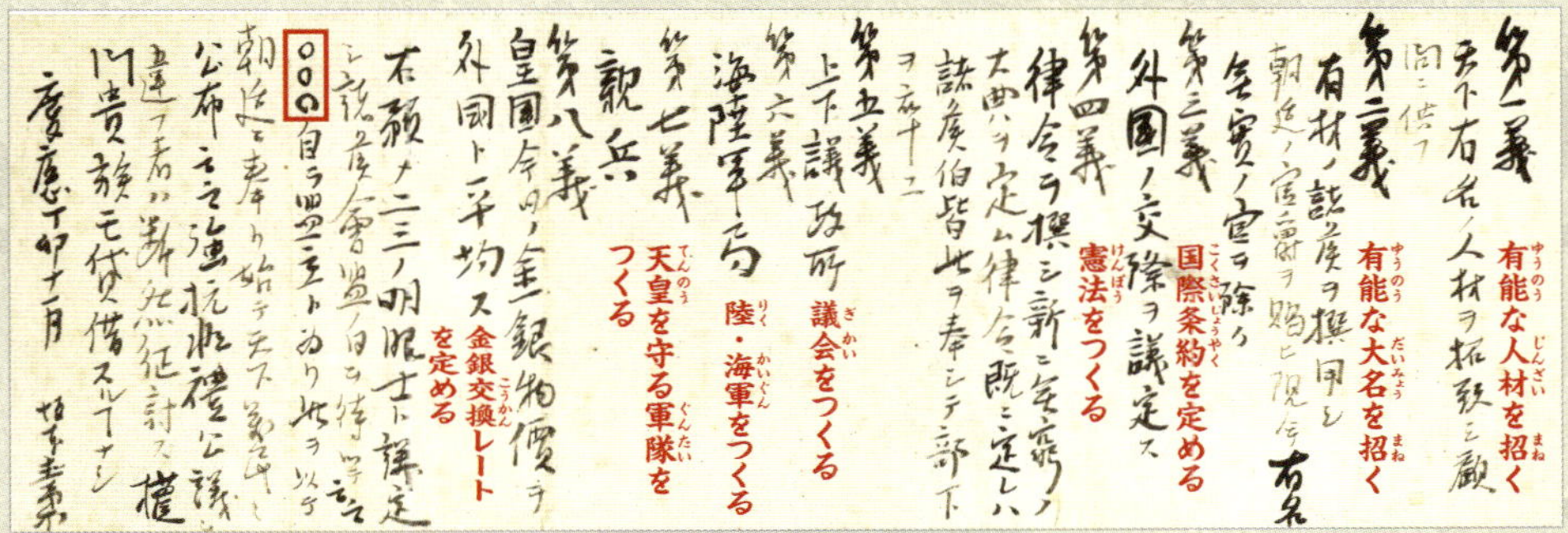
有能《ゆうのう》な人材《じんざい》を招《まね》く
有能《ゆうのう》な大名《だいみょう》を招《まね》く
国際条約《こくさいじょうやく》を定める
憲法《けんぽう》をつくる
議会《ぎかい》をつくる
陸《りく》・海軍《かいぐん》をつくる
天皇《てんのう》を守る軍隊《ぐんたい》をつくる
金銀交換《こうかん》レートを定める

ビジュアル資料《しりょう》
坂本龍馬《さかもとりょうま》が目指した新国家像《しんこっかぞう》

大政奉還《たいせいほうかん》の後に、龍馬《りょうま》が記した新政府《しんせいふ》の構想《こうそう》で、憲法《けんぽう》や議会《ぎかい》をつくることが記されている。空欄《くうらん》になっている「○○○自ら盟主《めいしゅ》となり」に入るのは、徳川慶喜《とくがわよしのぶ》という説《せつ》がある。

た江戸《えど》幕府《ばくふ》がほろびた。

慶喜《よしのぶ》は、新政府《しんせいふ》に参加《さんか》するつもりだったが、薩摩《さつま》藩《はん》・長州藩《ちょうしゅうはん》は慶喜《よしのぶ》を新政府《しんせいふ》からしめ出し、領地《りょうち》を朝廷《ちょうてい》に返すように命じた。これに応《おう》じるわけにいかなかった慶喜《よしのぶ》は新政府《しんせいふ》と対立することになった。

なるほどエピソード
ぎりぎりで間に合わなかった「倒幕《とうばく》の密勅《みっちょく》」

武力《ぶりょく》で幕府《ばくふ》を倒《たお》したかった薩摩《さつま》藩《はん》は、岩倉具視《いわくらともみ》の協力《きょうりょく》を得《え》て「幕《ばく》府《ふ》を倒《たお》せ」という密勅《みっちょく》(天皇《てんのう》からの秘密《ひみつ》の命令《めいれい》)を出してもらった。しかし同じ日に大政奉還《たいせいほうかん》が発表され、密勅《みっちょく》は意味がなくなった。この密勅《みっちょく》はにせものともいわれる。

松代藩《まつしろはん》

佐久間象山《さくましょうざん》

西洋の技術《ぎじゅつ》を教えた天才的《てんさいてき》な思想家

出身地《しゅっしんち》	信濃《しなの》(現在《げんざい》の長野県《ながのけん》)
生年月日《せいねんがっぴ》	1811年2月28日
死亡年月日《しぼうねんがっぴ》	1864年7月11日
享年《きょうねん》	54歳《さい》(暗殺《あんさつ》)
肩書《かたがき》	松代藩士《まつしろはんし》

肖像《しょうぞう》

自分が学んだ西洋の知識《ちしき》を多くの志士《しし》に教える

佐久間象山《さくましょうざん》は、松代藩《まつしろはん》(現在《げんざい》の長野《ながの》県《けん》)藩士《はんし》の子に生まれた。天才的《てんさいてき》な頭《ず》脳《のう》をもっていた象山《しょうざん》は、藩主《はんしゅ》の命令《めいれい》によって、アヘン戦争《せんそう》でイギリスに負けた清《しん》(中国《ちゅうごく》)のことを調べ、海外の事情《じじょう》を学んだ。西洋の進んだ文化を取り入れる必要《ひつよう》を感じ、34歳《さい》のときオランダ語を学び、幅広《はばひろ》い西洋の知識《ちしき》を得《え》ると、自分でガラスや電池を製造《せいぞう》し、地震予知機《じしんよちき》まで発明した。

さらに、西洋の砲術《ほうじゅつ》や兵学《へいがく》(軍隊《ぐんたい》を研究する学問)を学んだ象山《しょうざん》は、江戸《えど》で塾《じゅく》を開き、自分の学んだことを、吉田松陰《よしだしょういん》や勝海舟《かつかいしゅう》(⬇Ｐ２０６)、坂《さか》本龍馬《もとりょうま》などにおしみなく教えた。

ペリーが黒船《くろふね》で来航《らいこう》すると、弟子の松陰《しょういん》に外国行きをすすめたが、松陰《しょういん》が密航《みっこう》に失敗《しっぱい》したため、象山《しょうざん》もこれに関《かか》わったとして幕府《ばくふ》に捕《つか》まり、松代《まつしろ》で外出を禁止《きんし》される生活を送った。

１８６４年、罪《つみ》を許《ゆる》された象山《しょうざん》は、徳川慶喜《とくがわよしのぶ》に京都《きょうと》に呼《よ》ばれ、開国論《かいこくろん》や公《こう》武合体論《ぶがったいろん》を説《と》いた。しかし尊王攘夷派《そんのうじょういは》の暗殺者《あんさつしゃ》・河上彦斎《かわかみげんさい》に殺《ころ》された。

龍馬《りょうま》を指導《しどう》する象山《しょうざん》

象山《しょうざん》は、自分が学んだ西洋の知識《ちしき》を、坂《さか》本龍馬《もとりょうま》や勝海舟《かつかいしゅう》、吉田松陰《よしだしょういん》などに教えた。

熊本藩《くまもとはん》

横井小楠《よこいしょうなん》

多くの志士《しし》に影響《えいきょう》を与《あた》えた学者

出身地《しゅっしんち》	肥後《ひご》(現在《げんざい》の熊本県《くまもとけん》)
生年月日《せいねんがっぴ》	1809年8月13日
死亡年月日《しぼうねんがっぴ》	1869年1月5日
享年《きょうねん》	61歳《さい》(暗殺《あんさつ》)
肩書《かたがき》	熊本藩士《くまもとはんし》

肖像《しょうぞう》

越前藩《えちぜんはん》と幕府《ばくふ》に招《まね》かれ政治改革《せいじかいかく》をおこなう

熊本藩士《くまもとはんし》の次男で、秀才《しゅうさい》として知られた横井小楠《よこいしょうなん》は、29歳《さい》で藩校《はんこう》「時習館《じしゅうかん》」の塾長《じゅくちょう》になり、31歳《さい》のとき江戸《えど》へ出てさらに学んだ。藩《はん》に帰ると、小楠堂《しょうなんどう》という塾《じゅく》を開いた。

評判《ひょうばん》の高くなった小楠《しょうなん》は、越前藩主《えちぜんはんしゅ》・松平春嶽《まつだいらしゅんがく》に招《まね》かれ、藩校《はんこう》「明道館《めいどうかん》」の教《きょう》師《し》になった。さらに越前藩《えちぜんはん》の政治改革《せいじかいかく》を頼《たの》まれ、指導《しどう》した。小楠《しょうなん》は開国《かいこく》・貿《ぼう》易《えき》をおこない、産業《さんぎょう》を発展《はってん》させることで国を豊《ゆた》かにすることが重要《じゅうよう》だと考えていた。１８６２年、春嶽《しゅんがく》が政事総裁職《せいじそうさいしょく》(幕《ばく》府《ふ》の最高職《さいこうしょく》)に任命《にんめい》されると、小楠《しょうなん》も公《こう》武合体《ぶがったい》を実現《じつげん》させるため、春嶽《しゅんがく》の仕事を手伝《てつだ》った。広い視野《しや》をもった小楠《しょうなん》の考え方に、坂本龍馬《さかもとりょうま》をはじめ多くの志士《しし》が影響《えいきょう》を受けた。小楠《しょうなん》は新政府《しんせいふ》にも招《まね》かれて重要《じゅうよう》な役職《やくしょく》についたが、１８６９年、京都《きょうと》で攘夷派《じょういは》の志士《しし》に暗殺《あんさつ》された。

なるほどエピソード

勝海舟《かつかいしゅう》に心から尊敬《そんけい》されていた!?

勝海舟《かつかいしゅう》は明治《めいじ》時代、「おれは今まで恐《おそ》ろしい人物をふたり見た。ひとりは横井小楠《よこいしょうなん》、もうひとりは西郷隆盛《さいごうたかもり》である」と語った。海舟《かいしゅう》は「小楠《しょうなん》の格《かく》調《ちょう》の高い考え方を聞いたとき、自分はとても及《およ》ばないと感じた」と、高く評価《ひょうか》し、尊敬《そんけい》していた。

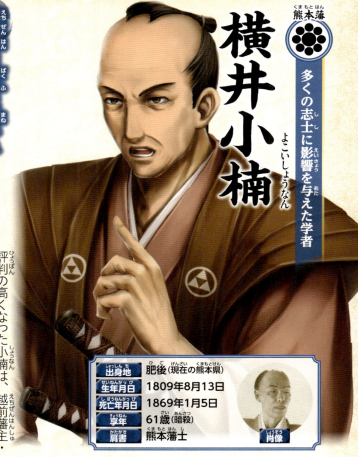

足《あり》守《もり》藩《はん》

緒方洪庵《おがたこうあん》

西洋医学を学び、福《ふく》沢《ざわ》諭《ゆ》吉《きち》や大《おお》村《むら》益《ます》次《じ》郎《ろう》を育てる

適塾《てきじゅく》で蘭学《らんがく》を教え、種痘《しゅとう》で人びとを救《すく》う

足守藩《あしもりはん》(現在《げんざい》の岡山県《おかやまけん》)出身の緒方洪《おがたこう》庵《あん》は、江戸《えど》や長崎《ながさき》で蘭学《らんがく》(オランダ語による西洋の学問)や医学を学んだ。その後、大坂《おおさか》で病院を開くとともに、蘭学塾《らんがくじゅく》の適々斎塾《てきてきさいじゅく》(適塾《てきじゅく》)を開いた。適塾《てきじゅく》には、福沢諭吉《ふくざわゆきち》(➡P310)、橋本左内《はしもとさない》、大村益次郎《おおむらますじろう》(➡P228)、大鳥圭介《おおとりけいすけ》(➡P246)ら、多くの優《ゆう》秀《しゅう》な人材《じんざい》が集まった。洪庵《こうあん》は知識《ちしき》が豊《ゆた》かだっただけでなく、やさしい性格《せいかく》だったので、多くの人に親しまれた。

当時、「天然痘《てんねんとう》」という恐《こわ》い伝染病《でんせんびょう》が流行していた。1849年、種痘《しゅとう》(天然痘《てんねんとう》のワクチン)を手に入れた洪庵《こうあん》は、「除痘館《じょとうかん》」を開き、予防接種《よぼうせっしゅ》をはじめた。種痘《しゅとう》は広まり、やがて幕府《ばくふ》にも認《みと》められた。

53歳《さい》のとき、将軍《しょうぐん》・徳川家茂《とくがわいえもち》を診《しん》察《さつ》する医師《いし》に任命《にんめい》され江戸《えど》に入ったが、過労《かろう》のため翌年《よくとし》、急死した。

適塾《てきじゅく》

全国各地《かくち》から生徒《せいと》が集まり、その数はのべ3000人に及《およ》ぶという(大阪府《おおさかふ》)。

幕末《ばくまつ》のきずな

福沢諭吉《ふくざわゆきち》をけんめいに看病《かんびょう》した!?

1856年、適塾《てきじゅく》の生徒《せいと》だった福沢《ふくざわ》諭吉《ゆきち》は腸《ちょう》チフスにかかって倒《たお》れた。洪《こう》庵《あん》は諭吉《ゆきち》のもとにかけつけ、「病気をきっと診《み》てやる。ただ処方《しょほう》には迷《まよ》う」と言って、友人の医師《いし》に薬を処方《しょほう》させ、諭吉《ゆきち》の病気を治《なお》した。諭吉《ゆきち》はこのときの親切を一生忘《わす》れなかった。

緒方洪庵《おがたこうあん》

肖像《しょうぞう》

出身地《しゅっしんち》

備中《びっちゅう》(現在《げんざい》の岡山県《おかやまけん》)

生年月日《せいねんがっぴ》

1810年7月14日

死亡年月日《しぼうねんがっぴ》

1863年6月10日

享年《きょうねん》

54歳《さい》(病死)

主義《しゅぎ》

肩書《かたがき》

- 足守藩士《あしもりはんし》
- 適塾《てきじゅく》の主宰者《しゅさいしゃ》

名言《めいげん》

唯《ただ》おのれをすてて、人を救《すく》わんことを希《こいねが》うべし

意味　(医師《いし》ならば)自分を捨《す》てて、人を救《すく》うことを願《ねが》うべきだ。

超《ちょう》ビジュアル！
幕《ばく》末《まつ》新聞

第4号

発行所：
勤王《きんのう》新聞社

幕《ばく》末《まつ》・維《い》新《しん》期《き》には暗《あん》殺《さつ》事《じ》件《けん》が多かった！

なぜ、日本のために活動していた志士《しし》や学者が殺《ころ》されたのだろう？

事件《じけん》ファイル1 坂本龍馬《さかもとりょうま》暗殺事件《あんさつじけん》

1867年、大政奉還《たいせいほうかん》の約《やく》1か月後、京都《きょうと》の近江屋《おうみや》で、坂本龍馬《さかもとりょうま》と中岡慎太郎《なかおかしんたろう》が何者かにおそわれ、命を落とした。犯人《はんにん》は、幕府《ばくふ》の役人である「京都見廻組《きょうとみまわりぐみ》」という説《せつ》が有力だ。

事件《じけん》ファイル2 佐久間象山《さくましょうざん》暗殺事件《あんさつじけん》

1864年、佐久間象山《さくましょうざん》は徳川慶喜《とくがわよしのぶ》に呼《よ》ばれて京都《きょうと》に入り、公武合体《こうぶがったい》・開国論《かいこくろん》などを主張《しゅちょう》した。その最《さい》中《ちゅう》、町中を馬に乗って歩いていたとき、攘夷主義者《じょういしゅぎしゃ》の河上彦斎《かわかみげんさい》に切り殺《ころ》された。

象山《しょうざん》の暗殺《あんさつ》場面をえがいた絵。

事件《じけん》ファイル3 横井小楠《よこいしょうなん》暗殺事件《あんさつじけん》

1869年、熊本藩《くまもとはん》（熊《くま》本県《もとけん》）の藩士《はんし》だった横井小《よこいしょう》楠《なん》は攘夷派《じょういは》の暗殺者《あんさつしゃ》6人におそわれて殺《ころ》された。暗殺《あんさつ》の理由は「小楠《しょうなん》がキリスト教を日本に広めようとしている」というものだったが、事実ではなかった。

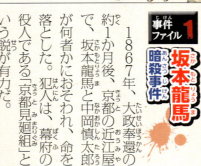

事件《じけん》ファイル4　大村益次郎《おおむらますじろう》暗殺事件《あんさつじけん》

長州藩《ちょうしゅうはん》出身の大村益次郎《おおむらますじろう》（↓P228）は、新政府《しんせいふ》に入り、軍隊《ぐんたい》を近代化しようとしたが、1869年、京都《きょうと》で暗殺者《あんさつしゃ》におそわれ、その傷がもとで死亡《しぼう》した。暗殺《あんさつ》の実行犯《じっこうはん》は、軍隊《ぐんたい》の改革《かいかく》に反対していた攘夷派《じょういは》の志士《しし》だったが、暗殺《あんさつ》を指示《しじ》したのは、薩摩藩《さつまはん》出身の新政府《しんせいふ》の役人・海江田信義《かいえだのぶよし》だったという説《せつ》がある。

事件《じけん》ファイル5　大久保利通《おおくぼとしみち》暗殺事件《あんさつじけん》

1878年、新政府《しんせいふ》のリーダーだった大久保利通《おおくぼとしみち》（↓P268）は馬車に乗って皇居《こうきょ》へ向かう途中《とちゅう》、新政府《しんせいふ》に不満《ふまん》をもつ士族《しぞく》6人におそわれた。利通《としみち》は「無礼者《ぶれいもの》!」と暗殺者《あんさつしゃ》をしかりつけたが、十数か所を切られて殺《ころ》された（紀尾井坂《きおいざか》の変《へん》）。

暗殺《あんさつ》はやめた!?

河上彦斎《かわかみげんさい》は、幕末期《ばくまつき》に最《もっと》も恐《おそ》れられた暗殺者《あんさつしゃ》のひとりだった。
攘夷《じょうい》に反対する者は切る!
ギャッ
1864年、佐久間象山《さくましょうざん》は馬に乗って京都《きょうと》を歩いていた。
あれが開国論者《かいこくろんしゃ》の象山《しょうざん》か…
象山《しょうざん》、覚悟《かくご》!
何者だっ!?
彦斎《げんさい》は象山《しょうざん》を切り殺《ころ》した。
しかし彦斎《げんさい》は象山《しょうざん》を切ったとき、はじめて恐怖《きょうふ》を感じたという。
髪《かみ》の毛が逆立《さかだ》つようだ。
これ以降《いこう》、彦斎《げんさい》は人を切れなくなった。

母親の強い愛情《あいじょう》が井上馨《いのうえかおる》の命をたすけた!?

1864年、暗殺者《あんさつしゃ》におそわれた長州藩士《ちょうしゅうはんし》・井上馨《いのうえかおる》（↓P314）は重傷《じゅうしょう》を負った。苦しむ馨《かおる》から「殺《ころ》してほしい」と頼《たの》まれた兄は刀を振《ふ》り上げたが、母親が馨《かおる》の体におおいかぶさり、「一緒《いっしょ》に切れ」と叫《さけ》んだので止めた。その後、馨《かおる》は奇跡的《きせきてき》に回復《かいふく》した。

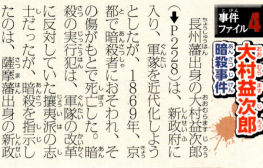

幕《ばく》末《まつ》の志《し》士《し》を支《ささ》えた女《じょ》性《せい》たち!!

命をかけて活動した幕末《ばくまつ》の志士《しし》たちを支《ささ》えた女性《じょせい》たちを紹介《しょうかい》しよう。

久《く》坂《さか》玄《げん》瑞《ずい》を支《ささ》えた妻《つま》

久坂文《くさかふみ》

(1843~1921)

吉《よし》田《だ》松陰《しょういん》の妹で、15歳《さい》のとき久坂玄瑞《くさかげんずい》と結婚《けっこん》した。玄《げん》瑞《ずい》の死後、毛利家《もうりけ》に仕え、明治《めいじ》時代に群馬《ぐんま》県令《けんれい》・楫取《かとり》素彦《もとひこ》と再婚《さいこん》した。

肖像《しょうぞう》

寺《てら》田《だ》屋《や》の女主人

お登勢《おとせ》

(1829?~1877)

伏見《ふしみ》(京都府《きょうとふ》)にあった宿「寺田屋《てらだや》」の女主人。度胸《どきょう》があり、坂本龍馬《さかもとりょうま》をはじめ、尊王攘夷《そんのうじょうい》派《は》の志士《しし》を数多くかくまった。

肖像《しょうぞう》

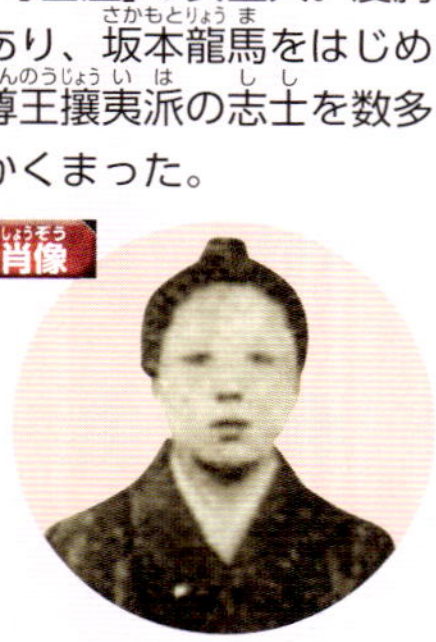

桂小五郎《かつらこごろう》をかくまった芸者《げいしゃ》

木戸松子《きどまつこ》（幾松《いくまつ》）

（1843〜1886）

京都《きょうと》で芸者《げいしゃ》をしているとき桂小五郎《かつらこごろう》の恋人《こいびと》になり、幕《ばく》府《ふ》に追われる小五郎《こごろう》を必死《ひっし》にかくまった。明治《めいじ》時代に小五郎《こごろう》と結婚《けっこん》した。

肖像《しょうぞう》

禁門《きんもん》の変《へん》の後、幾松《いくまつ》は京都《きょうと》の橋の下に隠《かく》れていた小五郎《こごろう》におにぎりを運んでいたという。

龍馬《りょうま》の命を救《すく》った女性《じょせい》

楢崎龍《ならさきりょう》

（1841〜1906）

坂本龍馬《さかもとりょうま》が寺田屋《てらだや》で幕府《ばくふ》の役人におそわれたとき、いち早く知らせて命を救《すく》った。その後、龍馬《りょうま》の妻《つま》となり、新婚《しんこん》旅行をした。

肖像《しょうぞう》

人物おもしろベスト3

マイナーだけど超《ちょう》イケメン!!

幕末《ばくまつ》・維新期《いしんき》に活躍《かつやく》した人物で、あまり有名でないけどイケメンな3人を紹介《しょうかい》しよう。

甘《あま》すぎるマスク！

No.1 桂太郎《かつらたろう》

(1847〜1913)

長州藩士《ちょうしゅうはんし》。戊辰戦争《ぼしんせんそう》に参加《さんか》し、新政府《しんせいふ》では山県有朋《やまがたありとも》をたすけて軍《ぐん》の近代化につとめた。三度、総理大臣《そうりだいじん》になり、通算の在職《ざいしょく》期間2886日(約《やく》8年)は歴代《れきだい》で最長《さいちょう》である。

にじみ出る上品さ！

No.2 有栖川宮威仁親王《ありすがわのみやたけひとしんのう》

(1862〜1913)

和宮《かずのみや》の婚約者《こんやくしゃ》だった有栖川宮熾仁《ありすがわのみやたるひと》親王《しんのう》の弟。イギリスで海軍《かいぐん》について学び、日清《にっしん》・日露戦争《にちろせんそう》に参加《さんか》した。明治天皇《めいじてんのう》から深く信頼《しんらい》された。

りりしい表情《ひょうじょう》が魅力的《みりょくてき》！

長崎大学附属図書館所蔵

No.3 五代友厚《ごだいともあつ》

(1835〜1885) ➡P320

薩摩藩士《さつまはんし》。藩《はん》の命令《めいれい》でヨーロッパに渡《わた》り、紡績機械《ぼうせききかい》や武器《ぶき》などを買い入れた。明治維新後《めいじいしんご》は、大阪《おおさか》の経済発展《けいざいはってん》に努《つと》めた。

4章

戊《ぼ》辰《しん》戦《せん》争《そう》

海舟《かいしゅう》と隆盛《たかもり》の会談《かいだん》！
大政奉還《たいせいほうかん》の後、旧幕府軍《きゅうばくふぐん》と、薩摩《さつま》・長州《ちょうしゅう》を中心とする新政府軍《しんせいふぐん》との間で戦争《せんそう》が起きた（戊辰戦争《ぼしんせんそう》）。
旧幕府軍《きゅうばくふぐん》は、鳥羽《とば》・伏見《ふしみ》の戦《たたか》いで新政府軍《しんせいふぐん》に敗《やぶ》れた。
旧幕府《きゅうばくふ》は新政府側《しんせいふがわ》と降伏《こうふく》の条件《じょうけん》を話し合うことになった。
久《ひさ》しぶりだな西郷《さいごう》さん
3年半ぶりか
はい
あんたを紹介《しょうかい》してくれたのは龍馬《りょうま》だったな…
坂本龍馬《さかもとりょうま》は勝海舟《かつかいしゅう》の弟子だった。
旧幕府《きゅうばくふ》代表 勝海舟《かつかいしゅう》
まさかあいつが死ぬなんて…
龍馬《りょうま》さんはこの戦《たたか》いに反対でした
きっとあの世で、おいのことを怒《おこ》っているでしょう…
新政府《しんせいふ》代表・薩摩藩士《さつまはんし》 西郷隆盛《さいごうたかもり》

そう思うならこれ以上《いじょう》、血を流すのはやめてくれ!
将軍《しょうぐん》の命をたすけてくれるなら江戸城《えどじょう》は明け渡《わた》す!
そう言われては…
断《ことわ》れませんな…
じゃあ条件《じょうけん》は飲むんだな?
武器《ぶき》や軍艦《ぐんかん》などをすべてこちらに渡《わた》すならいいでしょう
やっぱりあんたは簡単《かんたん》じゃないな
勝《かつ》先生こそ

1868年4月
攻撃《こうげき》が中止された江戸城《えどじょう》は、
新政府《しんせいふ》へ明け渡《わた》される
ことになった。
13代将軍《しょうぐん》・徳川家定《とくがわいえさだ》の妻《つま》
篤姫《あつひめ》（天璋院《てんしょういん》）
天璋院様《てんしょういんさま》 どうかお願《ねが》いです もうお城《しろ》を出る お支度《したく》をしなくては 間に合いません
ここは徳川《とくがわ》の城《しろ》！ わたしは徳川《とくがわ》の者として 出る気はありません
徳川家《とくがわけ》とこの城《しろ》を 守ってくれるよう 西郷《さいごう》に頼《たの》んだ はずです！
ですから お城《しろ》への攻撃《こうげき》は 中止にして くれたでは ないですかっ！
あのぉ
ひょい
もうお着物とか まとめても よろしいですか？
間に合わないんで
天璋院様《てんしょういんさま》の 用意が まだじゃ！ 待っておれ！
天璋院《てんしょういん》さま・・

確《たし》か、3日もすればここにまたもどれるのですよね？
!
まことか？
えっ…
ばっ
本当ですっ
お城《しろ》を出るのはほんの数日なのだそうですっ
ならばよかろう
参《まい》る
ズッ
ズッ
ズッ
うそでもよく言った
ありがとうごじゃいまふ
ふがふが

江戸城《えどじょう》は明《あ》け渡《わた》されたが、
東北地方《とうほくちほう》では旧幕府軍《きゅうばくふぐん》の
勢力《せいりょく》が抵抗《ていこう》を続《つづ》けていた。
会津藩《あいづはん》（現在《げんざい》の福島県《ふくしまけん》）の
会津若松城《あいづわかまつじょう》——
わあああああ
敵《てき》が城《しろ》に攻《せ》めてきたぞ！
突撃《とつげき》せよっ！
オォォォォォ
うおっ
パンッ
パンッ
銃撃隊《じゅうげきたい》だ気《き》をつけろ！
見てくださいっ
女ですっ
ガチャ
八重《やえ》さん城《しろ》の外《そと》で戦《たたか》っていた白虎隊《びゃっこたい》ですがっ…
生きてもどったの？
会津藩士《あいづはんし》の娘《むすめ》
山本八重《やまもとやえ》
（後《のち》の新島八重《にいじまやえ》）
戦《たたか》いの最中《さいちゅう》にはぐれて、行方《ゆくえ》がわからないそうです
そんな…

その頃《ころ》、敗走《はいそう》していた白虎隊《びゃっこたい》(会津藩《あいづはん》の少年部隊《ぶたい》)は、飯盛山《いいもりやま》へたどり着いた。
はぁ
はぁ
ザッ
ザッ
たいへんだ!城下町《じょうかまち》が燃《も》えているぞ!
見ろ!
ザザッ
ゴォォォォ
そんな…
…もう
おしまいだ…
会津藩《あいづはん》の敗北《はいぼく》を覚悟《かくご》した白虎隊士《びゃっこたいし》たちは、次つぎと自害《じがい》していった。

会津藩《あいづはん》（現在《げんざい》の福島県《ふくしまけん》）が敗《やぶ》れた後、旧幕府軍《きゅうばくふぐん》の榎本武揚《えのもとたけあき》は箱館《はこだて》（北海道《ほっかいどう》）の五稜郭《ごりょうかく》を占領《せんりょう》し、新政府《しんせいふ》に抵抗《ていこう》を続《つづ》けた。
榎本武揚《えのもとたけあき》
箱館《はこだて》　五稜郭《ごりょうかく》
1869年5月新政府軍《しんせいふぐん》は五稜郭《ごりょうかく》へ総攻撃《そうこうげき》をはじめた。
ドドドド
新政府軍《しんせいふぐん》を倒《たお》せー！
新選組《しんせんぐみ》の土方歳三《ひじかたとしぞう》も旧幕府軍《きゅうばくふぐん》に加《くわ》わっていた。
新選組《しんせんぐみ》
土方歳三《ひじかたとしぞう》
なんだっ
ワアアアア
土方隊長《ひじかたたいちょう》！味方が次つぎとにげていますっ
これはいかん…

スラッ
みなの者、聞けっ
新選組《しんせんぐみ》の土方《ひじかた》はここにいる！
わたしはここで最期《さいご》まで戦《たたか》う！
にげる者はわたしが切るっ！
どうかにげずにわたしとともに戦《たたか》ってくれっ！
ザワ
土方隊長《ひじかたたいちょう》っ
ザワ
土方隊長《ひじかたたいちょう》
ザワ
戦《たたか》います！土方隊長《ひじかたたいちょう》
戦《たたか》います！
土方隊長《ひじかたたいちょう》っ
…ありがとう
土方歳三《ひじかたとしぞう》はこの日、この場所で最期《さいご》を迎《むか》えた。

幕府《ばくふ》

勝海舟《かつかいしゅう》

龍《りょう》馬《ま》や隆《たか》盛《もり》に影《えい》響《きょう》を与《あた》え、江《え》戸《ど》を戦《せん》火《か》から救《すく》う

遣米使節《けんべいしせつ》とともに咸臨丸《かんりんまる》でアメリカに渡《わた》る

勝海舟《かつかいしゅう》は、旗本《はたもと》（徳川家《とくがわけ》の家臣《かしん》）の子に生まれた。家は貧《まず》しかったが、剣術《けんじゅつ》や学問に熱心《ねっしん》に取り組んだ。人から借《か》りたオランダ語の辞書《じしょ》を2冊《さつ》分すべて書き写し、1冊《さつ》を売ってお金を得《え》たという。さらに海舟《かいしゅう》は、佐久間象山《さくましょうざん》の塾《じゅく》で西洋の兵学《へいがく》（軍隊《ぐんたい》を研究する学問）も学んだ。

1853年、ペリーが開国《かいこく》を求《もと》めてきたとき、老中《ろうじゅう》・阿部正弘《あべまさひろ》は、家臣《かしん》たちに広く意見を求《もと》めた。多くの旗本《はたもと》たちが「存念《ぞんねん》（アイデア）なし」と書く中、海舟《かいしゅう》は、西洋の学問・兵学《へいがく》を取り入れた、堂《どう》どうとした意見書を出した。これで海舟《かいしゅう》は信頼《しんらい》され、出世した。

その後、海舟《かいしゅう》は長崎《ながさき》の海軍伝習所《かいぐんでんしゅうじょ》に入り、航海術《こうかいじゅつ》を学んだ。1860年、幕府《ばくふ》の使節団《しせつだん》を護衛《ごえい》する軍艦《ぐんかん》・咸臨丸《かんりんまる》の艦長《かんちょう》としてアメリカへ渡《わた》り、アメリカの進んだ文明を目の当たりにした。

ビジュアル資料《しりょう》

咸臨丸《かんりんまる》に乗った頃《ころ》の海舟《かいしゅう》

海舟《かいしゅう》は38歳《さい》のとき、咸臨丸《かんりんまる》を指揮《しき》してアメリカに渡《わた》った。

ウソ!ホント!? 子どものときに金玉を犬にかまれた!?

海舟《かいしゅう》は9歳《さい》の頃《ころ》、近所の塾《じゅく》に通っているとき、野良犬《のらいぬ》に金玉をかまれた。傷《きず》が深く、医師《いし》からは「命が危《あぶ》ない」といわれたため、父の小吉《こきち》は、毎日水浴《みずあ》びをして神様に海舟《かいしゅう》が治《なお》るように祈《いの》ったという。その約《やく》2か月後、海舟《かいしゅう》は歩けるほどにまで回復《かいふく》したそうだ。

勝海舟《かつかいしゅう》

肖像《しょうぞう》

出身地《しゅっしんち》

江戸《えど》（現在《げんざい》の東京都《とうきょうと》）

生年月日《せいねんがっぴ》

1823年1月30日

死亡年月日《しぼうねんがっぴ》

1899年1月19日

享年《きょうねん》

77歳《さい》（病死）

主義《しゅぎ》

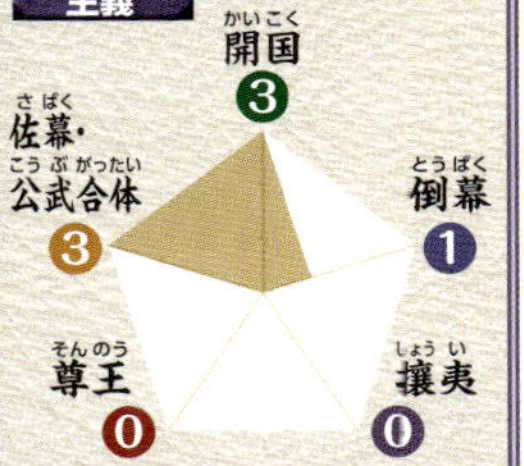

肩書《かたがき》

- 幕府《ばくふ》の役人
- 新政府《しんせいふ》の参議《さんぎ》

名言《めいげん》

世間は生きている。理屈《りくつ》は死んでいる。

江戸《えど》城《じょう》総《そう》攻撃《こうげき》の中止を西郷《さいごう》隆盛《たかもり》に訴《うった》える

アメリカから帰った海舟《かいしゅう》は軍艦《ぐんかん》奉行《ぶぎょう》に任命《にんめい》され、海軍《かいぐん》をつくる活動をはじめた。海舟《かいしゅう》に会った坂本龍馬《さかもとりょうま》は、その考え方に感動し、「弟子になりたい」と申し出た。海舟《かいしゅう》は、弟子にした龍馬《りょうま》と一緒《いっしょ》に神戸《こうべ》海軍操練所《かいぐんそうれんじょ》を建《た》てた。

また海舟《かいしゅう》は、熊本藩士《くまもとはんし》・横井小楠《よこいしょうなん》が主張《しゅちょう》する「議会政治《ぎかいせいじ》」に賛成《さんせい》し、これを目指そうとした。しかし、幕府《ばくふ》が藩《はん》と一緒《いっしょ》に会議《かいぎ》を開くことは難《むずか》しかった。しかも幕府《ばくふ》を倒《たお》そうとする動きも活発になってきた。海舟《かいしゅう》は、幕末《ばくまつ》の早い段《だん》階《かい》で、「政権《せいけん》を朝廷《ちょうてい》に返すべき」と主張《しゅちょう》していたが、ついに1867年、「大政《たいせい》奉還《ほうかん》」が実現《じつげん》し、幕府《ばくふ》はほろびた。

ところが薩摩藩《さつまはん》(現在《げんざい》の鹿児島県《かごしまけん》)・長州藩《ちょうしゅうはん》(現在《げんざい》の山口県《やまぐちけん》)を中心とする新《しん》政府《せいふ》は、徳川慶喜《とくがわよしのぶ》を参加《さんか》させず、領地《りょうち》を朝廷《ちょうてい》に返すように命令《めいれい》してきた。そのため、新政府軍《しんせいふぐん》と旧幕府軍《きゅうばくふぐん》との間で戊辰戦争《ぼしんせんそう》がはじまった。鳥羽《とば》・伏見《ふしみ》の戦《たたか》い(⬇P214)に敗《やぶ》

海舟《かいしゅう》と坂本龍馬《さかもとりょうま》の銅像《どうぞう》

海舟《かいしゅう》の家を訪《たず》ねてきた龍馬《りょうま》は、その場で弟子入りを願《ねが》い出た。海舟《かいしゅう》はすぐにそれを許《ゆる》した(熊本県《くまもとけん》)。

神戸海軍操練所跡《こうべかいぐんそうれんじょあと》

海舟《かいしゅう》は幕府《ばくふ》に海軍《かいぐん》をつくるため、神戸《こうべ》(兵庫県《ひょうごけん》)に海軍士官《かいぐんしかん》を育てる学校をつくった。

なるほどエピソード

『幕末《ばくまつ》・明治《めいじ》のご意見番』海舟《かいしゅう》の名言を大紹介《だいしょうかい》!!

海舟《かいしゅう》には、たくさんの名言が残《のこ》されている。その一部を紹介《しょうかい》しよう。

自分の価値《かち》は自分で決めることさ

人はよく方針《ほうしん》方針《ほうしん》と言うが、方針《ほうしん》を定めてどうするのだ

人には余裕《よゆう》というものがなくては、とても大事はできないよ

主義《しゅぎ》と言い、道と言って必《かなら》ずこれのみと断定《だんてい》するのは、おれは昔から好《この》まない

西郷隆盛《さいごうたかもり》を説得《せっとく》

幕府《ばくふ》がほろびた後、新政府軍《しんせいふぐん》の隆盛《たかもり》は江戸城《えどじょう》を攻撃《こうげき》しようとしたが、海舟《かいしゅう》の必死《ひっし》の説得《せっとく》で中止にした。

れて江戸《えど》にもどった慶喜《よしのぶ》は、新政府軍《しんせいふぐん》との話し合いを海舟《かいしゅう》に任《まか》せた。新政府《しんせいふ》軍《ぐん》は江戸《えど》を総攻撃《そうこうげき》するため、軍《ぐん》を進めてきた。海舟《かいしゅう》は、新政府軍《しんせいふぐん》の参謀《さんぼう》・西《さい》郷隆盛《ごうたかもり》と会い、「江戸城《えどじょう》を明け渡《わた》すので、江戸城総攻撃《えどじょうそうこうげき》を中止してほしい」と伝《つた》えた。隆盛《たかもり》は海舟《かいしゅう》の申し出を受け入れ、江戸《えど》は戦火《せんか》をまぬがれた。

海舟《かいしゅう》の実力は新政府《しんせいふ》にも認《みと》められ、重要《じゅうよう》な役職《やくしょく》を任《まか》されたが、すぐに辞《や》めた。その後は、徳川家《とくがわけ》の家臣《かしん》だった人の生活を守るために力を尽《つ》くした。

幕末《ばくまつ》のきずな

明治《めいじ》時代、海舟《かいしゅう》と篤姫《あつひめ》はデートをしていた!?

江戸城《えどじょう》を新政府《しんせいふ》に明け渡《わた》した後、海《かい》舟《しゅう》は、江戸城《えどじょう》を出た篤姫《あつひめ》に「庶民《しょみん》の暮《く》らしを見せるため」と言って、料《りょう》亭《てい》や芝居《しばい》見物など に連《つ》れて行った。篤姫《あつひめ》は海舟《かいしゅう》の家で一緒《いっしょ》に食事をすることもあった。

きたえ方がハンパない!?
海舟《かいしゅう》は少年時代、剣術《けんじゅつ》道場に住みこんで修業《しゅぎょう》していた。
えいっ
えいっ
強くなりたい!
海舟《かいしゅう》は夕方になると、近くの神社に出かけて、明け方までけいこをした。
えいっ
えいっ
強くなるんだ!
朝、道場に帰ると、またけいこをした。そして昼間は道場でけいこをした。
冬でもはだし!うすい着物一枚《まい》だけで平気!
これを4年間、毎日休まずくり返したそうだ。
おかげで体が鉄のようになったぞ!

朝廷《ちょうてい》
薩摩藩《さつまはん》と協力《きょうりょく》して徳川家《とくがわけ》の力を失《うしな》わせた公卿《くぎょう》
岩倉具視《いわくらともみ》

岩倉具視《いわくらともみ》

肖像《しょうぞう》

出身地《しゅっしんち》

京《きょう》（現在《げんざい》の京都市《きょうとし》）

生年月日《せいねんがっぴ》

1825年9月15日

死亡年月日《しぼうねんがっぴ》

1883年7月20日

享年《きょうねん》

59歳《さい》（病死）

主義《しゅぎ》

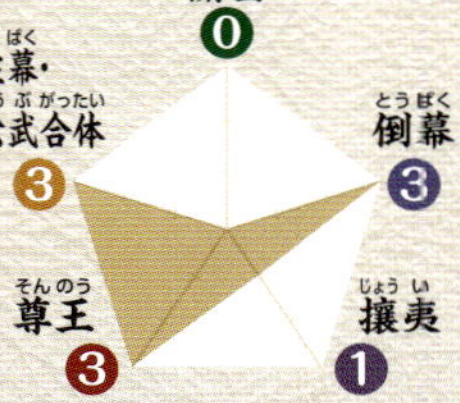

肩書《かたがき》

- 公卿《くぎょう》
- 新政府《しんせいふ》の右大臣《うだいじん》

名言《めいげん》

徳川家《とくがわけ》に恩《おん》を感じて朝廷《ちょうてい》に従《したが》わない者は大坂城《おおさかじょう》にかけつけるがよい。

※鳥羽《とば》・伏見《ふしみ》の戦《たたか》いが起きたとき、大名《だいみょう》たちに発した言葉。

幕末《ばくまつ》の朝廷《ちょうてい》をまとめ国づくりに力を尽《つ》くす

公家《くげ》出身の岩倉具視《いわくらともみ》は、古い体質《たいしつ》の朝廷《ちょうてい》を改革《かいかく》したいと考えていた。幕府《ばくふ》で公武合体派《こうぶがったいは》が力をもつと、具視《ともみ》も賛成《さんせい》し、和宮《かずのみや》と徳川家茂《とくがわいえもち》を結婚《けっこん》させた。しかし朝廷内《ちょうていない》で「具視《ともみ》は幕府《ばくふ》に協力的《きょうりょくてき》すぎる」と批判《ひはん》され、追放された。

1867年10月に大政奉還《たいせいほうかん》が実現《じつげん》すると、具視《ともみ》は朝廷《ちょうてい》から呼《よ》びもどされた。その翌月《よくげつ》、具視《ともみ》が考えた「王政《おうせい》復古《ふっこ》の大号令《だいごうれい》」が発表された。「新政府《しんせいふ》には幕府《ばくふ》や摂政《せっしょう》・関白《かんぱく》（天皇《てんのう》の代理）を置《お》かない」という内容《ないよう》で、天皇《てんのう》中心の政治《せいじ》をおこなうためのものだった。

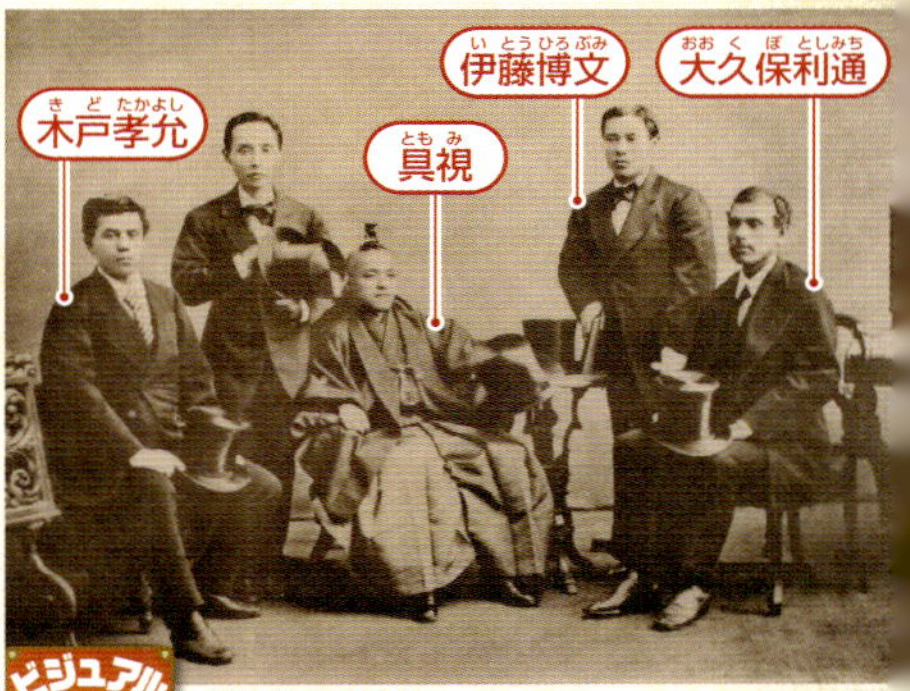

ビジュアル資料《しりょう》　**岩倉使節団《いわくらしせつだん》**

1871年、欧米《おうべい》を視察《しさつ》するため、具視《ともみ》を代表とする使節団《しせつだん》が欧米《おうべい》に派遣《はけん》された。

さらに具視《ともみ》は徳川慶喜《とくがわよしのぶ》に領地《りょうち》を返させることを決めた。これをきっかけに戊辰戦争《ぼしんせんそう》がはじまったが、「錦《にしき》の御《み》旗《はた》」をかかげた新政府軍《しんせいふぐん》が勝利《しょうり》した。

新政府《しんせいふ》の重職《じゅうしょく》についた具視《ともみ》は、「岩《いわ》倉使節団《くらしせつだん》」を率《ひき》いて海外視察《しさつ》をおこなうなど、日本の近代化に力を尽《つ》くした。

なるほどエピソード

「錦《にしき》の御旗《みはた》」は具視《ともみ》が用意させた!?

「錦《にしき》の御旗《みはた》」とは、朝廷《ちょうてい》の敵《てき》を倒《たお》す軍《ぐん》がかかげる旗《はた》で、赤地の錦《にしき》に金の太陽や銀の月が飾《かざ》られている。錦《にしき》の御《み》旗《はた》は幕府《ばくふ》がほろびる前から、具視《ともみ》がひそかにつくらせていた。鳥羽《とば》・伏《ふし》見《み》の戦《たたか》いがはじまると、錦《にしき》の御旗《みはた》を見た旧幕府軍《きゅうばくふぐん》は、「朝敵《ちょうてき》（朝廷《ちょうてい》の敵《てき》）になる」と思い、にげ出したという。

錦《にしき》の御旗《みはた》をえがいた絵。

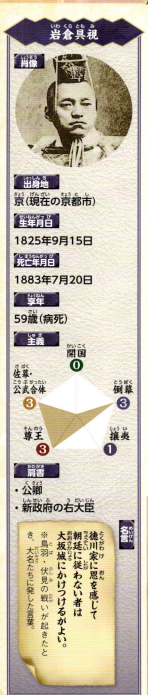

朝廷《ちょうてい》

三条実美《さんじょうさねとみ》

最高位《さいこうい》・太政大臣《だじょうだいじん》として明治新政府《めいじしんせいふ》をまとめる

三条実美《さんじょうさねとみ》

肖像《しょうぞう》

出身地《しゅっしんち》

京《きょう》(現在《げんざい》の京都市《きょうとし》)

生年月日《せいねんがっぴ》

1837年2月7日

死亡年月日《しぼうねんがっぴ》

1891年2月18日

享年《きょうねん》

55歳《さい》(病死)

主義《しゅぎ》

開国《かいこく》 0
倒幕《とうばく》 0
攘夷《じょうい》 3
尊王《そんのう》 3
佐幕《さばく》・公武合体《こうぶがったい》 0

肩書《かたがき》

- 公卿《くぎょう》
- 新政府《しんせいふ》の太政大臣《だじょうだいじん》

名言《めいげん》

行けや、海に火輪《かりん》を転じ

意味 行け!(蒸気船《じょうきせん》の)外輪《がいりん》を海に回して。

※岩倉使節団《いわくらしせつだん》が出発するときに贈《おく》った言葉。

尊王攘夷派《そんのうじょういは》の公卿《くぎょう》から新政府《しんせいふ》の最高職《さいこうしょく》になる

朝廷《ちょうてい》に仕える公卿《くぎょう》(位《くらい》の高い公家《くげ》)の三条実美《さんじょうさねとみ》は、尊王攘夷派《そんのうじょういは》だった。そのため同じ尊王攘夷派《そんのうじょういは》の長州藩《ちょうしゅうはん》(現在《げんざい》の山口県《やまぐちけん》)と関係《かんけい》が深かった。ところが1863年、薩摩藩《さつまはん》(現在《げんざい》の鹿児島《かごしま》県《けん》)などの公武合体派《こうぶがったいは》により長州藩《ちょうしゅうはん》が京都《きょうと》から追放される事件《じけん》が起こり、実《さね》美《とみ》らも朝廷《ちょうてい》を追われた(七卿《しちきょう》落ち)。

第一次長州征伐《ちょうしゅうせいばつ》が起こると、実美《さねとみ》は九州《きゅうしゅう》へ移《うつ》されたが、そこで西郷隆盛《さいごうたかもり》や高杉晋作《たかすぎしんさく》、坂本龍馬《さかもとりょうま》らと交流した。

幕府《ばくふ》がほろびた後、新政府《しんせいふ》に招《まね》かれた実美《さねとみ》は廃藩置県《はいはんちけん》の発表などをおこない、太政大臣《だじょうだいじん》(新政府《しんせいふ》の最高職《さいこうしょく》)に任《にん》命《めい》された。おだやかな性格《せいかく》の実美《さねとみ》は、新政府《しんせいふ》内部をうまくまとめていたが、征韓論争《せいかんろんそう》(⬇P280)のときは、対立する西郷隆盛《さいごうたかもり》と大久保利通《おおくぼとしみち》(⬇P268)の板ばさみとなり、ストレスのため倒《たお》れてしまった。

ビジュアル資料《しりょう》

七卿落ち《しちきょうお》

1863年、実美《さねとみ》ら7人の公卿《くぎょう》は、長州藩《ちょうしゅうはん》と一緒《いっしょ》に京都《きょうと》から追放された。

「明治天皇紀附図 廃藩置県」宮内庁所蔵

ビジュアル資料《しりょう》 **廃藩置県《はいはんちけん》**

1871年、藩《はん》を廃止《はいし》して、県と府《ふ》を置《お》くことが実美《さねとみ》から発表された。

幕末《ばくまつ》の歴史《れきし》
1868年

鳥羽《とば》・伏見《ふしみ》の戦《たたか》い

この戦《たたか》いにより戊辰戦争《ぼしんせんそう》がはじまった!

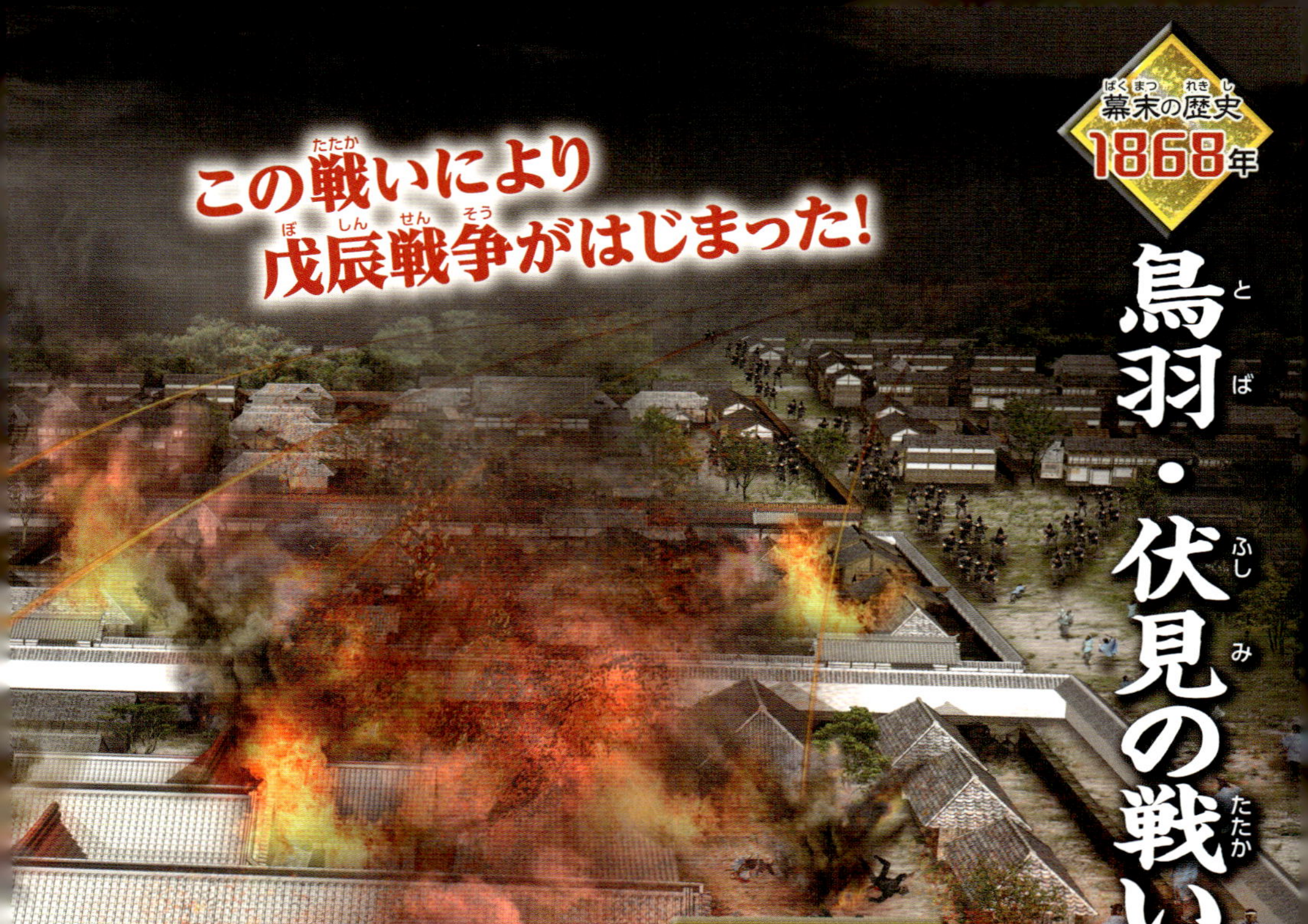

伏見奉行所《ふしみぶぎょうしょ》での激戦《げきせん》
新政府軍《しんせいふぐん》は最新式《さいしんしき》の大砲《たいほう》で、旧幕府軍《きゅうばくふぐん》が集まっていた伏見奉行所《ふしみぶぎょうしょ》を砲撃《ほうげき》した。奉行所《ぶぎょうしょ》は火事になり、旧幕府軍《きゅうばくふぐん》は敗走《はいそう》した。

合戦場所《かっせんばしょ》

勝 戦力《せんりょく》 約《やく》5000人

西郷隆盛《さいごうたかもり》

新政府軍《しんせいふぐん》

VS

旧幕府軍《きゅうばくふぐん》

徳川慶喜《とくがわよしのぶ》

負 戦力《せんりょく》 約《やく》1万5000人

新政府軍《しんせいふぐん》が最新式《さいしんしき》の銃《じゅう》や大砲《たいほう》で勝利《しょうり》する

大政奉還後《たいせいほうかんご》、徳川慶喜《とくがわよしのぶ》は大坂城《おおさかじょう》に引きこもったため、新政府《しんせいふ》は手を出せなくなった。武力《ぶりょく》で旧幕府《きゅうばくふ》勢力《せいりょく》を倒《たお》したい西郷隆盛《さいごうたかもり》は、慶喜《よしのぶ》を怒《おこ》らせて戦争《せんそう》に引きずりこもうと考え、江戸《えど》で暴動《ぼうどう》を起こさせた。この知らせを聞いた慶喜《よしのぶ》の家臣《かしん》たちは「新政府《しんせいふ》と戦《たたか》うべき」と主張《しゅちょう》し、慶喜《よしのぶ》も同意した。旧幕府軍《きゅうばくふぐん》が京都《きょうと》へ向けて進軍《しんぐん》を開始すると、新政府軍《しんせいふぐん》もこれをむかえうつために出撃《しゅつげき》し、鳥羽《とば》や伏見《ふしみ》(京都府《きょうとふ》)で戦《たたか》いがはじまった。

新政府軍《しんせいふぐん》の兵力《へいりょく》は少なかった

戊辰戦争関連地図《ぼしんせんそうかんれんちず》

新政府軍《しんせいふぐん》と旧幕府軍《きゅうばくふぐん》が争《あらそ》った鳥羽《とば》・伏見《ふしみ》の戦《たたか》いから箱館戦争《はこだてせんそう》までの一連《いちれん》の戦《たたか》いを「戊辰戦争《ぼしんせんそう》」と呼《よ》ぶ。

1867年12月
❶小御所会議《こごしょかいぎ》
徳川慶喜《とくがわよしのぶ》の官位《かんい》や領《りょう》地《ち》を取り上げることが決定した。
1868年1月
❷鳥羽《とば》・伏見《ふしみ》の戦《たたか》い
新政府軍《しんせいふぐん》と徳川慶喜軍《とくがわよしのぶぐん》が京《きょう》都《と》で戦《たたか》った。負けた慶喜《よしのぶ》は江《え》戸《ど》へにげた。
1868年3月
❸甲州勝沼《こうしゅうかつぬま》の戦《たたか》い
近藤勇《こんどういさみ》が率《ひき》いる甲陽鎮撫隊《こうようちんぶたい》は勝沼《かつぬま》で新政府軍《しんせいふぐん》をむかえうったが、敗《やぶ》れた。
1868年4月
❹江戸城《えどじょう》の明け渡《わた》し
西郷隆盛《さいごうたかもり》と勝海舟《かつかいしゅう》が話し合って、江戸城《えどじょう》を新政府《しんせいふ》軍《ぐん》に渡《わた》すことが決まった。
1868年5月
❺奥羽越列藩同盟《おううえつれっぱんどうめい》
新政府軍《しんせいふぐん》に対抗《たいこう》するため、東北《とうほく》・北陸《ほくりく》地方の藩《はん》が同盟《どうめい》を組んだ。
1868年5月
❻上野戦争《うえのせんそう》
彰義隊《しょうぎたい》が上野《うえの》に立てこもったが、新政府軍《しんせいふぐん》に敗《やぶ》れた。
1868年5~7月
❼北越戦争《ほくえつせんそう》
河井継之助《かわいつぎのすけ》が率《ひき》いる長岡藩《ながおかはん》は、中立を求めて新政府軍《しんせいふぐん》と戦《たたか》ったが、敗《やぶ》れた。
1868年8~9月
❽会津戦争《あいづせんそう》
新政府軍《しんせいふぐん》が、松平容保《まつだいらかたもり》の会津藩《あいづはん》を攻撃《こうげき》し、勝利《しょうり》する。
1869年5月
❾箱館戦争《はこだてせんそう》
旧幕府軍《きゅうばくふぐん》は、北海道《ほっかいどう》を占領《せんりょう》したが、新政府軍《しんせいふぐん》に攻撃《こうげき》されて降伏《こうふく》した。
箱館《はこだて》
青森《あおもり》
宮古《みやこ》
仙台《せんだい》
会津若松《あいづわかまつ》
長岡《ながおか》
江戸《えど》
勝沼《かつぬま》
京都《きょうと》
兵庫《ひょうご》
大坂《おおさか》
奥羽越列藩同盟《おううえつれっぱんどうめい》
徳川慶喜《とくがわよしのぶ》の進路
旧幕府軍《きゅうばくふぐん》の進路
新政府軍《しんせいふぐん》の進路

新政府軍《しんせいふぐん》の攻撃《こうげき》
京都《きょうと》南部の鳥羽《とば》で、新政府軍《しんせいふぐん》が大砲《たいほう》で攻撃《こうげき》を開始し、戦《たたか》いがはじまった。

ビジュアル資料《しりょう》

「明治天皇紀附図 伏見鳥羽戦」宮内庁所蔵

が、最新式《さいしんしき》の銃《じゅう》や大砲《たいほう》を使って戦《たたか》った。さらに朝廷《ちょうてい》の軍隊《ぐんたい》であることを示《しめ》す「錦《にしき》の御旗《みはた》」をかかげて戦《たたか》い、旧幕府軍《きゅうばくふぐん》の戦意《せんい》を失《うしな》わせた。

敗戦《はいせん》の知らせを聞いた慶喜《よしのぶ》は、松平容保《まつだいらかたもり》や松平定敬《まつだいらさだあき》など、わずかな家臣《かしん》とともに大坂城《おおさかじょう》を脱出《だっしゅつ》し、軍艦《ぐんかん》に乗って江戸《えど》へにげた。

なるほどエピソード

新選組《しんせんぐみ》は大砲《たいほう》や鉄砲《てっぽう》に敗《やぶ》れた!?

新選組《しんせんぐみ》は鳥羽《とば》・伏見《ふしみ》の戦《たたか》いに参《さん》加《か》して戦《たたか》ったが、新政府軍《しんせいふぐん》の大砲《たいほう》や銃《じゅう》による攻撃《こうげき》で多くの隊士《たいし》が戦《せん》死《し》した。土方歳三《ひじかたとしぞう》は「武器《ぶき》は大砲《たいほう》や銃《じゅう》でなければだめだ。刀や槍《やり》は役に立たない」と語ったという。

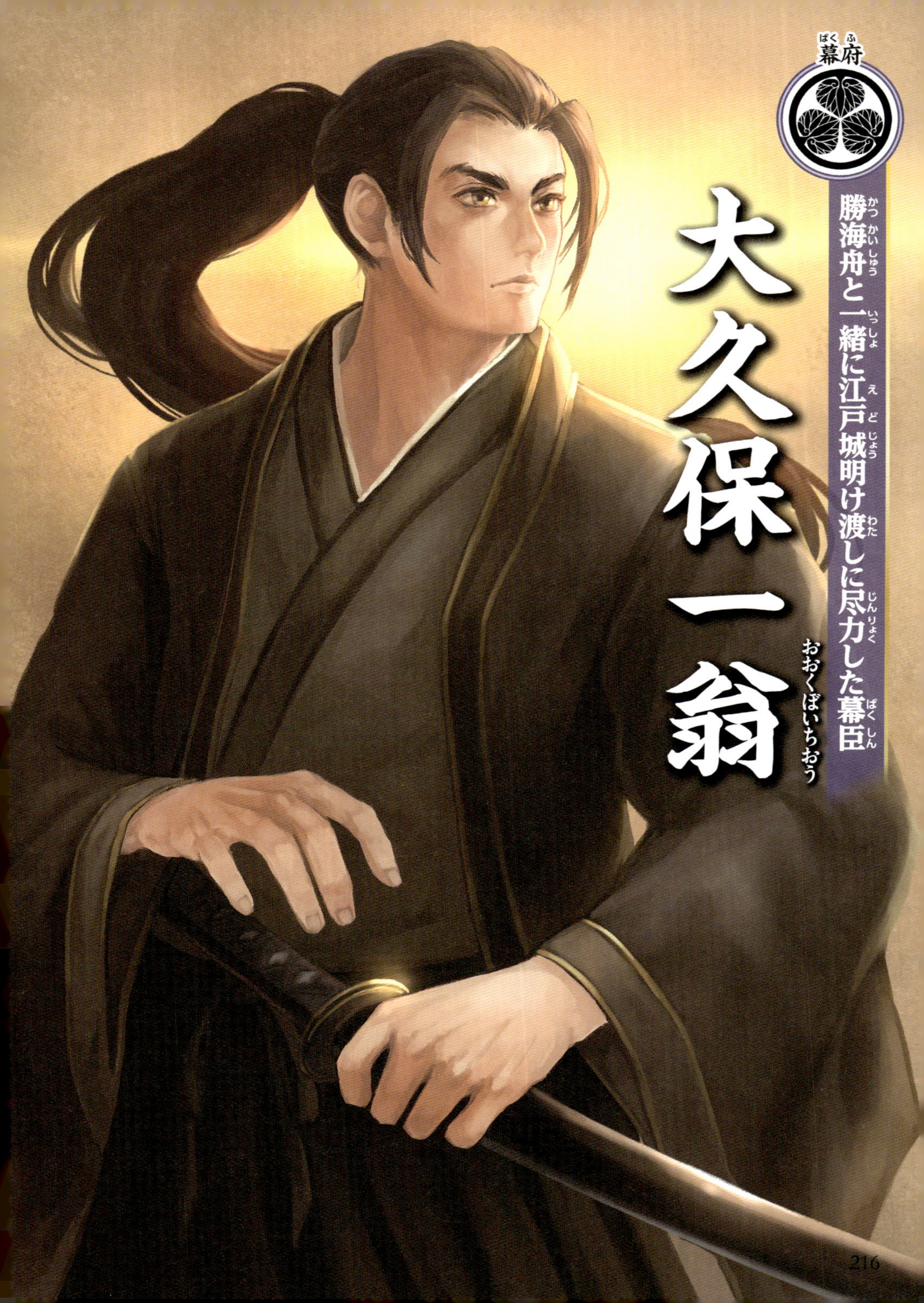

幕府《ばくふ》

大久保一翁《おおくぼいちおう》

勝《かつ》海《かい》舟《しゅう》と一緒《いっしょ》に江《え》戸《ど》城《じょう》明け渡《わた》しに尽力《じんりょく》した幕臣《ばくしん》

大久保一翁《おおくぼいちおう》

肖像《しょうぞう》

出身地《しゅっしんち》

江戸《えど》（現在《げんざい》の東京都《とうきょうと》）

生年月日《せいねんがっぴ》

1817年11月29日

死亡年月日《しぼうねんがっぴ》

1888年7月31日

享年《きょうねん》

72歳《さい》（病死）

主義《しゅぎ》

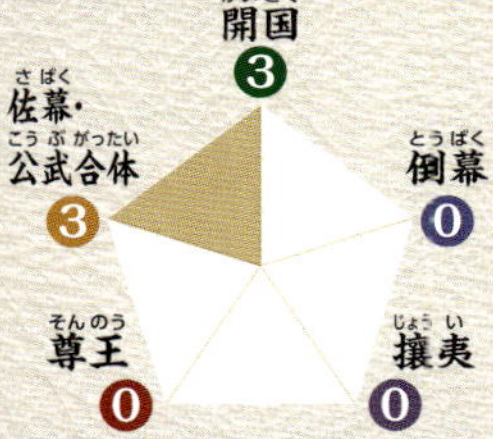

肩書《かたがき》

- 幕府《ばくふ》の役人
- 東京府知事《とうきょうふちじ》

名言《めいげん》

（幕府《ばくふ》という）古店はいさぎよく（新政府《しんせいふ》に）ゆずって、すべてを任《まか》せることが、思いやりと智恵《ちえ》のある方法《ほうほう》である。

日本の将来《しょうらい》を見すえ早くから大政奉還《たいせいほうかん》を考える

旗本《はたもと》（徳川《とくがわ》家の家臣《かしん》）の子として生まれた大久保一翁《おおくぼいちおう》は、老中《ろうじゅう》・阿部正弘《あべまさひろ》に認《みと》められ、幕府《ばくふ》の重要《じゅうよう》な仕事を任《まか》されるようになった。ペリーが来航《らいこう》したとき、勝海舟《かつかいしゅう》が出してきた意見書を、高く評価《ひょうか》したのは一翁《いちおう》だった。

一翁《いちおう》は、尊王攘夷派《そんのうじょういは》の志士《しし》たちを、むやみに捕《と》らえることを好《この》まず、長州《ちょうしゅう》征伐《せいばつ》にも反対した。それよりも、日本の将来《しょうらい》を考え、朝廷《ちょうてい》と幕府《ばくふ》とが手を結《むす》ぶ「公武合体《こうぶがったい》」や、朝廷《ちょうてい》に政権《せいけん》を返す「大政奉還《たいせいほうかん》」を主張《しゅちょう》していた。一翁《いちおう》の考えは海舟《かいしゅう》に大きな影響《えいきょう》を与《あた》えた。

戊辰戦争《ぼしんせんそう》がはじまると、一翁《いちおう》は海舟《かいしゅう》や山岡鉄舟《やまおかてっしゅう》（➡P218）らとともに、江戸《えど》での戦争《せんそう》をさけるように力を尽《つ》くし、成功《せいこう》した。徳川慶喜《とくがわよしのぶ》の後を継《つ》いだ徳川家達《とくがわいえさと》が、徳川家《とくがわけ》にゆかりのある静《しず》岡《おか》に向かうと、一翁《いちおう》もそれに従《したが》った。

その後、新政府《しんせいふ》から呼《よ》び出された一《いち》翁《おう》は東京府知事《とうきょうふちじ》などをつとめた。

徳川家達《とくがわいえさと》（1863〜1940）

徳川将軍家《とくがわしょうぐんけ》を継《つ》げる御三卿《ごさんきょう》の田《た》安家《やすけ》出身で、６歳《さい》のとき慶喜《よしのぶ》に代わって徳川本家《とくがわほんけ》を継《つ》いだ。

なるほどエピソード

大政奉還《たいせいほうかん》を龍馬《りょうま》に教えたのは一翁《いちおう》!?

幕府《ばくふ》が朝廷《ちょうてい》に政権《せいけん》を返すという「大《たい》政奉還《せいほうかん》」の案《あん》は、坂本龍馬《さかもとりょうま》が提案《ていあん》して1867年に実現《じつげん》したことで知られている。しかしその5年前、一翁《いちおう》はすでに大政奉還《たいせいほうかん》を提《てい》案《あん》していた。龍馬《りょうま》は一翁《いちおう》から大政奉還《たいせいほうかん》のアイデアを教えてもらったそうだ。

幕《ばく》府《ふ》

江《え》戸《ど》城《じょう》明け渡《わた》しの下《した》準《じゅん》備《び》をした剣《けん》の達《たつ》人《じん》

山岡鉄舟《やまおかてっしゅう》

西郷隆盛《さいごうたかもり》を感心させた忠誠心《ちゅうせいしん》にあふれる武士《ぶし》

旗本《はたもと》（徳川家《とくがわけ》の家臣《かしん》）の家に生まれた山岡鉄舟《やまおかてっしゅう》は、千葉周作《ちばしゅうさく》に剣術《けんじゅつ》を習い、剣《けん》の達人《たつじん》となった。21歳《さい》のとき、幕府《ばくふ》の剣術《けんじゅつ》学校の先生になり、将軍《しょうぐん》を警護《けいご》する集団《しゅうだん》「浪士組《ろうしぐみ》（後の新選組《しんせんぐみ》）」のリーダーのひとりにも選《えら》ばれた。

1868年、戊辰戦争《ぼしんせんそう》で江戸《えど》が攻撃《こうげき》される危険《きけん》が高まった。鉄舟《てっしゅう》は、勝海舟《かつかいしゅう》の使者として、新政府軍《しんせいふぐん》の参謀《さんぼう》・西郷隆盛《さいごうたかもり》のもとを訪《おとず》れた。隆盛《たかもり》は、江戸《えど》城《じょう》の明け渡《わた》しだけでなく、徳川慶喜《とくがわよしのぶ》を人質《ひとじち》に取ることを求《もと》めてきたが、鉄舟《てっしゅう》は主君・慶喜《よしのぶ》を思う気持ちを堂《どう》どうと訴《うった》え、これをきっぱりと断《ことわ》った。鉄舟《てっしゅう》の忠誠心《ちゅうせいしん》に感心した隆盛《たかもり》は、慶喜《よしのぶ》の身の安全を保証《ほしょう》した。鉄舟《てっしゅう》の働《はたら》きにより、海舟《かいしゅう》と隆盛《たかもり》の会談《かいだん》が実現《じつげん》し、江戸《えど》の町は戦火《せんか》をまぬがれることができた。

その後、新政府《しんせいふ》では鉄舟《てっしゅう》は隆盛《たかもり》に求《もと》められ、明治天皇《めいじてんのう》（➡P264）に仕えた。天皇《てんのう》は鉄舟《てっしゅう》を深く信頼《しんらい》した。

隆盛《たかもり》と会談する鉄舟《てっしゅう》

鉄舟《てっしゅう》は駿府《すんぷ》（現在《げんざい》の静岡県《しずおかけん》）で新《しん》政府軍《せいふぐん》の西郷隆盛《さいごうたかもり》に会い、江戸《えど》城《じょう》明け渡《わた》しについて話し合った。

ウソ! ホント!? 鉄舟《てっしゅう》の気迫《きはく》でネズミがにげた!?

鉄舟《てっしゅう》は生き物を殺《ころ》すことがきらいだったので、家の中にはたくさんのネズミが走り回っていた。しかし鉄舟《てっしゅう》が坐禅《ざぜん》を組むと、その気迫《きはく》を恐《おそ》れて、ネズミたちはいなくなり、梁《はり》を走っていたネズミをにらみつけると、ぽたっと落ちてきたそうだ。

山岡鉄舟《やまおかてっしゅう》

肖像《しょうぞう》

出身地《しゅっしんち》

江戸《えど》（現在《げんざい》の東京都《とうきょうと》）

生年月日《せいねんがっぴ》

1836年6月10日

死亡年月日《しぼうねんがっぴ》

1888年7月19日

享年《きょうねん》

53歳《さい》（病死）

主義《しゅぎ》

肩書《かたがき》

- 幕府《ばくふ》の役人
- 明治天皇《めいじてんのう》の侍従《じじゅう》

名言《めいげん》

朝敵《ちょうてき》徳川慶喜《とくがわよしのぶ》家来《けらい》、山岡鉄太郎《やまおかてったろう》まかり通る。

※新政府軍《しんせいふぐん》の陣営《じんえい》を通るとき、鉄《てっ》舟《しゅう》が叫《さけ》んだ言葉。

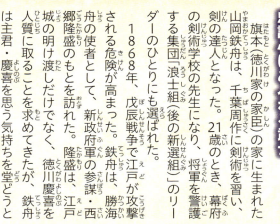

幕府《ばくふ》

新政府軍《しんせいふぐん》と最後《さいご》まで戦《たたか》おうとした幕府《ばくふ》の秀才《しゅうさい》

小栗忠順《おぐりただまさ》

小栗忠順《おぐりただまさ》

肖像《しょうぞう》

出身地《しゅっしんち》

江戸《えど》(現在《げんざい》の東京都《とうきょうと》)

生年月日《せいねんがっぴ》

1827年(誕生日《たんじょうび》は不明《ふめい》)

死亡年月日《しぼうねんがっぴ》

1868年4月6日

享年《きょうねん》

42歳《さい》(刑死《けいし》)

主義《しゅぎ》

肩書《かたがき》

・幕府《ばくふ》の役人

名言《めいげん》

国をほろぼす言葉は、「どうにかなるだろう」というひと言である。

幕府《ばくふ》の政治《せいじ》改革《かいかく》を進めて横須賀《よこすか》製鉄所《せいてつしょ》を建設《けんせつ》する

旗本《はたもと》(徳川家《とくがわけ》の家臣《かしん》)の家に生まれた小栗忠順《おぐりただまさ》は、子どもの頃《ころ》から秀才《しゅうさい》として知られた。34歳《さい》のとき、「日米修好通商条約《にちべいしゅうこうつうしょうじょうやく》」を正式に結《むす》ぶための幕府《ばくふ》の使節《しせつ》に選《えら》ばれ、アメリカへ渡《わた》った。

帰国後は、外国奉行《ぶぎょう》や勘定奉行《かんじょうぶぎょう》などの重要《じゅうよう》な役職《やくしょく》をつとめ、幕府《ばくふ》の政《せい》治改革《じかいかく》を指導《しどう》した。また、フランス公使・ロッシュ(⬇P252)の協力《きょうりょく》を得《え》て、横須賀《よこすか》(神奈川県《かながわけん》)に製鉄所《せいてつしょ》(後の横須賀造船所《よこすかぞうせんじょ》)を建《た》てた。

1868年、鳥羽《とば》・伏見《ふしみ》の戦《たたか》いに敗《やぶ》れた徳川慶喜《とくがわよしのぶ》が江戸城《えどじょう》にもどってきた。忠順《ただまさ》は「箱根《はこね》(神奈川県《かながわけん》)で新政《しんせい》府軍《ふぐん》を陸《りく》と海から攻撃《こうげき》する」という作《さく》戦《せん》を立てたが、慶喜《よしのぶ》はこの案《あん》を受け入れず、降伏《こうふく》した。後に忠順《ただまさ》の作戦内容《さくせんないよう》を知った大村益次郎《おおむらますじろう》(⬇P228)は、「もし実行されていたら、われわれは負けていた」と語ったという。

その後、領地《りょうち》の権田村《ごんだむら》(群馬県《ぐんまけん》)にもどったが、新政府軍《しんせいふぐん》に処刑《しょけい》された。

忠順《ただまさ》の銅像《どうぞう》

忠順《ただまさ》が建設《けんせつ》を進めた横須賀製鉄所《よこすかせいてつしょ》の近くに、忠順《ただまさ》の銅像《どうぞう》がある(神奈川県《かながわけん》)。

ウソ！ホント!? 将来《しょうらい》の日本のために造船所《ぞうせんじょ》をつくった!?

1865年、横須賀製鉄所《よこすかせいてつしょ》(造船所《ぞうせんじょ》)の建設《けんせつ》をはじめた忠順《ただまさ》は、「これができれば、土蔵《どぞう》(製鉄所《せいてつしょ》)つきの売家(幕府《ばくふ》)という栄《えい》誉《よ》が残《のこ》せる」と語ったという。忠順《ただまさ》は幕《ばく》府《ふ》がほろびても、製鉄所《せいてつしょ》が残《のこ》れば日本の将来《しょうらい》に役立つと考えていたようだ。

明治《めいじ》時代中期の横須賀製鉄所《よこすかせいてつしょ》。

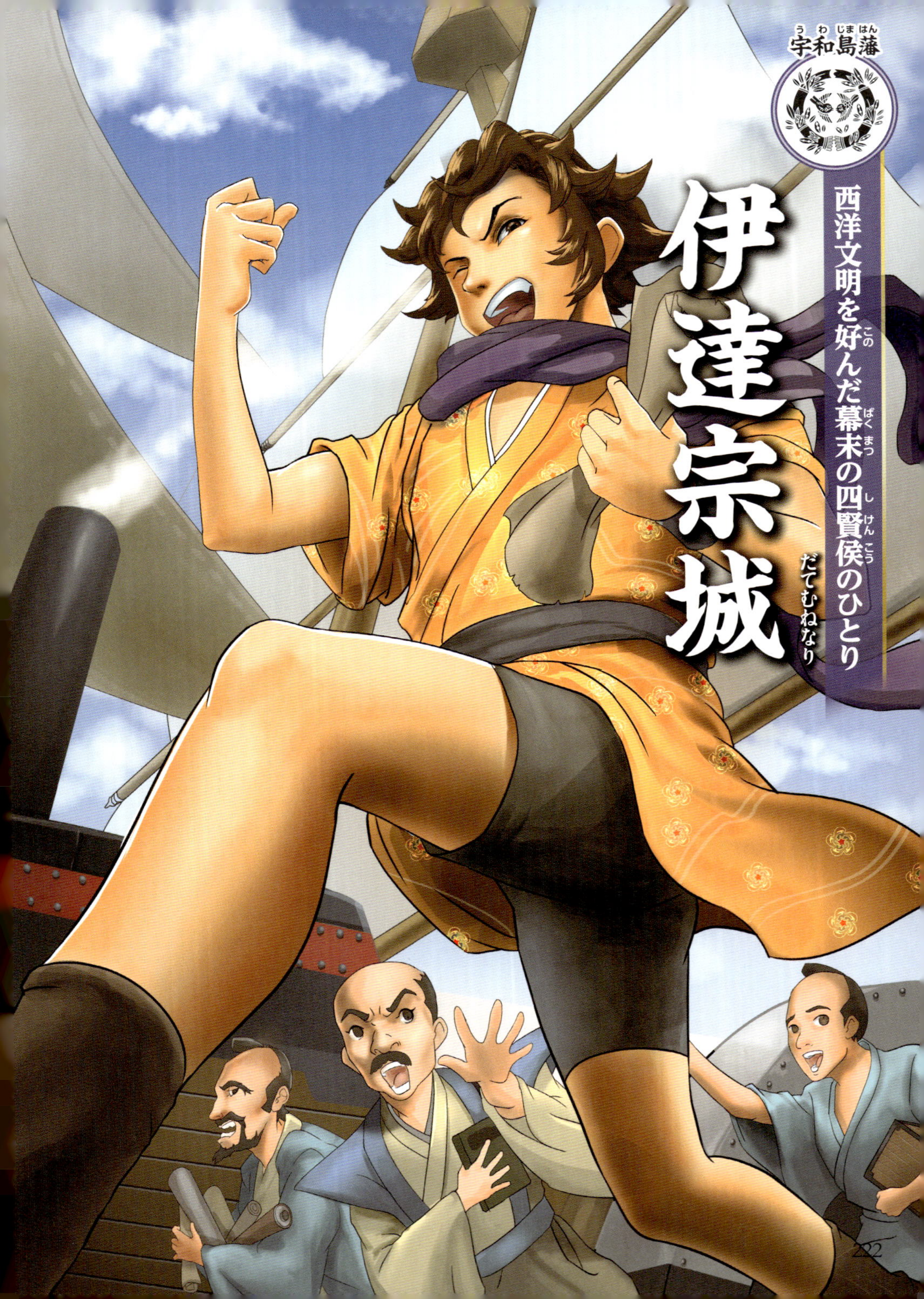
宇和島藩《うわじまはん》
伊達宗城《だてむねなり》
西洋文明を好《この》んだ幕末《ばくまつ》の四賢侯《しけんこう》のひとり

宇和島藩《うわじまはん》の軍事力《ぐんじりょく》強化と公武合体《こうぶがったい》を目指した藩主《はんしゅ》

宇和島藩《うわじまはん》(現在《げんざい》の愛媛県《えひめけん》)の藩主《はんしゅ》・伊《だ》達《て》宗城《むねなり》は、「幕末《ばくまつ》四賢侯《しけんこう》(幕末《ばくまつ》の4人の賢《かしこ》い藩主《はんしゅ》)」のひとりに数えられ、幕府《ばくふ》の政治《せいじ》にも積極的《せっきょくてき》に関《かか》わった。

西洋の学問が必要《ひつよう》と感じた宗城《むねなり》は、学者・高野長英《たかのちょうえい》を招《まね》いて、藩士《はんし》の教育に力を注いだ。また長州藩《ちょうしゅうはん》(現在《げんざい》の山《やま》口県《ぐちけん》)から大村益次郎《おおむらますじろう》(➡P228)を招《まね》いて軍隊《ぐんたい》を近代化させ、さらに蒸気《じょうき》船《せん》も製造《せいぞう》させた。

宗城《むねなり》は、薩摩藩《さつまはん》(現在《げんざい》の鹿児島県《かごしまけん》)の島津久光《しまづひさみつ》と親しかった。宗城《むねなり》と久光《ひさみつ》は、「幕府《ばくふ》と朝廷《ちょうてい》と有力藩《ゆうりょくはん》が手を結《むす》んで危機《きき》を乗り越《こ》えるべき」と考えていたが、幕府《ばくふ》を倒《たお》そうとする勢力《せいりょく》を止めることはできなかった。

1868年、「王政復古《おうせいふっこ》の大号令《だいごうれい》」が発表され、新政府《しんせいふ》が成立《せいりつ》すると、宗城《むねなり》は新政府《しんせいふ》の重要《じゅうよう》な役職《やくしょく》に任命《にんめい》された。しかし旧幕府側《きゅうばくふがわ》の勢力《せいりょく》と戦《たたか》う気になれず、新政府軍《しんせいふぐん》には参加《さんか》しなかった。

発見《はっけん》!

宇和島城《うわじまじょう》

明治《めいじ》時代、宗城《むねなり》は宇和島城《うわじまじょう》の保《ほ》護《ご》に力を尽《つ》くした(愛媛県《えひめけん》)。

伊達宗城《だてむねなり》

肖像《しょうぞう》

出身地《しゅっしんち》

江戸《えど》(現在《げんざい》の東京都《とうきょうと》)

生年月日《せいねんがっぴ》

1818年8月1日

死亡年月日《しぼうねんがっぴ》

1892年12月20日

享年《きょうねん》

75歳《さい》(病死)

主義《しゅぎ》

開国《かいこく》 3
倒幕《とうばく》 0
攘夷《じょうい》 0
尊王《そんのう》 0
佐幕《さばく》・公武合体《こうぶがったい》 3

肩書《かたがき》

- 宇和島藩主《うわじまはんしゅ》
- 新政府《しんせいふ》の民部卿《みんぶきょう》、大蔵卿《おおくらきょう》

名言《めいげん》

明日は腹痛《ふくつう》になるので参内《さんだい》できません。

※徳川慶喜《とくがわよしのぶ》の強引な主張《しゅちょう》で会議《かいぎ》が進まなかったときの言葉。

ウソ!ホント!? 何も知らない職人《しょくにん》に蒸気船《じょうきせん》をつくらせた!?

黒船《くろふね》を見た宗城《むねなり》は、宇和島藩《うわじまはん》で蒸《じょう》気船《きせん》をつくることを目指し、大村益次《おおむらますじ》郎《ろう》を招《まね》いて船の設計《せっけい》を命じた。また、手が器用《きよう》で知られた提灯職人《ちょうちんしょくにん》・嘉蔵《かぞう》に蒸気機関《じょうききかん》の製造《せいぞう》を命じた。益次郎《ますじろう》と嘉蔵《かぞう》は苦労《くろう》の末《すえ》、日本人の手ではじめて蒸気船《じょうきせん》をつくりあげた。

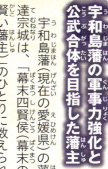

肥前藩《ひぜんはん》

鍋島直正《なべしまなおまさ》

大砲《たいほう》などの近代兵器《へいき》を製造《せいぞう》した肥前藩主《ひぜんはんしゅ》

強大な軍事力《ぐんじりょく》をもちながらどっちつかずの態度《たいど》を貫《つらぬ》く

1808年、イギリスの軍艦《ぐんかん》が長崎《ながさき》湾《わん》に侵入《しんにゅう》する事件《じけん》が起こった。長崎《ながさき》の警備《けいび》を担当《たんとう》していた肥前藩《ひぜんはん》は、幕府《ばくふ》からさらに警備《けいび》をきびしくするように命じられ、その負担《ふたん》で財政《ざいせい》が苦しくなっていた。そんな中、17歳《さい》で肥前藩《ひぜんはん》(現《げん》在《ざい》の佐賀県《さがけん》)の藩主《はんしゅ》になった鍋島直正《なべしまなおまさ》は、藩政改革《はんせいかいかく》に乗り出した。

直正《なおまさ》は西洋技術《ぎじゅつ》を取り入れ、反射炉《はんしゃろ》(金属《きんぞく》を溶《と》かす炉《ろ》)を建設《けんせつ》し、大砲《たいほう》を製《せい》造《ぞう》した。また、磁器《じき》や茶、石炭などの特産品《とくさんひん》を多く生産《せいさん》し、財政《ざいせい》を立て直し、肥前藩《ひぜんはん》を有力藩《ゆうりょくはん》に育て上げた。

ペリーが来航《らいこう》したとき、軍事力《ぐんじりょく》でおどすやり方に反発し、攘夷《じょうい》を強く主張《しゅちょう》した。その後は幕府《ばくふ》にも、朝廷《ちょうてい》にも、幕府《ばくふ》を倒《たお》そうとする勢力《せいりょく》にも味方せず、「肥前《ひぜん》の妖怪《ようかい》」と気味悪がられたが、戊辰戦争《ぼしんせんそう》がはじまると、新政府軍《しんせいふぐん》に加《くわ》わった。直正《なおまさ》は新政府《しんせいふ》にも参加《さんか》し、重要《じゅうよう》な役職《やくしょく》を次つぎと任《まか》された。

発見《はっけん》!

築地反射炉《ついじはんしゃろ》

直正《なおまさ》がつくった日本最初《さいしょ》の反射炉《はんしゃろ》(金属《きんぞく》を溶《と》かす装《そう》置《ち》)。跡地《あとち》には反《はん》射炉《しゃろ》の模型《もけい》が建《た》てられている(佐賀《さが》県《けん》)。

なるほどエピソード

直正《なおまさ》は自分の子でワクチンを試《ため》した!?

藩内《はんない》で天然痘《てんねんとう》が流行したとき、直《なお》正《まさ》はオランダからワクチンを取り寄《よ》せ、自分の子に種痘《しゅとう》(予防接種《よぼうせっしゅ》)をした。これに成功《せいこう》したので、直正《なおまさ》は種《しゅ》痘《とう》を藩内《はんない》に広めた。これにより、種《しゅ》痘《とう》は全国に広まった。

鍋島直正《なべしまなおまさ》

肖像《しょうぞう》

出身地《しゅっしんち》

江戸《えど》(現在《げんざい》の東京都《とうきょうと》)

生年月日《せいねんがっぴ》

1814年12月7日

死亡年月日《しぼうねんがっぴ》

1871年1月18日

享年《きょうねん》

58歳《さい》(病死)

主義《しゅぎ》

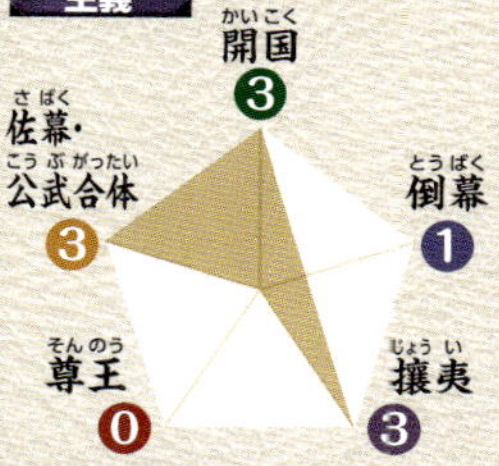

肩書《かたがき》

- 肥前藩主《ひぜんはんしゅ》
- 新政府《しんせいふ》の議定《ぎじょう》

名言《めいげん》

最近《さいきん》は機械《きかい》の性能《せいのう》を争《あらそ》うのが時代の流れで、機械戦争《きかいせんそう》の時代となってしまった。

有力藩《ゆうりょくはん》クローズアップ

5

肥《ひ》前《ぜん》藩《はん》ってどんな藩《はん》？

肥前藩《ひぜんはん》の基本情報《きほんじょうほう》

藩庁《はんちょう》 佐賀城《さがじょう》

初代藩主《しょだいはんしゅ》の父・鍋島直茂《なべしまなおしげ》が1611年に完成《かんせい》させた城《しろ》。天守《てんしゅ》は焼《しょう》失《しつ》した。写真は鯱《しゃち》の門。

石高《こくだか》 35万7000石《ごく》

幕末期《ばくまつき》の石高《こくだか》ランキング 第10位《い》

大名家《だいみょうけ》

鍋島家《なべしまけ》

外様大名《とざまだいみょう》

幕末《ばくまつ》の肥前藩《ひぜんはん》 人物相関図《じんぶつそうかんず》

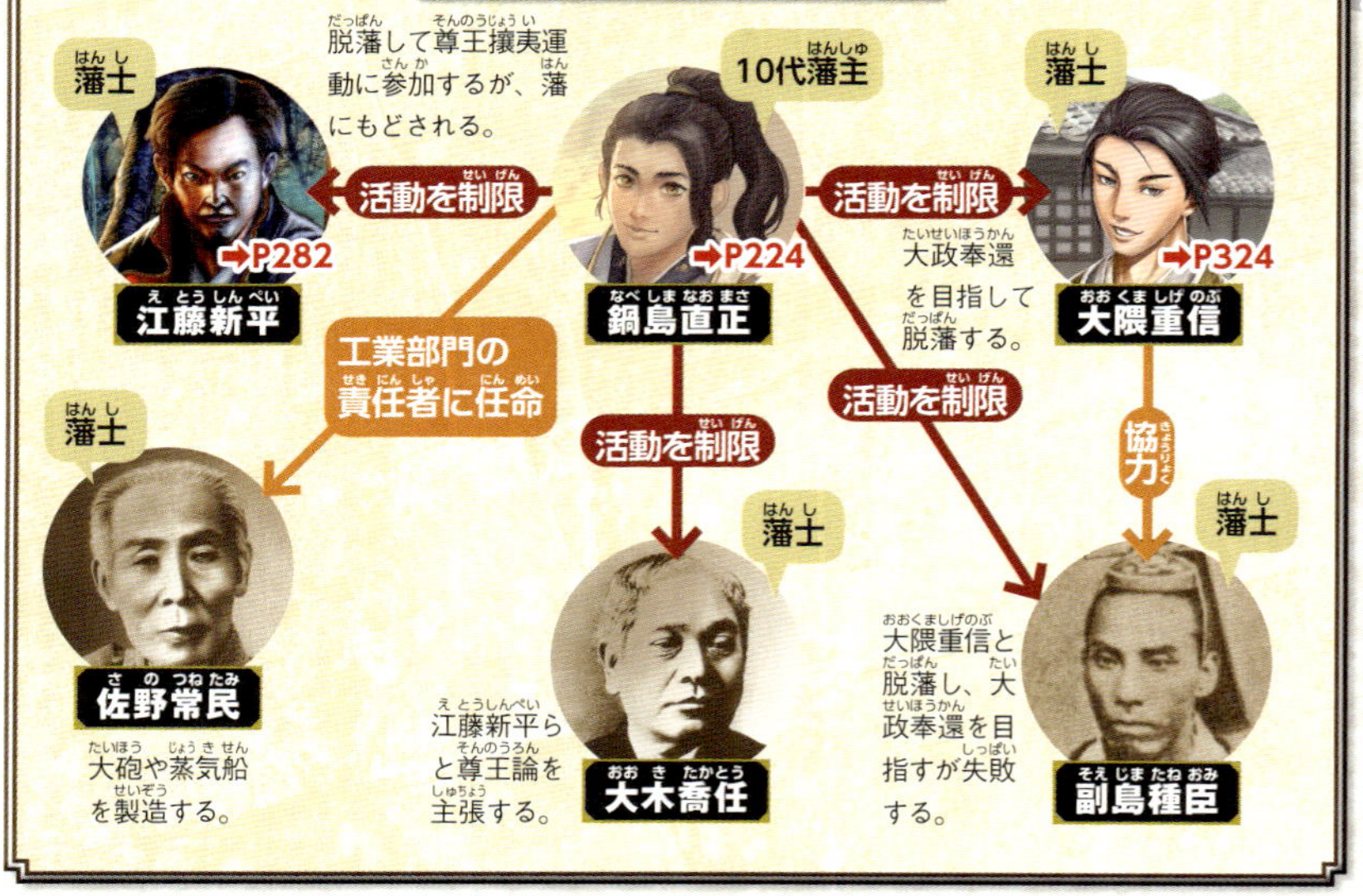

10代藩主《はんしゅ》
鍋島直正《なべしまなおまさ》
➡P224
藩士《はんし》
江藤新平《えとうしんぺい》
➡P282
脱藩《だっぱん》して尊王攘夷《そんのうじょうい》運動に参加《さんか》するが、藩《はん》にもどされる。
藩士《はんし》
大隈重信《おおくましげのぶ》
➡P324
大政奉還《たいせいほうかん》を目指して脱藩《だっぱん》する。
活動を制限《せいげん》
活動を制限《せいげん》
工業部門の責任者《せきにんしゃ》に任命《にんめい》
活動を制限《せいげん》
活動を制限《せいげん》
協力《きょうりょく》
藩士《はんし》
佐野常民《さのつねたみ》
大砲《たいほう》や蒸気船《じょうきせん》を製造《せいぞう》する。
藩士《はんし》
大木喬任《おおきたかとう》
江藤新平《えとうしんぺい》らと尊王論《そんのうろん》を主張《しゅちょう》する。
藩士《はんし》
副島種臣《そえじまたねおみ》
大隈重信《おおくましげのぶ》と脱藩《だっぱん》し、大《たい》政奉還《せいほうかん》を目指すが失敗《しっぱい》する。

工業は近代化したが藩士《はんし》には保守的《ほしゅてき》だった

長崎港《ながさきこう》は江戸《えど》時代、海外と貿易《ぼうえき》できる唯一《ゆいいつ》の港だった。長崎港《ながさきこう》に近かった肥前藩《ひぜんはん》（現在《げんざい》の佐賀県《さがけん》）は、幕府《ばくふ》から警備《けいび》を任《まか》され、重い負担《ふたん》になっていた。10代藩主《はんしゅ》・鍋《なべ》島直正《しまなおまさ》は財政《ざいせい》を立て直すと、軍事《ぐんじ》力《りょく》を強化するため、西洋技術《ぎじゅつ》を積極的《せっきょくてき》に取り入れた。直正《なおまさ》が設立《せつりつ》した科学技術《ぎじゅつ》所「精錬方《せいれんがた》」では、鉄《てつ》鋼《こう》や大砲《たいほう》、蒸気機関《じょうききかん》や電信機器《でんしんきき》までつくった。1853年にペリーが来航《らいこう》したとき、日本で最《もっと》も近代化していた藩《はん》は肥前藩《ひぜんはん》だった。

一方、藩士《はんし》に対しては、『葉隠《はがくれ》』

肥前藩《ひぜんはん》の位置《いち》

佐賀県《さがけん》

肥前藩《ひぜんはん》の特徴《とくちょう》

①藩外《はんがい》での活動は禁止《きんし》！

藩士《はんし》が尊王攘夷《そんのうじょうい》運動に参加《さんか》すれば藩《はん》の力が弱まると考えた直正《なおまさ》は、藩士《はんし》が他藩《たはん》で活動することを禁止《きんし》した。

②武士道《ぶしどう》を教えこむ！

肥前藩士《ひぜんはんし》は、「武士道《ぶしどう》とは死ぬ事と見つけたり」と書かれた『葉《は》隠《がくれ》』という本を読まされ、極端《きょくたん》な武士道精神《ぶしどうせいしん》を教えこまれた。

肥前藩《ひぜんはん》の反射炉《はんしゃろ》

直正《なおまさ》が佐賀城《さがじょう》下に築《きず》いた日本最初《さいしょ》の反《はん》射炉《しゃろ》をえがいた絵。ここでつくられた鉄製《てっせい》の大砲《たいほう》は、他藩《たはん》にも売られた。

③工業化《こうぎょうか》を進める！

直正《なおまさ》は軍備《ぐんび》の近代化を目指し、いち早く反射炉《はんしゃろ》を築《きず》き、日本ではじめて鉄《てつ》製《せい》の大砲《たいほう》をつくった。

反射炉《はんしゃろ》と大砲《たいほう》(復元《ふくげん》)

肥前藩《ひぜんはん》でつくった反射炉《はんしゃろ》と大砲《たいほう》の復元模型《ふくげんもけい》(佐賀県《さがけん》)。

幕末《ばくまつ》・明治初期《めいじしょき》の肥前藩《ひぜんはん》の動き

幕末期《ばくまつき》

軍事力《ぐんじりょく》を高める一方、藩《はん》士《し》が藩外《はんがい》で尊王攘夷《そんのうじょうい》運動をすることを禁止《きんし》する

↓

明治初期《めいじしょき》

新政府《しんせいふ》に味方することに決め、強力な軍事力《ぐんじりょく》で旧《きゅう》幕府軍《ばくふぐん》と戦《たたか》う

を読ませて極端《きょくたん》な武士道《ぶしどう》精神《せいしん》を教えこんだり、藩外《はんがい》での活動を制限《せいげん》したりするなど、古い習慣《しゅうかん》や制度《せいど》を強制《きょうせい》した。さらに直正《なおまさ》は幕末《ばくまつ》の最後《さいご》の段階《だんかい》まで、どの勢力《せいりょく》にも味方しなかった。戊辰戦争《ぼしんせんそう》のとき、ようやく新政府《しんせいふ》に味方し、強力な軍事力《ぐんじりょく》で勝利《しょうり》に貢献《こうけん》した。この結果《けっか》、大隈重信《おおくましげのぶ》や江藤新平《えとうしんぺい》など、幕末《ばくまつ》に活躍《かつやく》できなかった人物も新《しん》政府《せいふ》に参加《さんか》することができた。

長州藩《ちょうしゅうはん》

大村益次郎《おおむらますじろう》

幕《ばく》末《まつ》最《さい》後《ご》の段《だん》階《かい》に現《あらわ》れた天才戦《せん》術《じゅつ》家《か》

長州藩《ちょうしゅうはん》の軍隊《ぐんたい》を強化し、戊辰戦争《ぼしんせんそう》を勝利《しょうり》に導《みちび》く

大村益次郎《おおむらますじろう》は、長州藩《ちょうしゅうはん》(現在《げんざい》の山口《やまぐち》県《けん》)の医師《いし》の家に生まれ、23歳《さい》のとき、緒方洪庵《おがたこうあん》の適塾《てきじゅく》で医学や蘭学《らんがく》(オランダ語による西洋の学問)を学んだ。その後、宇和島藩《うわじまはん》(現在《げんざい》の愛媛県《えひめけん》)に招《まね》かれて、軍隊《ぐんたい》の近代化や軍艦《ぐんかん》の製造《せいぞう》を指導《しどう》した。その後、江戸《えど》で幕府《ばくふ》の洋学研究所の教師《きょうし》をしているとき、桂小五郎《かつらこごろう》と知り合い、才能《さいのう》を認《みと》められた。

長州藩《ちょうしゅうはん》にもどった益次郎《ますじろう》は藩校《はんこう》「明《めい》倫館《りんかん》」の教師《きょうし》になって西洋の兵学《へいがく》(軍《ぐん》隊《たい》を研究する学問)を教え、藩《はん》の軍隊《ぐんたい》に近代的《きんだいてき》な訓練《くんれん》をおこなった。

益次郎《ますじろう》の育てた強力な軍隊《ぐんたい》は、第二次長州征伐《ちょうしゅうせいばつ》で幕府軍《ばくふぐん》を打ち破《やぶ》った。戊《ぼ》辰戦争《しんせんそう》がはじまると新政府軍《しんせいふぐん》の作戦担《さくせんたん》当《とう》となり、わずか1日で上野戦争《うえのせんそう》(⬇P230)に勝利《しょうり》するなど、勝利《しょうり》に貢《こう》献《けん》した。新政府《しんせいふ》では軍隊《ぐんたい》の近代化を目指したが、反対派《はんたいは》に暗殺《あんさつ》された。

益次郎《ますじろう》の墓《はか》
益次郎《ますじろう》は徴兵制度《ちょうへいせいど》を進めていたが、反対派《はんたいは》によって殺《ころ》された(山口県《やまぐちけん》)。

ウソ!ホント!?
益次郎《ますじろう》は豆腐《とうふ》がたまらなく好《す》きだった!?

益次郎《ますじろう》は豆腐《とうふ》が大好《だいす》きで、「豆腐《とうふ》ほど健康《けんこう》によい食べ物はない」といつも言っていた。知人を家に招《まね》いても豆腐《とうふ》料理《りょうり》しか出さないので、それをいやがる客もいた。すると益次郎《ますじろう》は、「豆腐《とうふ》をばかにする者は、国をほろぼす」と怒《おこ》ったそうだ。

大村益次郎《おおむらますじろう》

肖像《しょうぞう》

出身地《しゅっしんち》
周防《すおう》(現在《げんざい》の山口県《やまぐちけん》)

生年月日《せいねんがっぴ》
1824年3月10日

死亡年月日《しぼうねんがっぴ》
1869年11月5日

享年《きょうねん》
46歳《さい》(暗殺《あんさつ》)

主義《しゅぎ》

肩書《かたがき》
- 長州藩士《ちょうしゅうはんし》
- 新政府《しんせいふ》の兵部大輔《ひょうぶたいふ》

名言《めいげん》
戦争《せんそう》に出ても、決して無闇《むやみ》に鉄砲玉《てっぽうだま》が当たるものではない。

幕末《ばくまつ》の歴史《れきし》
1868年

上《うえ》野《の》戦《せん》争《そう》

彰《しょう》義《ぎ》隊《たい》はわずか1日で新《しん》政《せい》府《ふ》軍《ぐん》に敗《やぶ》れる！

勝　戦力《せんりょく》　約《やく》2000人

大村益次郎《おおむらますじろう》

西郷隆盛《さいごうたかもり》

新政府軍《しんせいふぐん》

VS

彰義隊《しょうぎたい》

負　戦力《せんりょく》　約《やく》1000人

大村《おおむら》益《ます》次《じ》郎《ろう》の作《さく》戦《せん》が見事に的《てき》中《ちゅう》する

1868年3月14日、新政府軍《しんせいふぐん》参謀《さんぼう》・西郷隆盛《さいごうたかもり》と、旧幕府《きゅうばくふ》の代表・勝海舟《かつかいしゅう》が話し合いをして、戦《たたか》うことなく、江戸城《えどじょう》が明け渡《わた》されることになった。しかし、前《ぜん》将軍《しょうぐん》・徳川慶喜《とくがわよしのぶ》を守る目的《もくてき》で旧幕《きゅうばく》府《ふ》の家臣《かしん》・天野八郎《あまのはちろう》らが結成《けっせい》した「彰義隊《しょうぎたい》」は、江戸城《えどじょう》の明け渡《わた》しに反対し、上野《うえの》の寛永寺《かんえいじ》（東京都《とうきょうと》）に集まり、立てこもった。

5月15日の朝、新政府軍《しんせいふぐん》の作戦《さくせん》を担当《たんとう》する大村益次郎《おおむらますじろう》は、薩摩藩《さつまはん》（現在《げんざい》の鹿児島県《かごしまけん》）に黒門《くろもん》の攻撃《こうげき》を命じ、肥前藩《ひぜんはん》に不忍池《しのばずのいけ》の対岸か

寛永寺《かんえいじ》を攻撃《こうげき》する新政府軍《しんせいふぐん》

新政府軍《しんせいふぐん》は上野《うえの》の寛永寺《かんえいじ》に立てこもる彰義隊《しょうぎたい》に向かって、アームストロング砲《ほう》で攻撃《こうげき》した。

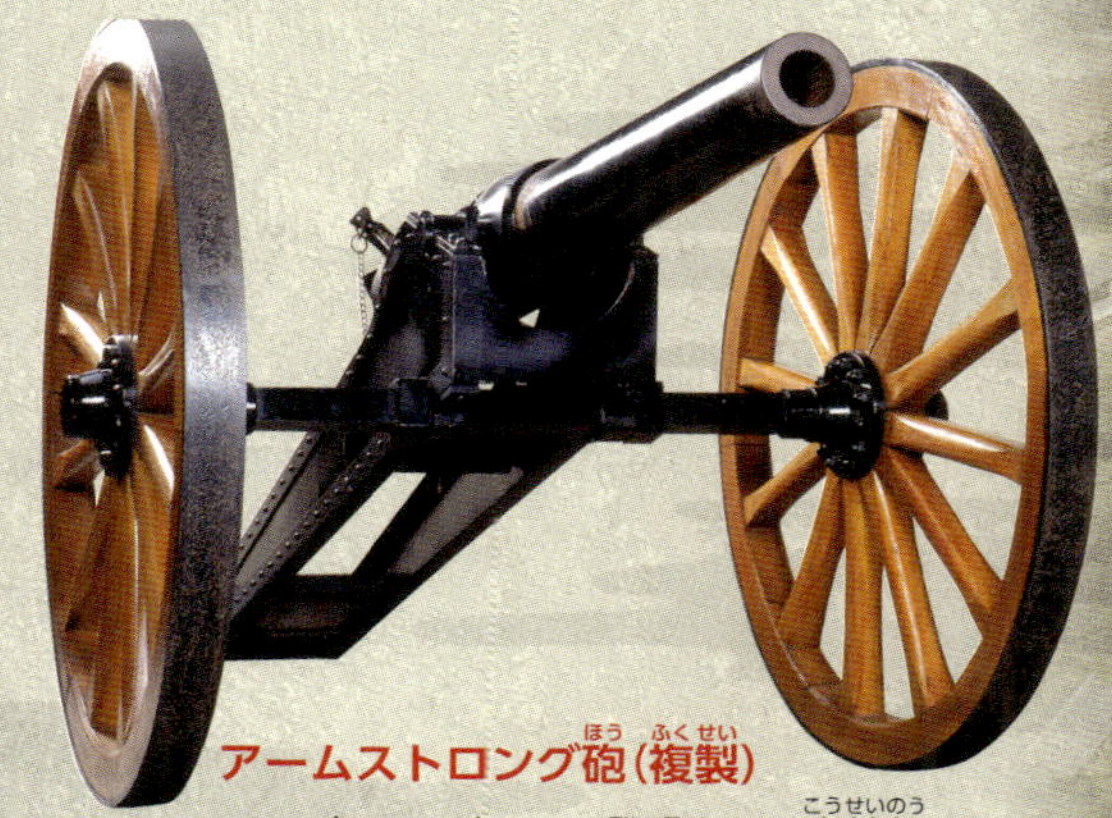

アームストロング砲《ほう》(複製《ふくせい》)

ビジュアル資料《しりょう》

1855年にイギリスで発明された高性能《こうせいのう》の大砲《たいほう》で、肥前藩《ひぜんはん》などが輸入《ゆにゅう》し、上野戦争《うえのせんそう》で使用された。弾《たま》は4km先に命中した。

ビジュアル資料《しりょう》

黒門付近《くろもんふきん》での激戦《げきせん》

黒門付近《くろもんふきん》は、上野戦争《うえのせんそう》で最《もっと》も激《はげ》しい戦《たたか》いとなったが、薩摩藩兵《さつまはんぺい》が突破《とっぱ》すると、彰義隊《しょうざたい》は総崩《そうくず》れとなった。

らアームストロング砲《ほう》で砲撃《ほうげき》させた。午前中は接戦《せっせん》だったが、午後になり黒門《くろもん》が突破《とっぱ》されると、彰義《しょうぎ》隊《たい》は散《ち》り散《ぢ》りになってにげ出し、わずか1日で新政府軍《しんせいふぐん》が勝利《しょうり》した。これにより、新政府軍《しんせいふぐん》は江戸《えど》を完全《かんぜん》に支配《しはい》下に置《お》いた。

ウソ!ホント!?

薩摩藩兵《さつまはんぺい》を皆殺《みなごろ》しにするつもりだった!?

上野戦争《うえのせんそう》で、新政府軍《しんせいふぐん》の作戦《さくせん》を立てた大村益次郎《おおむらますじろう》は、激《はげ》しい戦《たたか》いになると予想されていた黒門付近《くろもんふきん》を薩《さつ》摩《ま》藩兵《はんぺい》に担当《たんとう》させた。西郷隆盛《さいごうたかもり》から「薩摩《さつま》の兵《へい》を皆殺《みなごろ》しにするつもりか」と聞かれた益次郎《ますじろう》は、「そのとおりです」と答えたという。

土《と》佐《さ》藩《はん》

戊《ぼ》辰《しん》戦《せん》争《そう》で土《と》佐《さ》藩《はん》兵《ぺい》を率《ひき》いて活《かつ》躍《やく》する

板垣退助《いたがきたいすけ》

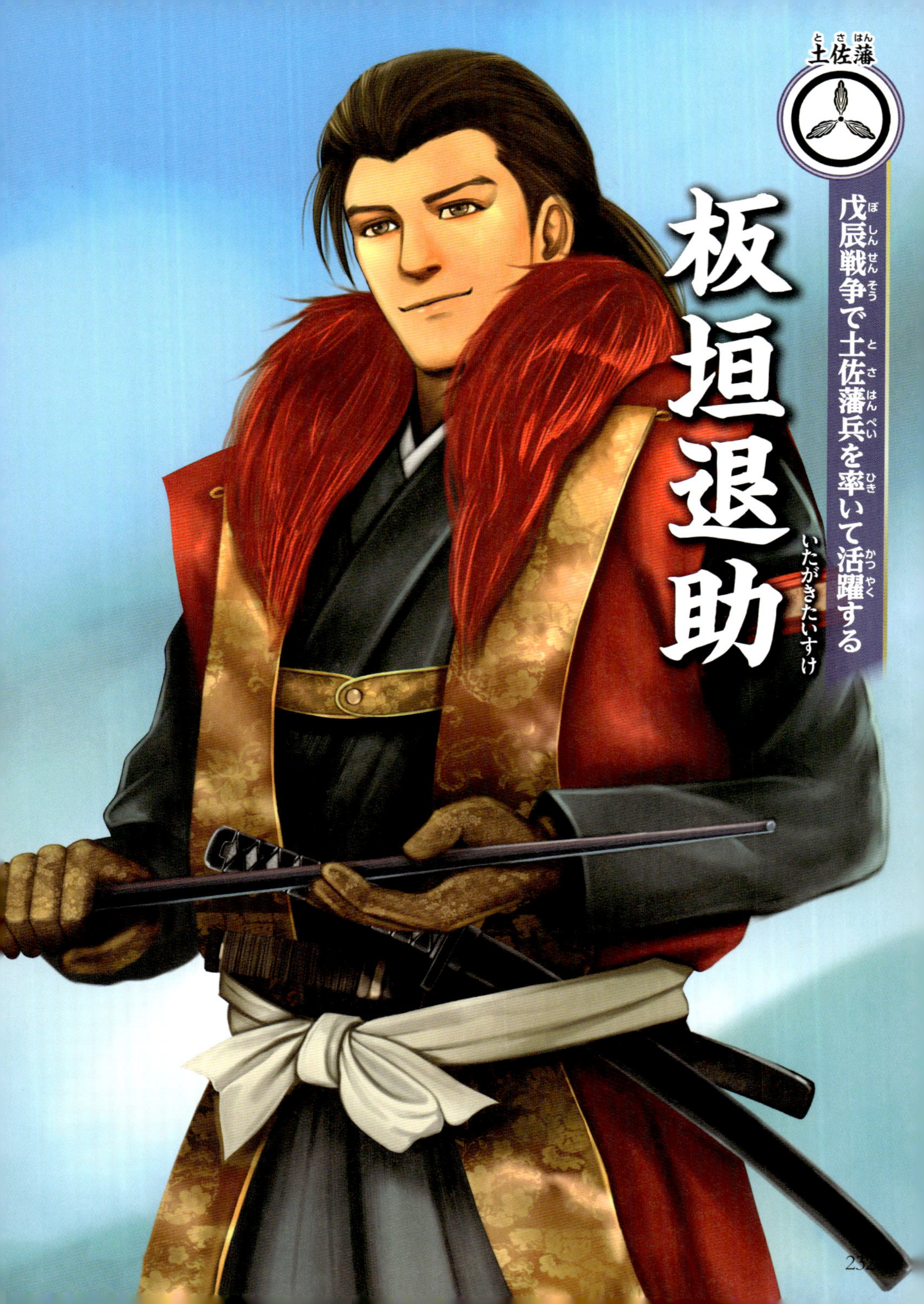

新政府《しんせいふ》を去った後に、自由民権運動《じゆうみんけんうんどう》を主導《しゅどう》する

土佐藩《とさはん》(現在《げんざい》の高知県《こうちけん》)の上士《じょうし》(上級武士《ぶし》)出身の板垣退助《いたがきたいすけ》は、藩内《はんない》ではめずらしく「幕府《ばくふ》を倒《たお》すべき」と考えていた。1867年には薩摩藩《さつまはん》(現在《げんざい》の鹿児島県《かごしまけん》)との間で、「幕府《ばくふ》を武力《ぶりょく》で倒《たお》す場合、土佐藩兵《とさはんぺい》を率《ひき》いて協力《きょうりょく》する」と約束《やくそく》した。戊辰戦争《ぼしんせんそう》では、土佐藩《とさはん》の「迅衝隊《じんしょうたい》」を率《ひき》いて新政府軍《しんせいふぐん》に参加《さんか》した。甲州勝沼《こうしゅうかつぬま》の戦《たたか》い(⬇P215)では近藤勇《こんどういさみ》の率《ひき》いる甲陽鎮撫隊《こうようちんぶたい》を破《やぶ》り、会《あい》津戦争《づせんそう》(⬇P240)でも活躍《かつやく》した。

退助《たいすけ》は新政府《しんせいふ》に入ったが、征韓論《せいかんろん》を主張《しゅちょう》して大反対され、政府《せいふ》を去った。

その後の退助《たいすけ》は、新政府《しんせいふ》に議会政治《ぎかいせいじ》を求《もと》める「自由民権運動《じゆうみんけんうんどう》」をはじめ、1881年に自由党《じゆうとう》をつくった。翌《よく》年《とし》、演説中《えんぜつちゅう》に暴漢《ぼうかん》におそわれたが、命はたすかった。1898年、大隈重信《おおくましげのぶ》(⬇P324)と日本最初《さいしょ》の政党内閣《せいとうないかく》をつくり、内務大臣《ないむだいじん》となった。

ビジュアル資料《しりょう》 **迅衝隊《じんしょうたい》を率《ひき》いる退助《たいすけ》**

退助《たいすけ》は迅衝隊《じんしょうたい》(土佐藩《とさはん》の主力部隊《ぶたい》)を率《ひき》いて、戊辰戦争《ぼしんせんそう》を戦《たたか》った。

なるほどエピソード 象二郎《しょうじろう》とのけんかでヘビを振《ふ》り回した!?

退助《たいすけ》と後藤象二郎《ごとうしょうじろう》は幼《おさな》なじみで、子どものときから仲《なか》よしだったが、しょっちゅうけんかをしていた。象《しょう》二郎《じろう》はヘビがきらいだったので、けんかになると、退助《たいすけ》はつかまえてきたヘビを振《ふ》り回して象二郎《しょうじろう》を恐《こわ》がらせていたそうだ。

板垣退助《いたがきたいすけ》

肖像《しょうぞう》

出身地《しゅっしんち》

土佐《とさ》(現在《げんざい》の高知県《こうちけん》)

生年月日《せいねんがっぴ》

1837年4月17日

死亡年月日《しぼうねんがっぴ》

1919年7月16日

享年《きょうねん》

83歳《さい》(病死)

主義《しゅぎ》

肩書《かたがき》

- 土佐藩士《とさはんし》
- 自由党《じゆうとう》の党首《とうしゅ》

名言《めいげん》

板垣《いたがき》死すとも、自由は死せず

※暴漢《ぼうかん》におそわれたときの言葉。

長《なが》岡《おか》藩《はん》

北《ほく》越《えつ》戦《せん》争《そう》で新《しん》政《せい》府《ふ》軍《ぐん》と戦《たたか》った長《なが》岡《おか》藩《はん》の家《か》老《ろう》

河井継之助《かわいつぎのすけ》

戊辰戦争《ぼしんせんそう》で中立を主張《しゅちょう》し、会津藩《あいづはん》を救《すく》おうとする

長岡藩《ながおかはん》(現在《げんざい》の新潟県《にいがたけん》)の藩士《はんし》・河井《かわい》継之助《つぎのすけ》は、江戸《えど》や長崎《ながさき》などに留学《りゅうがく》し、幅広《はばひろ》い知識《ちしき》を身につけた。藩《はん》にもどった継之助《つぎのすけ》は、藩主《はんしゅ》・牧野忠恭《まきのただゆき》から期待され、軍隊《ぐんたい》の強化など、藩《はん》の改革《かいかく》を実行し、家老《かろう》(藩《はん》の重役)に出世した。

戊辰戦争《ぼしんせんそう》がはじまると、旧幕府側《きゅうばくふがわ》の長岡藩《ながおかはん》を守るため、継之助《つぎのすけ》はさらに軍《ぐん》備《び》を増強《ぞうきょう》し、ガトリング砲《ほう》(機関砲《きかんほう》)などの最新兵器《さいしんへいき》を外国から買い集めた。新政府軍《しんせいふぐん》が会津藩《あいづはん》(現在《げんざい》の福島県《ふくしまけん》)を攻《こう》撃《げき》するため、長岡藩《ながおかはん》まで近づくと、継《つぎ》之助《のすけ》は中立を主張《しゅちょう》し、双方《そうほう》を仲直《なかなお》りさせようとした。しかし新政府軍《しんせいふぐん》がこれを断《ことわ》ったため、継之助《つぎのすけ》はしかたなく新《しん》政府軍《せいふぐん》と戦《たたか》うことを決意した。

戦《たたか》いは3か月におよび、長岡軍《ながおかぐん》は新《しん》政府軍《せいふぐん》を苦しめたが、ついに敗《やぶ》れ、継《つぎ》之助《のすけ》は戦死《せんし》した(北越戦争《ほくえつせんそう》⬇P236)。

発見《はっけん》!

継之助《つぎのすけ》の銅像《どうぞう》

継之助《つぎのすけ》は北越戦争《ほくえつせんそう》に敗《やぶ》れた後、会津《あいづ》へにげる途中《とちゅう》、傷《きず》が悪化して亡《な》くなった(新潟県《にいがたけん》)。

幕末《ばくまつ》のきずな

「商人になれ」と従者《じゅうしゃ》に命じた!?

北越戦争《ほくえつせんそう》で重傷《じゅうしょう》を負った継之助《つぎのすけ》は、従者《じゅうしゃ》の外山脩造《とやましゅうぞう》に、「お前は商人になれ」と言い残《のこ》して亡《な》くなった。その言葉どおり、脩造《しゅうぞう》は商人になり、阪神《はんしん》電鉄や大阪麦酒《おおさかビール》会社(現在《げんざい》のアサヒビール)の他、ガス、造船《ぞうせん》、銀行など、数かずの企業《きぎょう》を設立《せつりつ》した。

河井継之助《かわいつぎのすけ》

肖像《しょうぞう》

出身地《しゅっしんち》

越後《えちご》(現在《げんざい》の新潟県《にいがたけん》)

生年月日《せいねんがっぴ》

1827年10月1日

死亡年月日《しぼうねんがっぴ》

1868年8月16日

享年《きょうねん》

42歳《さい》(戦死《せんし》)

主義《しゅぎ》

肩書《かたがき》

・長岡藩《ながおかはん》の家老《かろう》

名言《めいげん》

天下になくてはならぬ人となるか、有《あり》てはならぬ人となれ

意味　必要《ひつよう》とされる人となるか、じゃまにされるような人になれ。

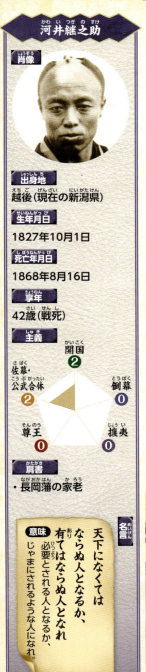

河井《かわい》継之助《つぎのすけ》が新政府軍《しんせいふぐん》に戦《たたか》いをいどむ!

北《ほく》越《えつ》戦《せん》争《そう》

ガトリング砲《ほう》をうつ継之助《つぎのすけ》
長岡城《ながおかじょう》をめぐる攻防戦《こうぼうせん》では、継之助《つぎのすけ》が自らガトリング砲《ほう》をうって戦《たたか》った。

「中立」を拒否《きょひ》されて戦《たたか》うことを決断《けつだん》する

戊辰戦争《ぼしんせんそう》がはじまると、新政府《しんせいふ》軍《ぐん》は長岡藩《ながおかはん》(現在《げんざい》の新潟県《にいがたけん》)の近くに進軍《しんぐん》してきた。長岡藩家老《ながおかはんかろう》・河《かわ》井《い》継之助《つぎのすけ》は、「新政府軍《しんせいふぐん》と会津藩《あいづはん》を仲直《なかなお》りさせるため中立したい」申し入れたが、拒否《きょひ》された。

新政府軍《しんせいふぐん》に戦《たたか》いを挑《いど》むことにした継之助《つぎのすけ》は、自らガトリング砲《ほう》をうって戦《たたか》い、新政府軍《しんせいふぐん》を苦しめた。継之助《つぎのすけ》は一度落とされた長岡《ながおか》城《じょう》をうばい返す活躍《かつやく》を見せ、戦《たたか》いは3か月にもおよんだ。しかし大《たい》軍《ぐん》の新政府軍《しんせいふぐん》にふたたび長岡城《ながおかじょう》をうばわれると、長岡軍《ながおかぐん》は敗北《はいぼく》した。

勝 戦力《せんりょく》 約《やく》3万人

山県有朋《やまがたありとも》
新政府軍《しんせいふぐん》

VS

長岡軍《ながおかぐん》

河井継之助《かわいつぎのすけ》

負 戦力《せんりょく》 約《やく》8000人

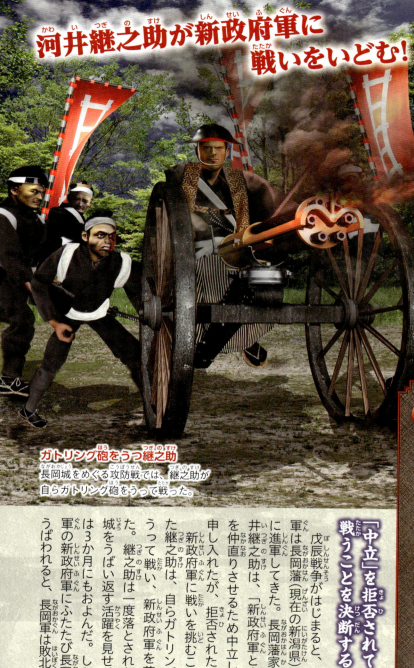

ビジュアル資料《しりょう》

北越戦争《ほくえつせんそう》をえがいた絵

新政府軍《しんせいふぐん》の攻撃《こうげき》により炎上《えんじょう》する長岡城《ながおかじょう》がえがかれている。北越戦争《ほくえつせんそう》によって長岡城下《ながおかじょうか》の建物《たてもの》は多くが焼失《しょうしつ》し、戦争《せんそう》を引き起こした継之助《つぎのすけ》は庶民《しょみん》からうらまれたという。

ビジュアル資料《しりょう》

ガトリング砲《ほう》

回転式の機関砲《きかんほう》で、1分間に200発を連射《れんしゃ》できた。当時、日本には3門しかなかったが、継之助《つぎのすけ》が2門を購入《こうにゅう》していた。

なるほどエピソード

継之助《つぎのすけ》は長岡城《ながおかじょう》をうばい返した!?

北越戦争《ほくえつせんそう》がはじまると、長岡城《ながおかじょう》は兵力《へいりょく》の多い新政府軍《しんせいふぐん》にうばわれた。しかし継之助《つぎのすけ》は、決死隊《けっしたい》約600人を組織《そしき》し、新政府軍《しんせいふぐん》が油《ゆ》断《だん》していた湿地帯《しっちたい》を泥《どろ》まみれになりながら通り抜《ぬ》けて長岡城《ながおかじょう》に近づき、奇襲攻撃《きしゅうこうげき》でうばい返した。

会《あい》津《づ》藩《はん》

ライフル銃《じゅう》で新《しん》政《せい》府《ふ》軍《ぐん》と戦《たたか》った会《あい》津《づ》藩《はん》士《し》の娘《むすめ》

新島八重《にいじまやえ》

会津戦争後《あいづせんそうご》に新島襄《にいじまじょう》と結婚《けっこん》する

新島八重《にいじまやえ》は、会津藩《あいづはん》(現在《げんざい》の福島県《ふくしまけん》)の砲術教師《ほうじゅつきょうし》・山本権八《やまもとごんぱち》の娘《むすめ》。1868年、戊辰戦争《ぼしんせんそう》がはじまると、新政府軍《しんせいふぐん》は会津藩《あいづはん》を攻《せ》めにきた。八重《やえ》は髪《かみ》を切り、鳥羽《とば》・伏見《ふしみ》の戦《たたか》いで戦死《せんし》した弟の服装《ふくそう》を着て会津若松城《あいづわかまつじょう》に入ると、7連発式《れんぱつしき》のライフル銃《じゅう》で新政府軍《しんせいふぐん》と戦《たたか》ったが、会津藩《あいづはん》は敗《やぶ》れた。

明治《めいじ》時代、八重《やえ》は京都《きょうと》に住む兄・山本覚馬《やまもとかくま》のもとへ行き、31歳《さい》のとき新島《にいじま》襄《じょう》(➡P323)と知り合い、結婚《けっこん》を決めた。襄《じょう》は、キリスト教に基《もと》づく大学(後の同志社大学《どうししゃだいがく》)の設立《せつりつ》を目指していたため、八重《やえ》もこれに協力《きょうりょく》した。仏教《ぶっきょう》・神道《しんとう》の勢力《せいりょく》が強く反対してきたが、八重《やえ》たちは負けなかった。八重《やえ》は気が強く、いつも堂《どう》どうとしていた。

襄《じょう》が急死すると、八重《やえ》は茶道家となった。日清《にっしん》・日露戦争《にちろせんそう》では日本軍《にほんぐん》の看護婦《かんごふ》としても活躍《かつやく》した。

発見《はっけん》!

八重《やえ》の銅像《どうぞう》

会津戦争《あいづせんそう》のとき、ライフル銃《じゅう》で戦《たたか》った八重《やえ》の姿《すがた》が銅像《どうぞう》になっている(福島県《ふくしまけん》)。

なるほどエピソード

八重《やえ》は井戸《いど》の上で縫《ぬ》い物をしていた!?

1875年、新島襄《にいじまじょう》が山本覚馬《やまもとかくま》の家を訪《たず》ねたとき、庭の井戸《いど》の上に板を置《お》き、その上に座《すわ》って縫《ぬ》い物をする八重《やえ》を見た。井戸《いど》の上はすずしい場所だったが、もし板が割《わ》れたら大けがをしてしまう。襄《じょう》は型破《かたやぶ》りな八重《やえ》にひとめぼれをしたそうだ。

新島八重《にいじまやえ》

肖像《しょうぞう》

出身地《しゅっしんち》

陸奥《むつ》(現在《げんざい》の福島県《ふくしまけん》)

生年月日《せいねんがっぴ》

1845年11月3日

死亡年月日《しぼうねんがっぴ》

1932年6月14日

享年《きょうねん》

88歳《さい》(病死)

主義《しゅぎ》

肩書《かたがき》

- 会津藩士《あいづはんし》の娘《むすめ》
- 新島襄《にいじまじょう》夫人《ふじん》

名言《めいげん》

美徳《びとく》をもって飾《かざ》りとなす

意味 わたしは美しい内面を飾《かざ》りとして生きます。

幕末《ばくまつ》の歴史《れきし》
1868年

会津戦争《あいづせんそう》

会津軍《あいづぐん》は完全《かんぜん》に城《しろ》を包囲《ほうい》される！

砲撃《ほうげき》を受ける会津若松城《あいづわかまつじょう》の天守《てんしゅ》
会津軍《あいづぐん》の兵士《へいし》が立てこもる会津若松城《あいづわかまつじょう》に向けて、新政府軍《しんせいふぐん》は多いときで1日に2500発の砲弾《ほうだん》をうちこんだ。

城《しろ》に立てこもって戦《たたか》うが1か月後に降伏《こうふく》する

会津藩《あいづはん》（現在《げんざい》の福島県《ふくしまけん》）藩主《はんしゅ》・松平容保《まつだいらかたもり》は、幕末《ばくまつ》に京都守護職《きょうとしゅごしょく》として、尊王攘夷派《そんのうじょういは》の志士《しし》をきびしく取りしまった。戊辰戦争《ぼしんせんそう》がはじまると、容保《かたもり》をうらんでいた新政府軍《しんせいふぐん》は、会津藩《あいづはん》に攻《せ》めこんできた。

新政府軍《しんせいふぐん》は、大鳥圭介《おおとりけいすけ》（⬇P246）らが守る母成峠《ぼなりとうげ》を攻撃《こうげき》し、突破《とっぱ》した。この知らせを聞いた容保《かたもり》は、白虎隊《びゃっこたい》などを率《ひき》いて会津若松城《あいづわかまつじょう》を出たが、新政府軍《しんせいふぐん》の勢《いきお》いが強く、城《しろ》へ引き返した。この後、容保《かたもり》らは城《しろ》に立てこもる作戦《さくせん》を取り、城下《じょうか》の藩士《はんし》やその家族も

勝 戦力《せんりょく》 約《やく》7万人

板垣退助《いたがきたいすけ》

新政府軍《しんせいふぐん》

VS

会津軍《あいづぐん》

松平容保《まつだいらかたもり》

新島八重《にいじまやえ》

負 戦力《せんりょく》 約《やく》9000人

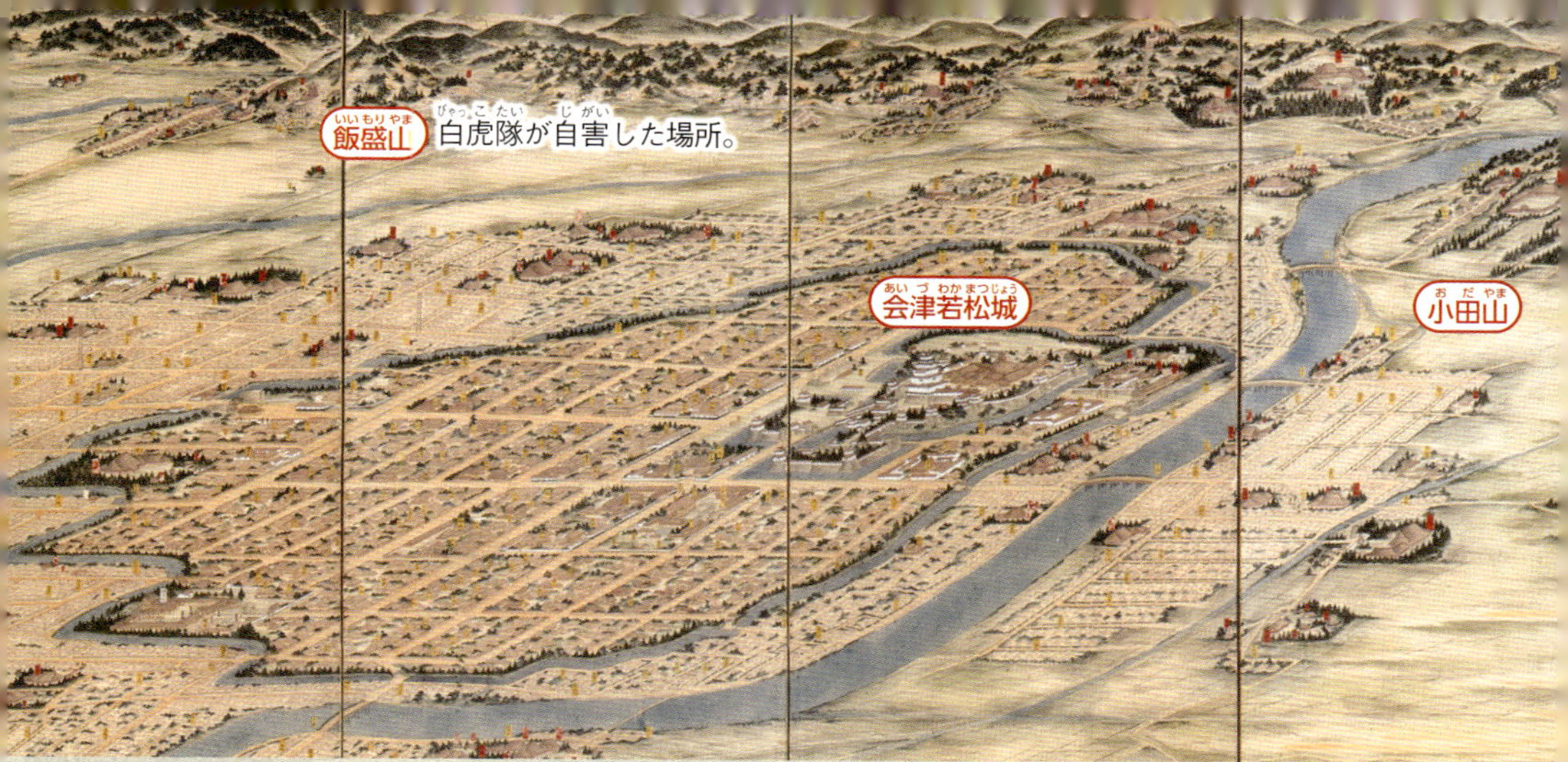

飯盛山《いいもりやま》
白虎隊《びゃっこたい》が自害《じがい》した場所。
会津若松城《あいづわかまつじょう》
小田山《おだやま》

ビジュアル資料《しりょう》
会津若松城下《あいづわかまつじょうか》
幕末《ばくまつ》の会津若松城下《あいづわかまつじょうか》の様子がえがいた絵。新政府軍《しんせいふぐん》は小田山《おだやま》から会津若松城《あいづわかまつじょう》を砲撃《ほうげき》した。

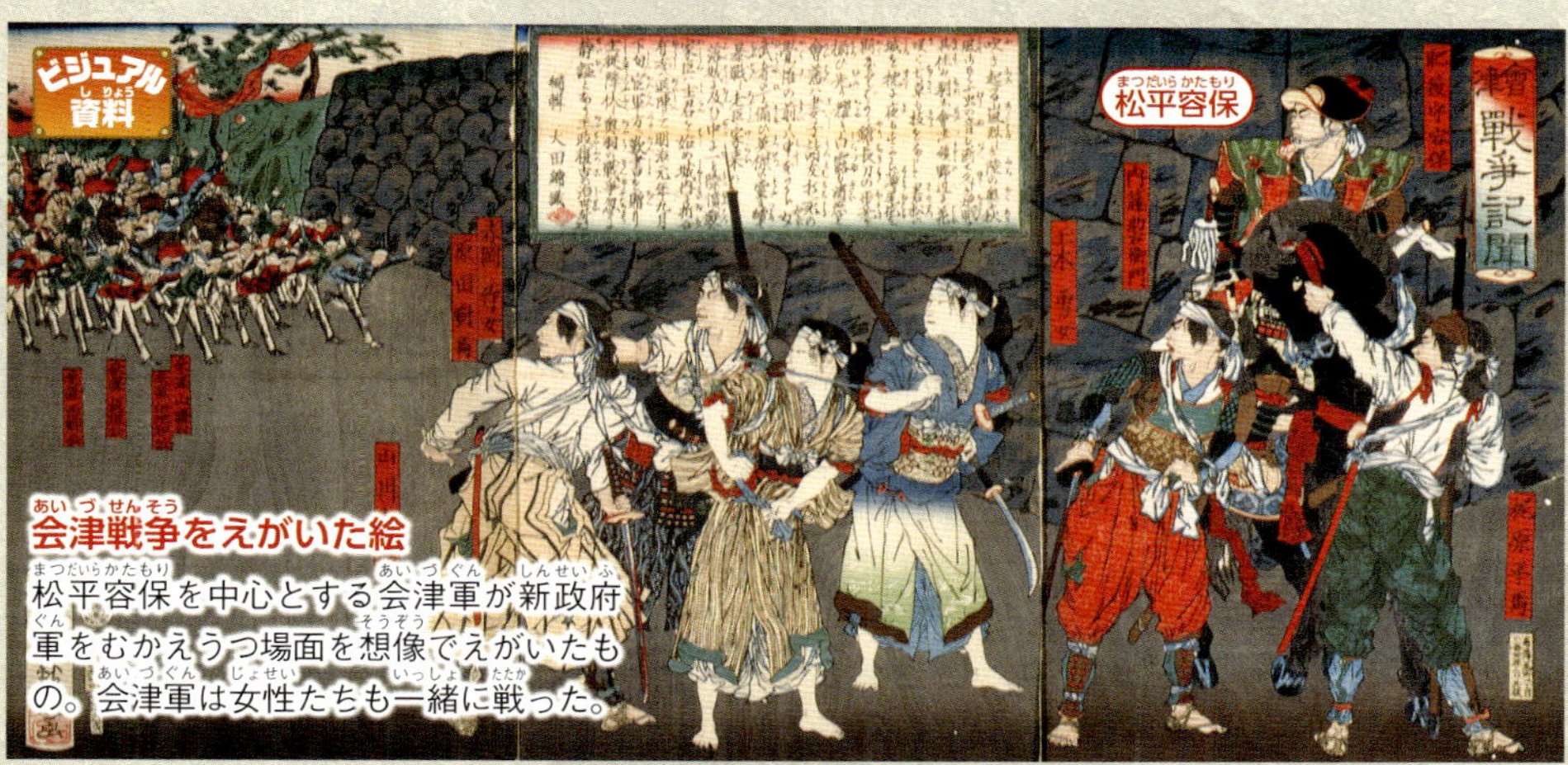

ビジュアル資料《しりょう》
松平容保《まつだいらかたもり》

会津戦争《あいづせんそう》をえがいた絵
松平容保《まつだいらかたもり》を中心とする会津軍《あいづぐん》が新政府《しんせいふ》軍《ぐん》をむかえうつ場面を想像《そうぞう》でえがいたもの。会津軍《あいづぐん》は女性《じょせい》たちも一緒《いっしょ》に戦《たたか》った。

城《しろ》に入った。このとき新島八重《にいじまやえ》もライフル銃《じゅう》をもって入城《にゅうじょう》した。新政府軍《しんせいふぐん》は城を包囲《ほうい》し、城《しろ》の南東の小田山《おだやま》から激《はげ》しく砲撃《ほうげき》した。会津軍《あいづぐん》は約《やく》1か月戦《たたか》ったが、たえきれなくなり、ついに降伏《こうふく》した。

ウソ!ホント!?
彼岸獅子《ひがんじし》を踊《おど》って敵《てき》の中を進んだ!?

会津若松城《あいづわかまつじょう》が新政府軍《しんせいふぐん》に包囲《ほうい》されたとき、城外《じょうがい》で戦《たたか》っていた山《やま》川大蔵隊《かわおおくらたい》は城《しろ》にもどろうとした。このとき大蔵《おおくら》は、隊士《たいし》たちに会津《あいづ》伝統《でんとう》の獅子舞《ししまい》「彼岸獅子《ひがんじし》」の格好《かっこう》をさせ、あっけに取られる新政府軍《しんせいふぐん》の中を、踊《おど》りながら行進して、戦《たたか》うことなく城《しろ》にもどった。

白虎隊《びゃっこたい》ってどんな隊《たい》だった？

新政府軍《しんせいふぐん》と戦《たたか》う白虎隊《びゃっこたい》
隊長《たいちょう》とはぐれた白虎隊士《びゃっこたいし》たちは、会津若松城《あいづわかまつじょう》の西の戸ノ口原《とのくちはら》で新政府軍《しんせいふぐん》をむかえうった。

会津藩《あいづはん》の敗北《はいぼく》を覚悟《かくご》し、次つぎと自害《じがい》する

１８６８年、新政府軍《しんせいふぐん》との戦《たたか》いに備《そな》えて、会津藩《あいづはん》（現在の福島県）は軍隊《ぐんたい》を改革《かいかく》した。そして、年齢《ねんれい》別《べつ》に玄武隊《げんぶたい》・青龍隊《せいりゅうたい》・朱雀隊《すざくたい》・白虎隊《びゃっこたい》という４隊《たい》をつくった。白虎隊《びゃっこたい》は16〜17歳《さい》の少年で構成《こうせい》され、６中隊《ちゅうたい》に分かれていた。このうち「士中二番隊《しちゅうにばんたい》」37人は、母成峠《ぼなりとうげ》が新政府軍《しんせいふぐん》に突破《とっぱ》されたとき、松平容保《まつだいらかたもり》とともに出陣《しゅつじん》した。

二番隊《にばんたい》を率《ひき》いた隊長《たいちょう》は大人だったが、会議《かいぎ》のため隊《たい》を離《はな》れたとき、敵《てき》の攻撃《こうげき》を受け、もどれなくなった。このため二番隊《にばんたい》は、ほとんど子どもたちだけで新政府軍《しんせいふぐん》と戦《たたか》わなければならなくなった。隊士《たいし》

自害《じがい》する白虎隊士《びゃっこたいし》たち

飯盛山《いいもりやま》で城下町《じょうかまち》が燃《も》えているのを見た白虎隊士《びゃっこたいし》19人は、「武士《ぶし》としていさぎよく死のう」と決意し、次つぎと自害《じがい》した。

会津軍《あいづぐん》の編成《へんせい》

玄武隊《げんぶたい》	50歳《さい》以上《いじょう》	約《やく》400人
青龍隊《せいりゅうたい》	36～49歳《さい》	約《やく》900人
朱雀隊《すざくたい》	18～35歳《さい》	約《やく》1200人
白虎隊《びゃっこたい》	16～17歳《さい》	約《やく》300人

白虎隊士像《びゃっこたいしぞう》

飯盛山《いいもりやま》には城下町《じょうかまち》をながめる白虎隊士像《びゃっこたいしぞう》が立っている(福島県《ふくしまけん》)。

たちは勇《ゆう》かんに戦《たたか》ったが、激《はげ》しい攻撃《こうげき》を受け、飯盛山《いいもりやま》までにげた。このとき炎《ほのお》に包《つつ》まれる城下町《じょうかまち》を見た隊士《たいし》たちは、会津藩《あいづはん》の敗北《はいぼく》を覚悟《かくご》して、次つぎと自害《じがい》した。この悲劇《ひげき》は、死に切れず救《すく》われた隊士《たいし》の飯沼貞吉《いいぬまさだきち》によって伝《つた》えられた。

なるほどエピソード

藩《はん》の命令《めいれい》で脱走《だっそう》した山川健次郎《やまかわけんじろう》

白虎隊士《びゃっこたいし》だった山川健次郎《やまかわけんじろう》は、会津戦争《あいづせんそう》のとき15歳《さい》だったので隊《たい》を外された。会津藩《あいづはん》が新政府軍《しんせいふぐん》に敗《やぶ》れると、優秀《ゆうしゅう》だった健次郎《けんじろう》を守るため、藩《はん》は健次郎《けんじろう》に脱走《だっそう》を命じた。その後、健次郎《けんじろう》はアメリカに留学《りゅうがく》し、東京帝国大学《とうきょうていこくだいがく》(現在《げんざい》の東京大学《とうきょうだいがく》)の総長《そうちょう》となった。

山川健次郎《やまかわけんじろう》(1854 ～ 1931)

幕《ばく》府《ふ》

榎本武揚《えのもとたけあき》

五《ご》稜《りょう》郭《かく》に立てこもり、最《さい》後《ご》まで新《しん》政《せい》府《ふ》軍《ぐん》に抵《てい》抗《こう》する

旧幕府《きゅうばくふ》の軍艦《ぐんかん》を率《ひき》いて新政府軍《しんせいふぐん》に抵抗《ていこう》を続《つづ》ける

江戸《えど》で、旗本《はたもと》(幕府《ばくふ》の家臣《かしん》)の子として生まれた榎本武揚《えのもとたけあき》は、ジョン万次郎《まんじろう》から英語《えいご》を学んだ。27歳《さい》のとき、幕府《ばくふ》の命令《めいれい》でオランダに留学《りゅうがく》し、西洋の学問を学んだ。5年後、幕府《ばくふ》が購入《こうにゅう》した軍艦《ぐんかん》「開陽丸《かいようまる》」とともに帰国すると、開《かい》陽丸《ようまる》の艦長《かんちょう》に任命《にんめい》された。

その直後、幕府《ばくふ》が大政奉還《たいせいほうかん》をおこない、鳥羽《とば》・伏見《ふしみ》の戦《たたか》いで新政府軍《しんせいふぐん》に敗《やぶ》れると、武揚《たけあき》は軍艦《ぐんかん》に負傷《ふしょう》した味方を乗せて江戸《えど》へもどった。江戸城《えどじょう》明け渡《わた》し後、新政府軍《しんせいふぐん》は、軍艦《ぐんかん》を渡《わた》すように求《もと》めてきたが、武揚《たけあき》は断《ことわ》り、勝海舟《かつかいしゅう》が止めるのも聞かず、開陽丸《かいようまる》など旧幕府《きゅうばくふ》艦隊《かんたい》を率《ひき》いて蝦夷地《えぞち》(北海道《ほっかいどう》)へ向かった。そして箱館《はこだて》の五稜郭《ごりょうかく》を占領《せんりょう》し、「蝦夷共和国《えぞきょうわこく》」を建国《けんこく》したが、新政府軍《しんせいふぐん》との戦争《せんそう》に敗《やぶ》れた(箱館戦争《はこだてせんそう》⬇P250)。能力《のうりょく》を惜《お》しまれ、命をたすけられた武揚《たけあき》は新政府《しんせいふ》でも活躍《かつやく》した。

発見《はっけん》!

箱館奉行所《はこだてぶぎょうしょ》

五稜郭《ごりょうかく》にある建物《たてもの》。箱館戦争後《はこだてせんそうご》に解体《かいたい》されたが、現在《げんざい》、復元《ふくげん》されている(北海道《ほっかいどう》)。

榎本武揚《えのもとたけあき》

肖像《しょうぞう》

出身地《しゅっしんち》

江戸《えど》(現在《げんざい》の東京都《とうきょうと》)

生年月日《せいねんがっぴ》

1836年8月25日

死亡年月日《しぼうねんがっぴ》

1908年10月26日

享年《きょうねん》

73歳《さい》(病死)

主義《しゅぎ》

肩書《かたがき》

- 幕府《ばくふ》の役人
- 蝦夷共和国《えぞきょうわこく》の総裁《そうさい》
- 新政府《しんせいふ》の外務大臣《がいむだいじん》など

名言《めいげん》

五稜郭《ごりょうかく》のときの苦労《くろう》を思えば、外務大臣《がいむだいじん》の仕事など、なんてことない。

トンデモ伝説《でんせつ》!

武揚《たけあき》はいん石で「流星刀《りゅうせいとう》」をつくった!?

武揚《たけあき》は、新政府《しんせいふ》の農商務大臣《のうしょうむだいじん》だったとき、富山県《とやまけん》で発見されたいん石を数千円(現在《げんざい》の価値《かち》で数千万円)で買った。このいん石には鉄が多く含《ふく》まれており、武揚《たけあき》はこれを材料《ざいりょう》にして刀をつくらせた。完成《かんせい》した刀は、「流星《りゅうせい》刀《とう》」と呼《よ》ばれ、現在《げんざい》も残《のこ》っている。

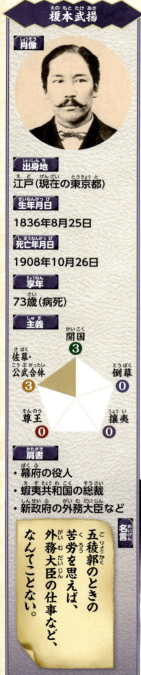

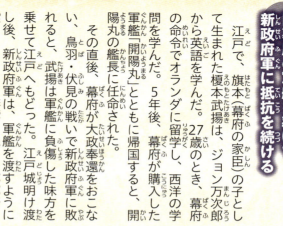

幕府《ばくふ》
大鳥圭介《おおとりけいすけ》
榎本《えのもと》武揚《たけあき》と一緒《いっしょ》に箱館《はこだて》戦争《せんそう》に参加《さんか》した旧幕臣《きゅうばくしん》

新政府軍《しんせいふぐん》に降伏《こうふく》した後、日本の発展《はってん》に力を尽《つ》くす

播磨《はりま》(現在《げんざい》の兵庫県《ひょうごけん》)の医師《いし》の家に生まれた大鳥圭介《おおとりけいすけ》は、緒方洪庵《おがたこうあん》の適塾《てきじゅく》で西洋の学問を身につけ、江戸《えど》でジョン万次郎《まんじろう》から英語《えいご》を学んだ。圭介《けいすけ》は、日本ではじめて金属板《きんぞくばん》による活版印刷《かっぱんいんさつ》をおこない、数多くの本を出版《しゅっぱん》した。

実力を認《みと》められて、幕府《ばくふ》に仕えるようになった圭介《けいすけ》は、陸軍《りくぐん》の訓練《くんれん》を任《まか》された。鳥羽《とば》・伏見《ふしみ》の戦《たたか》いで旧幕府軍《きゅうばくふぐん》は新政府軍《しんせいふぐん》に敗《やぶ》れたが、圭介《けいすけ》は江戸城《えどじょう》の明け渡《わた》しに反対し、榎本武揚《えのもとたけあき》らと「最後《さいご》まで戦《たたか》うべき」と主張《しゅちょう》した。圭介《けいすけ》は旧幕《きゅうばく》府《ふ》の陸軍《りくぐん》を率《ひき》いて江戸《えど》を脱出《だっしゅつ》し、北関《きたかん》東《とう》や会津《あいづ》(福島県《ふくしまけん》)で新政府軍《しんせいふぐん》と戦《たたか》った。さらに仙台《せんだい》で武揚《たけあき》と合流した後、箱館《はこだて》(北海道《ほっかいどう》)へ向かい、五稜郭《ごりょうかく》に立てこもって戦《たたか》ったが、ついに敗《やぶ》れた。

降伏《こうふく》した圭介《けいすけ》は、ろうやに入れられた。許《ゆる》された後、新政府《しんせいふ》の枢密顧問官《すうみつこもんかん》や外交官《がいこうかん》などとして活躍《かつやく》した。

発見《はっけん》!

母成峠古戦場《ぼなりとうげこせんじょう》

圭介《けいすけ》は会津戦争《あいづせんそう》に参加《さんか》し、母成峠《ぼなりとうげ》で新政府軍《しんせいふぐん》と戦《たたか》ったが敗《やぶ》れた(福島県《ふくしまけん》)。

なるほどエピソード

仲間《なかま》たちに降伏《こうふく》を呼《よ》びかけた!?

箱館戦争《はこだてせんそう》のとき、新政府軍《しんせいふぐん》の攻撃《こうげき》で負けが決定的《けっていてき》になったとき、ほとんどの仲間《なかま》は「武士《ぶし》らしくうち死にしよう」と主張《しゅちょう》した。しかし圭介《けいすけ》は、「今度は降参《こうさん》としゃれてみてはどうか」と降伏《こうふく》を呼《よ》びかけ、仲間《なかま》の命を救《すく》った。

大鳥圭介《おおとりけいすけ》

肖像《しょうぞう》

出身地《しゅっしんち》

播磨《はりま》(現在《げんざい》の兵庫県《ひょうごけん》)

生年月日《せいねんがっぴ》

1833年2月25日

死亡年月日《しぼうねんがっぴ》

1911年6月15日

享年《きょうねん》

79歳《さい》(病死)

主義《しゅぎ》

肩書《かたがき》

- 幕府《ばくふ》の役人
- 蝦夷共和国《えぞきょうわこく》の陸軍奉行《りくぐんぶぎょう》
- 新政府《しんせいふ》の枢密顧問官《すうみつこもんかん》

名言《めいげん》

死のうと思えば、いつでも死ねる。今度は一番降参《こうさん》としゃれてみてはどうか。

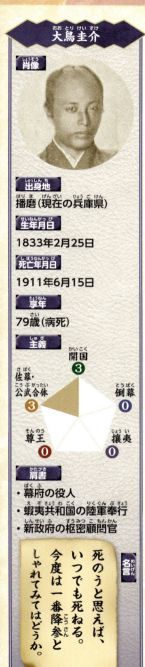

薩摩藩《さつまはん》

箱《はこ》館《だて》戦《せん》争《そう》で戦《たたか》い、2代内《ない》閣《かく》総《そう》理《り》大《だい》臣《じん》となる

黒田清隆《くろだきよたか》

戊辰戦争《ぼしんせんそう》で活躍《かつやく》した後、内閣総理大臣《ないかくそうりだいじん》になる

黒田清隆《くろだきよたか》は、薩摩藩《さつまはん》（現在《げんざい》の鹿児島県《かごしまけん》）藩士《はんし》の家に生まれた。幕末期《ばくまつき》には長州藩《ちょうしゅうはん》（現在《げんざい》の山口県《やまぐちけん》）との「薩長同盟《さっちょうどうめい》」の成立《せいりつ》に力を尽《つ》くし、幕府《ばくふ》を倒《たお》す運動でも活躍《かつやく》した。戊辰戦争《ぼしんせんそう》がはじまると、北越戦争《ほくえつせんそう》に参加《さんか》し、河井継之助《かわいつぎのすけ》らと戦《たたか》った。箱館戦争《はこだてせんそう》（➡P250）では榎本武揚《えのもとたけあき》らと戦《たたか》い、勝利《しょうり》した。しかし戦《たたか》いの最中《さいちゅう》は、いつも敵将《てきしょう》を救《すく》う方法《ほうほう》を考えていたという。

新政府《しんせいふ》では、武揚《たけあき》と協力《きょうりょく》してロシアと話し合いをおこない、「樺太《からふと》・千島交換条約《ちしまこうかんじょうやく》」を結《むす》んで国境《こっきょう》を定めた。

また、朝鮮《ちょうせん》に開国《かいこく》を求《もと》めて、日本に有利《ゆうり》な条約《じょうやく》「日朝修好条規《にっちょうしゅうこうじょうき》」を結《むす》んだ。

1888年には2代内閣総理大臣《ないかくそうりだいじん》に選《えら》ばれ、在任中《ざいにんちゅう》に「大日本帝国憲法《だいにほんていこくけんぽう》」が発布《はっぷ》された。その後、不平等条約《ふびょうどうじょうやく》の改正《かいせい》に失敗《しっぱい》したため、辞職《じしょく》した。

帝國萬歳 憲法發布略圖
清隆《きよたか》
明治天皇《めいじてんのう》
ビジュアル資料《しりょう》

大日本帝国憲法発布式《だいにほんていこくけんぽうはっぷしき》

1889年、大日本帝国憲法《だいにほんていこくけんぽう》が発布《はっぷ》され、明治天皇《めいじてんのう》から総理大臣《そうりだいじん》・黒田清隆《くろだきよたか》に渡《わた》された。

幕末《ばくまつ》のきずな

命ごいのために丸坊主《まるぼうず》になった!?

箱館戦争《はこだてせんそう》のとき死を覚悟《かくご》していた榎本武揚《えのもとたけあき》は、『万国海律全書《ばんこくかいりつぜんしょ》』という大切な本を、戦火《せんか》から守るために清隆《きよたか》に送り届《とど》けた。武揚《たけあき》の人柄《ひとがら》に感動した清隆《きよたか》は、戦争後《せんそうご》、丸坊主《まるぼうず》になって「武揚《たけあき》の命を救《すく》ってほしい」と新政府《しんせいふ》の高官《こうかん》たちを説得《せっとく》した。

丸坊主《まるぼうず》になった清隆《きよたか》（左）。

黒田清隆《くろだきよたか》

肖像《しょうぞう》

出身地《しゅっしんち》

薩摩《さつま》（現在《げんざい》の鹿児島県《かごしまけん》）

生年月日《せいねんがっぴ》

1840年10月16日

死亡年月日《しぼうねんがっぴ》

1900年8月23日

享年《きょうねん》

61歳《さい》（病死）

主義《しゅぎ》

開国《かいこく》 2
倒幕《とうばく》 3
攘夷《じょうい》 0
尊王《そんのう》 0
佐幕《さばく》・公武合体《こうぶがったい》 0

肩書《かたがき》

- 薩摩藩士《さつまはんし》
- 2代内閣総理大臣《ないかくそうりだいじん》

名言《めいげん》

政府《せいふ》は常《つね》に一定の方向を取り、超然《ちょうぜん》（平然《へいぜん》）として政党《せいとう》の外に立つ。

※大日本帝国憲法発布式《だいにほんていこくけんぽうはっぷしき》の翌日《よくじつ》の演説《えんぜつ》。

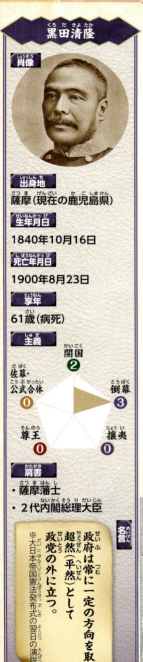

幕末《ばくまつ》の歴史《れきし》
1869年

箱《はこ》館《だて》戦《せん》争《そう》

旧《きゅう》幕《ばく》府《ふ》軍《ぐん》が降《こう》伏《ふく》し、戊《ぼ》辰《しん》戦《せん》争《そう》が終わる！

箱館湾海戦《はこだてわんかいせん》
回天丸《かいてんまる》などの旧幕府艦隊《きゅうばくふかんたい》と、甲鉄《こうてつ》・春日丸《かすがまる》などの新政府艦隊《しんせいふかんたい》が戦《たたか》い、新政府艦隊《しんせいふかんたい》が勝利《しょうり》した。

勝　戦力《せんりょく》　約《やく》7000人

黒田清隆《くろだきよたか》

新政府軍《しんせいふぐん》

VS

旧幕府軍《きゅうばくふぐん》

榎本武揚《えのもとたけあき》

大鳥圭介《おおとりけいすけ》

負　戦力《せんりょく》　約《やく》3000人

武揚《たけあき》らの蝦《え》夷《ぞ》共《きょう》和《わ》国《こく》が新《しん》政《せい》府《ふ》軍《ぐん》にほろぼされる

1868年9月、榎本武揚《えのもとたけあき》は新《しん》政《せい》府《ふ》軍《ぐん》と戦《たたか》うため、旧《きゅう》幕《ばく》府《ふ》の軍《ぐん》艦《かん》を率《ひき》いて品川《しながわ》（東京都《とうきょうと》）を脱出《だっしゅつ》した。武揚《たけあき》は仙台《せんだい》（宮城県《みやぎけん》）で大鳥圭《おおとりけい》介《すけ》や土方歳三《ひじかたとしぞう》と合流し、蝦夷地《えぞち》（北海道《ほっかいどう》）へ向かった。武揚《たけあき》らは箱《はこ》館《だて》の五稜郭《ごりょうかく》を占領《せんりょう》して本拠地《ほんきょち》に定め、1868年12月、蝦夷共和国《えぞきょうわこく》を建国《けんこく》した。

翌年《よくとし》3月、新政府《しんせいふ》は蝦夷共和国《えぞきょうわこく》に艦隊《かんたい》を向かわせた。旧幕府艦隊《きゅうばくふかんたい》は宮古湾《みやこわん》（宮城県《みやぎけん》）でむかえうったが、敗《やぶ》れてしまう。新政府軍《しんせいふぐん》は蝦《え》夷地《ぞち》に上陸《じょうりく》し、五稜郭《ごりょうかく》へ進軍《しんぐん》を開

始した。さらに箱館湾《はこだてわん》でも新政府《しんせいふ》艦隊《かんたい》による砲撃《ほうげき》で、旧幕府軍《きゅうばくふぐん》の軍艦《かん》が破壊《はかい》された（箱館湾海戦《はこだてわんかいせん》）。

5月、新政府軍《しんせいふぐん》の総攻撃《そうこうげき》がはじまると箱館市街《はこだてしがい》は占領《せんりょう》され、歳三《としぞう》は戦死《せんし》した。武揚《たけあき》は降伏《こうふく》し、1年半にわたる戊辰戦争《ぼしんせんそう》が終わった。

ビジュアル資料《しりょう》

箱館戦争《はこだてせんそう》をえがいた絵

新政府軍《しんせいふぐん》の軍艦《ぐんかん》が激《はげ》しく砲撃《ほうげき》している様子がわかる。

五稜郭《ごりょうかく》 1864年に幕府《ばくふ》がつくった日本最初《さいしょ》の西洋式城郭《じょうかく》。箱館戦争《はこだてせんそう》では、武揚《たけあき》らの本拠地《ほんきょち》となった（北海道《ほっかいどう》）。

なるほどエピソード

片腕《かたうで》で最期《さいご》まで戦《たたか》った伊庭八郎《いばはちろう》!!

剣術道場《けんじゅつどうじょう》の子に生まれた伊庭八郎《いばはちろう》は剣術《けんじゅつ》の腕《うで》を見こまれ、幕府《ばくふ》に仕えた。戊辰戦争《ぼしんせんそう》では旧幕府軍《きゅうばくふぐん》に参加《さんか》したが、箱根《はこね》（神奈川県《かながわけん》）で左手首を切られる重傷《じゅうしょう》を負った。その後も右腕《みぎうで》だけで戦《たたか》い続《つづ》け、最期《さいご》は箱館戦争《はこだてせんそう》で自害《じがい》した。

伊庭八郎《いばはちろう》（1844～1869）　「競勢酔虎伝 伊場七郎」東京都立中央図書館特別文庫室所蔵

知って
おどろき!
幕末《ばくまつ》!

幕《ばく》末《まつ》・維《い》新《しん》期《き》に来日した外国人!!

日本人と交流した外国人の中には、日本の歴史《れきし》に名前を残《のこ》した者たちもいた。

亀山社中《かめやましゃちゅう》に武器《ぶき》を売った商人

グラバー

(1838~1911)

1859年に来日したイギリス人で、長崎《ながさき》にグラバー商会を設立《せつりつ》した。坂本龍馬《さかもとりょうま》の亀山社中《かめやましゃちゅう》に武器《ぶき》を売り、薩《さっ》長同盟《ちょうどうめい》の成立《せいりつ》に協力《きょうりょく》した。

肖像《しょうぞう》

長崎大学附属図書館所蔵

発見《はっけん》!

旧《きゅう》グラバー住宅《じゅうたく》

グラバーが住んでいた邸宅《ていたく》で、日本最古《さいこ》の木造《もくぞう》洋風建築《けんちく》(長崎県《ながさきけん》)。

下関《しものせき》戦争《せんそう》をリードする

オールコック

(1809~1897)

1859年に来日したイギリスの外交《がいこう》官《かん》。下関戦争《しものせきせんそう》では連合艦隊《れんごうかんたい》を組織《そしき》し、長州藩《ちょうしゅうはん》に勝利《しょうり》した。

幕府《ばくふ》を支持《しじ》した外交官《がいこうかん》

ロッシュ

(1809~1901)

1864年に来日したフランスの外交官《がいこうかん》で、幕府《ばくふ》を支持《しじ》し、横須《よこす》賀製鉄所《かせいてつしょ》の建設《けんせつ》をたすけた。

クラーク像《ぞう》

「少年よ、大志《たいし》を抱《いだ》け」という言葉を残《のこ》したクラークの像《ぞう》が羊《ひつじ》ヶ《が》丘展望台《おかてんぼうだい》に立つ（北海道《ほっかいどう》）。

「少年よ、大志《たいし》を抱《いだ》け」

クラーク

（1826～1886）

1876年に来日したアメリカの教育家で、札幌農学校《さっぽろのうがっこう》（現《げん》在《ざい》の北海道《ほっかいどう》大学）の教頭になった。キリスト教の精神《せいしん》に基《もと》づく教育をおこなった。

肖像《しょうぞう》

北海道大学附属図書館所蔵

通訳《つうやく》として活躍《かつやく》する

サトウ

（1843～1929）

1862年に来日したイギリス人外交官《がいこうかん》で、通訳《つうやく》として活躍《かつやく》し、日本語の手紙も読むことができた。幕末《ばくまつ》に多くの志士《しし》と交流した。

なるほどエピソード

明治《めいじ》時代初期《しょき》の日本を旅したイザベラ・バード

1878年、イギリス人女性《じょせい》のイザベラ・バードは、46歳《さい》のとき、当時、外国人がほとんど行ったことのない東北《とうほく》地方と北海道《ほっかいどう》を、通訳《つうやく》の日本人男性《だんせい》とふたりだけで旅した。バードが現《あらわ》れた村では野次馬が多く集まったが、物を取られたり、乱暴《らんぼう》されたりしたことは一度もなかったという。バードは旅行記に、「日本ほど女性《じょせい》がひとりで旅しても安全でいられる国はない」と記している。

幕《ばく》末《まつ》おもしろコラム

お姫《ひめ》様《さま》は結《けっ》婚《こん》すると顔が変《か》わった!?

天上眉《てんじょうまゆ》
そり落としたまゆ毛の上に、墨《すみ》でふたつの丸をかいたもの。
唐衣《からぎぬ》
一番外側《そとがわ》に羽織《はお》る色と柄《がら》のある着物。
大垂髪《おすべらかし》
顔の両側《りょうがわ》にボリュームを出し、毛先をまっすぐに垂《た》らす髪型《かみがた》。前髪《まえがみ》部分に飾《かざ》りをつけることもある。

将軍《しょうぐん》との結婚式《けっこんしき》
御《み》台所（将軍《しょうぐん》の妻《つま》）となる女性《じょせい》をえがいた絵。平安《へいあん》時代の貴族《きぞく》のファッションで、天上眉《てんじょうまゆ》がえがかれ、髪《かみ》は大垂髪《おすべらかし》にしている。

一条美賀子《いちじょうみかこ》（徳川慶喜夫人《とくがわよしのぶふじん》）の結婚《けっこん》前後の写真

結婚後《けっこんご》
髪《かみ》は大垂髪《おすべらかし》になり、まゆ毛をそり、天上眉《てんじょうまゆ》をかいている。

結婚前《けっこんまえ》
髪《かみ》を結《ゆ》い上げ、髪飾《かみかざ》りをつけている。まゆ毛はそっていない。

将軍《しょうぐん》や大名《だいみょう》の妻《つま》は平安《へいあん》貴族《きぞく》風になった

江戸《えど》時代、女性《じょせい》は髪《かみ》を結《ゆ》い上げ、かんざしなどで飾《かざ》っていた。しかし、将軍《しょうぐん》や大名《だいみょう》など、身分の高い男性《だんせい》と結婚《けっこん》する「お姫様《ひめさま》」は、平安《へいあん》時代の貴族《きぞく》の女《じょ》性《せい》の髪型《かみがた》である「大垂髪《おすべらかし》」にすることになっていた。

また、まゆ毛をそって（または抜《ぬ》いて）、おでこに墨《すみ》で丸く「天上眉《てんじょうまゆ》」をかかなければならなかった。高い身分であることをひと目で示《しめ》すためのものであったが、人相は大きく変《か》わった。一般《いっぱん》の女性《じょせい》も、結婚《けっこん》して子どもを産《う》むと、まゆ毛をそる（抜《ぬ》く）ことが一般的《いっぱんてき》だった。

5章

明《めい》治《じ》維《い》新《しん》

1868年9月
明治天皇《めいじてんのう》は
京都《きょうと》を出発し、
新しい都となる
東京《とうきょう》へ向かった。
陛下《へいか》
明治天皇《めいじてんのう》
ご覧《らん》ください！
岩倉具視《いわくらともみ》
富士山《ふじさん》で
ございます

話に聞いていたとおり
美しいな
日本一の山でございますから
おそらく、富士《ふじ》をご覧《らん》になった天皇《てんのう》は陛下《へいか》がはじめてでしょう
これから陛下《へいか》は生まれ変《か》わった日本の新しい天皇《てんのう》としてこの国を治《おさ》めるのです
…新しい天皇《てんのう》
そうか…
わたしも富士《ふじ》のようにみなにしたわれる立派《りっぱ》な天皇《てんのう》になりたいものだ
岩倉《いわくら》
富士《ふじ》を題材《だいざい》にした歌をみなで詠《よ》んでみてはどうだ?
それはよいお考えです

新しい都・東京《とうきょう》に
明治天皇《めいじてんのう》を迎《むか》えて、
新政府《しんせいふ》は近代的《きんだいてき》な
国づくりを進めた。
岩倉具視《いわくらともみ》
大久保利通《おおくぼとしみち》
木戸孝允《きどたかよし》
（桂小五郎《かつらこごろう》）
だが西郷隆盛《さいごうたかもり》は
新政府《しんせいふ》に入らず
鹿児島《かごしま》にいた。
じゃあ、必《かなら》ず東京《とうきょう》に来てくれ
わかった
父上…
東京《とうきょう》に行かれるのですか？
隆盛《たかもり》の長男
西郷菊次郎《さいごうきくじろう》
隆盛《たかもり》の次男
西郷寅太郎《さいごうとらたろう》
そうだ
おいに国の改革《かいかく》を手伝《てつだ》ってほしいそうだ
ぱたん
改革《かいかく》？

やるべきことはたくさんあるが
一番重要《じゅうよう》な仕事は…この国の殿様《とのさま》を全員辞《や》めさせることだろうな
ええっ
殿様《とのさま》がいなくなったらどうなるんですか？
せっかく天皇《てんのう》のもとで新しい政府《せいふ》ができたのに
殿様《とのさま》が領地《りょうち》を治《おさ》めたままじゃ困《こま》るんだ
でもまた戦争《せんそう》になるんじゃ…
大丈夫《だいじょうぶ》！争《あらそ》いが起きてもおいが必《かなら》ずおさめる
おいが東京《とうきょう》に行くにはそのためだ！
父上…

廃藩置県《はいはんちけん》の後、
西郷隆盛《さいごうたかもり》は
交流を拒否《きょひ》する
朝鮮《ちょうせん》に乗りこんで、
開国《かいこく》させようとした。
おいが話しに行くっ
ダメ
ダメ
大久保利通《おおくぼとしみち》
岩倉具視《いわくらともみ》
しかし、
大久保利通《おおくぼとしみち》や岩倉具視《いわくらともみ》の
反対により、隆盛《たかもり》の
派遣《はけん》は中止となった。
大久保《おおくぼ》さん
おいは政府《せいふ》を
辞《や》めて鹿児島《かごしま》に
帰る…
西郷《さいごう》さん
辞《や》めなくても
朝鮮《ちょうせん》のことは
もう一度
考え直せば…
伊藤博文《いとうひろぶみ》
また途中《とちゅう》で
投げ出す
悪いくせが
出ましたな
ムッ
フイ
あとのことは
あんたに任《まか》せる
そんな
ことは
知らん！
！

知らんとは何ごとかっ
…っ
プイッ
西郷《さいごう》さん
帰るっ
ドス
ドス
大久保《おおくぼ》さんっ
わかってくれ…
友情《ゆうじょう》を捨《す》てても、この国を守らねばならぬ…
大久保《おおくぼ》さん‥

鹿児島《かごしま》に帰った西郷隆盛《さいごうたかもり》は、「私学校《しがっこう》」をつくって新政府《しんせいふ》に不満《ふまん》をもつ士族《しぞく》をおさえようとした。

しかし新政府《しんせいふ》の利通《としみち》らは私学校《しがっこう》の動きを警戒《けいかい》していた。

1877年1月 鹿児島《かごしま》――

先生っ！先にしかけてきたのは政府《せいふ》の方なんです！

そうです！先生を暗殺《あんさつ》しようとしてたんですっ！

兄上
何をしてるのですか？

しっ
私学校《しがっこう》の者が政府《せいふ》の爆弾《ばくだん》を盗《ぬす》んだんだ
このままだと…

お前たちは何ということをしでかしたのか！

起きてしまったことは、取り返しがつかない…
ついにお前たちに
おいの体をやるときが来たようだ
……
ストンッ
兄上？
父上が…
政府《せいふ》と戦争《せんそう》する…

朝廷《ちょうてい》

明治天皇《めいじてんのう》

立《りっ》憲《けん》君《くん》主《しゅ》として日本を近代国家へと導《みちび》いた天《てん》皇《のう》

新政府《しんせいふ》の基本方針《きほんほうしん》を発表し、明治《めいじ》時代をリードする

1867年、孝明天皇《こうめいてんのう》が亡《な》くなり、明治天皇《めいじてんのう》は16歳《さい》で位《くらい》についた。幕府《ばくふ》からの「大政奉還《たいせいほうかん》」を受け入れた朝廷《ちょうてい》は、「王政復古《おうせいふっこ》の大号令《だいごうれい》」を発表し、新《しん》政府《せいふ》が誕生《たんじょう》した。

翌年《よくとし》3月、明治天皇《めいじてんのう》は「五箇条《ごかじょう》の誓《せい》文《もん》」を発表した。これは明治天皇《めいじてんのう》が神に誓《ちか》う形で示《しめ》した5つの条文《じょうぶん》で、議《ぎ》会《かい》を設置《せっち》することや、古い習慣《しゅうかん》をやめて新しい知識《ちしき》を世界から学ぶことなど、新政府《しんせいふ》の基本方針《きほんほうしん》を明らかにするものだった。ちょうどこの日、江戸《えど》では勝海舟《かつかいしゅう》と西郷隆盛《さいごうたかもり》が会談し、江戸《えど》城《じょう》の明け渡《わた》しが決まった。

若《わか》い天皇《てんのう》のために、西郷隆盛《さいごうたかもり》は、剣《けん》豪《ごう》・山岡鉄舟《やまおかてっしゅう》を側《そば》に仕《つか》えさせた。明《めい》治《じ》天皇《てんのう》は、いつも落ち着いた態度《たいど》の鉄《てっ》舟《しゅう》を信頼《しんらい》した。鉄舟《てっしゅう》も、皇居《こうきょ》が火事になったときに、いち早くかけつけるなど、命をかけて天皇《てんのう》を守る覚悟《かくご》だった。

「明治天皇紀附図 五箇條御誓文」宮内庁所蔵

五箇条《ごかじょう》の誓文《せいもん》

1868年、明治天皇《めいじてんのう》は新政府《しんせいふ》の5つの基本方針《きほんほうしん》を発表した。

明治《めいじ》のきずな

「痛《いた》い」と言ったら隆盛《たかもり》に怒《おこ》られた!?

東京《とうきょう》に来た明治天皇《めいじてんのう》が乗馬をしていたとき、馬から落ち、思わず「痛《いた》い」と言った。それを聞いた西郷隆盛《さいごうたかもり》は、「男が〝痛《いた》い〟などと言うものではありません」と、しかりつけたそうだ。天《てん》皇《のう》は、そんな武士《ぶし》らしい隆盛《たかもり》が大好《だいす》きだったという。

明治天皇《めいじてんのう》

肖像《しょうぞう》

出身地《しゅっしんち》

京《きょう》(現在《げんざい》の京都市《きょうとし》)

生年月日《せいねんがっぴ》

1852年9月22日

死亡年月日《しぼうねんがっぴ》

1912年7月30日

享年《きょうねん》

61歳《さい》(病死)

主義《しゅぎ》

肩書《かたがき》

・122代天皇《てんのう》

名言《めいげん》

朕《ちん》は辞表《じひょう》は出されず

意味 (どんなに天皇《てんのう》を辞《や》めたいと思っても)わたしは辞表《じひょう》を出すわけにはいかない。

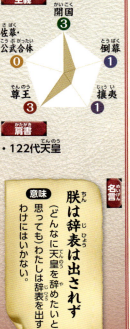

大《だい》日《に》本《ほん》帝《てい》国《こく》憲《けん》法《ぽう》によって日本の主《しゅ》権《けん》者《しゃ》となる

ビジュアル資料《しりょう》

江戸城《えどじょう》に向かう天皇《てんのう》

1868年、天皇《てんのう》は京都《きょうと》から江戸城《えどじょう》に移《うつ》った。天皇は「江戸城《えどじょう》は広いな」と第一印象《いんしょう》を語ったそうだ。

1868年9月、明治天皇《めいじてんのう》は元号《げんごう》を「明治《めいじ》」と改《あらた》め、京都《きょうと》から「東京《とうきょう》」と名称《めいしょう》が変《か》わった江戸《えど》に移《うつ》り、江戸城《えどじょう》に入った。さらに天皇《てんのう》は日本各地《かくち》を回って国《こく》民《みん》に自分の姿《すがた》を見せ、政治体制《せいじたいせい》が変《か》わったことを印象《いんしょう》づけた。これは天皇《てんのう》自身にとっても、国民《こくみん》と対面するよい機会《きかい》となった。

1873年、朝鮮《ちょうせん》を武力《ぶりょく》で開国《かいこく》させようとする「征韓論《せいかんろん》」をめぐり、政府内《せいふない》で対立が起こった。西郷隆盛《さいごうたかもり》は朝鮮《ちょうせん》へ乗りこんで話し合いをすることを主張《しゅちょう》したが、大久保利通《おおくぼとしみち》(➡P268)らに大反対された。そこで明治天皇《めいじてんのう》は、「天皇《てんのう》の命令《めいれい》」として隆盛《たかもり》が朝鮮《ちょうせん》へ行くのを止めさせた。このため隆盛《たかもり》は政府《せいふ》を去り、その後、西南戦争《せいなんせんそう》を起こした。明治天皇《めいじてんのう》は隆盛《たかもり》が自害《じがい》した知らせを聞き、心からくやんだという。

大《だい》日《に》本《ほん》帝《てい》国《こく》憲《けん》法《ぽう》により日本の主《しゅ》権《けん》者《しゃ》となる

1889年、東アジア初《はつ》の近代憲法《けんぽう》である大日本帝国憲法《だいにほんていこくけんぽう》が公布《こうふ》された。これは、天皇《てんのう》の権限《けんげん》が強い憲法《けんぽう》だった。明治天皇《めいじてんのう》は日本の主権者《しゅけんしゃ》となり、法律《ほうりつ》をつくる権利《けんり》や、外国と条約《じょうやく》を結《むす》ぶ権利《けんり》、戦争《せんそう》をはじめたり軍隊《ぐんたい》を指揮《しき》したりする権利《けんり》をもつことになった。

翌年《よくとし》、第1回帝国議会《ていこくぎかい》が開かれると、新政府《しんせいふ》と政党《せいとう》は、しばしば対立した。そんなとき明治天皇《めいじてんのう》は、間に入って大きなもめごとにならないように気を配ったという。日清《にっしん》・日露戦争《にちろせんそう》では

ビジュアル資料《しりょう》

明治天皇像《めいじてんのうぞう》

軍服《ぐんぷく》を着た明治天皇《めいじてんのう》を日本画の技法《ぎほう》でえがいたもの。天皇《てんのう》は写真をとられるのが苦手だったそうだ。

発見《はっけん》!

伏見桃山陵《ふしみももやまりょう》
61歳《さい》で亡《な》くなった明治天皇《めいじてんのう》の陵墓《りょうぼ》(京都府《きょうとふ》)。

戦争《せんそう》を指導《しどう》し、勝利《しょうり》に力を尽《つ》くした。明治天皇《めいじてんのう》は、西洋風の習慣《しゅうかん》を進んで広める一方、毎日のように和歌をよみ、その数は生涯《しょうがい》で10万首におよんだ。日常《にちじょう》生活は質素《しっそ》であることに努《つと》めた。寒い日でも火鉢《ひばち》ひとつですごし、暑い日でも上着を着て仕事をするなど、自分にきびしい人だった。

明治天皇《めいじてんのう》が亡《な》くなると、海外でも大きなニュースとして取り上げられた。これは、日本が西洋諸国《しょこく》の仲間《なかま》入《い》りを果《は》たした証拠《しょうこ》であった。

なるほどエピソード

電灯《でんとう》がきらいでろうそくを使っていた!?

天皇《てんのう》は電灯《でんとう》がきらいだったので、部屋の灯《あか》りにはろうそくが使われた。このため部屋は、ろうそくの煤《すす》で黒っぽかったという。天皇《てんのう》はろうそくを点《つ》けたり消したりして女官《にょかん》たちをからかって楽しんでいたそうだ。

戦争《せんそう》がきらい!!

明治天皇《めいじてんのう》は戦争《せんそう》が大きらいだった。
なんとか戦争《せんそう》をさけられないのか?
しかたありません
戦場《せんじょう》の兵士《へいし》たちをとても心配していた。
戦地《せんち》の米に砂《すな》が混《ま》じっているというが、大丈夫《だいじょうぶ》なのか?
大丈夫《だいじょうぶ》です。ご安心ください!
戦闘《せんとう》のときは、真冬でもストーブを使わなかった。
戦場《せんじょう》にストーブはない…。兵士《へいし》たちはもっと寒い思いをしている…
わが軍《ぐん》の大勝利《だいしょうり》です!
うむ
何人の兵士《へいし》たちが死んだのか…
勝利《しょうり》の報告《ほうこく》を聞いても、表情《ひょうじょう》を変《か》えなかったという。

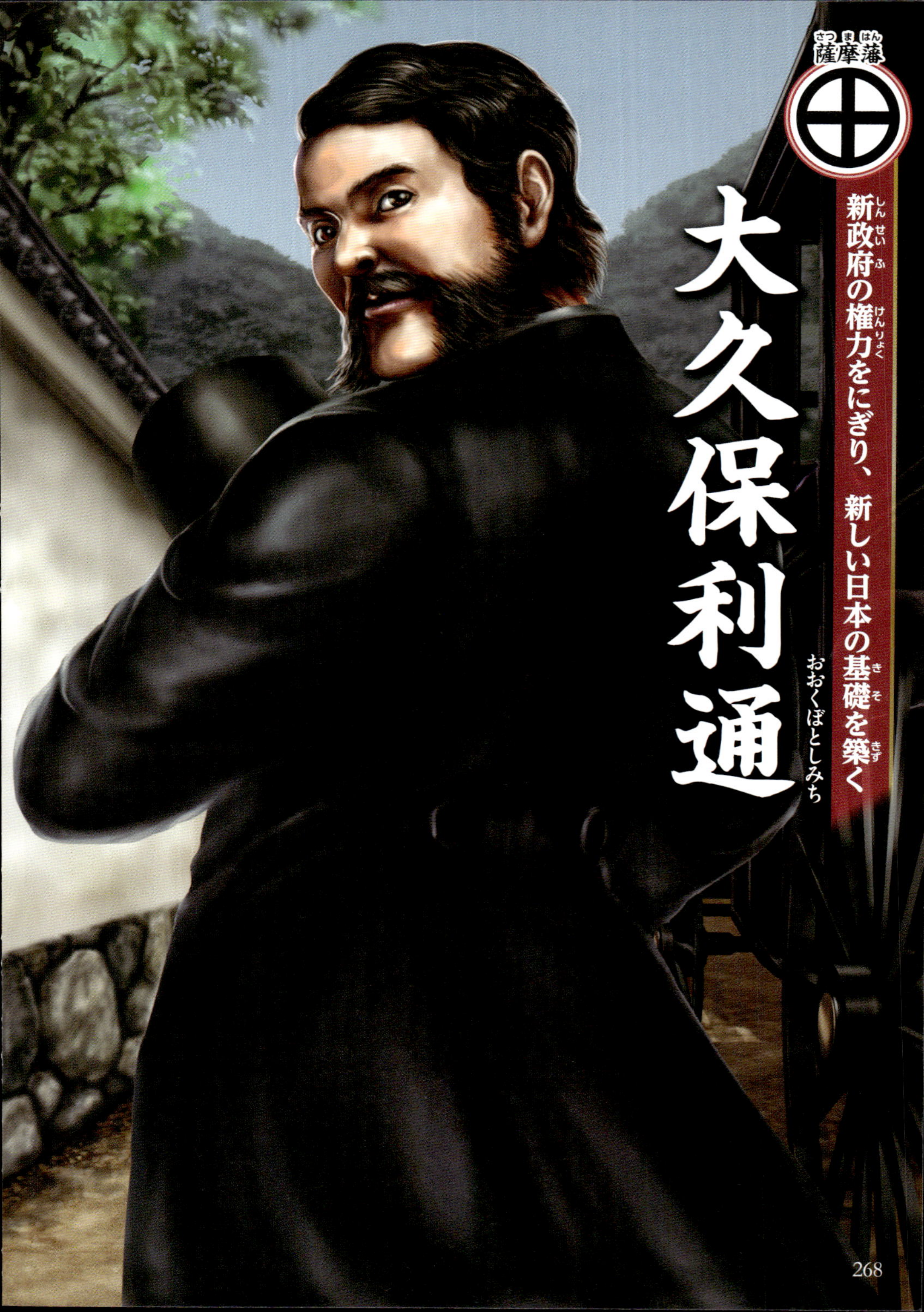

薩《さつ》摩《ま》藩《はん》

大久保利通《おおくぼとしみち》

新《しん》政《せい》府《ふ》の権力《けんりょく》をにぎり、新しい日本の基《き》礎《そ》を築《きず》く

島津《しまづ》久光《ひさみつ》のもと薩摩《さつま》藩《はん》を代表する実力者に出世する

薩摩藩《さつまはん》(現在《げんざい》の鹿児島県《かごしまけん》)の下級藩士《はんし》の子として生まれた大久保利通《おおくぼとしみち》は、近所に住んでいた3歳《さい》上の西郷隆盛《さいごうたかもり》と仲《なか》がよかった。武芸《ぶげい》は苦手だったが、学問は優秀《ゆうしゅう》だったといわれる。

利通《としみち》は17歳《さい》のとき藩《はん》の役人となるが、2年後、父が藩主《はんしゅ》の後継《あとつ》ぎ争《あらそ》いに巻《ま》きこまれ、追放された。利通《としみち》も役人を辞《や》めさせられ、苦しい生活を送った。島津斉彬《しまづなりあきら》が藩主《はんしゅ》になると役人にもどり、斉彬《なりあきら》の死後、島津久光《しまづひさみつ》(藩主《はんしゅ》の父)に力を認《みと》められ、しだいに薩摩《さつま》藩《はん》を代表する実力者となった。

利通《としみち》は、久光《ひさみつ》のもとで公武合体《こうぶがったい》を進めたが、「幕府《ばくふ》と新しい政治《せいじ》をするのは難《むずか》しい」と考え、1866年、隆盛《たかもり》と協力《きょうりょく》して長州藩《ちょうしゅうはん》(現在《げんざい》の山口県《やまぐちけん》)と同盟《どうめい》を結《むす》び、幕府《ばくふ》を倒《たお》す考えの公家《くげ》・岩倉具視《いわくらともみ》を仲間《なかま》に入れた。こうして薩《さつ》摩《ま》藩《はん》は幕府《ばくふ》を倒《たお》す勢力《せいりょく》に変《か》わった。

利通《としみち》の誕生地《たんじょうち》
利通《としみち》の家は、隆盛《たかもり》の家から約《やく》100mの距離《きょり》にあった(鹿児島県《かごしまけん》)。

なるほどエピソード

利通《としみち》は碁《ご》を利用《りよう》して久光《ひさみつ》に近づいた!?

島津久光《しまづひさみつ》の趣味《しゅみ》が碁《ご》だと知った利通《としみち》は、久光《ひさみつ》に近づくために碁《ご》を習って強くなり、久光《ひさみつ》の相手になって出世した。出世してからも、碁《ご》は利通《としみち》の唯一《ゆいいつ》の趣味《しゅみ》になった。利通《としみち》は碁《ご》で負けると、とても不機嫌《ふきげん》になったそうだ。

大久保利通《おおくぼとしみち》

肖像《しょうぞう》

出身地《しゅっしんち》
薩摩《さつま》(現在《げんざい》の鹿児島県《かごしまけん》)

生年月日《せいねんがっぴ》
1830年8月10日

死亡年月日《しぼうねんがっぴ》
1878年5月14日

享年《きょうねん》
49歳《さい》(暗殺《あんさつ》)

主義《しゅぎ》

肩書《かたがき》
- 薩摩藩士《さつまはんし》
- 新政府《しんせいふ》の内務卿《ないむきょう》

名言《めいげん》
為政清明《いせいせいめい》
意味
政治《せいじ》をおこなう者は、清《きよ》らかで明るい心と態度《たいど》でなければならない。

新政府《しんせいふ》の中心的存在《ちゅうしんてきそんざい》となり富国強兵《ふこくきょうへい》を進める

幕府《ばくふ》を武力《ぶりょく》で倒《たお》そうとする薩摩藩《さつまはん》や長州藩《ちょうしゅうはん》の動きを見て、将軍《しょうぐん》・徳川慶喜《とくがわよしのぶ》は大政奉還《たいせいほうかん》を宣言《せんげん》し、政権《せいけん》を朝廷《ちょうてい》に返した。しかし慶喜《よしのぶ》は、将軍《しょうぐん》を辞《や》めた後、新政府《しんせいふ》に参加《さんか》するつもりだった。

これに対し利通《としみち》は、具視《ともみ》らと協力《きょうりょく》して「王政復古《おうせいふっこ》の大号令《だいごうれい》」を発し、慶喜《よしのぶ》を新政府《しんせいふ》からしめ出した。その後、新政府《しんせいふ》と対立した旧幕府勢力《きゅうばくふせいりょく》を戊辰戦争《ぼしんせんそう》でほろぼし、新政府《しんせいふ》を確立《かくりつ》した。利通《としみち》は新政府《しんせいふ》の中心人物として、廃藩置県《はいはんちけん》(藩《はん》を廃止《はいし》して府《ふ》や県を置《お》くこと)など、次つぎと改革《かいかく》を実行した。

1871年、利通《としみち》は岩倉具視《いわくらともみ》を中心とした「岩倉使節団《いわくらしせつだん》」に参加《さんか》し、アメリカ・ヨーロッパを見学した。イギリスの工業力や、ドイツの軍事力《ぐんじりょく》などに目を見張《みは》った利通《としみち》は、「日本は一刻《いっこく》も早く発展《はってん》する必要《ひつよう》がある」と感じて帰国した。しかし日本で留守《るす》を守っていた隆盛《たかもり》らは、朝鮮《ちょうせん》に開国《かいこく》を求《もと》める征韓論《せいかんろん》(⬇P280)を主張《しゅちょう》していた。利通《としみち》は「今は国内政治《せいじ》を充実《じゅうじつ》させるべき」と反対し、隆盛《たかもり》らを政府《せいふ》から去らせた。

1873年、利通《としみち》は、国内政治《せいじ》を専門《せんもん》におこなう内務省《ないむしょう》を設《もう》け、権力《けんりょく》を集中させた。利通《としみち》は初代内務卿《しょだいないむきょう》になると、「富国強兵《ふこくきょうへい》」(国を富《と》ませ軍隊《ぐんたい》を強化すること)を目指して、さまざまな政策《せいさく》を実行した。そんな利通《としみち》を独裁的《どくさいてき》だと批判《ひはん》する人もいたが、利通《としみち》は明治《めいじ》時代の日本を強い政治力《せいじりょく》で指導《しどう》し、近代国家「日本」の基礎《きそ》を築《きず》いていった。

1874年に江藤新平《えとうしんぺい》(⬇P282)が佐賀《さが》の乱《らん》を起こすと、徴兵令《ちょうへいれい》(⬇P

発見《はっけん》!

利通《としみち》の銅像《どうぞう》

利通《としみち》はふだんから洋服を着用し、髪《かみ》はポマード(整髪料《せいはつりょう》)で整えていたそうだ(鹿児島県《かごしまけん》)。

幕末《ばくまつ》のきずな

利通《としみち》は隆盛《たかもり》に「一緒《いっしょ》に死のう」と言った!?

1862年、隆盛《たかもり》は久光《ひさみつ》の怒《いか》りを買い、処罰《しょばつ》を受けることになった。久光《ひさみつ》に絶望《ぜつぼう》した利通《としみち》は、隆盛《たかもり》を海岸に呼《よ》び出して、「一緒《いっしょ》に死のう」と言ったという。しかし隆盛《たかもり》は、「がまんして生きよう」と、利通《としみち》をはげましたそうだ。

ビジュアル資料《しりょう》

利通《としみち》の肖像画《しょうぞうが》

利通《としみち》は暗殺《あんさつ》されることも覚悟《かくご》して、新しい日本の基礎《きそ》づくりに全力を尽《つ》くした。ひげは明《めい》治《じ》時代になってから生やした。

278)で組織《そしき》された鎮台兵《ちんだいへい》を率《ひき》いて、これをしずめ、新平《しんぺい》を捕《と》らえて処刑《しょけい》した。1877年、西南戦争《せいなんせんそう》(➡P298)が起きたとき、利通《としみち》は反乱軍《はんらんぐん》に隆盛《たかもり》は参加《さんか》していないと信《しん》じていたが、隆盛《たかもり》の参加《さんか》が確実《かくじつ》になると、「そうであったか」と言って、涙《なみだ》を流した。それでも利通《としみち》は、新政府軍《しんせいふぐん》の指揮《しき》を取り、反乱《はんらん》をしずめた。

しかし、1878年、利通《としみち》のやり方に不満《ふまん》をもつ士族《しぞく》(元武士《もとぶし》)におそわれ、暗殺《あんさつ》された(紀尾井坂《きおいざか》の変《へん》)。

トンデモ伝説《でんせつ》!

借金《しゃっきん》をしてまで公共《こうきょう》事業をした!?

利通《としみち》は、予算はつかなかったが、必《ひつ》要《よう》だと思った公共《こうきょう》事業には借金《しゃっきん》をしてお金を出していた。このため死後に残《のこ》っていた財産《ざいさん》は140円しかなく、借金《しゃっきん》は8000円(約《やく》2億《おく》円)も残《のこ》っていたそうだ。

威厳《いげん》がありすぎ!!

長州藩《ちょうしゅうはん》

伊藤博文《いとうひろぶみ》

倒《とう》幕《ばく》運動に参《さん》加《か》し、初《しょ》代《だい》内《ない》閣《かく》総《そう》理《り》大《だい》臣《じん》となる

伊藤博文《いとうひろぶみ》

肖像《しょうぞう》

出身地《しゅっしんち》

周防《すおう》（現在《げんざい》の山口県《やまぐちけん》）

生年月日《せいねんがっぴ》

1841年9月2日

死亡年月日《しぼうねんがっぴ》

1909年10月26日

享年《きょうねん》

69歳《さい》（暗殺《あんさつ》）

主義《しゅぎ》

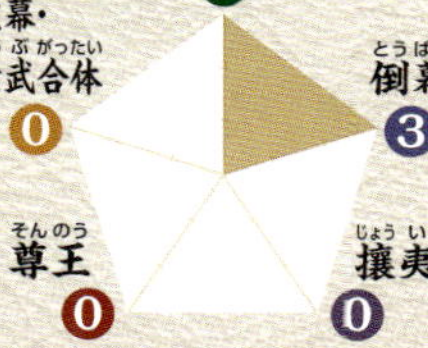

肩書《かたがき》

- 長州藩士《ちょうしゅうはんし》
- 初代内閣総理大臣《しょだいないかくそうりだいじん》

名言《めいげん》

現在《げんざい》の日本は地平線から出たばかりの太陽である。

※岩倉使節団《いわくらしせつだん》としてアメリカに渡《わた》ったときの演説《えんぜつ》。

イギリスに留学《りゅうがく》して攘夷派《じょういは》から開国派《かいこくは》になる

伊藤博文《いとうひろぶみ》は、長州藩《ちょうしゅうはん》（現在《げんざい》の山口《やまぐち》県《けん》）の農民《のうみん》だったが、14歳《さい》のとき、足《あし》軽《がる》（身分の低《ひく》い武士《ぶし》）になった。17歳《さい》のとき松下村塾《しょうかそんじゅく》に入って学んだが、身分が低《ひく》いことに引け目を感じ、最初《さいしょ》は塾《じゅく》の外で立ち聞きしていたという。

その後、攘夷派《じょういは》の志士《しし》となり、イギリス大使館に放火したりしたが、1863年、井上馨《いのうえかおる》（➡P314）らとイギリスへ留学《りゅうがく》すると、西洋の進んだ社会を見ておどろき、開国派《かいこくは》になった。翌年《よくとし》、西洋諸国《しょこく》の連合艦隊《れんごうかんたい》が長州藩《ちょうしゅうはん》を攻撃《こうげき》するつもりであることを知った博文《ひろぶみ》は、急いで帰国し、戦争《せんそう》を止めようとした。しかし説得《せっとく》に失敗《しっぱい》し、長州藩《ちょうしゅうはん》は大敗《たいはい》した。さらに第一次長州征伐《ちょうしゅうせいばつ》を受けた長州藩《ちょうしゅうはん》は幕府《ばくふ》に降伏《こうふく》し、幕府《ばくふ》に従《したが》う勢力《せいりょく》が権力《けんりょく》をにぎった。これを認《みと》めない高杉晋作《たかすぎしんさく》が反《はん》乱《らん》を起こすと、博文《ひろぶみ》は約《やく》80名の仲間《なかま》を率《ひき》いてかけつけ、ともに戦《たたか》った。

博文《ひろぶみ》の旧宅《きゅうたく》

博文《ひろぶみ》が14歳《さい》から住んだ家で、ここから松下村塾《しょうかそんじゅく》に通った（山口県《やまぐちけん》）。

なるほどエピソード

晋作《しんさく》の反乱軍《はんらんぐん》に一番先に参加《さんか》した!?

1864年、高杉晋作《たかすぎしんさく》が長州藩《ちょうしゅうはん》に反乱《はんらん》を起こした。晋作《しんさく》の反乱軍《はんらんぐん》に加《くわ》わる者はいなかったが、博文《ひろぶみ》は力士《りきし》隊《たい》（相撲《すもう》取《と》りによる部隊《ぶたい》）を率《ひき》いて、一番先にかけつけた。後に博文《ひろぶみ》は、このことを「わたしの人生で唯一《ゆいいつ》誇《ほこ》れることだ」と語っている。

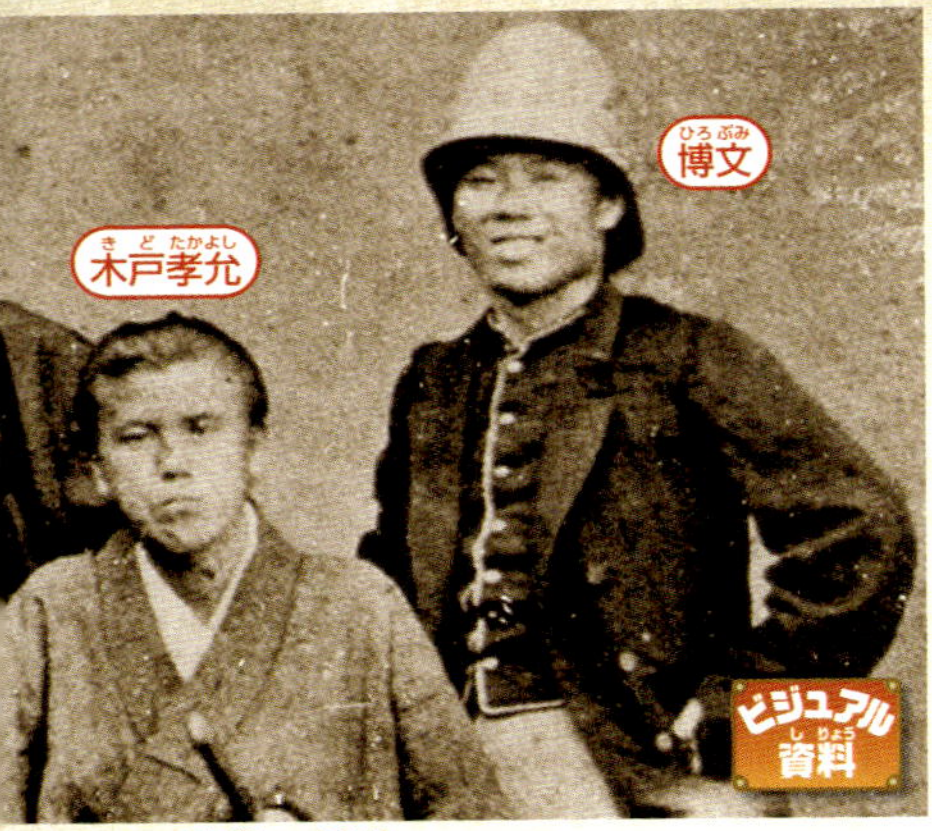

博文《ひろぶみ》と孝允《たかよし》

博文《ひろぶみ》は同じ長州藩《ちょうしゅうはん》出身の木戸孝允《きどたかよし》の後押《あとお》しによって、新政府《しんせいふ》で出世した。

孝允《たかよし》や利通《としみち》の死後、新政府《しんせいふ》の中心人物となる

晋作《しんさく》は反乱《はんらん》を起こして長州藩《ちょうしゅうはん》の実権《じっけん》をにぎるが、2年後に病死した。博文《ひろぶみ》は桂小五郎《かつらこごろう》（木戸孝允《きどたかよし》）のもとで外国から最新式《さいしんしき》の武器《ぶき》を買う仕事などをした。幕府《ばくふ》がほろびて、新政府《しんせいふ》が成立《せいりつ》すると、博文《ひろぶみ》は孝允《たかよし》の後押《あとお》しを受けて新《しん》政府《せいふ》に入った。博文《ひろぶみ》は英語《えいご》を話せることを買われて、大事な仕事を任《まか》されるようになった。

1871年、博文《ひろぶみ》は岩倉具視《いわくらともみ》が率《ひき》いる「岩倉使節団《いわくらしせつだん》」に参加《さんか》し、孝允《たかよし》や大久《おおく》保《ぼ》利通《としみち》らと、西洋諸国《しょこく》を見学した。この旅行を通じて、博文《ひろぶみ》は利通《としみち》や具視《ともみ》と仲《なか》よくなり、「日本は国力を充実《じゅうじつ》させるべき」と考えるようになった。ところが帰国すると、西郷隆盛《さいごうたかもり》が征韓論《せいかんろん》（朝鮮《ちょうせん》を武力《ぶりょく》で開国《かいこく》させること）を主張《しゅちょう》していた。博文《ひろぶみ》や利通《としみち》らは征韓論《せいかんろん》に反対し、隆盛《たかもり》らを政府《せいふ》から追放した。

1877年、孝允《たかよし》が病死し、翌年《よくとし》に利通《としみち》が暗殺《あんさつ》されると、博文《ひろぶみ》は新政府《しんせいふ》の指導者《しどうしゃ》の立場になった。1885年、博文《ひろぶみ》は初代内閣総理大臣《しょだいないかくそうりだいじん》となり、その後、合計4回も総理大臣《そうりだいじん》をつとめた。

博文《ひろぶみ》は憲法《けんぽう》を定めるときにも、中心的《てき》な役割《やくわり》をはたした。ヨーロッパで各国《かっこく》の憲法《けんぽう》を学んだ博文《ひろぶみ》は、皇帝《こうてい》の権《けん》限《げん》が強いドイツの憲法《けんぽう》が日本に合っていると感じ、これを参考《さんこう》に、天皇《てんのう》の権《けん》限《げん》が強い憲法案《けんぽうあん》をつくった。そして枢《すう》密院《みついん》の議長《ぎちょう》として、内容《ないよう》を決めていった。こうして1889年、大日本帝国《だいにほんていこく》憲法《けんぽう》が発布《はっぷ》された。翌年《よくとし》には、第1回

枢密院憲法会議《すうみついんけんぽうかいぎ》

1888年、枢密院《すうみついん》の議長《ぎちょう》だった博文《ひろぶみ》は、明治天皇《めいじてんのう》に出席《しゅっせき》してもらい、大日本帝《だいにほんてい》国憲法《こくけんぽう》の内容《ないよう》について話し合いをおこなった。

芸者《げいしゃ》さんが好《す》き!!

日清戦争《にっしんせんそう》の講和会議《こうわかいぎ》

日清戦争《にっしんせんそう》の後、下関《しものせき》(山口県《やまぐちけん》)で仲直《なかなお》りのための会議《かいぎ》が開かれ、博文《ひろぶみ》は日本の代表をつとめた。

帝国議会《ていこくぎかい》(国会)が開かれた。

　1894年、清《しん》(中国《ちゅうごく》)と日清戦争《にっしんせんそう》が起こり、日本は勝利《しょうり》した。仲直《なかなお》りの会《かい》議《ぎ》に日本代表として出席《しゅっせき》した博文《ひろぶみ》は、下関条約《しものせきじょうやく》を結《むす》ぶなどして活躍《かつやく》した。

　1904年にはじまった日露戦争《にちろせんそう》にも勝利《しょうり》し、朝鮮《ちょうせん》半島へ勢力《せいりょく》を広げた日本は、1905年、朝鮮《ちょうせん》(大韓帝国《だいかんていこく》)を支配《しはい》するために「統監府《とうかんふ》」を置《お》いた。博《ひろ》文《ぶみ》は統監府《とうかんふ》の長官《ちょうかん》に選《えら》ばれたが、その4年後、朝鮮《ちょうせん》の独立《どくりつ》運動家・安重根《あんじゅうこん》に暗殺《あんさつ》された。

なるほどエピソード

博文《ひろぶみ》がランドセルをはじめてつくらせた!?

　現在《げんざい》のような革製《かわせい》のランドセルは、1887年、博文《ひろぶみ》が小学校に入学する大正天皇《たいしょうてんのう》のために特別《とくべつ》につくらせたものが最初《さいしょ》という。軍人《ぐんじん》が背負《せお》う鞄《かばん》をまねてつくらせたそうだ。

越前藩《えちぜんはん》

五箇条《ごかじょう》の誓文《せいもん》の原案《げんあん》をつくる

由利公正《ゆりきみまさ》

出身地《しゅっしんち》	越前《えちぜん》（現在《げんざい》の福井県《ふくいけん》）
生年月日《せいねんがっぴ》	1829年11月11日
死亡年月日《しぼうねんがっぴ》	1909年4月28日
享年《きょうねん》	81歳《さい》（病死）
肩書《かたがき》	越前藩士《えちぜんはんし》・元老院議官《げんろういんぎかん》

肖像《しょうぞう》

越前藩《えちぜんはん》で政治改革《せいじかいかく》を成功《せいこう》させ新政府《しんせいふ》で財政《ざいせい》を担当《たんとう》する

「三岡八郎《みつおかはちろう》」の名でも知られる由利公正《ゆりきみまさ》は、越前藩士《えちぜんはんし》の家に生まれ、横井小楠《よこいしょうなん》から財政《ざいせい》について学んだ。財政能力《ざいせいのうりょく》を身につけた公正《きみまさ》は、藩主《はんしゅ》・松平春嶽《まつだいらしゅんがく》に認《みと》められ、同じ越前藩士《えちぜんはんし》・橋本左内《はしもとさない》と協力《きょうりょく》して政治改革《せいじかいかく》をおこなった。産業《さんぎょう》を発展《はってん》させて財政《ざいせい》を立て直すことをねらい、オランダに生糸を輸出《ゆしゅつ》した。

公正《きみまさ》は、福井《ふくい》を訪《おとず》れた坂本龍馬《さかもとりょうま》と会い、将来《しょうらい》の日本が取るべき経済政策《けいざいせいさく》を話し合った。能力《のうりょく》を認《みと》め合ったふたりは親友になった。幕府《ばくふ》が倒《たお》れた後、龍馬《りょうま》の推薦《すいせん》で新政府《しんせいふ》に入った公正《きみまさ》は、政府《せいふ》の基本方針《きほんほうしん》として「議事之体大意《ぎじのていだいい》」をまとめた。これを木戸孝允《きどたかよし》らが修正《しゅうせい》して「五箇条《ごかじょう》の誓文《せいもん》」として発表した。

また公正《きみまさ》は、越前藩《えちぜんはん》での経験《けいけん》を頼《たよ》りにされ、新政府《しんせいふ》の財政《ざいせい》を任《まか》された。その後、1871年には、東京府知事《とうきょうふちじ》になった。当時東京《とうきょう》は、木造《もくぞう》家屋が多く、火事が多かった。公正《きみまさ》はレンガづくりの建物《たてもの》を多く建《た》てるようにし、火事を減《へ》らすことに努《つと》めた。

公正《きみまさ》は岩倉使節団《いわくらしせつだん》にも参加《さんか》し、ヨーロッパやアメリカへ渡《わた》って議会制度《ぎかいせいど》などを学んだ。帰国後は板垣退助《いたがきたいすけ》らと国会開設《かいせつ》を求《もと》めて「民撰議院設立建白書《みんせんぎいんせつりつけんぱくしょ》」を新政府《しんせいふ》に提出《ていしゅつ》した。その後、議会《ぎかい》ができると議員《ぎいん》としても活躍《かつやく》した。

龍馬《りょうま》と会う公正《きみまさ》

大政奉還《たいせいほうかん》が実現《じつげん》した後、坂本龍馬《さかもとりょうま》は新政府《しんせいふ》の財政《ざいせい》について相談するため、越前《えちぜん》に来て公正《きみまさ》に会った。

紀州藩《きしゅうはん》

陸奥宗光《むつむねみつ》

新政府《しんせいふ》の外交政策《せいさく》で活躍《かつやく》する

外務大臣《がいむだいじん》に任命《にんめい》されて不平等条約《ふびょうどうじょうやく》を改正《かいせい》する

陸奥《むつ》宗光《むねみつ》は、紀州藩《きしゅうはん》(現在《げんざい》の和歌山《わかやま》県《けん》)藩士《はんし》の子として生まれた。尊王攘夷《そんのうじょうい》派《は》の志士《しし》として活動をはじめ、江戸《えど》へ出て坂本龍馬《さかもとりょうま》や木戸孝允《きどたかよし》と交流した。勝海舟《かつかいしゅう》のつくった神戸《こうべ》海軍操練所《かいぐんそうれんじょ》に入って海軍《かいぐん》の訓練《くんれん》を受け、龍馬《りょうま》のつくった海運会社・亀山社中《かめやましゃちゅう》(海援隊《かいえんたい》)に加《くわ》わった。龍馬《りょうま》からは、「刀を差《さ》さなくても食べていけるのは、わしと宗光《むねみつ》だけだ」と、その才能《さいのう》を評価《ひょうか》された。

宗光《むねみつ》は新政府《しんせいふ》に入って活躍《かつやく》したが、薩摩藩《さつまはん》(現在《げんざい》の鹿児島県《かごしまけん》)や長州藩《ちょうしゅうはん》(現在《げんざい》の山口県《やまぐちけん》)の出身者ばかりが出世する「藩閥政治《はんばつせいじ》」に反発し、そのため罰《ばつ》を受けてろうやに入れられた。罪《つみ》を許《ゆる》された宗光《むねみつ》は、伊藤博文内閣《いとうひろぶみないかく》の外務大臣《がいむだいじん》に任命《にんめい》された。当時の新政府《しんせい》府《ふ》は、幕末《ばくまつ》に幕府《ばくふ》が外国と結《むす》んだ不平等条約《ふびょうどうじょうやく》に苦しんでいた。宗光《むねみつ》はねばり強く交渉《こうしょう》し、すべての国との不平等条約《ふびょうどうじょうやく》を改正《かいせい》することに成功《せいこう》した。

出身地《しゅっしんち》	紀伊《きい》(現在《げんざい》の和歌山県《わかやまけん》)
生年月日《せいねんがっぴ》	1844年7月7日
死亡年月日《しぼうねんがっぴ》	1897年8月24日
享年《きょうねん》	54歳《さい》(病死)
肩書《かたがき》	海援隊士《かいえんたいし》・外務大臣《がいむだいじん》

肖像《しょうぞう》

なるほどエピソード

宗光《むねみつ》は龍馬《りょうま》のかたきうちをした!?

紀州藩《きしゅうはん》は、海援隊《かいえんたい》の船を沈没《ちんぼつ》させて多額《たがく》の賠償金《ばいしょうきん》を支払《しはら》っていた。龍馬《りょうま》が暗殺《あんさつ》されたことを知った宗光《むねみつ》は、犯人《はんにん》は賠償金《ばいしょうきん》のうらみをもつ紀州藩士《きしゅうはんし》・三浦安《みうらやすし》だと考えた。そして仲間《なかま》と一緒《いっしょ》に、安《やすし》たちがいる宿に切りこんだが、顔を傷《きず》つけただけで、にげられた。

知っておどろき！明治《めいじ》！

これが明治《めい》維《い》新《しん》の大《だい》改《かい》革《かく》だ!!

名字《みょうじ》もつけられるようになったぞ！
どんな職業《しょくぎょう》についてもよくなったんだ！

身分制《みぶんせい》

江戸《えど》時代の武士《ぶし》・農民《のうみん》・職人《しょくにん》・商人の身分制度《せいど》が廃止《はいし》され、新しい階級がつくられた。

新しい階級
華族《かぞく》（公家《くげ》・大名《だいみょう》）
士族《しぞく》（武士《ぶし》）
平民《へいみん》（農民《のうみん》・職人《しょくにん》・商人）

いいから買え！
そんなにいばらなくても…

士族《しぞく》の商売

士族《しぞく》には新政府《しんせいふ》からお金が支払《しはら》われていたが、1876年に廃止《はいし》された。このため、慣《な》れない商売をはじめて失敗《しっぱい》する士族《しぞく》も多くいた。

徴兵令《ちょうへいれい》

20歳《さい》になった男子は、どの階級でも3年間軍隊《ぐんたい》に入らなければいけなくなった。

改革《かいかく》によって庶民《しょみん》の生活が大きく変《か》わる

1868年、新政府《しんせいふ》が成立《せいりつ》し、明治《めいじ》時代がはじまると、西洋にならって政治《せいじ》や社会の改革《かいかく》がはじまった。この一連《いちれん》の改革《かいかく》を「明治維新《めいじいしん》」という。

新政府《しんせいふ》は身分制度《せいど》を改《あらた》め、農民《のうみん》や町人は「平民《へいみん》」となった。武士《ぶし》は「士族《しぞく》」となったが生活に困《こま》る人が多かった。成人男性《せいじんだんせい》はすべて軍隊《ぐんたい》に入ることになった。税制《ぜいせい》も改《あらた》められ、農民《のうみん》は米ではなく、現金《げんきん》で税《ぜい》を納《おさ》めることになった。教育制度《せいど》も新しくなり、全国に小学校が建設《けんせつ》され、6歳《さい》になった子は入学することになった。

これまでお米で払《はら》えばよかったのに…
現金《げんきん》で払《はら》うのはきびしいな…

税制《ぜいせい》

土地の所有者を納税者《のうぜいしゃ》にし、現金《げんきん》で税《ぜい》を納《おさ》めることになった。これを「地租改正《ちそかいせい》」という。

地租改正《ちそかいせい》の内容《ないよう》

- 税率《ぜいりつ》は地価《ちか》（土地の価値《かち》）の3％
- 納税《のうぜい》は米ではなく現金《げんきん》

地租改正反対一揆《ちそかいせいはんたいいっき》

地租改正《ちそかいせい》で負担《ふたん》が大きくなった農民《のうみん》たちは、各地《かくち》で一揆《いっき》を起こした。左の絵は三重県《みえけん》で起きた一揆《いっき》の様子をえがいたもの。

長野県観光機構提供

旧開智学校《きゅうかいちがっこう》

1876年に、地元の住民《じゅうみん》たちがお金を出し合って建《た》てた小学校の校舎《こうしゃ》（長野県《ながのけん》）。

学制《がくせい》

小学校から大学までの学校制度《せいど》が整えられた。

みんな授業料《じゅぎょうりょう》を払《はら》って小学校に通ったんだよ！

小學入門教授圖解第七
御届明治十年　月　日
出版人　小林鉄次郎

小学校の授業風景《じゅぎょうふうけい》

江戸《えど》時代の寺子屋《てらこや》は、先生が生徒《せいと》ひとりひとりに教えていたが、明《めい》治《じ》時代の小学校では、先生が生徒《せいと》たち全員に教えるようになった。

国立教育政策研究所教育図書館所蔵

征《せい》韓《かん》論《ろん》争《そう》が起こる

激《はげ》しく議論《ぎろん》する隆盛《たかもり》と利通《としみち》

「自分が朝鮮《ちょうせん》へ派遣《はけん》されることは決まったことだ」と訴《うった》える隆盛《たかもり》に対し、利通《としみち》は「朝鮮《ちょうせん》と戦争《せんそう》になれば日本はほろびる」と反対した。

征《せい》韓《かん》論《ろん》争《そう》に敗《やぶ》れた隆《たか》盛《もり》は新《しん》政《せい》府《ふ》を去る！

隆《たか》盛《もり》は朝《ちょう》鮮《せん》に乗りこんで開《かい》国《こく》させるつもりだった

１８７１年、岩倉具視《いわくらともみ》や大久保《おおくぼ》利通《としみち》らが視察《しさつ》のため西欧《せいおう》に出発し、西郷隆盛《さいごうたかもり》や板垣退助《いたがきたいすけ》らは、留守《るす》を任《まか》された。この頃《ころ》、日本では「朝鮮《ちょうせん》を武力《ぶりょく》で開国《かいこく》させるべき（征《せい》韓論《かんろん》）」という主張《しゅちょう》が強くなっていた。退助《たいすけ》は閣議《かくぎ》（最高会議《さいこうかいぎ》）で、「朝鮮《ちょうせん》に軍《ぐん》を送るべき」と訴《うった》えたが、隆盛《たかもり》は反対し、「自分が朝鮮《ちょうせん》に行って開国《かいこく》させる」と主張《しゅちょう》した。これが閣議《かくぎ》で認《みと》められ、隆盛《たかもり》は朝鮮《ちょうせん》に行くことになった。

しかし利通《としみち》や具視《ともみ》らは帰国すると「今は国内の政治《せいじ》を整備《せいび》するべ

関連《かんれん》地図

ビジュアル資料《しりょう》

征韓論争《せいかんろんそう》をえがいた絵

利通《としみち》や具視《ともみ》などが隆盛《たかもり》の朝鮮派遣《ちょうせんはけん》に反対した。

利通《としみち》に別《わか》れを告《つ》げる隆盛《たかもり》

新政府《しんせいふ》の役職《やくしょく》を辞《や》めた隆盛《たかもり》は、利通《としみち》のもとを訪《おとず》れ、「後のことは頼《たの》む」と言った。利通《としみち》は「おいは知らん」と怒《おこ》ったという。

き」と訴《うった》え、隆盛《たかもり》の派遣《はけん》に反対した。両者は激《はげ》しく対立し、太政大臣《だじょうだいじん》・三条実美《さんじょうさねとみ》は心労《しんろう》で倒《たお》れた。実美《さねとみ》の代理となった具視《ともみ》は派遣《はけん》反対の意見を明治天皇《めいじてんのう》に伝《つた》え、これが認《みと》められた。論争《ろんそう》に敗《やぶ》れた隆盛《たかもり》は辞表《じひょう》を出し、鹿児島《かごしま》に帰った。

ウソ！ホント!?

具視《ともみ》は隆盛《たかもり》たちに本気でキレた!?

太政大臣《だじょうだいじん》の代理となった具視《ともみ》のもとに、隆盛《たかもり》や板垣退助《いたがきたいすけ》、江藤新平《えとうしんぺい》らが訪《おとず》れ、「派遣命令《はけんめいれい》を早く出すべきだ」と迫《せま》った。このとき具視《ともみ》は、「おれの目の黒いうちは、あなた方の思いどおりにはさせぬ」と言い放ち、隆盛《たかもり》たちを追い返したそうだ。

肥《ひ》前《ぜん》藩《はん》

江藤新平《えとうしんぺい》

新《しん》政《せい》府《ふ》の司《し》法《ほう》制《せい》度《ど》を整えるが、佐《さ》賀《が》の乱《らん》を起こす

近代的《きんだいてき》な警察《けいさつ》・司法制度《しほうせいど》の確立《かくりつ》に力を尽《つ》くす

江藤新平《えとうしんぺい》は、肥前藩《ひぜんはん》（現在《げんざい》の佐賀県《さがけん》）藩士《はんし》の家に生まれた。幕末期《ばくまつき》は藩主《はんしゅ》・鍋島直正《なべしまなおまさ》に政治的《せいじてき》な活動を制限《せいげん》されていたが、戊辰戦争《ぼしんせんそう》では新政府軍《しんせいふぐん》に参加《さんか》し、さらに「江戸《えど》を『東京《とうきょう》』と改《あらた》めて首都にするべき」と提案《ていあん》した。

新政府《しんせいふ》に入った新平《しんぺい》は、フランスの法律《ほうりつ》を手本にして、日本の法律《ほうりつ》を整えはじめた。1872年に司法卿《しほうきょう》に任命《にんめい》されると、司法制度《しほうせいど》を近代化し、警察《けいさつ》制度《せいど》も整えた。また、わいろをもらった山県有朋《やまがたありとも》（➡P284）や井上馨《いのうえかおる》（➡P314）の責任《せきにん》をきびしく追及《ついきゅう》した。

「皇国一新見聞誌 佐賀の事件」東京都立中央図書館特別文庫室所蔵

ビジュアル資料《しりょう》

佐賀《さが》の乱《らん》

新平《しんぺい》は佐賀《さが》の不平士族《ふへいしぞく》と反乱《はんらん》を起こしたが、新政府軍《しんせいふぐん》に敗《やぶ》れた。

1873年、新平《しんぺい》は征韓論争《せいかんろんそう》に敗《やぶ》れ、西郷隆盛《さいごうたかもり》らと新政府《しんせいふ》を去った。翌《よく》年《とし》、佐賀《さが》にもどった新平《しんぺい》は新政府《しんせいふ》に不《ふ》満《まん》をもつ士族《しぞく》たちにかつがれ、佐賀《さが》の乱《らん》を起こしたが、大久保利通《おおくぼとしみち》が率《ひき》いる新政府軍《しんせいふぐん》に敗《やぶ》れ、処刑《しょけい》された。

なるほどエピソード

新平《しんぺい》は乱《らん》に敗《やぶ》れた後隆盛《たかもり》に会いに行った!?

佐賀《さが》の乱《らん》で新政府軍《しんせいふぐん》に敗《やぶ》れた新平《しんぺい》は、鹿児島県《かごしまけん》までにげて、温泉《おんせん》にいた隆盛《たかもり》に会った。新平《しんぺい》は「薩摩士族《さつましぞく》を率《ひき》いて反乱《はんらん》を起こしてほしい」と訴《うった》えたが隆盛《たかもり》は断《ことわ》った。それでも反乱《はんらん》をすすめる新平《しんぺい》に対し、隆盛《たかもり》は大声でしかりつけたという。

江藤新平《えとうしんぺい》

肖像《しょうぞう》

出身地《しゅっしんち》

肥前《ひぜん》（現在《げんざい》の佐賀県《さがけん》）

生年月日《せいねんがっぴ》

1834年2月9日

死亡年月日《しぼうねんがっぴ》

1874年4月13日

享年《きょうねん》

41歳《さい》（刑死《けいし》）

主義《しゅぎ》

肩書《かたがき》

- 肥前藩士《ひぜんはんし》
- 新政府《しんせいふ》の司法卿《しほうきょう》

名言《めいげん》

誤訳《ごやく》もまた妨《さまた》げず、ただ速訳《そくやく》せよ

意味 多少まちがってもいいので、ただ速く訳《やく》せ。

※フランスの法律《ほうりつ》を翻訳《ほんやく》させたときの言葉。

長州《ちょうしゅう》藩《はん》

山県有朋《やまがたありとも》

新《しん》政《せい》府《ふ》軍《ぐん》の最《さい》高《こう》指《し》導《どう》者《しゃ》になった元《もと》奇《き》兵《へい》隊《たい》の軍《ぐん》監《かん》

軍隊制度《ぐんたいせいど》を整えて内閣総理大臣《ないかくそうりだいじん》をつとめる

長州藩《ちょうしゅうはん》(現在《げんざい》の山口県《やまぐちけん》)の下級藩士《はんし》の子として生まれた山県有朋《やまがたありとも》は、子どものときから槍《やり》のけいこにはげんだ。21歳《さい》のとき松下村塾《しょうかそんじゅく》に入り、吉田松陰《よしだしょういん》から尊王攘夷《そんのうじょうい》の志《こころざし》を受け継《つ》いだ。

1863年、高杉晋作《たかすぎしんさく》が奇兵隊《きへいたい》を結成《けっせい》すると一緒《いっしょ》に参加《さんか》した。その後、晋作《しんさく》が奇兵隊《きへいたい》の総督《そうとく》を辞《や》めさせられると軍監《ぐんかん》(監督《かんとく》)になり、第二次長州征伐《ちょうしゅうせいばつ》では、奇兵隊《きへいたい》を率《ひき》いて戦《たたか》った。戊辰戦争《ぼしんせんそう》では、新政府軍《しんせいふぐん》の参謀《さんぼう》となり、北越戦争《ほくえつせんそう》や会津戦争《あいづせんそう》を戦《たたか》った。新政府《しんせいふ》に入った有朋《ありとも》は、暗殺《あんさつ》された大村益次郎《おおむらますじろう》の後を継《つ》ぎ、軍事制度《ぐんじせいど》の改革《かいかく》を任《まか》され、「徴兵制《ちょうへいせい》」を実現《じつげん》させた。西南戦争《せいなんせんそう》では、新政府軍《しんせいふぐん》の指揮《しき》をとり、尊敬《そんけい》する西郷隆盛《さいごうたかもり》と戦《たたか》った。

その後、陸軍《りくぐん》や内閣《ないかく》の重要《じゅうよう》な役職《やくしょく》につき、内閣総理大臣《ないかくそうりだいじん》を二度つとめ、亡《な》くなるまで強い権力《けんりょく》をもち続《つづ》けた。

ビジュアル資料《しりょう》

奇兵隊《きへいたい》の駐屯所《ちゅうとんじょ》

奇兵隊《きへいたい》の駐屯所《ちゅうとんじょ》は、吉田村《よしだむら》(現在《げんざい》の山口県下関市《やまぐちけんしものせきし》)に置《お》かれていた。

なるほどエピソード

57歳《さい》で日清戦争《にっしんせんそう》の司令官《しれいかん》になった!?

1894年に日清戦争《にっしんせんそう》がはじまると、有朋《ありとも》は57歳《さい》だったが、第一軍《ぐん》の司令官《しれいかん》として中国大陸《ちゅうごくたいりく》に渡《わた》り、作戦《さくせん》を指揮《しき》した。途中《とちゅう》で体調を崩《くず》して日本にもどったが、総理大臣《そうりだいじん》になった後で戦場《せんじょう》に出たのは有朋《ありとも》だけである。

山県有朋《やまがたありとも》

肖像《しょうぞう》

出身地《しゅっしんち》

長門《ながと》(現在《げんざい》の山口県《やまぐちけん》)

生年月日《せいねんがっぴ》

1838年4月22日

死亡年月日《しぼうねんがっぴ》

1922年2月1日

享年《きょうねん》

85歳《さい》(病死)

主義《しゅぎ》

肩書《かたがき》

- 長州藩士《ちょうしゅうはんし》
- 3代内閣総理大臣《ないかくそうりだいじん》

名言《めいげん》

わたしは一介《いっかい》の武弁《ぶべん》にすぎない

意味　わたしは軍務《ぐんむ》にたずさわる役人のひとりにすぎない。

土《と》佐《さ》藩《はん》

谷干城《たにたてき》

西《せい》南《なん》戦《せん》争《そう》で薩《さつ》摩《ま》軍《ぐん》から熊《くま》本《もと》城《じょう》を守り抜《ぬ》く

幕末《ばくまつ》・維新期《いしんき》に数かずの戦場《せんじょう》を経験《けいけん》した軍人《ぐんじん》

谷干城《たにたてき》は、土佐藩《とさはん》(現在《げんざい》の高知県《こうちけん》)の学者の家に生まれ、23歳《さい》のとき江戸《えど》に留学《りゅうがく》した。武市半平太《たけちはんぺいた》と知り合って尊王攘夷派《そんのうじょういは》になったが、1866年、藩《はん》の命令《めいれい》で上海《シャンハイ》(中国《ちゅうごく》)に出張《しゅっちょう》したとき、西洋諸国《しょこく》の実力を知り、攘夷論《じょういろん》を捨《す》てた。長崎《ながさき》にもどった干城《たてき》は、坂本龍馬《さかもとりょうま》や後藤象二郎《ごとうしょうじろう》と交流した。翌年《よくとし》、板垣退助《いたがきたいすけ》らとともに、薩摩藩《さつまはん》(現在《げんざい》の鹿児島県《かごしまけん》)と手を結《むす》び、武力《ぶりょく》で幕府《ばくふ》を倒《たお》すことを目指した。戊辰戦争《ぼしんせんそう》では新政府《しんせいふ》軍《ぐん》に参加《さんか》して東北地方で戦《たたか》った。新政府《しんせいふ》では陸軍《りくぐん》に入り、佐賀《さが》の乱《らん》や台湾出兵《たいわんしゅっぺい》で活躍《かつやく》した後、1876年、熊本鎮台司令長官《くまもとちんだいしれいちょうかん》となった。翌年《よくとし》、西南戦争《せいなんせんそう》がはじまると、薩摩軍《さつまぐん》の激《はげ》しい攻撃《こうげき》から熊本城《くまもとじょう》を守り抜《ぬ》き、新政府軍《しんせいふぐん》に勝利《しょうり》をもたらした。

その後、干城《たてき》は陸軍《りくぐん》を去ったが、1885年、伊藤博文内閣《いとうひろぶみないかく》で農商務大臣《のうしょうむだいじん》となり政治家《せいじか》としても活躍《かつやく》した。

発見《はっけん》!　干城《たてき》の銅像《どうぞう》

熊本城《くまもとじょう》近くの高橋《たかはし》公園に干城《たてき》の銅像《どうぞう》が立っている(熊本県《くまもとけん》)。

ビジュアル資料《しりょう》　西南戦争《せいなんせんそう》

干城《たてき》は約《やく》3500人の兵《へい》で熊本城《くまもとじょう》に立てこもり、52日間薩摩軍《さつまぐん》の猛攻撃《もうこうげき》を防《ふせ》いだ。

谷干城《たにたてき》

肖像《しょうぞう》

出身地《しゅっしんち》

土佐《とさ》(現在《げんざい》の高知県《こうちけん》)

生年月日《せいねんがっぴ》

1837年2月12日

死亡年月日《しぼうねんがっぴ》

1911年5月13日

享年《きょうねん》

75歳《さい》(病死)

主義《しゅぎ》

肩書《かたがき》

- 土佐藩士《とさはんし》
- 熊本鎮台司令長官《くまもとちんだいしれいちょうかん》

名言《めいげん》

行政《ぎょうせい》の害《がい》のうち最大《さいだい》のものは、官僚《かんりょう》が責任《せきにん》を取らないことである。

徳山藩《とくやまはん》
士族《しぞく》の反乱《はんらん》をしずめた新政府軍《しんせいふぐん》の天才軍人《ぐんじん》
児玉源太郎《こだまげんたろう》

児玉源太郎《こだまげんたろう》

肖像《しょうぞう》

出身地《しゅっしんち》

周防《すおう》(現在《げんざい》の山口県《やまぐちけん》)

生年月日《せいねんがっぴ》

1852年2月25日

死亡年月日《しぼうねんがっぴ》

1906年7月23日

享年《きょうねん》

55歳《さい》(病死)

主義《しゅぎ》

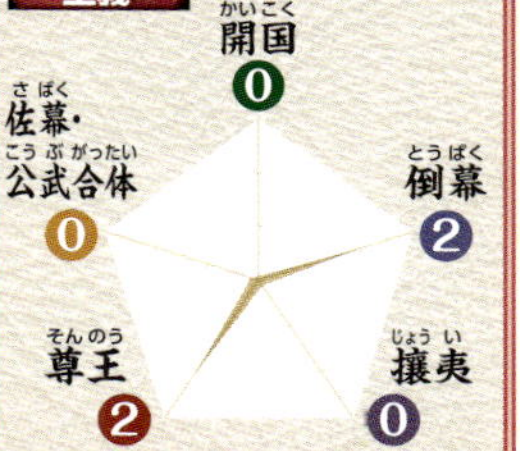

肩書《かたがき》

- 新政府《しんせいふ》の陸軍軍人《りくぐんぐんじん》
- 満州軍参謀総長《まんしゅうぐんさんぼうそうちょう》

名言《めいげん》

帰ってきた決死隊《けっしたい》の姿《すがた》を見ると、ぼろぼろと涙《なみだ》が出て困《こま》った。

※西南戦争《せいなんせんそう》のことを語ったときの言葉。

新政府《しんせいふ》の陸軍軍人《りくぐんぐんじん》として西南戦争《せいなんせんそう》や日露戦争《にちろせんそう》で戦《たたか》う

児玉源太郎《こだまげんたろう》は、徳山藩《とくやまはん》(現在《げんざい》の山口《やまぐち》県《けん》)の藩士《はんし》の子に生まれた。5歳《さい》で父が病死し、児玉家《こだまけ》を継《つ》いだ尊王攘夷派《そんのうじょういは》の義兄《ぎけい》は、藩内《はんない》の佐幕派《さばくは》に暗殺《あんさつ》された。

その後、家を継《つ》いだ源太郎《げんたろう》は、17歳《さい》のとき新政府軍《しんせいふぐん》に入って戊辰戦争《ぼしんせんそう》に参加《さんか》し、箱館戦争《はこだてせんそう》などを戦《たたか》った後、新政府《しんせいふ》の陸軍《りくぐん》に入った。

源太郎《げんたろう》は度胸《どきょう》があり、優《すぐ》れた頭脳《ずのう》と指導力《しどうりょく》を備《そな》えていたので、陸軍《りくぐん》から期待された。1876年に熊本《くまもと》で士族《しぞく》の反乱《はんらん》「神風連《しんぷうれん》の乱《らん》」が起きたとき、すばやい行動で、翌日《よくじつ》に乱《らん》をしずめた。西《せい》南戦争《なんせんそう》では熊本城《くまもとじょう》で長官《ちょうかん》・谷干城《たにたてき》をたすけ、薩摩軍《さつまぐん》の激《はげ》しい攻撃《こうげき》を防《ふせ》いだ。

1904年に日露戦争《にちろせんそう》がはじまると、満州軍総司令官《まんしゅうぐんそうしれいかん》の大山巌《おおやまいわお》(⬇P292)から頼《たの》まれて、参謀《さんぼう》になった。源太郎《げんたろう》は、日本周辺《しゅうへん》に海底《かいてい》ケーブルを設置《せっち》するなどの準備《じゅんび》をおこない、優《すぐ》れた作戦《さくせん》によってロシアに勝利《しょうり》した。

ビジュアル資料《しりょう》 **神風連《しんぷうれん》の乱《らん》**

1876年、熊本《くまもと》で神風《しんぷう》連《れん》が反乱《はんらん》を起こしたが、源太郎《げんたろう》は翌日《よくじつ》、鎮台兵《ちんだいへい》を率《ひき》いてしずめた。

明治《めいじ》のきずな

源太郎《げんたろう》は乃木希典《のぎまれすけ》の自殺《じさつ》を止めた⁉

西南戦争《せいなんせんそう》のとき、薩摩軍《さつまぐん》に連隊旗《れんたいき》をうばわれた乃木希典《のぎまれすけ》(⬇P290)は、責任《せきにん》を感じて軍刀《ぐんとう》で自殺《じさつ》しようとした。一緒《いっしょ》に戦《たたか》っていた源太郎《げんたろう》は、希《まれ》典《すけ》から軍刀《ぐんとう》を取り上げると、希典《まれすけ》をしかったり、なぐさめたりして自殺《じさつ》を思い留《とど》まらせたそうだ。

長府藩《ちょうふはん》

乃木希典《のぎまれすけ》

西南《せいなん》戦争《せんそう》に参加《さんか》し、日露《にちろ》戦争《せんそう》で英雄《えいゆう》となる

乃木《のぎ》希典《まれすけ》

肖像《しょうぞう》

出身地《しゅっしんち》

江戸《えど》（現在《げんざい》の東京都《とうきょうと》）

生年月日《せいねんがっぴ》

1849年11月11日

死亡年月日《しぼうねんがっぴ》

1912年9月13日

享年《きょうねん》

64歳《さい》（殉死《じゅんし》）

主義《しゅぎ》

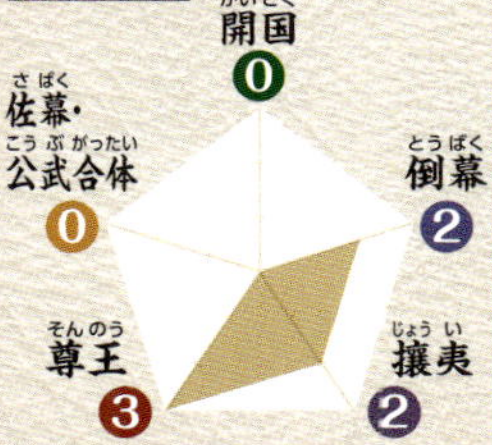
開国《かいこく》 0
倒幕《とうばく》 2
攘夷《じょうい》 2
尊王《そんのう》 3
佐幕《さばく》・公武合体《こうぶがったい》 0

肩書《かたがき》

- 新政府《しんせいふ》の陸軍軍人《りくぐんぐんじん》
- 日露戦争《にちろせんそう》の第3軍司令官《ぐんしれいかん》

名言《めいげん》

愧《は》ず我《われ》何《なん》の顔《かんばせ》あってか
父老《ふろう》に看《まみ》えん

意味 （多くの兵《へい》を死なせた）はずべき自分は遺族《いぞく》に会わせる顔がない。

日露戦争《にちろせんそう》でロシア軍《ぐん》の旅順要塞《りょじゅんようさい》を攻撃《こうげき》する

乃木《のぎ》希典《まれすけ》は、長府藩《ちょうふはん》（現在《げんざい》の山口《やまぐち》県《けん》）の藩士《はんし》の子に生まれた。子どもの頃《ころ》から泣《な》き虫だったといわれるが、藩《はん》校《こう》「明倫館《めいりんかん》」で学び、剣術《けんじゅつ》のけいこも積《つ》んだ。第二次長州征伐《ちょうしゅうせいばつ》のとき、希典《まれすけ》は山県有朋《やまがたありとも》のもとで幕府軍《ばくふぐん》と戦《たたか》った。

幕府《ばくふ》が倒《たお》れ、新政府《しんせいふ》が成立《せいりつ》すると、希典《まれすけ》は陸軍《りくぐん》の軍人《ぐんじん》になった。1875年、熊本鎮台《くまもとちんだい》の連隊長《れんたいちょう》に任命《にんめい》されると、翌年《よくとし》、福岡県《ふくおかけん》の不平士族《ふへいしぞく》による「秋月《あきづき》の乱《らん》」をしずめた。まじめで不器《ぶき》用《よう》な希典《まれすけ》は、1877年の西南戦争《せいなんせんそう》で薩摩軍《さつまぐん》に連隊旗《れんたいき》をうばわれたとき自殺《じさつ》を考えるほど悩《なや》んだといい、重傷《じゅうしょう》を負って入院したときは、病院を脱走《だっそう》して戦場《せんじょう》に向かおうとした。

その後はドイツに留学《りゅうがく》し、帰国後は日清戦争《にっしんせんそう》に参加《さんか》した。日露戦争《にちろせんそう》で第3軍司令官《ぐんしれいかん》に任命《にんめい》された希典《まれすけ》は、ロシア軍《ぐん》の旅順要塞《りょじゅんようさい》を何度も攻撃《こうげき》したが失《しっ》敗《ぱい》し、多くの戦死者《せんししゃ》を出した。そこで二〇三高地《にひゃくさんこうち》を占領《せんりょう》して、そこから要《よう》塞《さい》を攻撃《こうげき》し、ついに勝利《しょうり》をつかんだ。

発見《はっけん》!

二〇三高地《にひゃくさんこうち》

日露戦争《にちろせんそう》で希典《まれすけ》が総攻撃《そうこうげき》をしかけて占領《せんりょう》した（中国《ちゅうごく》）。

なるほどエピソード 息子《むすこ》が戦死《せんし》して「満足《まんぞく》」した!?

日露戦争《にちろせんそう》では、希典《まれすけ》のふたりの息子《むすこ》も兵士《へいし》として参加《さんか》していたが、戦争《せんそう》中、長男が戦死《せんし》したという知らせが希《まれ》典《すけ》のもとに届《とど》いた。希典《まれすけ》は悲しみをこらえて、息子《むすこ》たちの写真をにぎった自分の姿《すがた》を写真に撮《と》らせ、東京《とうきょう》にいる妻《つま》に、「名誉《めいよ》の戦死《せんし》。満足《まんぞく》す」という電報《でんぽう》を打ったそうだ。

薩摩藩《さつまはん》
大山巌《おおやまいわお》
西南戦争《せいなんせんそう》、日清《にっしん》・日露戦争《にちろせんそう》に参加《さんか》した軍人《ぐんじん》

イギリスの軍事力《ぐんじりょく》におどろき江戸《えど》に出て砲術《ほうじゅつ》を学ぶ

薩摩藩《さつまはん》(現在《げんざい》の鹿児島県《かごしまけん》)藩士《はんし》の家に生まれた大山巌《おおやまいわお》は、親類《しんるい》の西郷隆盛《さいごうたかもり》から弟のようにかわいがられたという。10代で有馬新七《ありましんしち》が率《ひき》いる過激《かげき》な尊王攘夷派《そんのうじょういは》グループに入ったが、寺田屋騒動《てらだやそうどう》のとき、公武合体派《こうぶがったいは》の島津久光《しまづひさみつ》に捕《と》えられ、外出を禁《きん》じられた。

薩英戦争《さつえいせんそう》のとき罪《つみ》を許《ゆる》され、戦闘《せんとう》に参加《さんか》した巌《いわお》は、イギリスの軍事力《ぐんじりょく》の高さに衝撃《しょうげき》を受け、戦争《せんそう》直後、江戸《えど》に出て砲術《ほうじゅつ》を学んだ。戊辰戦争《ぼしんせんそう》では新政府《しんせいふ》軍《ぐん》に加《くわ》わり、自らが開発した大砲《たいほう》を使って活躍《かつやく》した。その後、新政府《しんせいふ》の陸《りく》軍《ぐん》に入り、軍隊《ぐんたい》研究のためスイスへ留《りゅう》学《がく》した。

1877年、隆盛《たかもり》が西南戦争《せいなんせんそう》を起こすと、巌《いわお》は新政府軍《しんせいふぐん》の指揮官《しきかん》に任《にん》じられ、つらい任務《にんむ》を果《は》たした。その後は、陸軍《りくぐん》の重要《じゅうよう》な役職《やくしょく》につき、日清戦争《にっしんせんそう》では陸軍大将《りくぐんたいしょう》となった。日露戦争《にちろせんそう》では満州軍総司令官《まんしゅうぐんそうしれいかん》として活躍《かつやく》した。

発見《はっけん》!

巌《いわお》の銅像《どうぞう》

巌《いわお》は部下に仕事を任《まか》せて、失敗《しっぱい》したら自分が責任《せきにん》を取るという態度《たいど》を貫《つらぬ》いた(東京都《とうきょうと》)。

大山巌《おおやまいわお》

肖像《しょうぞう》

出身地《しゅっしんち》

薩摩《さつま》(現在《げんざい》の鹿児島県《かごしまけん》)

生年月日《せいねんがっぴ》

1842年10月10日

死亡年月日《しぼうねんがっぴ》

1916年12月10日

享年《きょうねん》

75歳《さい》(病死)

主義《しゅぎ》

肩書《かたがき》

- 薩摩藩士《さつまはんし》
- 満州軍総司令官《まんしゅうぐんそうしれいかん》

名言《めいげん》

児玉《こだま》さん、今日もどこかで戦《たたか》いがごわすか

※日露戦争《にちろせんそう》で昼寝《ひるね》から起きた巌《いわお》が児玉《こだま》源太郎《げんたろう》に語った言葉。

ウソ!ホント!?

会津戦争《あいづせんそう》で右足を新島八重《にいじまやえ》にうたれた!?

巌《いわお》は会津戦争《あいづせんそう》のとき、砲兵《ほうへい》の隊長《たいちょう》として会津若松城《あいづわかまつじょう》の攻撃《こうげき》に参加《さんか》した。しかし、右足のももを鉄砲《てっぽう》でうち抜《ぬ》かれて、戦場《せんじょう》から病院に送られた。巌《いわお》をうったのは、最新式《さいしんしき》のスペンサー銃《じゅう》をもっていた新島八重《にいじまやえ》だったといわれている。

薩摩藩《さつまはん》
新政府《しんせいふ》の重要《じゅうよう》な役職《やくしょく》をつとめた隆盛《たかもり》の弟
西郷従道《さいごうつぐみち》

近代的《きんだいてき》な軍隊《ぐんたい》をつくり、台湾出兵《たいわんしゅっぺい》を実行する

西郷従道《さいごうつぐみち》は、薩摩藩《さつまはん》(現在《げんざい》の鹿児島《かごしま》県《けん》)藩士《はんし》の家に、隆盛《たかもり》の弟として生まれた。9歳《さい》で両親を失《うしな》い、隆盛《たかもり》を親代わりとして育った。親類《しんるい》の大山巌《おおやまいわお》とともに10代で過激《かげき》な尊王攘夷《そんのうじょうい》派《は》グループに入ったが、寺田屋騒動《てらだやそうどう》のとき、公武《こうぶ》合体《がったい》派《は》の島津久光《しまづひさみつ》に捕《つか》まり、活動を禁《きん》じられた。その後、罪《つみ》を許《ゆる》された従道《つぐみち》は、禁門《きんもん》の変《へん》や戊辰戦争《ぼしんせんそう》に参加《さんか》した。

新政府《しんせいふ》に加《くわ》わると、山県有朋《やまがたありとも》とともにヨーロッパで軍制《ぐんせい》を学び、近代的《きんだいてき》な軍隊《ぐんたい》・警察制度《けいさつせいど》づくりに努《つと》めた。

1873年、隆盛《たかもり》は征韓論《せいかんろん》に敗《やぶ》れて新政府《しんせいふ》を去ったが、従道《つぐみち》は残《のこ》った。翌《よく》年《とし》、従道《つぐみち》は兵《へい》を率《ひき》いて台湾《たいわん》を攻《せ》めた(台湾出兵《たいわんしゅっぺい》)。西南戦争《せいなんせんそう》では、他の兄弟が隆盛《たかもり》の味方をする中、ただひとり東《とう》京《きょう》に残《のこ》り、新政府《しんせいふ》の留守《るす》を守った。

その後、従道《つぐみち》は海軍大臣《かいぐんだいじん》や内務大臣《ないむだいじん》に任命《にんめい》され、海軍大将《かいぐんたいしょう》にもなった。

ビジュアル資料《しりょう》 台湾出兵《たいわんしゅっぺい》

1874年、琉球《りゅうきゅう》(沖縄県《おきなわけん》)の島民《とうみん》が台湾《たいわん》の先住民《せんじゅうみん》に殺《ころ》されたため、従道《つぐみち》は日本軍《にほんぐん》を率《ひき》いて台湾《たいわん》を攻《せ》めた。

トンデモ伝説《でんせつ》! 予算を流用して戦艦《せんかん》を購入《こうにゅう》した!?

1898年、海軍大臣《かいぐんだいじん》・山本権兵衛《やまもとごんべえ》は、戦艦《せんかん》「三笠《みかさ》」を購入《こうにゅう》するべきと考えていたが、予算はなかった。相談された従道《つぐみち》は「別《べつ》の予算を流用しましょう。責任《せきにん》を問われたら、ふたりで腹《はら》を切ろう」と言ったそうだ。

西郷従道《さいごうつぐみち》

肖像《しょうぞう》

出身地《しゅっしんち》

薩摩《さつま》(現在《げんざい》の鹿児島県《かごしまけん》)

生年月日《せいねんがっぴ》

1843年5月4日

死亡年月日《しぼうねんがっぴ》

1902年7月18日

享年《きょうねん》

60歳《さい》(病死)

主義《しゅぎ》

肩書《かたがき》

- 薩摩藩士《さつまはんし》
- 新政府《しんせいふ》の海軍大臣《かいぐんだいじん》

名言《めいげん》

二頭立ての馬車に乗せて、市中をかけ回らせれば、立派《りっぱ》な貫禄《かんろく》ができるものです。

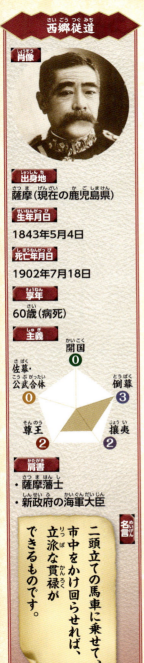

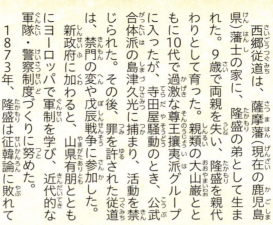

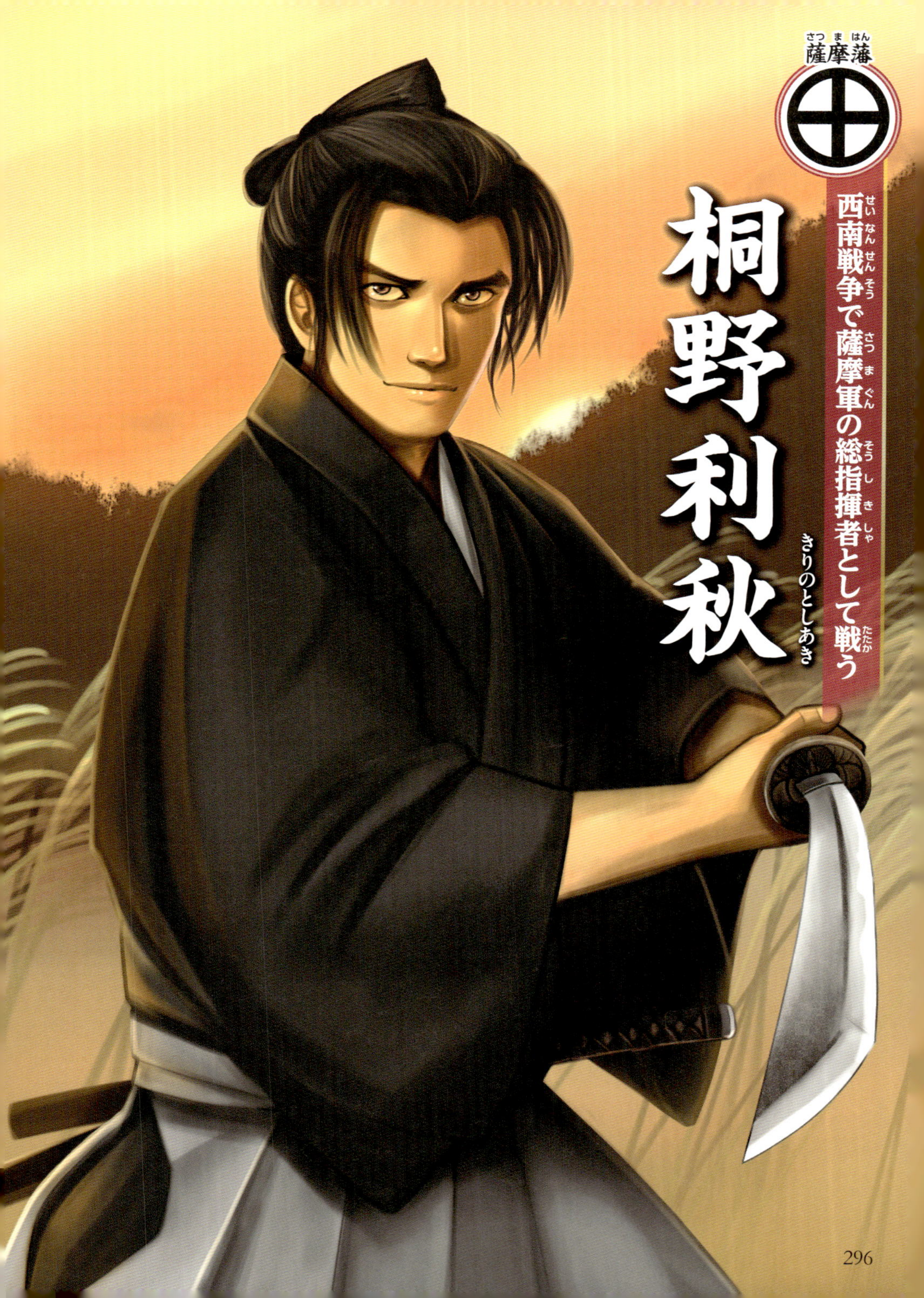

薩摩藩《さつまはん》

桐野利秋《きりのとしあき》

西南《せいなん》戦争《せんそう》で薩摩軍《さつまぐん》の総指揮者《そうしきしゃ》として戦《たたか》う

「人斬《ひとき》り半次郎《はんじろう》」から新政府《しんせいふ》の陸軍少将《りくぐんしょうしょう》になる

薩摩藩《さつまはん》(現在《げんざい》の鹿児島県《かごしまけん》)藩士《はんし》の家に生まれた桐野利秋《きりのとしあき》は、はじめ中村半次郎《なかむらはんじろう》と名乗っていた。剣《けん》のけいこを積《つ》み、小示現流《こじげんりゅう》の名手になった。島津久光《しまづひさみつ》に従《したが》って京都《きょうと》に出ると、数かずの暗殺事件《あんさつじけん》に関《かか》わり、「人斬《ひとき》り半次郎《はんじろう》」と呼《よ》ばれ、恐《おそ》れられた。その後、西郷隆盛《さいごうたかもり》の信頼《しんらい》を得《え》て、戊辰戦争《ぼしんせんそう》に参加《さんか》した。降伏《こうふく》した会津藩《あいづはん》(現在《げんざい》の福島県《ふくしまけん》)から城《しろ》を受け取る役目をつとめた利秋《としあき》は、会津藩士《あいづはんし》に親切に接《せっ》したという。

新政府《しんせいふ》では陸軍少将《りくぐんしょうしょう》に任命《にんめい》されたが、１８７３年、征韓論《せいかんろん》に敗《やぶ》れた隆盛《たかもり》が政府《せいふ》を去ると、利秋《としあき》も隆盛《たかもり》を追って鹿児島《かごしま》へ帰った。新政府《しんせいふ》と薩摩士族《さつましぞく》の対立が深まると、利秋《としあき》は「新政府《しんせいふ》と戦《たたか》うべき」と主張《しゅちょう》し、隆盛《たかもり》をかついで西南《せいなん》戦争《せんそう》を開始した。しかし新政府軍《しんせいふぐん》に敗北《はいぼく》を重ね、鹿児島《かごしま》の城山《しろやま》で戦死《せんし》した。

ビジュアル資料《しりょう》

会津若松城《あいづわかまつじょう》の開城式《かいじょうしき》

利秋《としあき》は会津戦争《あいづせんそう》後、新政府軍《しんせいふぐん》を代表して城《しろ》を受け取る役目をつとめた。

桐野利秋《きりのとしあき》

肖像《しょうぞう》

出身地《しゅっしんち》

薩摩《さつま》(現在《げんざい》の鹿児島県《かごしまけん》)

生年月日《せいねんがっぴ》

1838年(誕生日《たんじょうび》は不明《ふめい》)

死亡年月日《しぼうねんがっぴ》

1877年9月24日

享年《きょうねん》

40歳《さい》(戦死《せんし》)

主義《しゅぎ》

肩書《かたがき》

- 薩摩藩士《さつまはんし》
- 新政府《しんせいふ》の陸軍少将《りくぐんしょうしょう》

名言《めいげん》

鎮台兵《ちんだいへい》を破《やぶ》るには、この青竹で十分だ。

※西南戦争《せいなんせんそう》がはじまったとき、青竹を手にしながら語った言葉。

なるほどエピソード

利秋《としあき》はおしゃれが大好《だいす》きだった!?

利秋《としあき》は、いつもきれいな着物を上手に着こなしていた。陸軍少将《りくぐんしょうしょう》だった時期には、フランス製《せい》のオーダーメイドの軍服《ぐんぷく》を着て、金で飾《かざ》った軍《ぐん》刀《とう》を使い、フランス製《せい》の香水《こうすい》をつけていた。西南戦争《せいなんせんそう》で戦死《せんし》したとき、遺体《いたい》から香水《こうすい》がにおったそうだ。

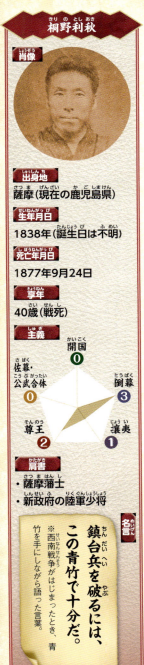

西《せい》南《なん》戦《せん》争《そう》

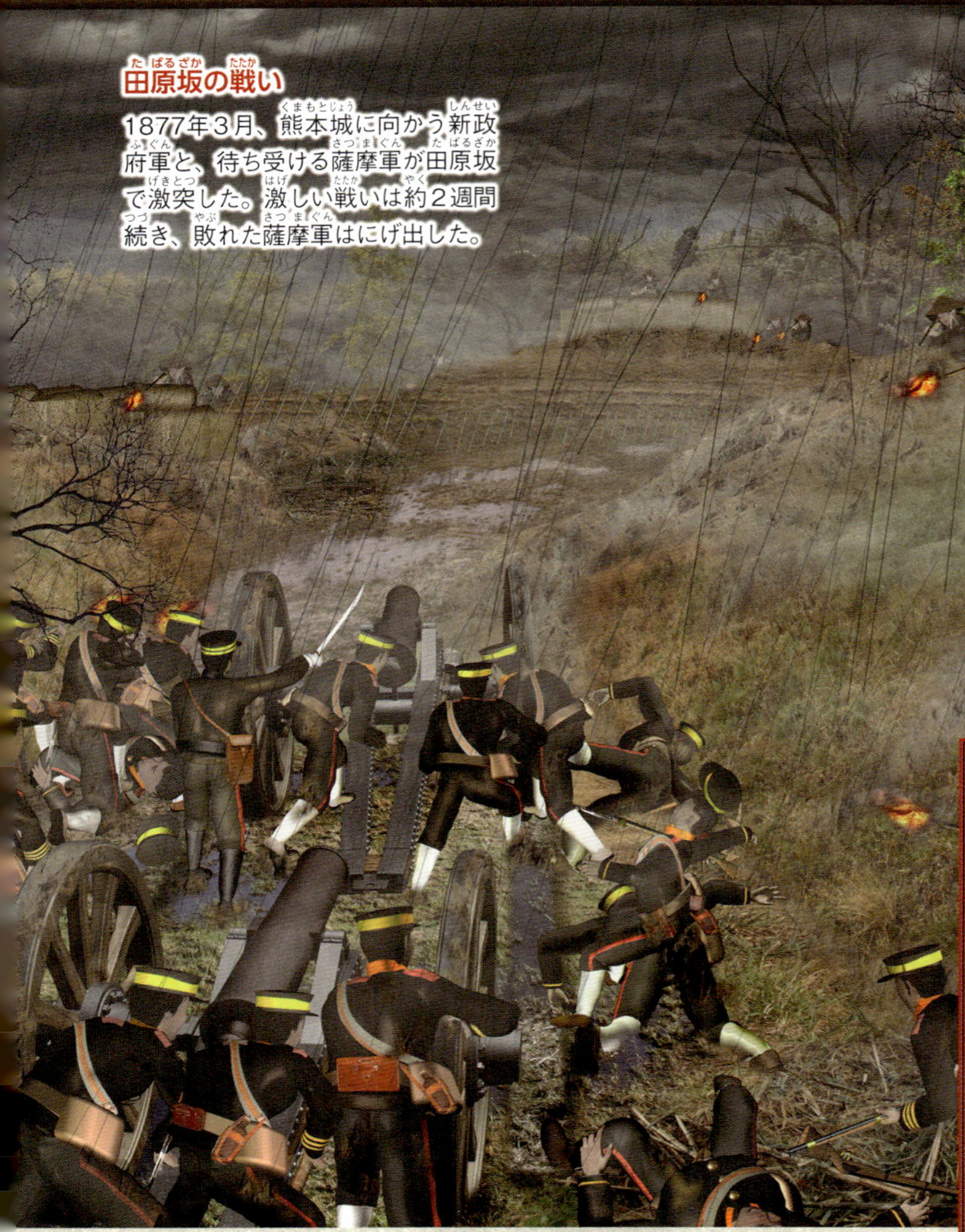

田原坂《たばるざか》の戦《たたか》い

1877年3月、熊本城《くまもとじょう》に向かう新政《しんせい》府軍《ふぐん》と、待ち受ける薩摩軍《さつまぐん》が田原坂《たばるざか》で激突《げきとつ》した。激《はげ》しい戦《たたか》いは約《やく》2週間続《つづ》き、敗《やぶ》れた薩摩軍《さつまぐん》はにげ出した。

熊本城《くまもとじょう》を落とせず、田原坂《たばるざか》で敗北《はいぼく》する

征韓論《せいかんろん》に敗《やぶ》れて鹿児島《かごしま》にもどった西郷隆盛《さいごうたかもり》は、新政府《しんせいふ》に不満《ふまん》をもつ士族《しぞく》(元武士《もとぶし》)たちの暴発《ぼうはつ》をおさえるため私学校《しがっこう》をつくった。

しかし1877年、新政府《しんせいふ》が鹿《か》児島《ごしま》の弾薬庫《だんやくこ》から武器《ぶき》や弾薬《だんやく》を引き上げはじめると、私学校《しがっこう》の一部の生徒《せいと》が弾薬庫《だんやくこ》をおそった。「もはや新政府《しんせいふ》と戦《たたか》うしかない」と主《しゅ》張《ちょう》する士族《しぞく》たちをおさえきれなくなった隆盛《たかもり》は反乱《はんらん》を決意した。

薩摩軍《さつまぐん》は、新政府軍《しんせいふぐん》が守る熊本《くまもと》城《じょう》を攻撃《こうげき》したが、必死《ひっし》の抵抗《ていこう》を受け、落とせなかった。一方、大阪《おおさか》

勝 戦力《せんりょく》 約《やく》7万人

山県有朋《やまがたありとも》

新政府軍《しんせいふぐん》

VS

薩摩軍《さつまぐん》

西郷隆盛《さいごうたかもり》

桐野利秋《きりのとしあき》

負 戦力《せんりょく》 約《やく》1万3000人

「明治天皇紀附図 西南役熊本籠城」宮内庁所蔵

熊本城《くまもとじょう》を攻《せ》める薩摩軍《さつまぐん》

鹿児島《かごしま》を出発した薩摩軍《さつまぐん》は、新政府《しんせいふ》の鎮台兵《ちんだいへい》が守る熊本城《くまもとじょう》を攻撃《こうげき》したが、落とせなかった。

田原坂《たばるざか》の弾丸跡《だんがんあと》の家

田原坂《たばるざか》の戦《たたか》いでは、１日に32万発の弾丸《だんがん》が飛《と》び交《か》い、空中で弾《たま》と弾《たま》がぶつかることもあった。現在《げんざい》、激戦《げきせん》を物語る土蔵《どぞう》が復元《ふくげん》されている。

最《さい》大《だい》で最《さい》後《ご》の士《し》族《ぞく》の反《はん》乱《らん》！

からかけつけた新政府軍《しんせいふぐん》は九州《きゅうしゅう》に上陸《じょうりく》し、熊本城《くまもとじょう》へ向かった。薩摩《さつま》軍《ぐん》はこれを田原坂《たばるざか》(熊本県《くまもとけん》)でむかえうったが、激戦《げきせん》の末《すえ》、敗《やぶ》れた。その後も薩摩軍《さつまぐん》は負け続《つづ》け、最後《さいご》に立てこもった鹿児島《かごしま》の城山《しろやま》を総《そう》攻撃《こうげき》されると、隆盛《たかもり》は自害《じがい》した。

なるほどエピソード

山県有朋《やまがたありとも》は隆盛《たかもり》に自害《じがい》をすすめた!?

隆盛《たかもり》らが立てこもる城山《しろやま》を大軍《たいぐん》で包囲《ほうい》した新政府軍《しんせいふぐん》の山県有朋《やまがたありとも》は、総攻撃《そうこうげき》の前日、隆盛《たかもり》に「これ以《い》上死傷者《じょうししょうしゃ》を出さないため自害《じがい》してほしい」という手紙を送った。隆盛《たかもり》は返事を出さなかったが、翌日《よくじつ》、戦《せん》闘中《とうちゅう》に自害《じがい》した。隆盛《たかもり》の死を知った有朋《ありとも》は、涙《なみだ》を流したという。

超《ちょう》ビジュアル！
明《めい》治《じ》新聞
第1号
発行所：
薩摩新報社《さつましんぼうしゃ》

隆盛《たかもり》は新政府軍《しんせいふぐん》と戦《たたか》いたくなかった!?

幕府《ばくふ》を倒《たお》して新政府《しんせいふ》をつくった西郷隆盛《さいごうたかもり》は、なぜ反乱《はんらん》を起こしたのだろう？

「西郷隆盛像（部分）」服部英龍画 鹿児島市立美術館所蔵

狩《か》りに出て行方《ゆくえ》をくらませた!?

1873年、隆盛《たかもり》は征韓《せいかん》論争《ろんそう》に敗《やぶ》れて鹿児島《かごしま》にもどった後、しばしば犬を連《つ》れて山に入り、何日も狩《か》りに出かけていたという。隆盛《たかもり》はもともと狩《か》りが好《す》きだったが、「政治《せいじ》にはもう関《かか》わらない」というアピールだったといわれている。

また、新政府《しんせいふ》に不満《ふまん》をもつ士族《しぞく》が自宅《じたく》に押《お》しかけて、「新政府《しんせいふ》に反乱《はんらん》を起こしましょう」と訴《うった》えることがないように、行方《ゆくえ》をくらませていたとも考えられている。

私学校《しがっこう》は反乱防止《はんらんぼうし》の目的《もくてき》でつくった!?

1874年、隆盛《たかもり》は鹿児島《かごしま》の士族《しぞく》のために私学校《しがっこう》をつくった。私学校《しがっこう》は、銃隊《じゅうたい》学校と砲隊《ほうたい》学校に分かれていて、戦術《せんじゅつ》のほか、漢学や英語《えいご》なども教えた。新政府《しんせいふ》に不満《ふまん》をもつ士族《しぞく》を教育して、反乱《はんらん》を防《ふせ》ぐことが目的《もくてき》だったという。

私学校跡《しがっこうあと》　西南戦争《せいなんせんそう》では戦場《せんじょう》となり、石垣《いしがき》には弾痕《だんこん》が数多く残《のこ》っている（鹿児島県《かごしまけん》）。

襲撃《しゅうげき》を知って「しまった」と叫《さけ》んだ!?

私学校《しがっこう》の生徒《せいと》たちは、新《しん》政府《せいふ》から鹿児島県《かごしまけん》に送り込《こ》まれた警察官《けいさつかん》を「隆盛《たかもり》を暗《あん》殺《さつ》するためにきた」と考え、怒《いか》りをつのらせた。そして鹿児島《かごしま》にあった新政府《しんせいふ》軍《ぐん》の弾薬庫《だんやくこ》から武器《ぶき》や弾薬《だんやく》をうばい取った。それを知った隆盛《たかもり》は、「しまった」と叫《さけ》んだという。これにより、反乱《はんらん》はさけられなくなってしまった。

戦《たたか》いの指揮《しき》は一度も取らなかった!?

西南戦争《せいなんせんそう》をはじめるとき、隆盛《たかもり》は薩摩士族《さつましぞく》たちに「わたしの命をあずけましょう」と語った。その言葉どおり、隆盛《たかもり》はいつも戦《せん》場《じょう》から離《はな》れた場所にいて、軍《ぐん》を指揮《しき》したり、作戦《さくせん》を立てたりすることはなかった。隆盛《たかもり》が何を考えていたのか、今も謎《なぞ》である。

最期《さいご》は武士《ぶし》らしく！
新政府軍総攻撃《しんせいふぐんそうこうげき》の日、隆盛《たかもり》たちは死を覚悟《かくご》して突撃《とつげき》した。
進め！
オーッ
すごい銃撃《じゅうげき》です。このあたりで自害《じがい》されては？
まだまだ！
ピュン
ピュン
ううっ！
しかし、敵《てき》に向かって進む隆盛《たかもり》の下半身に弾《たま》が当たった。
ズギューン
晋《しん》どん、もうここらでよか
そうでごわすか
隆盛《たかもり》は別府晋介《べっぷしんすけ》に首を切らせた。
別府晋介《べっぷしんすけ》

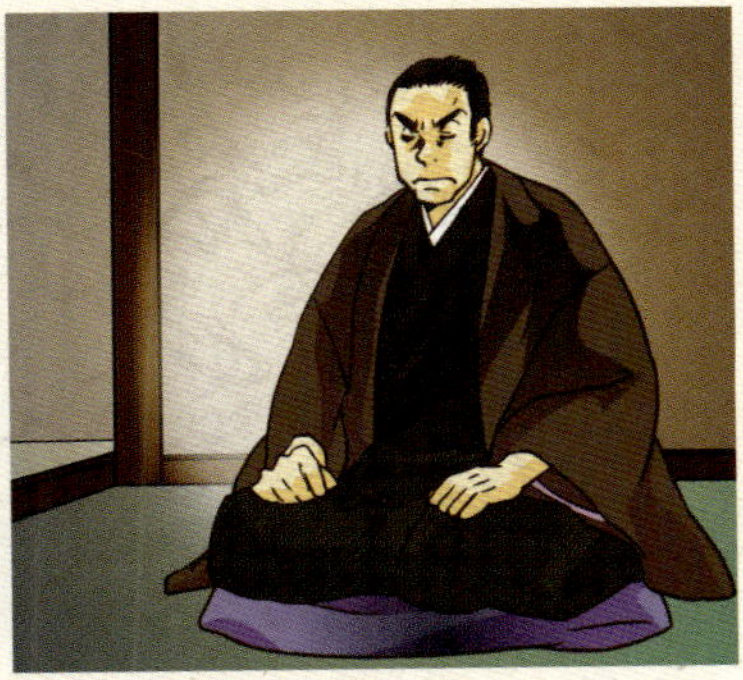

負けを覚悟《かくご》して軍服《ぐんぷく》を焼《や》いた!?

敗戦《はいせん》が続《つづ》く中、隆盛《たかもり》は俵《たわら》野《の》(宮崎県《みやざきけん》)で軍《ぐん》の解散命令《かいさんめいれい》を出し、開戦後《かいせんご》、いつも持ち歩いていた自分の陸軍大《りくぐんたい》将《しょう》の軍服《ぐんぷく》を焼《や》いたという。

ざっくり知ろう!
明治《めいじ》!

激動《げきどう》の明治維新期《めいじいしんき》の歴史《れきし》!!

幕府《ばくふ》がほろびて新政府《しんせいふ》が成立《せいりつ》し、西南戦争《せいなんせんそう》が起きるまでを整理してみよう。

1867年10月 大政奉還《たいせいほうかん》 (➡P186)

15代将軍《しょうぐん》・徳川慶喜《とくがわよしのぶ》は、前土佐藩《ぜんとさはん》主《しゅ》・山内容堂《やまうちようどう》からの提案《ていあん》を受け入れ、幕府《ばくふ》が約《やく》260年にぎっていた政権《せいけん》を朝廷《ちょうてい》に返した。

幕府《ばくふ》がほろびる

1867年12月 小御所会議《こごしょかいぎ》

「明治天皇紀附図 王政復古」宮内庁所蔵

「王政復古《おうせいふっこ》の大号令《だいごうれい》」によって成立《せいりつ》した新政府《しんせいふ》は、小御所会議《こごしょかいぎ》を開き、慶喜《よしのぶ》の領地《りょうち》を朝廷《ちょうてい》に返すように求《もと》めた。

新政府《しんせいふ》が成立《せいりつ》する

1868年1月 鳥羽《とば》・伏見《ふしみ》の戦《たたか》い (➡P214)

対立を深めた新政府《しんせいふ》と旧幕府《きゅうばくふ》は、鳥羽《とば》・伏見《ふしみ》(京都府《きょうとふ》)で戦《たたか》った。新政府《しんせいふ》が勝利《しょうり》し、敗《やぶ》れた慶喜《よしのぶ》は江戸《えど》へにげた。

戊辰戦争《ぼしんせんそう》がはじまる

1868年3月 隆盛《たかもり》・海舟《かいしゅう》の会談

慶喜《よしのぶ》の降伏《こうふく》後、新政府軍《しんせいふぐん》の西郷隆盛《さいごうたかもり》と、旧幕府軍《きゅうばくふぐん》の勝海舟《かつかいしゅう》が会談し、新政府軍《しんせいふぐん》による江戸城総攻撃《えどじょうそうこうげき》が中止された。

江戸城《えどじょう》明け渡《わた》しが決定する

1868年10月 東京遷都《とうきょうせんと》

江戸《えど》が「東京《とうきょう》」と改《あらた》められた後、明治天皇《めいじてんのう》は京都《きょうと》を出発して江戸城《えどじょう》(現在《げんざい》の皇居《こうきょ》)に入った。以後《いご》、東京《とうきょう》が首都になった。

東京《とうきょう》が日本の首都になる

1869年5月 箱館戦争《はこだてせんそう》 (➡P250)

新政府軍《しんせいふぐん》が、旧幕府軍《きゅうばくふぐん》の占領《せんりょう》する箱館《はこだて》(北海道《ほっかいどう》)を攻撃《こうげき》して勝利《しょうり》する。これにより約《やく》1年半続《つづ》いた戊辰戦争《ぼしんせんそう》が終わった。

戊辰戦争《ぼしんせんそう》が終わる

1871年7月 廃藩置県《はいはんちけん》

「明治天皇紀附図 廃藩置県」宮内庁所蔵

新政府《しんせいふ》は各地《かくち》にあった藩《はん》を廃止《はいし》し、新しく府《ふ》と県を設置《せっち》した。これにより新政府《しんせいふ》が全国を直接支配《ちょくせつしはい》できるようになった。

日本に藩《はん》がなくなる

1871年11月 岩倉使節団《いわくらしせつだん》

岩倉具視《いわくらともみ》や大久保利通《おおくぼとしみち》など、新政府《しんせいふ》の多く重《じゅう》職《しょく》たちが約《やく》２年間、欧米諸国《おうべいしょこく》をめぐり、政治《せいじ》や文化、社会制度《せいど》などを調べた。

使節団《しせつだん》が欧米《おうべい》に派遣《はけん》される

1873年1月 徴兵令《ちょうへいれい》

20歳以上《さいいじょう》の男性《だんせい》はすべて軍隊《ぐんたい》に入ることが義《ぎ》務《む》づけられた。士族《しぞく》(元武士《もとぶし》)の多くは徴兵令《ちょうへいれい》に反対した。

近代的《きんだいてき》な軍隊《ぐんたい》がつくられる

1873年10月 征韓論争《せいかんろんそう》 (➡P280)

朝鮮《ちょうせん》に乗りこんで開国《かいこく》させようとする隆盛《たかもり》らと、これに反対する利通《としみち》らの間で論争《ろんそう》が起きた。敗《やぶ》れた隆盛《たかもり》は新政府《しんせいふ》を去る。

隆盛《たかもり》が新政府《しんせいふ》を去る

1874年1月 自由民権運動《じゆうみんけん》の開始

隆盛《たかもり》とともに新政《しんせい》府《ふ》を去った板垣退《いたがきたい》助《すけ》は、後藤象二郎《ごとうしょうじろう》らとともに「民撰議《みんせんぎ》院設立建白書《いんせつりつけんぱくしょ》」を新政府《しんせいふ》に提出《ていしゅつ》し、国会の開設《かいせつ》を求《もと》めた。こうしてはじまった自由民権《じゆうみんけん》運動は、全国に広がっていった。

国会開設《かいせつ》を求《もと》める運動がはじまる

1877年2月 西南戦争《せいなんせんそう》 (➡P298)

新政府《しんせいふ》に不満《ふまん》をもつ鹿児島県《かごしまけん》の士族《しぞく》たちが、隆盛《たかもり》をもり立てて反乱《はんらん》を起こすが敗《やぶ》れる。隆《たか》盛《もり》は自害《じがい》した。

士族《しぞく》の反乱《はんらん》が終わる

幕末《ばくまつ》おもしろコラム

年齢《ねんれい》を重ねた志士《しし》たち!!

幕末《ばくまつ》の志士《しし》たちの中には、若《わか》い頃《ころ》と、歳《とし》を取ってからの両方の写真が残《のこ》っている人がいる。歳《とし》の取り方を見てみよう。

板垣退助《いたがきたいすけ》

(1837~1919)

➡P232

土佐藩士《とさはんし》。明治《めいじ》時代は自由民権《じゆうみんけん》運動をリードした。ひげは45歳頃《さいごろ》からのばしはじめたようだ。

ひげがのびすぎ!
約《やく》38年後
70歳頃《さいごろ》
32歳頃《さいごろ》

井上馨《いのうえかおる》

(1835~1915)

➡P314

長州藩士《ちょうしゅうはんし》。新政府《しんせいふ》では外務大臣《がいむだいじん》や大蔵大臣《おおくらだいじん》などをつとめた。あごひげはのばさなかった。

目つきがやさしくなった!
約《やく》33年後
63歳《さい》
30歳頃《さいごろ》

大隈重信《おおくましげのぶ》

(1838~1922)

➡P324

肥前藩士《ひぜんはんし》。明治《めいじ》時代に日本最初《さいしょ》の政党内閣《せいとうないかく》を組織《そしき》した。生涯《しょうがい》、ひげをのばさなかった。

りりしい顔つきはそのまま!
約《やく》45年後
75歳頃《さいごろ》?
30歳頃《さいごろ》

佐々木高行《ささきたかゆき》

(1830~1910)

土佐藩士《とさはんし》。新政府《しんせいふ》では数多くの役職《やくしょく》についた。明治《めいじ》時代になってひげをのばしはじめたようだ。

ほとんど別人《べつじん》!
約《やく》40年後
80歳頃《さいごろ》?
38歳頃《さいごろ》?

6章

文《ぶん》明《めい》開《かい》化《か》

東京三田《とうきょうみた》（東京都《とうきょうと》）――
慶応義塾
こっ…ここが福沢諭吉《ふくざわゆきち》先生の慶応義塾《けいおうぎじゅく》か…
学問のすゝめ
はぁぁ 緊張《きんちょう》してきたぁ…
は〜
君、新入生？
はいっ
福沢《ふくざわ》先生の『学問のすすめ』を読んで感動しましたっ
田舎《いなか》の農民《のうみん》出身ですが、どうしてもここで学びたくて！
ばっ
学問のす
おやおやちゃんとわたしの本を読んだのかな？

武士《ぶし》も農民《のうみん》も関係《かんけい》ない！人はみな平等だ！
そう書いたつもりだが
福沢《ふくざわ》諭吉《ゆきち》
ふっ…福沢《ふくざわ》先生!?
ここで学んで自由と幸せを手に入れなさい
はいっ
じゃあ君たち教室へ案内《あんない》してあげてくれ
はい
あっちだよ
じーん
それから後で東京《とうきょう》の牛鍋屋《ぎゅうなべや》も教えてもらえますか？
君…

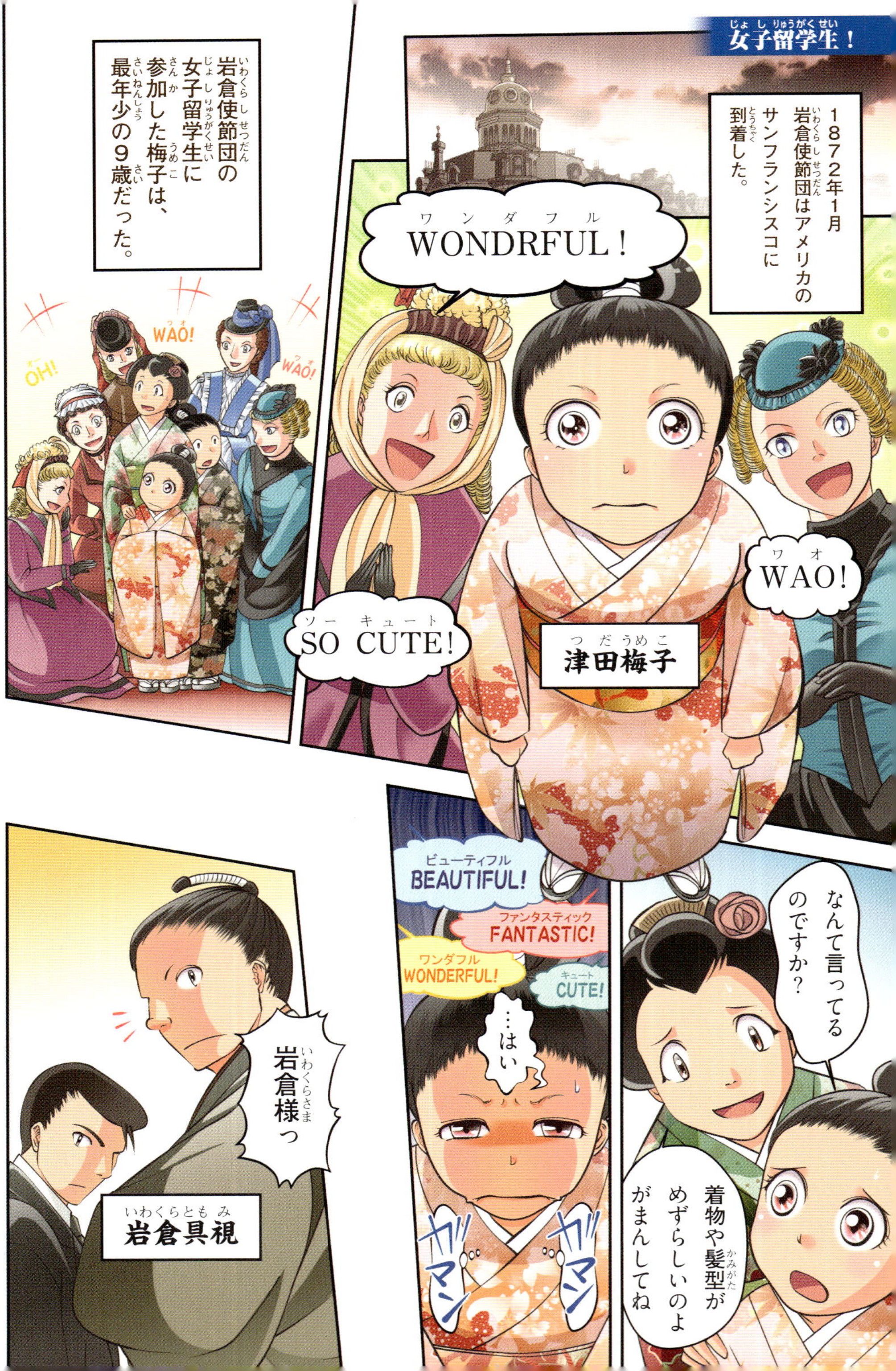
1872年1月
岩倉使節団《いわくらしせつだん》はアメリカのサンフランシスコに到着《とうちゃく》した。
WONDRFUL《ワンダフル》！
WAO《ワオ》!
SO CUTE《ソーキュート》!
津田梅子《つだうめこ》
岩倉使節団《いわくらしせつだん》の女子留学生《じょしりゅうがくせい》に参加《さんか》した梅子《うめこ》は、最年少《さいねんしょう》の9歳《さい》だった。
WAO《ワオ》!
WAO《ワオ》!
OH《オー》!
なんて言ってるのですか？
着物や髪型《かみがた》がめずらしいのよ
がまんしてね
BEAUTIFUL《ビューティフル》!
FANTASTIC《ファンタスティック》!
WONDERFUL《ワンダフル》!
CUTE《キュート》!
…はい
ガマン
ガマン
岩倉様《いわくらさま》っ
岩倉具視《いわくらともみ》

洋服を買ってください！
わたしたちは勉強しにこの国へ来たのに
このままではどこに行っても見せ物です！
ん～
まぁいいだろ
ありがとうございます！
そして…
きゃー
すてきですっ
岩倉様《いわくらさま》
タッ
わたしこのアメリカで一生懸命《いっしょうけんめい》勉強して必《かなら》ず日本に帰ります！
期待してるぞ
アメリカの大学を卒業《そつぎょう》し、帰国した梅子《うめこ》は女学校をつくった。

中津藩《なかつはん》

福沢諭吉《ふくざわゆきち》

慶応義塾《けいおうぎじゅく》を開いて明治《めいじ》時代の教育界をリードする

福沢諭吉《ふくざわゆきち》

肖像《しょうぞう》

出身地《しゅっしんち》

大坂《おおさか》(現在《げんざい》の大阪府《おおさかふ》)

生年月日《せいねんがっぴ》

1834年12月12日

死亡年月日《しぼうねんがっぴ》

1901年2月3日

享年《きょうねん》

68歳《さい》(病死)

主義《しゅぎ》

肩書《かたがき》

- 幕府《ばくふ》の役人
- 慶応義塾《けいおうぎじゅく》の創設者《そうせつしゃ》

名言《めいげん》

天は人の上に人を造《つく》らず、人の下に人を造《つく》らず

意味　人間はすべて平等に生まれてくるのであり、身分や職業《しょくぎょう》などで差別《さべつ》されるべきでない。

蘭学《らんがく》を学んで塾《じゅく》を開いた後　英語《えいご》の必要性《ひつようせい》に気づく

福沢諭吉《ふくざわゆきち》は、中津藩《なかつはん》(現在《げんざい》の大分県《おおいたけん》)藩士《はんし》の子として、大坂《おおさか》(大阪府《おおさかふ》)で生まれた。諭吉《ゆきち》が3歳《さい》のとき父親が亡《な》くなって一家は中津《なかつ》へもどり、諭吉《ゆきち》は母の手で育てられた。諭吉《ゆきち》はよく遊ぶ子で、いたずらもよくしたというが、15歳頃《さいごろ》から急に学問に打ちこみはじめ、知識《ちしき》をみるみる増《ふ》やしていった。

21歳《さい》のとき長崎《ながさき》へ出て、蘭学《らんがく》(オランダ語による西洋の学問)を学んだ。翌年《よくとし》、大坂《おおさか》に出て、緒方洪庵《おがたこうあん》の適塾《てきじゅく》に入ると、必死《ひっし》にオランダ語を学び、22歳《さい》の若《わか》さで塾頭《じゅくとう》になった。適塾《てきじゅく》では医学や化学も学び、25歳《さい》のときに江戸《えど》に出て蘭学塾《らんがくじゅく》を開いた。

1859年、諭吉《ゆきち》は開国後《かいこくご》に西洋人が住んでいた横浜《よこはま》(神奈川県《かながわけん》)に出かけたが、そこでは英語《えいご》が使われ、オランダ語が通じなかった。諭吉《ゆきち》は英語《えいご》に重要性《じゅうようせい》に目覚《めざ》め、勉強をはじめた。

諭吉《ゆきち》の誕生地《たんじょうち》

諭吉《ゆきち》は大坂《おおさか》にあった中津藩《なかつはん》の屋敷《やしき》で生まれた(大阪府《おおさかふ》)。

ウソ!ホント!?

諭吉《ゆきち》は神様を信《しん》じない子だった!?

諭吉《ゆきち》が12歳頃《さいごろ》、近所の神社にしのびこんで、まつっている箱を開けると石が入っていた。諭吉《ゆきち》はその石を道に落ちていた石と交換《こうかん》して、元にもどした。数日経《た》っても罰《ばち》は当たらなかったので、諭吉《ゆきち》は「神様は罰《ばち》を与《あた》えない」と思ったそうだ。

多くの本を著《あらわ》し、日本人に新しい考え方を伝《つた》える

幕府《ばくふ》がアメリカと日米修好通商条約《にちべいしゅうこうつうしょうじょうやく》を結《むす》ぶと、1860年、その手続《てつづ》きのため、使節団《しせつだん》がアメリカへ渡《わた》ることになった。護衛《ごえい》をつとめる咸臨丸《かんりんまる》に諭吉《ゆきち》は、司令官《しれいかん》・木村喜毅《きむらよしたけ》の従者《じゅうしゃ》として乗船することができた。諭吉《ゆきち》はアメリカで辞書《じしょ》などを買って帰国した。さらに翌年《よくとし》、英語《えいご》が得意《とくい》になっていた諭吉《ゆきち》は、幕府《ばくふ》がヨーロッパへ派遣《はけん》した使節《しせつ》にも通訳《つうやく》として乗船した。6か国を旅した諭吉《ゆきち》は、ロンドンで万国博覧会《ばんこくはくらんかい》も見学した。科学技術《ぎじゅつ》だけでなく、病院、銀行、郵便《ゆうびん》、政治制度《せいじせいど》などを実際《じっさい》に見て調べ、日本に西洋の学問が必要《ひつよう》であることを実感した。諭吉《ゆきち》は帰国すると『西洋事情《せいようじじょう》』を著《あらわ》し、自分の見聞したことを世間に広く知らせた。

大政奉還《たいせいほうかん》の後、新政府《しんせいふ》が成立《せいりつ》し、江《え》戸《ど》では上野戦争《うえのせんそう》がはじまった。世の中がいくら混乱《こんらん》しても、諭吉《ゆきち》は自分の蘭《らん》学塾《がくじゅく》で熱心《ねっしん》に教育活動を続《つづ》けた。そして1868年、塾《じゅく》の名を「慶応義塾《けいおうぎじゅく》(現在《げんざい》の慶応義塾大学《けいおうぎじゅくだいがく》)」と改《あらた》めた。

諭吉《ゆきち》は、新政府《しんせいふ》にも招《まね》かれたが、政《せい》治《じ》には参加《さんか》せず、1872年から17編《へん》の『学問のすすめ』の刊行《かんこう》をはじめた。この本は「天は人の上に人を造《つく》らず、人の下に人を造《つく》らず」という書き出しではじまり、「だれもが等しく学問を

ビジュアル資料《しりょう》

パリでの諭吉《ゆきち》

29歳《さい》の諭吉《ゆきち》は幕府《ばくふ》の使節《しせつ》の一員としてヨーロッパを訪《おとず》れた。

上野戦争中《うえのせんそうちゅう》の講義《こうぎ》

1867年、江戸《えど》に上野戦争《うえのせんそう》での大砲《たいほう》の音が響《ひび》く中、諭吉《ゆきち》は慶応《けいおう》義塾《ぎじゅく》で平然《へいぜん》と講《こう》義《ぎ》をおこなった。

なるほどエピソード

日本にベビーカーを紹介《しょうかい》したのは諭吉《ゆきち》!?

1867年、諭吉《ゆきち》はアメリカからベビーカーを持ち帰った。これは日本最《さい》初《しょ》のベビーカーといわれる。現在《げんざい》のベビーカーより大きく、日よけ用の幌《ほろ》がついていた。諭吉《ゆきち》の生徒《せいと》が、諭吉《ゆきち》の子どもたちを乗せて何度か街中《まちなか》を歩いたそうだ。

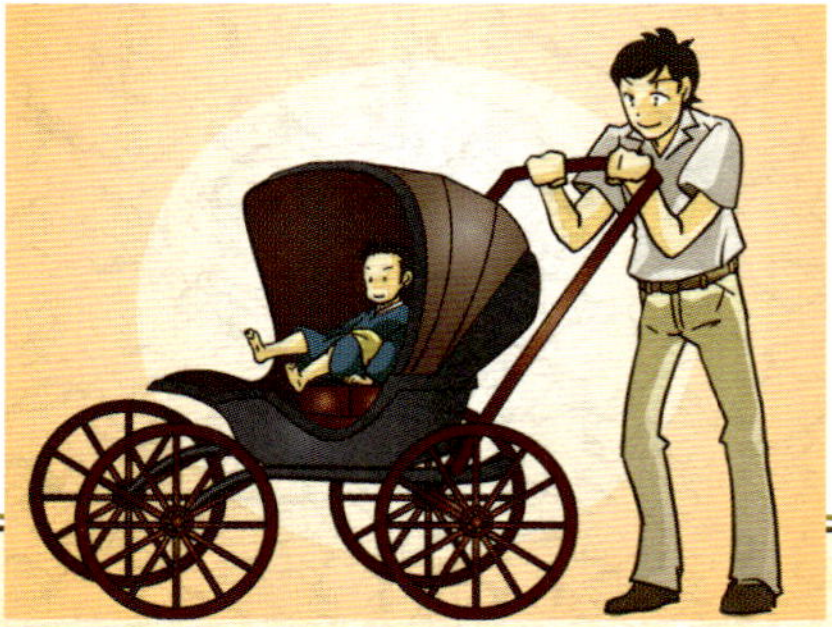

することで個人《こじん》が独立《どくりつ》し、国が栄《さか》える」と主張《しゅちょう》している。当時のベストセラーになり、合計で300万部《まんぶ》以上《いじょう》売れたという。また、『文明論之概略《ぶんめいろんのがいりゃく》』では、「自由な発言が国を発展《はってん》させる」と説《と》いた。こうして諭吉《ゆきち》は、68歳《さい》で亡《な》くなるまで、新しい日本の進むべき道を指導《しどう》し続《つづ》けた。

ビジュアル資料《しりょう》

散歩中《さんぽちゅう》の諭吉《ゆきち》

晩年《ばんねん》の諭吉《ゆきち》は、健康《けんこう》のため、毎朝約《やく》6kmの道のりを1時間ほどかけて散歩《さんぽ》していたそうだ。

ウソ!ホント!?

諭吉《ゆきち》が日本人に肉食を広めた!?

江戸《えど》時代、日本では肉食が禁止《きんし》されていたが、海外経験《けいけん》のある諭吉《ゆきち》は肉食が好《す》きで、日本人の体力を高めるために必要《ひつよう》だとも考えていた。1872年には肉食を宣伝《せんでん》するため、『肉食之説《にくじきのせつ》』という本を出版《しゅっぱん》した。

オランダ語を勉強したのに！

22歳《さい》のとき、諭吉《ゆきち》は適塾《てきじゅく》に入門し、住みこみで蘭学《らんがく》を勉強した。
これからはオランダ語の時代だ！
翌年《よくとし》、諭吉《ゆきち》は適塾《てきじゅく》の塾頭《じゅくとう》になるほどオランダ語が上達《じょうたつ》した。
オランダ語の化学書だって読めるぞ！
その後、江戸《えど》へ出た諭吉《ゆきち》は蘭学塾《らんがくじゅく》を開いた。
蘭学
オランダ語を世の中の役に立てるぞ！
ある日、諭吉《ゆきち》が横浜《よこはま》に出かけると、オランダ語がまったく通じなかった。
何？オランダ語が通じぬ!?
この後、諭吉《ゆきち》は必死《ひっし》に英語《えいご》を勉強したそうだ。

長州藩《ちょうしゅうはん》

井上馨《いのうえかおる》

新《しん》政《せい》府《ふ》の財《ざい》政《せい》や外交を担《たん》当《とう》し、鹿《ろく》鳴《めい》館《かん》を建《た》てる

高杉晋作《たかすぎしんさく》らと活動し、明治新政府《めいじしんせいふ》で財政《ざいせい》を担当《たんとう》する

井上馨《いのうえかおる》は、長州藩《ちょうしゅうはん》(現在《げんざい》の山口県《やまぐちけん》)藩《はん》士《し》の家に生まれ、若《わか》い頃《ころ》に尊王攘夷派《そんのうじょういは》の志士《しし》となった。高杉晋作《たかすぎしんさく》らと過激《かげき》な活動もしたが、1863年、伊藤博文《いとうひろぶみ》らとともにイギリスに留学《りゅうがく》すると、日本の近代化のおくれに気づき、開国派《かいこくは》に変《か》わった。帰国後、幕府《ばくふ》に従《したが》おうとする藩内《はんない》の勢力《せいりょく》におそわれたが、九死に一生を得《え》た。第二次長州征伐《ちょうしゅうせいばつ》では、芸《げい》州口《しゅうぐち》(広島県《ひろしまけん》方面)の戦《たたか》いに参謀《さんぼう》として参加《さんか》し、勝利《しょうり》に貢献《こうけん》した。

新政府《しんせいふ》では財政《ざいせい》を担当《たんとう》し、産業《さんぎょう》を発《はっ》展《てん》させたり、大企業《だいきぎょう》を育てたりしたが、わいろなどをもらうこともあった。外交も担当《たんとう》した馨《かおる》は、日本の近代化を西洋諸国《しょこく》に知らせるため、鹿鳴館《ろくめいかん》を建《た》てて、毎夜外国人招《まね》いてパーティーを開いたが、その効果《こうか》はうすく、新政府《しんせいふ》からも国民《こくみん》からも批判《ひはん》された。

1885年、博文《ひろぶみ》が初代内閣総理《しょだいないかくそうり》大《だい》臣《じん》になると、馨《かおる》は外務大臣《がいむだいじん》となり、不《ふ》平等条約《びょうどうじょうやく》の改正《かいせい》などに取り組んだ。

ビジュアル資料《しりょう》 鹿鳴館《ろくめいかん》

1883年に完成《かんせい》した西洋風建築《けんちく》で、舞踏会《ぶとうかい》などが開かれた。

幕末《ばくまつ》のきずな

博文《ひろぶみ》が海に落ちないように縄《なわ》をつけた!?

1863年、馨《かおる》と一緒《いっしょ》にイギリスへ向かった伊藤博文《いとうひろぶみ》は、船の中でお腹《なか》をこわしてしまった。当時は、船べりから出た板に座《すわ》って用を足さなければならなかった。馨《かおる》は博文《ひろぶみ》が海に落ちないよう、縄《なわ》をつけて支《ささ》えたそうだ。

井上馨《いのうえかおる》

肖像《しょうぞう》

出身地《しゅっしんち》
周防《すおう》(現在《げんざい》の山口県《やまぐちけん》)

生年月日《せいねんがっぴ》
1835年11月28日

死亡年月日《しぼうねんがっぴ》
1915年9月1日

享年《きょうねん》
81歳《さい》(病死)

主義《しゅぎ》

肩書《かたがき》
- 長州藩士《ちょうしゅうはんし》
- 新政府《しんせいふ》の外務大臣《がいむだいじん》

名言《めいげん》

もし長州《ちょうしゅう》がほろびるようなことがあれば、海軍《かいぐん》の研究など何の役に立つだろう。

※イギリス留学中《りゅうがくちゅう》、長州藩《ちょうしゅうはん》と欧米諸国《おうべいしょこく》との戦争《せんそう》を知り、帰国を決意したときの言葉。

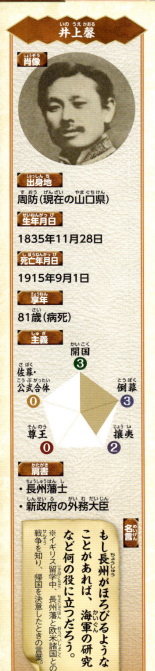

土《と》佐《さ》藩《はん》

岩崎弥太郎《いわさきやたろう》

新《しん》政《せい》府《ふ》の仕事をして三《みつ》菱《びし》財《ざい》閥《ばつ》をつくった政《せい》商《しょう》

岩崎弥太郎《いわさきやたろう》

肖像《しょうぞう》

出身地《しゅっしんち》

土佐《とさ》(現在《げんざい》の高知県《こうちけん》)

生年月日《せいねんがっぴ》

1834年12月11日

死亡年月日《しぼうねんがっぴ》

1885年2月7日

享年《きょうねん》

52歳《さい》(病死)

主義《しゅぎ》

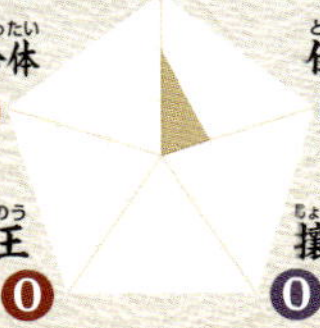

肩書《かたがき》

- 土佐藩士《とさはんし》
- 三菱財閥《みつびしざいばつ》の創設者《そうせつしゃ》

名言《めいげん》

客に頭を下げると
思うからつらいんだ。
小判《こばん》に頭を下げると思え。

坂本龍馬《さかもとりょうま》に影響《えいきょう》を受け海運業で成功《せいこう》をおさめる

岩崎弥太郎《いわさきやたろう》は、土佐藩《とさはん》(現在《げんざい》の高知県《こうちけん》)の貧《まず》しい藩士《はんし》の家に生まれた。吉《よし》田《だ》東洋《とうよう》の塾《じゅく》で学んだ弥太郎《やたろう》は、後藤象《ごとうしょう》二郎《じろう》に認《みと》められ、藩《はん》の貿易《ぼうえき》の仕事についた。海援隊隊長《かいえんたいたいちょう》・坂本龍馬《さかもとりょうま》から「海運業で世界進出したい」という夢《ゆめ》を聞いた弥太郎《やたろう》は、大きな影響《えいきょう》を受けた。

明治《めいじ》時代になると、弥太郎《やたろう》は、海運会社「九十九《つくも》商会(後の三菱《みつびし》会社)」をつくった。台湾出兵《たいわんしゅっぺい》や西南戦争《せいなんせんそう》で、兵士《へいし》や武器《ぶき》を戦地《せんち》に運び、新政府《しんせいふ》から信頼《しんらい》を得《え》た。当時の日本近海での海運業は、アメリカやイギリスの会社が中心になっておこなっていたが、新政府《しんせいふ》はこれに対抗《たいこう》するために、弥太郎《やたろう》に資金《しきん》援助《えんじょ》をした。この結果《けっか》、三菱《みつびし》は外国会社との競争《きょうそう》に勝ち、大会社へ発展《はってん》した。国内では大会社・三井《みつい》も海運業に名乗りを上げたが、三菱《みつびし》はその競争《きょうそう》にも勝ち、弥太郎《やたろう》は三菱財閥《みつびしざいばつ》(企業《きぎょう》グループ)の基礎《きそ》を築《きず》いた。

弥太郎《やたろう》の銅像《どうぞう》

政府《せいふ》から保護《ほご》された弥太郎《やたろう》は、海運業の利益《りえき》を独占《どくせん》した(高知県《こうちけん》)。

幕末《ばくまつ》のきずな

弥太郎《やたろう》は龍馬《りょうま》に自分の夢《ゆめ》を語った!?

弥太郎《やたろう》は、坂本龍馬《さかもとりょうま》の海運会社「海《かい》援隊《えんたい》」の経理《けいり》を担当《たんとう》していた。弥太郎《やたろう》は龍馬《りょうま》と一緒《いっしょ》に酒を飲んだとき、自分の夢《ゆめ》を語ったところ、龍馬《りょうま》は手をたたいてほめたという。また、龍《りょう》馬《ま》を見送ったとき、弥太郎《やたろう》は涙《なみだ》を流したと日記に書いている。

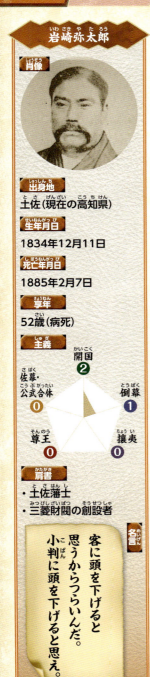

幕府《ばくふ》

渋沢栄一《しぶさわえいいち》

生涯《しょうがい》に約《やく》500以上《いじょう》の企業《きぎょう》をつくった実業家

日本の資本主義《しほんしゅぎ》の基礎《きそ》を築《きず》き、社会貢献《こうけん》の活動を続《つづ》ける

渋沢栄一《しぶさわえいいち》は、武蔵《むさし》(現在《げんざい》の埼玉県《さいたまけん》)の大農家に生まれた。学問が好《す》きで、剣《けん》術《じゅつ》のけいこも積《つ》んだ栄一《えいいち》は、25歳《さい》のとき徳川慶喜《とくがわよしのぶ》に仕えた。1867年、慶喜《よしのぶ》の弟・昭武《あきたけ》がパリの万国博覧会《ばんこくはくらんかい》に出席《しゅっせき》したとき、栄一《えいいち》も同行した。栄一《えいいち》はヨーロッパの進んだ文化と産業《さんぎょう》を肌《はだ》で感じ、株式会社《かぶしきがいしゃ》の制度《せいど》を学んだ。

翌年《よくとし》、帰国した栄一《えいいち》は、新政府《しんせいふ》に招《まね》かれて大蔵省《おおくらしょう》に入り、銀行の制度《せいど》づくりに参加《さんか》した。1873年、栄一《えいいち》は新《しん》政府《せいふ》を去るが、第一国立《だいいちこくりつ》銀行(現在《げんざい》のみずほ銀行)をつくり、頭取《とうどり》(最高責任《さいこうせきにん》者《しゃ》)になった。以後《いご》、数かずの会社の設立《せつりつ》に関《かか》わり、その数は500社以上《いじょう》にのぼる。また、栄一《えいいち》は「会社は社会に貢献《こうけん》するべき」と主張《しゅちょう》し、600以《い》上《じょう》の社会事業を支援《しえん》した。利益《りえき》の独占《どくせん》をさけるため、栄一《えいいち》は財閥《ざいばつ》(企業《きぎょう》グループ)をつくらなかった。

ビジュアル資料《しりょう》

長崎大学附属図書館所蔵

第一国立銀行《だいいちこくりつぎんこう》

栄一《えいいち》は東京に第一国立銀行《だいいちこくりつぎんこう》(現在《げんざい》のみずほ銀行)を設立《せつりつ》し、頭取《とうどり》になった。

渋沢栄一《しぶさわえいいち》

肖像《しょうぞう》

出身地《しゅっしんち》

武蔵《むさし》(現在《げんざい》の埼玉県《さいたまけん》)

生年月日《せいねんがっぴ》

1840年2月13日

死亡年月日《しぼうねんがっぴ》

1931年11月11日

享年《きょうねん》

92歳《さい》(病死)

主義《しゅぎ》

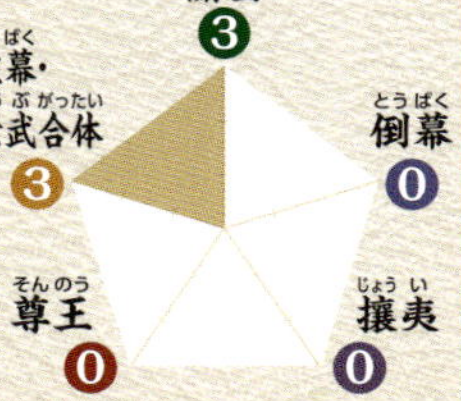

肩書《かたがき》

- 幕府《ばくふ》の役人
- 明治《めいじ》時代の実業家

名言《めいげん》

正しい道理の富《とみ》でなければ、その富《とみ》は完全《かんぜん》に永続《えいぞく》することができぬ。

なるほどエピソード

ノーベル平和賞《へいわしょう》の候補《こうほ》に2回もなった⁉

栄一《えいいち》は会社をつくるだけでなく、日《に》本赤十字社《ほんせきじゅうじしゃ》や東京慈恵会《とうきょうじけいかい》(看護《かんご》学校を経営《けいえい》する組織《そしき》)などをつくったり、一《ひと》橋《つばし》大学の創立《そうりつ》にも関《かか》わるなど、社会に役立つ組織《そしき》を数多く設立《せつりつ》している。このため、栄一《えいいち》は2回もノーベル平和《へいわ》賞《しょう》の候補《こうほ》になっている。

薩摩藩《さつまはん》
五代友厚《ごだいともあつ》
大阪《おおさか》の経済《けいざい》発展《はってん》に尽《つ》くした薩摩《さつま》出身の実業家

五代友厚《ごだいともあつ》

肖像《しょうぞう》

出身地《しゅっしんち》

薩摩《さつま》(現在《げんざい》の鹿児島県《かごしまけん》)

生年月日《せいねんがっぴ》

1835年12月26日

死亡年月日《しぼうねんがっぴ》

1885年9月25日

享年《きょうねん》

51歳《さい》(病死)

主義《しゅぎ》

肩書《かたがき》

- 薩摩藩士《さつまはんし》
- 明治《めいじ》時代の実業家

名言《めいげん》

自分と相性《あいしょう》が合わない人とも努力《どりょく》して交際《こうさい》するべきである。

イギリスの捕虜《ほりょ》になるが大阪《おおさか》で実業家として成功《せいこう》

五代友厚《ごだいともあつ》は、薩摩藩《さつまはん》(現在《げんざい》の鹿児島《かごしま》県《けん》)藩士《はんし》の家に生まれた。早くから開国派《かいこくは》で、22歳《さい》のとき長崎海軍伝習所《ながさきかいぐんでんしゅうじょ》に入り、航海術《こうかいじゅつ》を学んだ。1863年の薩英戦争《さつえいせんそう》ではイギリスの捕虜《ほりょ》になったが、横浜《よこはま》(神奈川県《かながわけん》)で軍艦《ぐんかん》から脱出《だっしゅつ》した。2年後、友厚《ともあつ》は薩摩藩《さつまはん》の留学生《りゅうがくせい》たちを率《ひき》いてヨーロッパに渡《わた》り、紡績機《ぼうせきき》械《かい》や武器《ぶき》を買った。ヨーロッパの進んだ文化を見た友厚《ともあつ》は、帰国後、富国強《ふこくきょう》兵《へい》(国を富《と》ませて軍隊《ぐんたい》を強くすること)を目指して、藩《はん》で貿易《ぼうえき》をおこなったり、紡績《ぼうせき》工場を建設《けんせつ》したりした。

明治《めいじ》時代、友厚《ともあつ》は新政府《しんせいふ》に入ったが、すぐに辞《や》めて、大阪《おおさか》で実業家になった。鉱山《こうざん》・鉄道など幅広《はばひろ》い事業をおこない、大阪《おおさか》の経済《けいざい》を発展《はってん》させた。1878年に大阪株式取引所《おおさかかぶしきとりひきしょ》(現在《げんざい》の大阪取引所《おおさかとりひきしょ》)を設立《せつりつ》し、さらに大阪商《おおさかしょう》法会議所《ほうかいぎしょ》(現在《げんざい》の大阪商工会議所《おおさかしょうこうかいぎしょ》)をつくるなど、大阪《おおさか》の財界《ざいかい》を指導《しどう》した。

友厚《ともあつ》の銅像《どうぞう》

友厚《ともあつ》が設立《せつりつ》した大阪取引所《おおさかとりひきしょ》には、友厚《ともあつ》の銅像《どうぞう》が立っている(大阪府《おおさかふ》)。

ウソ!ホント!?

友厚《ともあつ》はイギリス軍《ぐん》の上陸作戦《じょうりくさくせん》を止めた!?

薩英戦争《さつえいせんそう》のとき、友厚《ともあつ》はイギリス艦隊《かんたい》の捕虜《ほりょ》になった。イギリス艦隊《かんたい》の司《し》令官《れいかん》は、「上陸《じょうりく》するつもりだ」と伝《つた》えたが、友厚《ともあつ》は「薩《さつ》摩藩士《まはんし》は強いので勝てない。早く仲直《なかなお》りした方がいい」と伝《つた》えた。苦戦《くせん》していた司令官《しれいかん》は友厚《ともあつ》の意見を受け入れたという。

幕府《ばくふ》

前島密《まえじまひそか》

日本の郵便《ゆうびん》制度《せいど》の確立《かくりつ》に尽《つ》くす

出身地《しゅっしんち》	越後《えちご》(現在《げんざい》の新潟県《にいがたけん》)
生年月日《せいねんがっぴ》	1835年1月7日
死亡年月日《しぼうねんがっぴ》	1919年4月27日
享年《きょうねん》	85歳《さい》(病死)
肩書《かたがき》	郵便制度《ゆうびんせいど》の創設者《そうせつしゃ》

肖像《しょうぞう》

明治《めいじ》時代に新政府《しんせいふ》に入り郵便《ゆうびん》事業をはじめる

高田藩《たかだはん》(現在《げんざい》の新潟県《にいがたけん》)の大農家に生まれた前島密《まえじまひそか》は、12歳《さい》のとき、わずかな旅費《りょひ》と学費《がくひ》をもって江戸《えど》に出ると、働《はたら》きながら蘭学《らんがく》(オランダ語による西洋の学問)や英語《えいご》などを学んだ。その後、箱館《はこだて》(北海道《ほっかいどう》)に渡《わた》り、航海術《こうかいじゅつ》などを学んだ。30歳《さい》のとき、薩摩藩《さつまはん》(現在《げんざい》の鹿児島県《かごしまけん》)に招《まね》かれ、英語《えいご》の教師《きょうし》をつとめた。翌年《よくとし》、幕府《ばくふ》に仕え、洋学研究所で数学の教師《きょうし》になった。

その後、新政府《しんせいふ》に入った密《ひそか》は、郵便《ゆうびん》制度《せいど》づくりを任《まか》された。イギリスに渡《わた》って郵便制度《ゆうびんせいど》を学んだ密《ひそか》は、帰国すると、1871年、東京《とうきょう》と関西《かんさい》の間で、日本で最初《さいしょ》の郵便《ゆうびん》事業をはじめ、それを全国へ広げていった。「郵便《ゆうびん》」「葉書」「郵便《ゆうびん》切手」などの言葉は密《ひそか》がつくったものだ。現在《げんざい》でも1円切手には密《ひそか》の肖像《しょうぞう》がえがかれている。

その後の密《ひそか》は、大隈重信《おおくましげのぶ》(➡P324)と立憲改進党《りっけんかいしんとう》をつくったり、東京専門学校《とうきょうせんもんがっこう》(現在《げんざい》の早稲田大学《わせだだいがく》)の校長についたりした。さらに、電話事業の設立《せつりつ》にも力を尽《つ》くした。

ウソ!ホント!?

「漢字を廃止《はいし》するべき」と将軍《しょうぐん》に訴《うった》えた!?

幕府《ばくふ》の役人だった密《ひそか》は、日本の発展《はってん》のためには学問が大切と考えていた。しかし漢字は難《むずか》しく、漢字のせいで学問が広まらないと感じていた。そこで、「漢字を廃止《はいし》して、ひらがな・カタカナだけを使うべき」という書類《しょるい》を、将軍《しょうぐん》・徳川慶喜《とくがわよしのぶ》に提出《ていしゅつ》したそうだ。

安中藩《あんなかはん》

新島襄《にいじまじょう》

同志社大学《どうししゃだいがく》の設立《せつりつ》に力を尽《つ》くす

出身地《しゅっしんち》	江戸《えど》(現在《げんざい》の東京都《とうきょうと》)
生年月日《せいねんがっぴ》	1843年1月14日
死亡年月日《しぼうねんがっぴ》	1890年1月23日
享年《きょうねん》	48歳《さい》(病死)
肩書《かたがき》	同志社大学《どうししゃだいがく》の創設者《そうせつしゃ》

肖像《しょうぞう》

アメリカとヨーロッパでキリスト教と教育制度《せいど》を学ぶ

新島襄《にいじまじょう》は安中藩《あんなかはん》(現在《げんざい》の群馬県《ぐんまけん》)藩士《はんし》の子として、江戸《えど》で生まれた。幕府《ばくふ》の海軍《かいぐん》学校「軍艦操練所《ぐんかんそうれんじょ》」で学んだ襄《じょう》は、そこで聖書《せいしょ》を知り、キリスト教の存在《そんざい》を知った。聖書《せいしょ》の教えに感動した襄《じょう》は、アメリカ行きを決意した。しかし当時の日本人は幕府《ばくふ》の許可《きょか》なく外国へ行くことはできなかった。襄《じょう》は幕府《ばくふ》に内緒《ないしょ》で箱館《はこだて》(北海道《ほっかいどう》)を出航《しゅっこう》した。

1865年、アメリカに着いた襄《じょう》は、翌年《よくとし》にキリスト教信者《しんじゃ》になり、アメリカの大学へ入学した。その頃《ころ》、日本では幕府《ばくふ》が倒《たお》れ、新政府《しんせいふ》が成立《せいりつ》していた。

1872年、アメリカへ見学にきた岩倉使節団《いわくらしせつだん》に出会った襄《じょう》は、得意《とくい》の英語《えいご》を生かし、使節団《しせつだん》の通訳《つうやく》としてヨーロッパを一緒《いっしょ》に旅することになった。各国《かっこく》の教育制度《せいど》を学び、「自分でも学校をつくりたい」と考えた襄《じょう》は、10年ぶりに帰国した。

京都《きょうと》に向かった襄《じょう》は、元会津藩《もとあいづはん》(現在《げんざい》の福島県《ふくしまけん》)藩士《はんし》・山本覚馬《やまもとかくま》の協力《きょうりょく》を得《え》て、1875年、同志社英学校《どうししゃえいがっこう》(現在《げんざい》の同志社大学《どうししゃだいがく》)を開き、キリスト教精神《せいしん》に基《もと》づいた教育をはじめた。翌年《よくとし》、覚馬《かくま》の妹・新島八重《にいじまやえ》と結婚《けっこん》した襄《じょう》は、同志社女学校《どうししゃじょがっこう》(後の同志社女子大学《どうししゃじょしだいがく》)を設立《せつりつ》し、女子教育にも力を入れた。

その後、同志社大学《どうししゃだいがく》の設立《せつりつ》に力を尽《つ》くすが、実現《じつげん》する目前、病死した。

襄《じょう》と八重《やえ》の家

新島八重《にいじまやえ》と結婚《けっこん》した襄《じょう》が建《た》てた家で、和風・洋風の両方取り入れている(京都府《きょうとふ》)。

肥《ひ》前《ぜん》藩《はん》

大隈重信《おおくましげのぶ》

早《わ》稲《せ》田《だ》大《だい》学《がく》を設《せつ》立《りつ》し、日本最《さい》初《しょ》の政《せい》党《とう》内《ない》閣《かく》をつくる

大隈重信《おおくましげのぶ》

肖像《しょうぞう》

出身地《しゅっしんち》

肥前《ひぜん》（現在《げんざい》の佐賀県《さがけん》）

生年月日《せいねんがっぴ》

1838年2月16日

死亡年月日《しぼうねんがっぴ》

1922年1月10日

享年《きょうねん》

85歳《さい》（病死）

主義《しゅぎ》

肩書《かたがき》

- 肥前藩士《ひぜんはんし》
- 8代内閣総理大臣《ないかくそうりだいじん》

名言《めいげん》

人間は希望《きぼう》によって生活している。希望《きぼう》そのものは人間の生命である。

幕末《ばくまつ》に英語《えいご》を学んだ後、新政府《しんせいふ》で財政《ざいせい》を担当《たんとう》する

肥前藩《ひぜんはん》（現在《げんざい》の佐賀県《さがけん》）藩士《はんし》の家に生まれた大隈重信《おおくましげのぶ》は、長崎《ながさき》にあった肥前《ひぜん》藩《はん》の英《えい》学校で、アメリカ人教師《きょうし》・フルベッキから英語《えいご》を学び、世界の政治《せいじ》や文化に目を向けるようになった。

新政府《しんせいふ》では、大久保利通《おおくぼとしみち》のもとで、財政《ざいせい》の分野で活躍《かつやく》した。地租改正《ちそかいせい》も手がけ、大蔵省《おおくらしょう》の実力者に成長《せいちょう》した。産《さん》業《ぎょう》を発展《はってん》させる政策《せいさく》をとった重信《しげのぶ》は、大会社をたすけ、鉄道や電信《でんしん》の設備《せつび》を整えていった。

1881年、重信《しげのぶ》は伊藤博文《いとうひろぶみ》らと対立して新政府《しんせいふ》を去った。翌年《よくとし》、立憲改《りっけんかい》進党《しんとう》を結成《けっせい》し、東京専門学校《とうきょうせんもんがっこう》（現在《げんざい》の早稲田大学《わせだだいがく》）を創立《そうりつ》した。その後、不《ふ》平等条約《びょうどうじょうやく》の改正《かいせい》を進めようとする新政《しんせい》府《ふ》に招《まね》かれ、外務大臣《がいむだいじん》となったが、反《はん》対派《たいは》に爆弾《ばくだん》を投げられ右足を失《うしな》った。

1898年、板垣退助《いたがきたいすけ》と憲政党《けんせいとう》をつくり、日本初《にほんはつ》の政党内閣《せいとうないかく》を組織《そしき》した。

重信《しげのぶ》の生家

重信《しげのぶ》が生まれ育った家が現在《げんざい》も残《のこ》っている（佐賀県《さがけん》）。

トンデモ伝説《でんせつ》!

重信《しげのぶ》は字をほとんど書かなかった!?

重信《しげのぶ》は子どもの頃《ころ》、友達《ともだち》より字が下手だった。負けずぎらいの重信《しげのぶ》は、「字を書かなければ負けない」と考え、すべて暗記で勉強するようになった。それ以降《いこう》、重信《しげのぶ》はほとんど字を書くことはなく、現在《げんざい》、自筆と確認《かくにん》されているのはたった2点しかない。

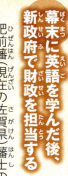

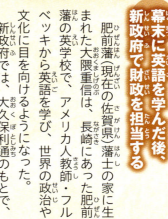

日本で最初《さいしょ》に国家資格《しかく》をもつ女医となる

荻野吟子《おぎのぎんこ》

多くの苦労《くろう》を乗り越《こ》えて医師《いし》の開業試験《しけん》に合格《ごうかく》する

荻野吟子《おぎのぎんこ》は、武蔵《むさし》(現在《げんざい》の埼玉県《さいたまけん》)の裕福《ゆうふく》な農家に生まれた。16歳《さい》で結婚《けっこん》したが、夫《おっと》からうつされた病気で体調をくずし、離婚《りこん》した。吟子《ぎんこ》は治療《ちりょう》のために入院したが、当時の医師《いし》は男性《だんせい》だけだった。男性医師《だんせいいし》に裸《はだか》を見られることがとてもはずかしかった吟子《ぎんこ》は、同じ悩《なや》みをもつ女性《じょせい》が多いことに気づき、自分が医師《いし》になろうと決意した。

医学校には男性《だんせい》しかいなかったため、吟子《ぎんこ》は髪《かみ》を切り、男性《だんせい》の格好《かっこう》をして通い、優秀《ゆうしゅう》な成績《せいせき》で卒業《そつぎょう》した。ところが医師《いし》の国家試験《しけん》を受けようとすると、「今まで女性《じょせい》は受けたことがない」という理由で断《ことわ》られた。吟子《ぎんこ》は「平安《へいあん》時代に女性《じょせい》の医師《いし》がいた」という資料《しりょう》を見せて受験《じゅけん》の許可《きょか》を得《え》ると、34歳《さい》で試験《しけん》に合格《ごうかく》し、国家資格《しかく》をもつ女性初《じょせいはつ》の医師《いし》となった。吟子《ぎんこ》は、本郷《ほんごう》(東京都《とうきょうと》)に婦人科《ふじんか》「荻野《おぎの》医院」を開業し、多くの女性《じょせい》たちを救《すく》った。

発見《はっけん》!

吟子《ぎんこ》の墓《はか》
吟子《ぎんこ》は夫《おっと》の死後、東京《とうきょう》にもどり、病院を開いた。墓《はか》のそばには吟子《ぎんこ》の像《ぞう》が立っている(東京都《とうきょうと》)。

なるほどエピソード

13歳《さい》年下の男性《だんせい》と結婚《けっこん》した!?

女医として活躍《かつやく》していた40歳《さい》の吟子《ぎんこ》は、キリスト教を広める活動をしていた志方之善《しかたゆきよし》と出会い、すぐに恋《こい》に落ちた。之善《ゆきよし》は13歳《さい》年下だったので、周囲《しゅうい》からは反対されたが、吟子《ぎんこ》は結婚《けっこん》を決意し、之善《ゆきよし》と一緒《いっしょ》に北海道《ほっかいどう》に渡《わた》り、夫《おっと》の活動を支《ささ》えた。

荻野吟子《おぎのぎんこ》

肖像《しょうぞう》

写真提供：熊谷市

出身地《しゅっしんち》
武蔵《むさし》(現在《げんざい》の埼玉県《さいたまけん》)

生年月日《せいねんがっぴ》
1851年3月3日

死亡年月日《しぼうねんがっぴ》
1913年6月23日

享年《きょうねん》
63歳《さい》(病死)

主義《しゅぎ》

開国《かいこく》
2
女子教育《じょしきょういく》
3
男女平等《だんじょびょうどう》
3
経済発展《けいざいはってん》
0
攘夷《じょうい》
0

肩書《かたがき》
・医師《いし》

名言《めいげん》

医学は女性《じょせい》に
向いている職業《しょくぎょう》です。
向いているだけでなく、
むしろ、女性《じょせい》の天職《てんしょく》です。

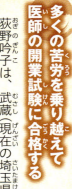

幼《おさな》い頃《ころ》からアメリカで学び、津《つ》田《だ》塾《じゅく》大《だい》学《がく》をつくる

津田梅子《つだうめこ》

津田梅子《つだうめこ》

肖像《しょうぞう》

出身地《しゅっしんち》
江戸《えど》(現在《げんざい》の東京都《とうきょうと》)

生年月日《せいねんがっぴ》
1864年12月3日

死亡年月日《しぼうねんがっぴ》
1929年8月16日

享年《きょうねん》
66歳《さい》(病死)

主義《しゅぎ》

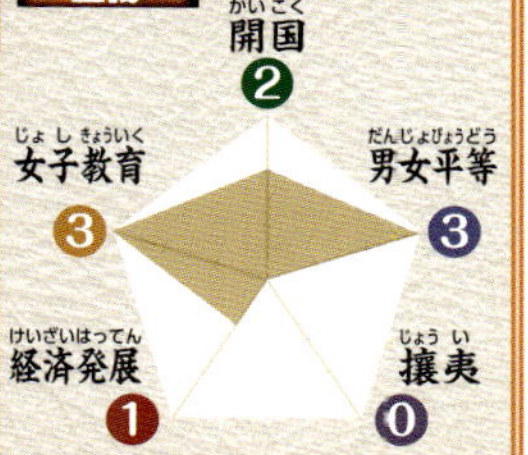

肩書《かたがき》
・津田塾大学《つだじゅくだいがく》の創設者《そうせつしゃ》

名言《めいげん》

高い志《こころざし》と真剣《しんけん》な心をもち、多くの人たちと共感《きょうかん》をできれば、どんなに弱い者でも成功《せいこう》することができるでしょう。

女子留学生《りゅうがくせい》第一号として女子教育に力を尽《つ》くす

津田梅子《つだうめこ》は、幕府《ばくふ》の役人の子として江戸《えど》で生まれた。8歳《さい》のとき、岩倉使《いわくらし》節団《せつだん》の女子留学生《りゅうがくせい》の一員としてアメリカへ渡《わた》った梅子《うめこ》は、約《やく》10年の留学《りゅうがく》期間に、英語《えいご》だけでなく、フランス語、自《し》然《ぜん》科学、芸術《げいじゅつ》、文学など、幅広《はばひろ》く学んだ。1882年に帰国したが、当時の日本には帰国子女が活躍《かつやく》できる場がなかった。しかも梅子《うめこ》は日本語を忘《わす》れていて、日本の習慣《しゅうかん》にもとまどうほどだった。結婚《けっこん》をすすめられたが、愛《あい》のない結婚《けっこん》を断《ことわ》り、梅子《うめこ》は華族《かぞく》(特権《とっけん》階級)の女性《じょせい》が学ぶための「華族《かぞく》女学校」で英語教師《えいごきょうし》になった。

その後、梅子《うめこ》は再《ふたた》びアメリカに留学《りゅうがく》し、生物学と教育学の研究に打ちこんだ。「今度は日本の女子教育に力を尽《つ》くそう」と考えて帰国した梅子《うめこ》は、1900年、学問を志《こころざ》す女性《じょせい》ならだれでも学ぶことができる「女子英学塾《じょしえいがくじゅく》」(現在《げんざい》の津田塾大学《つだじゅくだいがく》)を設立《せつりつ》し、自由で高いレベルの授業《じゅぎょう》をおこなった。

ビジュアル資料《しりょう》 **11歳頃《さいごろ》の梅子《うめこ》**
梅子《うめこ》はワシントンの小学校・中学校に通って勉強した。

なるほどエピソード 帰国したとき日本語を話せなかった!?

梅子《うめこ》は19歳《さい》のときに日本に帰ってきたが、日本語を忘《わす》れていて、家族にあいさつするのも苦労《くろう》したという。人力車に乗ったときは、行き先を日本語で伝《つた》えられず、通りかかった外国人に英語《えいご》を通訳《つうやく》してもらったそうだ。

広岡浅子《ひろおかあさこ》

保《ほ》険《けん》会《がい》社《しゃ》や女子大学の設《せつ》立《りつ》に力を尽《つ》くす

広岡浅子《ひろおかあさこ》

肖像《しょうぞう》

提供：大同生命保険

出身地《しゅっしんち》

京《きょう》（現在《げんざい》の京都市《きょうとし》）

生年月日《せいねんがっぴ》

1849年10月18日

死亡年月日《しぼうねんがっぴ》

1919年1月14日

享年《きょうねん》

71歳《さい》（病死）

主義《しゅぎ》

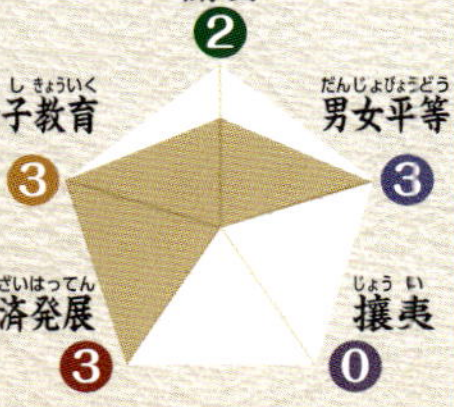

肩書《かたがき》

・明治《めいじ》時代の実業家

名言《めいげん》

九転十起《きゅうてんじゅっき》

意味

他人が「七転び八起き」なら、自分は「九回転んでも十回起き上がる」人間になろう。

実業家として成功《せいこう》し新しい女性《じょせい》の生き方を示《しめ》す

広岡浅子《ひろおかあさこ》は、京都《きょうと》の商家に生まれた。浅子《あさこ》は勉強が好《す》きだったが、当時は、「女性《じょせい》に勉強は必要《ひつよう》ない」という考えが強く、読書も止められたという。17歳《さい》で、大坂の商家・加島屋《かじまや》に嫁《とつ》いだ浅子《あさこ》は、商売に簿記《ぼき》（取引の記録《きろく》）や算術《さんじゅつ》が必要《ひつよう》と感じ、自分で学んだ。

幕府《ばくふ》がほろびて世の中が混乱《こんらん》すると、加島屋《かじまや》は経営《けいえい》の危機《きき》に直面した。これを救《すく》うため経営《けいえい》に参加《さんか》するようになった浅子《あさこ》は、炭鉱《たんこう》事業を開始した。潤野《うるの》炭鉱《たんこう》（福岡県《ふくおかけん》）の開発ではピストルをふところに入れ、気の荒《あら》い坑夫《こうふ》たちを指揮《しき》したという。さらに加島《かじま》銀行や大同生命《だいどうせいめい》の設立《せつりつ》に関《かか》わり、明治《めいじ》時代を代表する女性《じょせい》実業家になった。

また、女子教育の必要性《ひつようせい》を訴《うった》える教育家・成瀬仁蔵《なるせじんぞう》に共感《きょうかん》し、日本女子大《にほんじょしだい》学校《がっこう》（現在《げんざい》の日本女子大学《にほんじょしだいがく》）の設立《せつりつ》にも協力《きょうりょく》した。その後も、御殿場《ごてんば》（静岡県《しずおかけん》）に若《わか》い女性《じょせい》を集めて勉強会を開くなど、女子の教育に情熱《じょうねつ》を注いだ。

市川房枝《いちかわふさえ》（1893～1981）

浅子《あさこ》の勉強会に参加《さんか》した運動家。女性《じょせい》の政治《せいじ》教育や地位《ちい》向上などに尽力《じんりょく》した。

なるほどエピソード　浅子《あさこ》の店に新選組《しんせんぐみ》が借金《しゃっきん》しにきた!?

1867年、浅子《あさこ》の嫁《とつ》いだ加島屋《かじまや》に、新選組《しんせんぐみ》が借金《しゃっきん》をしにきたそうだ。現在《げんざい》も残《のこ》る借用書《しゃくようしょ》には400両《りょう》（約《やく》2000万円）を借《か》りたことが記され、土方歳三《ひじかたとしぞう》と近藤勇《こんどういさみ》の署名《しょめい》もある。しかし400両《りょう》は返されなかったといわれる。

明《めい》治《じ》時代の新しい芸《げい》術《じゅつ》!!

東京藝術大学所蔵

『収穫《しゅうかく》』

農村で稲《いね》を収穫《しゅうかく》する場面をえがいた絵。浅井忠《あさいちゅう》は、日本の風景《ふうけい》を油絵で表現《ひょうげん》した。

作者《さくしゃ》

浅井忠《あさいちゅう》（1856~1907）

日本最初《さいしょ》の洋画家のひとりで、日本初《にほんはつ》の洋画家団体《だんたい》「明治美術会《めいじびじゅつかい》」をつくり、優《すぐ》れた画家を育てた。

『悲母観音《ひぼかんのん》』

西洋画の手法《しゅほう》を取り入れた日本画で、観音菩《かんのんぼ》薩《さつ》は聖母《せいぼ》マリアに影響《えいきょう》されているという。狩《か》野芳崖《のうほうがい》の最高傑作《さいこうけっさく》として知られる。

東京藝術大学所蔵

作者《さくしゃ》

狩野芳崖《かのうほうがい》

（1828~1888）

室町《むろまち》時代から続《つづ》く狩野《かのう》派《は》の絵師《えし》で、日本画に西洋画の表現《ひょうげん》を取り入れた。東京美術学校《とうきょうびじゅつがっこう》（現在《げんざい》の東京藝術大学《とうきょうげいじゅつだいがく》）の設立《せつりつ》に力を尽《つ》くした。

西洋絵画で日本を表現《ひょうげん》した画家たち

明治《めいじ》時代、洋画を学んだ画家たちが、新しい絵画作品を次つぎに発表した。浅井忠《あさいちゅう》や黒田清輝《くろだせいき》は、油絵を使って日本の風景《ふうけい》や人物を表現《ひょうげん》し、高《たか》橋由一《はしゆいち》は日本をテーマに力強い絵をえがいた。一方、日本画家の狩野芳崖《かのうほうがい》は、西洋画の手法《しゅほう》を取り入れて、日本画の新しい表現《ひょうげん》に挑戦《ちょうせん》した。

東京文化財研究所提供

『湖畔《こはん》』

箱根《はこね》（神奈川県《かながわけん》）の芦ノ湖《あしのこ》のほとりにたたずむ女性《じょせい》をえがいた絵で、黒田清輝《くろだせいき》の代表作。明るい色づかいで、日本の夏が表現《ひょうげん》されている。

作者《さくしゃ》

黒田清輝《くろだせいき》

（1866～1924）

フランスで西洋画を学び、帰国後に「白馬会《はくばかい》」という洋画家団体《だんたい》をつくった。自然《しぜん》の光を画面に表現《ひょうげん》しようと努《つと》めた。

『花魁《おいらん》』

髪《かみ》を数多くの櫛《くし》やかんざしで飾《かざ》った女性《じょせい》を、高橋由一《たかはしゆいち》がリアルにえがいた肖像画《しょうぞうが》。モデルの女性《じょせい》は美人として知られていたが、この絵を見たとき、「わたしはこんな顔じゃありません」と、泣《な》いて怒《おこ》ったそうだ。

高橋由一《たかはしゆいち》

（1828～1894）

江戸《えど》に生まれ、最初《さいしょ》は日本画を学んだが、35歳《さい》のときから西洋画を学びはじめる。リアルな表現《ひょうげん》を追求《ついきゅう》し、迫力《はくりょく》のある西洋画をえがいた最初《さいしょ》の日本人画家といわれる。

東京藝術大学所蔵

文明開化《ぶんめいかいか》で暮《く》らしはどう変《か》わった!?

明治《めいじ》時代初期《しょき》に西洋の文化や技術《ぎじゅつ》を取り入れた「文化開化《ぶんめいかいか》」で、日本はどうなった？

多摩川《たまがわ》の橋を渡《わた》る列車。

鉄道が開業する!!

1872年に、新橋《しんばし》（東京都《とうきょうと》）と横浜《よこはま》（神奈川県《かながわけん》）の間の約《やく》29kmに日本初《にほんはつ》の鉄道が開通した。機関車《きかんしゃ》や線路はイギリスから輸入《ゆにゅう》した。運転時間は53分で、一番安い席《せき》でも、現在《げんざい》のお金で5000円くらいした。

日本で初《はじ》めて発行された「竜文《りゅうもん》切手」で、右が500文《もん》、左が200文《もん》。

郵便制度《ゆうびんせいど》がはじまる!!

1871年、前島密《まえじまひそか》が日本に郵便制度《ゆうびんせいど》をつくった。これにより、全国どこでも、手紙が配達《はいたつ》できることになった。郵便《ゆうびん》ポストも町の各所《かくしょ》に設置《せっち》された。切手もこのときはじめて発売され、郵便料金《ゆうびんりょうきん》は、距離《きょり》ではなく、重さによって定められた。約《やく》19gまでの手紙なら、どんなに遠くても100文《もん》（約《やく》500円）だった。

明治《めいじ》時代初期《しょき》は、郵便物《ゆうびんぶつ》を運ぶ「郵便《ゆうびん》馬車」が活躍《かつやく》した。

電信《でんしん》が開通する!!

1869年、東京《とうきょう》・横浜《よこはま》間で日本最初《さいしょ》の電信《でんしん》が開通した。最初《さいしょ》は「ブレゲ指字《しじ》電信機《でんしんき》」が使用された。電信《でんしん》線を広げるため全国で工事が行われたが、「外国人の魔法《まほう》」と思って、工事をじゃまする人もいたという。

日本橋《にほんばし》に設置《せっち》された電信《でんしん》線。

ブレゲ指字電信機《しじでんしんき》

お金の単位《たんい》が「円《えん》」になった!?

1871年、新しいお金の単位《たんい》「円《えん》・銭《せん》・厘《りん》」が定められた。1円《えん》は100銭《せん》、1銭《せん》が10厘《りん》となり、新しい貨幣《かへい》や紙幣《しへい》が発行された。

50円券《えんけん》

これ、本当の話!!

列車に乗るとき、ぞうりをぬぐ乗客がたくさんいた。
はじめてで緊張《きんちょう》します
ドキ ドキ
列車から降《お》りると…
わたしのぞうりはどこかね?
…
電信《でんしん》のことをはじめて知った人の中には…
電報《でんぽう》という手紙が届《とど》くらしいよ
ほう…
電信《でんしん》線に手紙をくくりつける人もいた。
早く届《とど》かないかな

ピストルを持った郵便配達員《ゆうびんはいたついん》!?

明治《めいじ》時代の初期《しょき》、強盗《ごうとう》に郵便物《ゆうびんぶつ》がねらわれる事件《じけん》が多く発生した。このため、郵便配達員《ゆうびんはいたついん》はピストルを持たされ、射撃《しゃげき》の訓練《くんれん》を受けていたそうだ。

50銭銀貨《せんぎんか》

1円金貨《えんきんか》

2銭銅貨《せんどうか》

※明治《めいじ》時代初期《しょき》の1円の価値《かち》は、現在《げんざい》のお金で2万円くらいだったといわれる。

ざっくり知ろう！ 明治《めいじ》！

明《めい》治《じ》時代の歴《れき》史《し》!!

西南戦争《せいなんせんそう》以後《いご》の明治《めいじ》時代のできごとをわかりやすく解説《かいせつ》しよう。

1878～1891年 自由民権運動《じゆうみんけんうんどう》の発展《はってん》

自由民権運動《じゆうみんけんうんどう》が全国に広まると、1881年、新政府《しんせいふ》は10年後に国会を開くと約束《やくそく》した。これに備《そな》え、板垣退助《いたがきたいすけ》や大隈重信《おおくましげのぶ》は政党《せいとう》をつくった。

自由党《じゆうとう》をつくった退助《たいすけ》は演説中《えんぜつちゅう》に暴漢《ぼうかん》におそわれた。

1885年 内閣制度《ないかくせいど》の成立《せいりつ》

内閣制度《ないかくせいど》がつくられ、初代内閣総理《しょだいないかくそうり》大臣《だいじん》（首相）に伊藤《いとう》博文《ひろぶみ》が任命《にんめい》された。博文《ひろぶみ》は憲法《けんぽう》づくりをはじめた。

伊藤博文《いとうひろぶみ》

1889年 大日本帝国憲法《だいにほんていこくけんぽう》の発布《はっぷ》

大日本帝国憲法発布式《だいにほんていこくけんぽうはっぷしき》の様子。

博文《ひろぶみ》のつくった憲法案《けんぽうあん》は、枢密院《すうみついん》で検討《けんとう》された、大日本《だいにほん》帝国憲法《ていこくけんぽう》として発布《はっぷ》された。国の主権者《しゅけんしゃ》は天皇《てんのう》とされた。

1890年 第一回総選挙《そうせんきょ》

憲法《けんぽう》に基《もと》づいて、日本で最初《さいしょ》の選挙《せんきょ》がおこなわれた。投票《とうひょう》できたのは25歳以上《さいいじょう》の男性《だんせい》で、15円（現在《げんざい》の約《やく》70万円）以上《いじょう》の直接国税《ちょくせつこくぜい》を納《おさ》めている人だけだった。

1890年 帝国議会《ていこくぎかい》の開会

帝国議会《ていこくぎかい》の衆議院《しゅうぎいん》の様子。

選挙《せんきょ》で選《えら》ばれた議員《ぎいん》で構成《こうせい》された衆議院《しゅうぎいん》と、皇族《こうぞく》や華族《かぞく》などの議員《ぎいん》で構成《こうせい》された貴《き》族院《ぞくいん》の二院制《にいんせい》だった。

1894～1895年 日清戦争《にっしんせんそう》

清軍《しんぐん》を攻撃《こうげき》する日本軍《にほんぐん》をえがいた絵。

朝鮮《ちょうせん》半島に勢力《せいりょく》を広げようとする日本は、清《しん》（中国《ちゅうごく》）と対立し、戦争《せんそう》が起こった。日本は勝利《しょうり》し、賠償金《ばいしょうきん》などを得《え》た。

明治《めいじ》時代の内閣総理《ないかくそうり》大臣《だいじん》

初代《しょだい》 伊藤《いとう》博文《ひろぶみ》

1885年12月▶1888年4月

2代 黒田《くろだ》清隆《きよたか》

1888年4月▶1889年12月

3代 山県《やまがた》有朋《ありとも》

1889年12月▶1891年5月

4代 松方《まつかた》正義《まさよし》

1891年5月▶1892年8月

5代 伊藤《いとう》博文《ひろぶみ》

1892年8月▶1896年9月

6代 松方《まつかた》正義《まさよし》

1896年9月▶1898年1月

7代 伊藤《いとう》博文《ひろぶみ》

1898年1月▶1898年6月

8代 大隈《おおくま》重信《しげのぶ》

1898年6月▶1898年11月

9代 山県《やまがた》有朋《ありとも》

1898年11月▶1900年10月

10代 伊藤《いとう》博文《ひろぶみ》

1900年10月▶1901年6月

11代 桂《かつら》太郎《たろう》

1901年6月▶1906年1月

12代 西園寺《さいおんじ》公望《きんもち》

1906年1月▶1908年7月

13代 桂《かつら》太郎《たろう》

1908年7月▶1911年8月

14代 西園寺《さいおんじ》公望《きんもち》

1911年8月▶1912年12月

1904～1905年 日露戦争《にちろせんそう》

日本軍《にほんぐん》の大砲《たいほう》による攻撃《こうげき》。

日本は朝鮮《ちょうせん》半島の支配《しはい》をめぐってロシアと対立し、戦争《せんそう》が起きた。日本は大きな被害《ひがい》を出しながらも勝利《しょうり》した。

1910年 韓国併合《かんこくへいごう》

朝鮮《ちょうせん》の学校では日本語で授業《じゅぎょう》がおこなわれた。

朝鮮《ちょうせん》半島の支配権《しはいけん》を手に入れた日本は、韓国《かんこく》（大韓帝国《だいかんていこく》）を植民地《しょくみんち》にして、地域名《ちいきめい》を「朝鮮《ちょうせん》」とした。

1912年 明治天皇《めいじてんのう》の死去

明治天皇大喪《めいじてんのうたいそう》（葬儀《そうぎ》）の様子。

1912（明治《めいじ》45）年、明治天皇《めいじてんのう》が病気で亡《な》くなり、明治《めいじ》時代が終わった。

幕《ばく》末《まつ》の国《こく》名《めい》マップ

奈良《なら》時代から明治《めいじ》時代のはじめ頃《ごろ》まで、日本の地方は、現在《げんざい》とはちがう名前「国名《こくめい》」で呼《よ》ばれていた。国と国の境《さかい》も、現在《げんざい》の都道府県《どうふけん》との境《さかい》とは少しちがっていた。

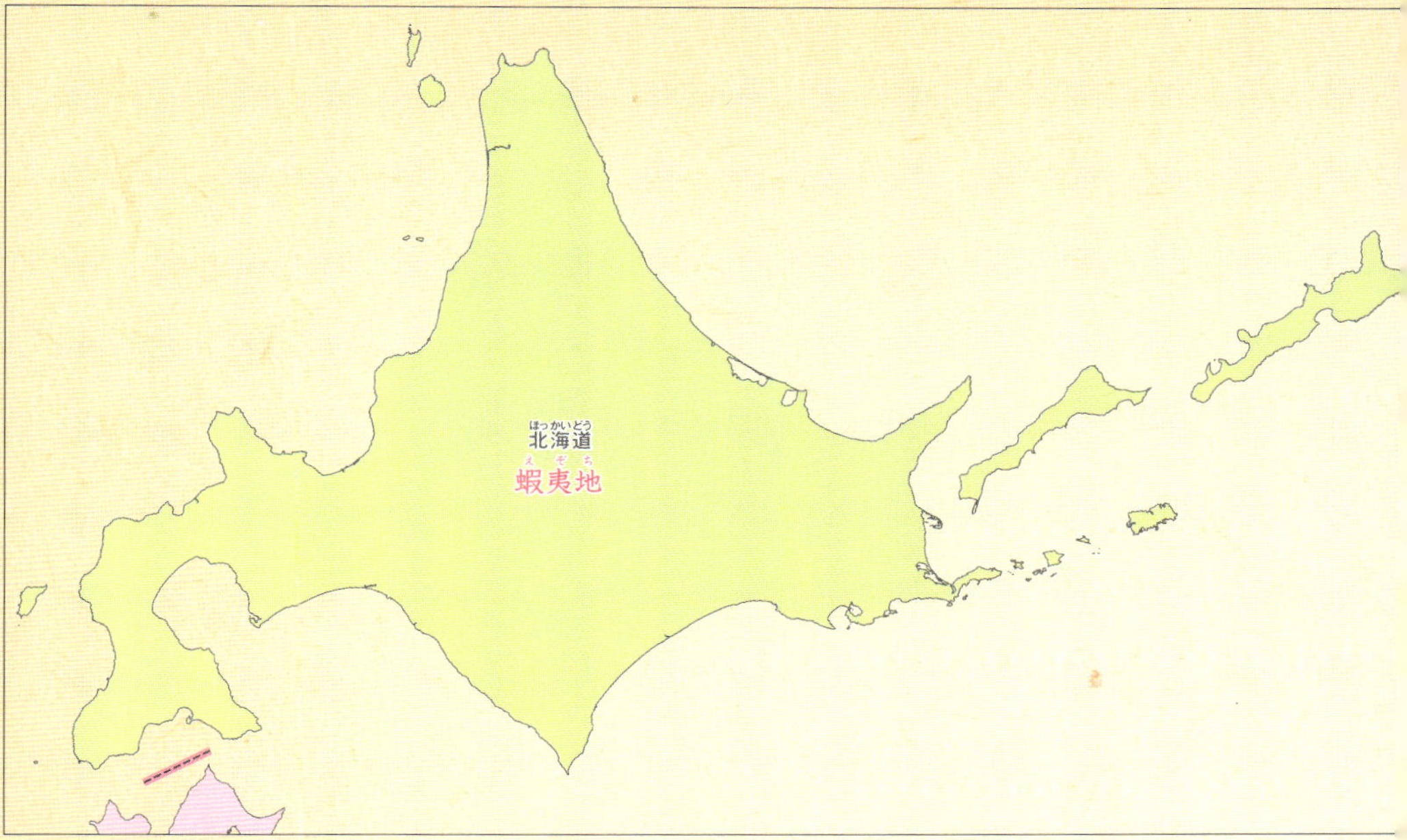
北海道《ほっかいどう》
蝦夷地《えぞち》

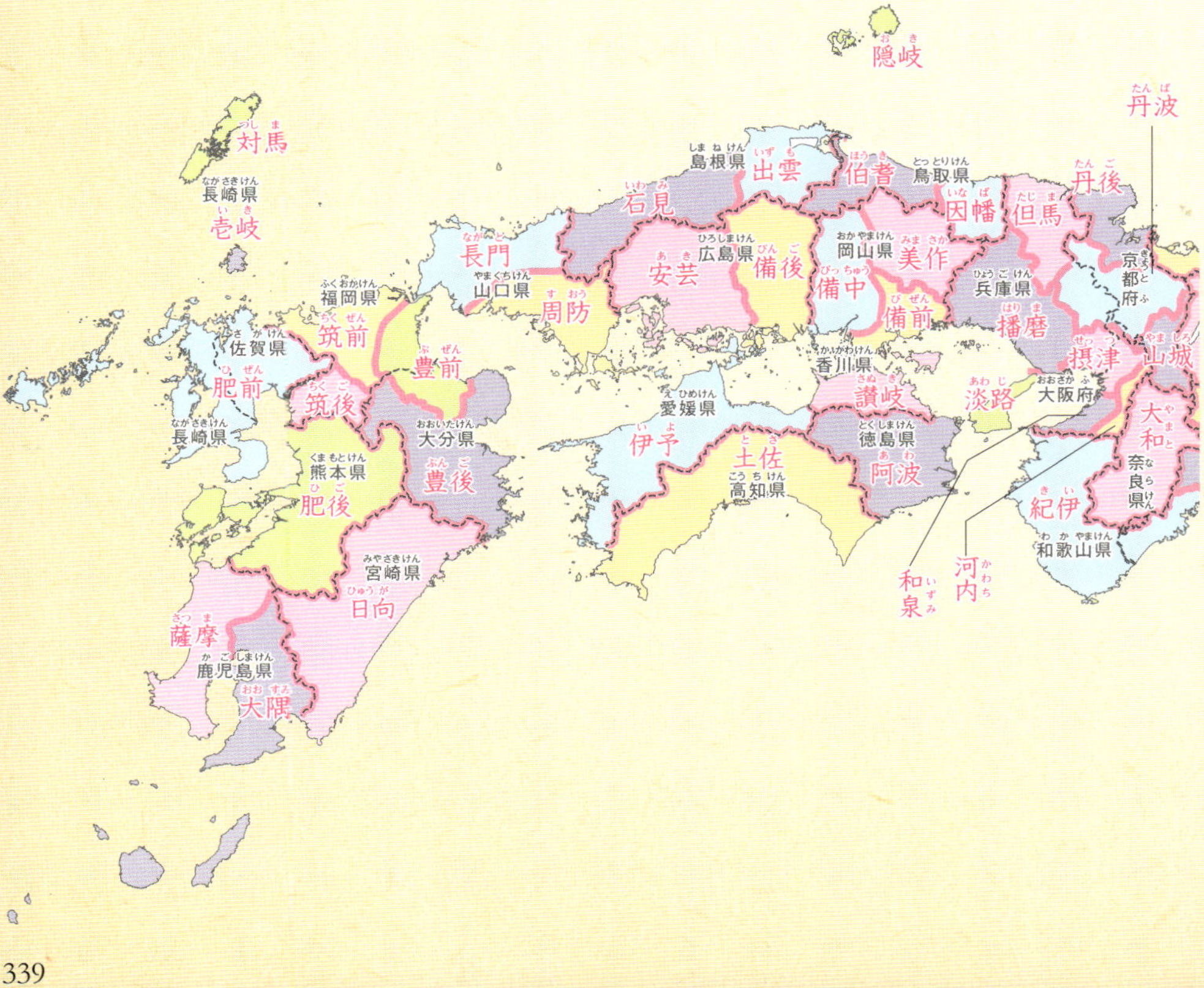
隠岐《おき》
丹波《たんば》
対馬《つしま》
長崎県《ながさきけん》
壱岐《いき》
島根県《しまねけん》
出雲《いずも》
伯耆《ほうき》
鳥取県《とっとりけん》
石見《いわみ》
因幡《いなば》
但馬《たじま》
丹後《たんご》
長門《ながと》
広島県《ひろしまけん》
岡山県《おかやまけん》
美作《みまさか》
京都府《きょうとふ》
安芸《あき》
備後《びんご》
備中《びっちゅう》
兵庫県《ひょうごけん》
福岡県《ふくおかけん》
山口県《やまぐちけん》
周防《すおう》
備前《びぜん》
播磨《はりま》
筑前《ちくぜん》
佐賀県《さがけん》
豊前《ぶぜん》
香川県《かがわけん》
摂津《せっつ》
山城《やましろ》
肥前《ひぜん》
愛媛県《えひめけん》
讃岐《さぬき》
淡路《あわじ》
大阪府《おおさかふ》
筑後《ちくご》
長崎県《ながさきけん》
大分県《おおいたけん》
徳島県《とくしまけん》
大和《やまと》
伊予《いよ》
土佐《とさ》
熊本県《くまもとけん》
豊後《ぶんご》
阿波《あわ》
高知県《こうちけん》
奈良県《ならけん》
肥後《ひご》
紀伊《きい》
和歌山県《わかやまけん》
宮崎県《みやざきけん》
河内《かわち》
和泉《いずみ》
日向《ひゅうが》
薩摩《さつま》
鹿児島県《かごしまけん》
大隅《おおすみ》

※赤字はこの本で大きく取り上げているできごとです。

『幕《ばく》末《まつ》・維《い》新《しん》大《だい》事《じ》典《てん》』年表

将軍《しょうぐん》	西暦《せいれき》（年）	月	できごと
12代将軍《しょうぐん》・徳川家慶《とくがわいえよし》	1850	7月	鍋島直正《なべしまなおまさ》が反射炉《はんしゃろ》をつくりはじめる
	1851	2月	島津斉彬《しまづなりあきら》が薩摩藩主《さつまはんしゅ》になる
			ジョン万次郎《まんじろう》がアメリカから帰国する
	1853	6月	**黒船《くろふね》が日本に現《あらわ》れる**（➡P20）
13代将軍《しょうぐん》・徳川家定《とくがわいえさだ》		10月	徳川家定《とくがわいえさだ》が13代将軍《しょうぐん》になる
	1854	1月	ペリー率《ひき》いる黒船《くろふね》が再《ふた》び現《あらわ》れる
		3月	日米和親条約《にちべいわしんじょうやく》が結《むす》ばれる
			吉田松陰《よしだしょういん》が密航《みっこう》に失敗《しっぱい》する
	1856	7月	ハリスが下田《しもだ》に到着《とうちゃく》する
		12月	家定《いえさだ》と篤姫《あつひめ》が結婚《けっこん》する
	1857	11月	松陰《しょういん》が松下村塾《しょうかそんじゅく》を引き継《つ》ぐ
	1858	4月	井伊直弼《いいなおすけ》が大老《たいろう》になる
		6月	日米修好通商条約《にちべいしゅうこうつうしょうじょうやく》が結《むす》ばれる
			次期将軍《しょうぐん》が徳川家茂《とくがわいえもち》に決まる
		7月	松平春嶽《まつだいらしゅんがく》が藩主《はんしゅ》を辞《や》めさせられる

将軍	西暦（年）	月	できごと
14代将軍《しょうぐん》・徳川家茂《とくがわいえもち》	1863	4月	家茂《いえもち》が孝明天皇《こうめいてんのう》に攘夷《じょうい》を約束《やくそく》する
		5月	長州藩《ちょうしゅうはん》による外国船砲撃事件《ほうげきじけん》
			伊藤博文《いとうひろぶみ》らがイギリスへ留学《りゅうがく》する
		6月	高杉晋作《たかすぎしんさく》が奇兵隊《きへいたい》を結成《けっせい》する
		7月	**薩英戦争《さつえいせんそう》**（➡P70）
		8月	天誅組《てんちゅうぐみ》の変《へん》
			長州藩《ちょうしゅうはん》が京都《きょうと》から追放される（八月十八日《はちがつじゅうはちにち》の政変《せいへん》）
			三条実美《さんじょうさねとみ》らが京都《きょうと》を追われる（七卿《しちきょう》落《お》ち）
		10月	生野《いくの》の変《へん》
	1864	2月	幕府使節団《ばくふしせつだん》がスフィンクス前で撮影《さつえい》する
		3月	天狗党《てんぐとう》の乱《らん》
		6月	**池田屋事件《いけだやじけん》**（➡P96）
		7月	佐久間象山《さくましょうざん》が暗殺《あんさつ》される
			禁門《きんもん》の変《へん》（蛤御門《はまぐりごもん》の変《へん》）（➡P98）
			第一次長州征伐《ちょうしゅうせいばつ》がはじまる
		8月	**下関戦争《しものせきせんそう》**（➡P100）
		11月	長州藩《ちょうしゅうはん》が幕府《ばくふ》に降伏《こうふく》する

14代将軍《しょうぐん》・徳川《とくがわ》家茂《いえもち》

年	月	出来事
1859	9月	安政《あんせい》の大獄《たいごく》がはじまる
	10月	家茂《いえもち》が14代将軍《しょうぐん》になる
	10月	松陰《しょういん》や橋本《はしもと》左内《さない》が処刑《しょけい》される
1860	1月	**咸臨丸《かんりんまる》が出発する**（➡P40）
	3月	**桜田門外《さくらだもんがい》の変《へん》**（➡P52）
1861	5月	第一次東禅《とうぜん》寺《じ》事件《じけん》
	8月	武市《たけち》半平太《はんぺいた》が土佐《とさ》勤王党《きんのうとう》を結成《けっせい》する
1862	1月	坂下門外《さかしたもんがい》の変《へん》で安藤信正《あんどうのぶまさ》がおそわれる
	2月	**家茂《いえもち》と和宮《かずのみや》が結婚《けっこん》する**（➡P62）
	4月	半平太《はんぺいた》が吉田《よしだ》東洋《とうよう》を暗殺《あんさつ》する
		寺田屋《てらだや》騒動《そうどう》（➡P68）
	5月	第二次東禅《とうぜん》寺《じ》事件《じけん》
	7月	島津《しまづ》久光《ひさみつ》が幕府《ばくふ》に改革《かいかく》を実行させる（文久《ぶんきゅう》の改革《かいかく》）
		春嶽《しゅんがく》が政事《せいじ》総裁職《そうさいしょく》に就任《しゅうにん》する
	8月	生麦《なまむぎ》事件《じけん》が起こる
		松平《まつだいら》容保《かたもり》が京都《きょうと》守護職《しゅごしょく》に任命《にんめい》される
	12月	坂本《さかもと》龍馬《りょうま》が勝《かつ》海舟《かいしゅう》の弟子《でし》になる
		イギリス公使館焼《や》き打ち事件《じけん》

15代将軍《しょうぐん》・徳川《とくがわ》慶喜《よしのぶ》

年	月	出来事
1865	12月	晋作《しんさく》が長州藩《ちょうしゅうはん》に反乱《はんらん》を起こす
	2月	晋作《しんさく》が長州藩《ちょうしゅうはん》の実権《じっけん》をにぎる
		山内容堂《やまうちようどう》が半平太《はんぺいた》を切腹《せっぷく》させる
	5月	龍馬《りょうま》が亀山社中《かめやましゃちゅう》を設立《せつりつ》する
1866	1月	**薩長同盟《さっちょうどうめい》が結《むす》ばれる**（➡P160）
	6月	**第二次長州征伐《ちょうしゅうせいばつ》**（➡P166）
	7月	家茂《いえもち》が病死する
	12月	徳川慶喜《とくがわよしのぶ》が15代将軍《しょうぐん》になる
		孝明天皇《こうめいてんのう》が病死する
1867	1月	明治天皇《めいじてんのう》が位《くらい》につく
	5月	四侯会議《しこうかいぎ》が開かれる
	6月	**船中八策《せんちゅうはっさく》が提案《ていあん》される**（➡P180）
	7月	後藤象二郎《ごとうしょうじろう》が容堂《ようどう》に大政奉還案《たいせいほうかんあん》を伝《つた》える
	10月	容堂《ようどう》が慶喜《よしのぶ》に大政奉還《たいせいほうかん》をすすめる
		大政奉還《たいせいほうかん》が実現《じつげん》する（➡P186）
	11月	龍馬《りょうま》と中岡慎太郎《なかおかしんたろう》が暗殺《あんさつ》される
	12月	王政復古《おうせいふっこ》の大号令《だいごうれい》が出される
		小御所会議《こごしょかいぎ》が開かれる

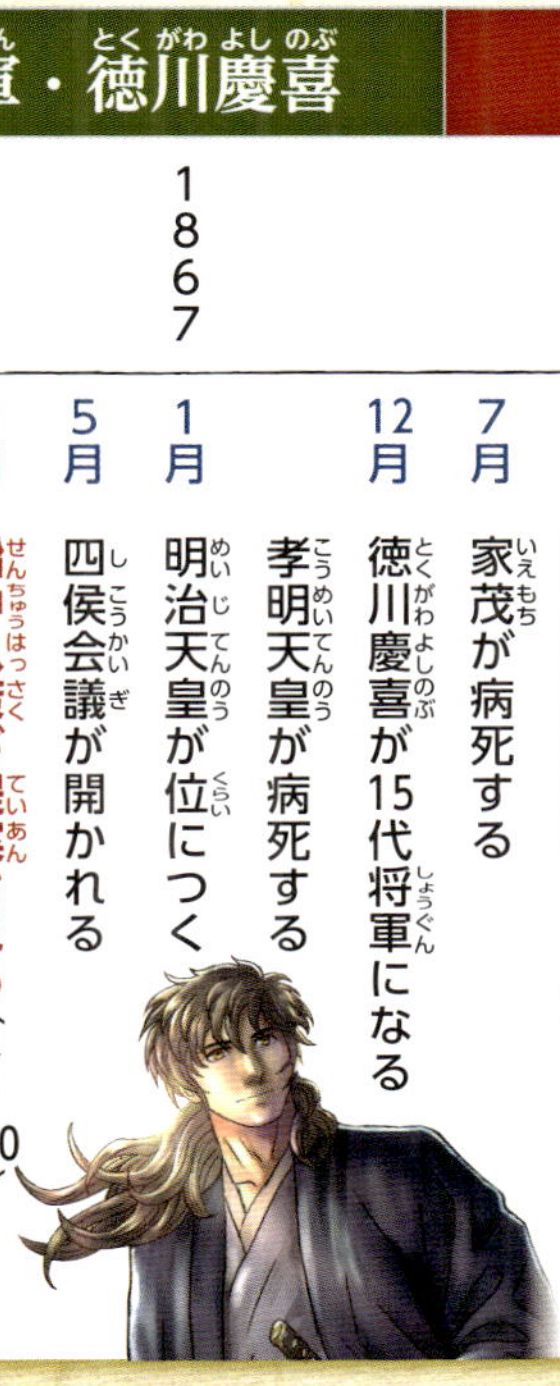

明治《めいじ》時代

1868

1月 **鳥羽《とば》・伏見《ふしみ》の戦《たたか》い**（⬇P214）

2月 慶喜《よしのぶ》が上野《うえの》・寛永寺《かんえいじ》に入り、降伏《こうふく》する

3月 甲州勝沼《こうしゅうかつぬま》の戦《たたか》いで近藤勇《こんどういさみ》が敗北《はいぼく》する

西郷隆盛《さいごうたかもり》と勝海舟《かつかいしゅう》が会談し、江戸城総攻撃《えどじょうそうこうげき》が中止される

五箇条《ごかじょう》の誓文《せいもん》が出される

4月 江戸城《えどじょう》が新政府軍《しんせいふぐん》に明け渡《わた》される

近藤勇《こんどういさみ》が処刑《しょけい》される

福沢諭吉《ふくざわゆきち》が塾名《じゅくめい》を「慶応義塾《けいおうぎじゅく》」に変《か》える

5月 **北越戦争《ほくえつせんそう》**（⬇P236）がはじまる

上野戦争《うえのせんそう》（⬇P230）

7月 江戸《えど》が「東京《とうきょう》」に改《あらた》められる

8月 **会津戦争《あいづせんそう》**（⬇P240）がはじまる

9月 元号《げんごう》が「明治《めいじ》」になる

12月 榎本武揚《えのもとたけあき》らが五稜郭《ごりょうかく》を占領《せんりょう》する

1869

1月 横井小楠《よこいしょうなん》が暗殺《あんさつ》される

5月 **箱館戦争《はこだてせんそう》**（⬇P250）で武揚《たけあき》が降伏《こうふく》する

9月 大村益次郎《おおむらますじろう》がおそわれる

明治《めいじ》時代

1875

5月 台湾出兵《たいわんしゅっぺい》

11月 新島襄《にいじまじょう》が同志社英学校《どうししゃえいがっこう》（現在《げんざい》の同志社大学《どうししゃだいがく》）を設立《せつりつ》する

1876

10月 熊本《くまもと》で神風連《しんぷうれん》の乱《らん》が起こる

福岡《ふくおか》で秋月《あきづき》の乱《らん》が起こる

山口《やまぐち》で萩《はぎ》の乱《らん》が起こる

1877

2月 **西南戦争《せいなんせんそう》**（⬇P298）がはじまる

3月 田原坂《たばるざか》の戦《たたか》いで薩摩軍《さつまぐん》が敗《やぶ》れる

5月 木戸孝允《きどたかよし》が病死する

9月 隆盛《たかもり》が自害《じがい》し、西南戦争《せいなんせんそう》が終わる

1878

5月 利通《としみち》が暗殺《あんさつ》される

8月 五代友厚《ごだいともあつ》が大阪株式取引所《おおさかかぶしきとりひきしょ》を設立《せつりつ》する

1882

4月 板垣退助《いたがきたいすけ》が暴漢《ぼうかん》におそわれる

10月 大隈重信《おおくましげのぶ》が東京専門学校《とうきょうせんもんがっこう》（現在《げんざい》の早稲田大学《わせだだいがく》）を設立《せつりつ》する

1885

3月 荻野吟子《おぎのぎんこ》が医術開業試験《いじゅつかいぎょうしけん》に合格《ごうかく》する

12月 内閣制度《ないかくせいど》がはじまり、伊藤博文《いとうひろぶみ》が初代内閣総理大臣《しょだいないかくそうりだいじん》になる

明治《めいじ》時代

1870

- 12月 東京《とうきょう》・横浜《よこはま》間に電信《でんしん》が開通する
- 9月 平民《へいみん》に名字《みょうじ》の使用が許《ゆる》される
- 10月 岩崎弥太郎《いわさきやたろう》が九十九《つくも》商会を設立《せつりつ》する

1871

- 1月 郵便制度《ゆうびんせいど》がはじまる
- 4月 新貨条例《しんかじょうれい》が出される
- 7月 廃藩置県《はいはんちけん》が発表される
- 11月 岩倉使節団《いわくらしせつだん》が出発する

1872

- 2月 諭吉《ゆきち》が『学問のすすめ』を発表する
- 8月 学制《がくせい》が出される
- 9月 新橋《しんばし》・横浜《よこはま》間に鉄道が開通する

1873

- 1月 徴兵令《ちょうへいれい》が出される
- 6月 渋沢栄一《しぶさわえいいち》が第一国立《だいいちこくりつ》銀行を設立《せつりつ》する
- 7月 地租改正条例《ちそかいせいじょうれい》が出される
- 9月 岩倉使節団《いわくらしせつだん》が帰国する
- 10月 **征韓論争《せいかんろんそう》が起こる** (⬇P280)
- 11月 大久保利通《おおくぼとしみち》が内務省《ないむしょう》をつくる

1874

- 1月 民撰議院設立建白書《みんせんぎいんせつりつけんぱくしょ》が提出《ていしゅつ》される
- 2月 佐賀《さが》の乱《らん》が起こる

明治《めいじ》時代

1889

- 2月 大日本帝国憲法《だいにほんていこくけんぽう》が発布《はっぷ》される

1890

- 7月 第一回総選挙《そうせんきょ》
- 11月 第一回帝国議会《ていこくぎかい》

1894

- 8月 日清戦争《にっしんせんそう》がはじまる

1895

- 4月 下関条約《しものせきじょうやく》が結《むす》ばれ、日清戦争《にっしんせんそう》が終わる

1898

- 6月 重信《しげのぶ》が日本最初《さいしょ》の政党内閣《せいとうないかく》をつくる

1900

- 9月 津田梅子《つだうめこ》が女子英学塾《じょしえいがくじゅく》(現在《げんざい》の津田塾大学《つだじゅくだいがく》)を設立《せつりつ》する

1901

- 4月 日本女子大学校《にほんじょしだいがっこう》(現在《げんざい》の日本女子大学《にほんじょしだいがく》)が設立《せつりつ》される

1904

- 2月 日露戦争《にちろせんそう》がはじまる
- 11月 乃木希典《のぎまれすけ》の指揮《しき》する第3軍《ぐん》が二〇三高地《にひゃくさんこうち》を占領《せんりょう》する

1905

- 9月 ポーツマス条約《じょうやく》が結《むす》ばれ、日露戦争《にちろせんそう》が終わる

1909

- 10月 伊藤博文《いとうひろぶみ》が暗殺《あんさつ》される

1910

- 8月 日本が韓国《かんこく》(大韓帝国《だいかんていこく》)を併合《へいごう》する

1911

- 2月 不平等条約《ふびょうどうじょうやく》がすべて改正《かいせい》される

1912

- 7月 明治天皇《めいじてんのう》が亡《な》くなる

さくいん

※赤字は人名です。

あ

アームストロング砲 アームストロングほう……231
会津戦争 あいづせんそう……240
会津若松城 あいづわかまつじょう……107、110、240
浅井忠 あさいちゅう……332
浅野長勲 あさのながこと……146
篤姫 あつひめ……28、209
油小路事件 あぶらのこうじじけん……135
阿部正弘 あべまさひろ……14
有栖川宮熾仁親王 ありすがわのみやたけひとしんのう……196
有馬新七 ありましんしち……66
有村次左衛門 ありむらじざえもん……53
安政の大獄 あんせいのたいごく……25、38
安藤信正 あんどうのぶまさ……19
井伊直弼 いいなおすけ……24、38、52
生野の変 いくののへん……145
幾松 いくまつ……195
池田長発 いけだながおき……42
池田屋事件 いけだやじけん……96、122、126
イザベラ・バード……253
板垣退助 いたがきたいすけ……232、303、304
市川房枝 いちかわふさえ……331
一条美賀子 いちじょうみかこ……254
伊東甲子太郎 いとうかしたろう……134
伊藤博文 いとうひろぶみ……43、272
井上馨 いのうえかおる……43、193、304、314
伊庭八郎 いばはちろう……251
岩倉使節団 いわくらしせつだん……211、303
岩倉具視 いわくらともみ……187、210、270、280
岩崎弥太郎 いわさきやたろう……316
上野戦争 うえのせんそう……230
ええじゃないか……145
蝦夷共和国 えぞきょうわこく……245
江藤新平 えとうしんぺい……282
榎本武揚 えのもとたけあき……244
奥羽越列藩同盟 おううえつれっぱんどうめい……215
王政復古の大号令 おうせいふっこのだいごうれい……265
大木喬任 おおきたかとう……226
大久保一翁 おおくぼいちおう……216
大久保利通 おおくぼとしみち……73、170、193、268、280
大隈重信 おおくましげのぶ……304、324
大鳥圭介 おおとりけいすけ……246
大村益次郎 おおむらますじろう……193、228
大山巌 おおやまいわお……71、292
オールコック……252
岡田以蔵 おかだいぞう……115
緒方洪庵 おがたこうあん……190
沖田総司 おきたそうじ……132
荻野吟子 おぎのぎんこ……326
小栗忠順 おぐりただまさ……220
お登勢 おとせ……194

か

海援隊 かいえんたい……159
外国船砲撃事件 がいこくせんほうげきじけん……122
学制 がくせい……279
『学問のすすめ』 がくもんのすすめ……312
和宮 かずのみや……59、60
華族 かぞく……278
勝海舟 かつかいしゅう……40、115、156、206
桂小五郎 かつらこごろう……160、162、274
桂太郎 かつらたろう……196
ガトリング砲 ガトリングほう……235、236
狩野芳崖 かのうほうがい……332
亀山社中 かめやましゃちゅう……158
河井継之助 かわいつぎのすけ……234、236
河上彦斎 かわかみげんさい……192
咸臨丸 かんりんまる……40

紀尾井坂の変　きおいざかのへん……193
木戸孝允　きどたかよし……162、274
奇兵隊　きへいたい……90、285
木村喜毅　きむらよしたけ……40
京都守護職　きょうとしゅごしょく……107、109
京都見廻組　きょうとみまわりぐみ……141
清河八郎　きよかわはちろう……140
桐野利秋　きりのとしあき……296、298
禁門の変　きんもんのへん……98、122
久坂玄瑞　くさかげんずい……92
久坂文　くさかふみ……194
クラーク……253
グラバー……252
黒田清隆　くろだきよたか……248
黒田清輝　くろだせいき……333
黒船　くろふね……17、20
慶応義塾　けいおうぎじゅく……312
玄武館　げんぶかん……74
甲州勝沼の戦い　こうしゅうかつぬまのたたかい……126
公武合体　こうぶがったい……59、61、63、65、68
神戸海軍操練所　こうべかいぐんそうれんじょ……208
孝明天皇　こうめいてんのう……18、104
五箇条の誓文　ごかじょうのせいもん……265
小御所会議　こごしょかいぎ……177
五代友厚　ごだいともあつ……196、320
児玉源太郎　こだまげんたろう……288
後藤象二郎　ごとうしょうじろう……157、178、180
小松帯刀　こまつたてわき……172
御陵衛士　ごりょうえじ……135
五稜郭　ごりょうかく……245、251
近藤勇　こんどういさみ……96、124

さ

西園寺公望　さいおんじきんもち……146
西郷隆盛　さいごうたかもり……31、160、168、265、269、280、298、300
西郷頼母　さいごうたのも……108
西郷従道　さいごうつぐみち……71、294
斎藤きち　さいとうきち……26
斎藤一　さいとうはじめ……139
斎藤弥九郎　さいとうやくろう……75
坂下門外の変　さかしたもんがいのへん……19、68
佐賀の乱　さがのらん……283
坂本龍馬　さかもとりょうま……154、158、160、180、187、192、276
佐久間象山　さくましょうざん……49、188、192、207
桜田門外の変　さくらだもんがいのへん……52
佐々木高行　ささきたかゆき……304
佐々木只三郎　ささきたださぶろう……141
薩英戦争　さつえいせんそう……70、321
薩長同盟　さっちょうどうめい……123、156、160
サトウ……253
佐野常民　さのつねたみ……226
三条実美　さんじょうさねとみ……212
士学館　しがくかん……75
私学校　しがっこう……300
四賢侯　しけんこう……223
四侯会議　しこうかいぎ……180
士族　しぞく……278
七卿落ち　しちきょうおち……122、213
渋沢栄一　しぶさわえいいち……318
島津斉彬　しまづなりあきら……29、30、72、169
島津久光　しまづひさみつ……64、68
下関条約　しものせきじょうやく……275
下関戦争　しものせきせんそう……100、123
集成館　しゅうせいかん……31、72
自由民権運動　じゆうみんけんうんどう……233
種痘　しゅとう……191、225
松下村塾　しょうかそんじゅく……50
彰義隊　しょうぎたい……230
ジョン万次郎　ジョンまんじろう……116
迅衝隊　じんしょうたい……233
新選組　しんせんぐみ……126、142、215
神風連の乱　しんぷうれんのらん……289
周布政之助　すふまさのすけ……103

征韓論争 せいかんろんそう……280
政党内閣 せいとうないかく……325
西南戦争 せいなんせんそう……287、298
芹沢鴨 せりざわかも……136
船中八策 せんちゅうはっさく……180
副島種臣 そえじまたねおみ……226
尊王攘夷 そんのうじょうい……39

た

第一国立銀行 だいいちこくりつぎんこう……319
第一次長州征伐 だいいちじちょうしゅうせいばつ……123
大政奉還 たいせいほうかん……157、177、179、184、186、217
第二次長州征伐 だいにじちょうしゅうせいばつ……123、166
大日本帝国憲法 だいにほんていこくけんぽう……249、266
台湾出兵 たいわんしゅっぺい……295
高杉晋作 たかすぎしんさく……88、163、166
高橋由一 たかはしゆいち……333
武田耕雲斎 たけだこううんさい……145
武市半平太 たけちはんぺいた……112
立見尚文 たつみなおふみ……121
伊達宗城 だてむねなり……222
田中光顕 たなかみつあき……146
谷干城 たにたてき……286
田原坂の戦い たばるざかのたたかい……298
地租改正 ちそかいせい……279
千葉周作 ちばしゅうさく……74
徴兵令 ちょうへいれい……278
津田梅子 つだうめこ……328
津田塾大学 つだじゅくだいがく……329
適塾 てきじゅく……191
鉄道 てつどう……334
寺田屋騒動 てらだやそうどう……68
天狗党の乱 てんぐとうのらん……145
天璋院 てんしょういん……29
電信 でんしん……23、335
天誅組の変 てんちゅうぐみのへん……144
天然理心流 てんねんりしんりゅう……125、142
同志社大学 どうししゃだいがく……323
東禅寺事件 とうぜんじじけん……144
藤堂平助 とうどうへいすけ……143
倒幕の密勅 とうばくのみっちょく……187
徳川家定 とくがわいえさだ……27、29
徳川家達 とくがわいえさと……217
徳川家茂 とくがわいえもち……38、58、61、62、167
徳川家慶 とくがわいえよし……15
徳川斉昭 とくがわなりあき……36
徳川慶勝 とくがわよしかつ……120
徳川慶喜 とくがわよしのぶ……37、38、180、182、186、214
土佐勤王党 とさきんのうとう……113
鳥羽・伏見の戦い とば・ふしみのたたかい……214
外山脩造 とやましゅうぞう……235

な

中岡慎太郎 なかおかしんたろう……174
永倉新八 ながくらしんぱち……137
鍋島直正 なべしまなおまさ……224
生麦事件 なまむぎじけん……39、65、69
楢崎龍 ならさきりょう……195
南紀派 なんきは……38
新島襄 にいじまじょう……43、323
新島八重 にいじまやえ……238
錦の御旗 にしきのみはた……211
二条城 にじょうじょう……187
日米修好通商条約 にちべいしゅうこうつうしょうじょうやく……18、25、40
日米和親条約 にちべいわしんじょうやく……17、21
日露戦争 にちろせんそう……289、291、293
日清戦争 にっしんせんそう……275、336
日新館 にっしんかん……110
二〇三高地 にひゃくさんこうち……291
日本女子大学 にほんじょしだいがく……331

乃木希典　のぎまれすけ……290

は

廃藩置県　はいはんちけん……213
『葉隠』　はがくれ……226
箱館戦争　はこだてせんそう……131、250
橋本左内　はしもとさない……34
八月十八日の政変　はちがつじゅうはちにちのせいへん……122
蛤御門の変　はまぐりごもんのへん……98
ハリス……26
反射炉　はんしゃろ……31、225、227
藩邸　はんてい……76
土方歳三　ひじかたとしぞう……128、215
一橋派　ひとつばしは……38
白虎隊　びゃっこたい……242
平野国臣　ひらのくにおみ……145
広岡浅子　ひろおかあさこ……330
福沢諭吉　ふくざわゆきち……34、191、310
藤田小四郎　ふじたこしろう……145
藤田東湖　ふじたとうこ……35、39
文明開化　ぶんめいかいか……334
平民　へいみん……278
ペリー……16、20、22
ポーハタン号　ポーハタンごう……40
北越戦争　ほくえつせんそう……235、236
戊辰戦争　ぼしんせんそう……214
堀田正睦　ほったまさよし……18

ま

前島密　まえじまひそか……322、334
松平容保　まつだいらかたもり……105、106、109、110、240
松平定敬　まつだいらさだあき……121
松平春嶽　まつだいらしゅんがく……32
三岡八郎　みつおかはちろう……276
壬生浪士組　みぶろうしぐみ……126
宮部鼎蔵　みやべていぞう……49、51
民撰議院設立建白書　みんせんぎいんせつりつけんぱくしょ……276、303
椋梨藤太　むくなしとうた……103
陸奥宗光　むつむねみつ……277
明治維新　めいじいしん……278
明治天皇　めいじてんのう……264、274
毛利敬親　もうりたかちか……103
桃井春蔵　もものいしゅんぞう……75

や

山内容堂　やまうちようどう……113、114、176、181、186
山岡鉄舟　やまおかてっしゅう……218、265
山県有朋　やまがたありとも……95、121、284
山川健次郎　やまかわけんじろう……243
山南敬助　やまなみけいすけ……138
山本権兵衛　やまもとごんべえ……71、295
郵便　ゆうびん……322
ユニオン号　ユニオンごう……158
由利公正　ゆりきみまさ……276
横井小楠　よこいしょうなん……189、192
横須賀製鉄所　よこすかせいてつじょ……221
吉田松陰　よしだしょういん……48、52、89、93、95、163、285
吉田東洋　よしだとうよう……114
吉田稔磨　よしだとしまろ……94
吉村虎太郎　よしむらとらたろう……144

ら

練兵館　れんぺいかん……75
浪士組　ろうしぐみ……125、140、219
鹿鳴館　ろくめいかん……315
ロッシュ……252

わ

早稲田大学　わせだだいがく……325

253 W.S.クラーク肖像画（北海道大学附属図書館所蔵）／クラーク像（札幌市提供）／サトウ肖像写真（横浜開港資料館所蔵）

254 慶喜公妃（徳川美賀子）肖像写真（港区立港郷土資料館所蔵）／徳川美賀子（国立国会図書館所蔵）

265 明治天皇（国立国会図書館所蔵）／明治天皇紀附図 五箇條御誓文（宮内庁所蔵）

266 江戸城に向かう天皇（国立国会図書館所蔵）／明治天皇像（お茶の水女子大学所蔵）

269 大久保利通（国立国会図書館所蔵）

271 大久保利通像[佐藤均筆]（尚古集成館所蔵）

273 伊藤博文（国立国会図書館所蔵）／博文の旧宅（山口県提供）

274 和服帯刀木戸孝允 帽子軍服伊藤博文（国立歴史民俗博物館所蔵）／枢密院憲法会議（郵政博物館所蔵）

276 由利公正肖像写真（福井市立郷土歴史博物館所蔵）

277 陸奥宗光（国立国会図書館所蔵）

278 士族の商売（国立国会図書館所蔵）

279 地租改正反対一揆（国立国会図書館所蔵）／旧開智学校[松本市]（写真提供：長野県観光機構）／小学入門教授図解 第七（国立教育政策研究所教育図書館所蔵）

281 征韓論争（国立国会図書館所蔵）

283 江藤新平（国立国会図書館所蔵）／皇国一新見聞誌 佐賀の事件（東京都立中央図書館特別文庫室所蔵）

285 山県有朋・奇兵隊屯所（国立国会図書館所蔵）

287 谷干城・西南戦争（国立国会図書館所蔵）

289 児玉源太郎・神風連の乱（国立国会図書館所蔵）

291 乃木希典・写真をにぎる希典(国立国会図書館所蔵)

293 大山巌（国立国会図書館所蔵）

295 西郷従道・台湾出兵（国立国会図書館所蔵）

297 桐野利秋（北海道大学附属図書館所蔵）／会津軍記（福島県立博物館所蔵）

299 明治天皇紀附図 西南役熊本籠城（宮内庁所蔵）／弾丸跡の家（熊本県提供）

300 西郷隆盛像[服部英龍画]（鹿児島市立美術館所蔵）／私学校跡（写真協力：公益社団法人 鹿児島県観光連盟）

302 明治天皇紀附図 王政復古（宮内庁所蔵）／江戸城に向かう天皇（国立国会図書館所蔵）

303 明治天皇紀附図 廃藩置県（宮内庁所蔵）／特命全権岩倉使節一行（山口県文書館所蔵）

304 板垣退助・井上馨・大隈重信・佐々木高行（国立国会図書館所蔵）

311 福沢諭吉（国立国会図書館所蔵）

312 遣欧使節一行[福沢諭吉]（東京大学史料編纂所所蔵）

313 散歩中の諭吉（国立国会図書館所蔵）

315 井上馨（国立国会図書館所蔵）／鹿鳴館（横浜開港資料館所蔵）

317 岩崎弥太郎（国立国会図書館所蔵）

319 渋沢公[栄一]（北海道大学附属図書館所蔵）／第一国立銀行（長崎大学附属図書館所蔵）

321 五代友厚（国立国会図書館所蔵）

322 前島密（国立国会図書館所蔵）

323 新島襄肖像写真・新島旧邸外観（同志社大学提供）

325 大隈重信（国立国会図書館所蔵）／重信の生家（佐賀市観光協会提供）

327 荻野吟子肖像画（写真提供：熊谷市）

329 津田梅子肖像写真・11歳頃の梅子（津田塾大学津田梅子資料室所蔵）

331 広岡浅子肖像写真（提供：大同生命保険）／市川房枝（国立国会図書館所蔵）

332 収穫[浅井忠画]・悲母観音[狩野芳崖画]（東京藝術大学所蔵）／浅井忠・狩野芳崖（国立国会図書館所蔵）

333 湖畔[黒田清輝画]（東京文化財研究所提供）／花魁[高橋由一画]（東京藝術大学所蔵）／黒田清輝（国立国会図書館所蔵）

334 人力車（国立国会図書館所蔵）／日本初の鉄道・竜文切手・郵便馬車（郵政博物館所蔵）

335 ブレゲ電信機・電信線（郵政博物館所蔵）／新紙幣[明治通宝札]・一円金貨・五十銭銀貨・二銭銅貨（日本銀行貨幣博物館所蔵）

336 板垣君遭難之図（高知市立自由民権記念館所蔵）／憲法発布式之図・帝国議会衆議院之図（山口県立山口博物館所蔵）／日清戦争（国立国会図書館所蔵）

337 日露戦争・明治天皇大喪・松方正義・桂太郎・西園寺公望・山県有朋・黒田清隆（国立国会図書館所蔵）

主要参考文献

『名言で読む幕末維新の歴史』外川淳著（講談社）／『幕末維新 志士たちの名言』齋藤孝著（日経文芸文庫）／『幕末 男たちの名言』童門冬二著（PHP研究所）／『海音寺潮五郎全集 第十一巻 西郷隆盛』海音寺潮五郎著（朝日新聞社）／『ペリー提督日本遠征記』木原悦子訳（小学館）／『大久保利通』佐々木克監修（講談社）／『歴史群像シリーズ特別編集 決定版 図説・幕末志士199』（学研）／『歴史群像シリーズ決定版 幕末大全 上巻・下巻』（学研）／『歴史群像シリーズ決定版 図説 名言で読む日本史人物伝』（学研）／『日本史広辞典』（山川出版社）／『詳説日本史図録』（山川出版社）／『ビジュアルワイド 図説日本史』（東京書籍）／『歴史人別冊 幕末維新の真実』（KKベストセラーズ）／『歴史人別冊 真説・土方歳三と新選組』（KKベストセラーズ）／『歴史人2012年9月号 新選組の真実』（KKベストセラーズ）／『歴史人2013年11月号 戊辰戦争と明治維新の真実』（KKベストセラーズ）

137 永倉新八肖像写真（北海道立総合博物館所蔵）
139 戦友姿絵[山口二郎]（市立函館博物館所蔵）
140 清河八郎（国立国会図書館所蔵）
143 京都古地図（国立国会図書館所蔵）
145 平野国臣・藤田小四郎・武田耕雲斎・ええじゃないか（国立国会図書館所蔵）
146 浅野長勲・田中光顕・西園寺公望（国立国会図書館所蔵）
155 坂本龍馬肖像陶板（高知県立坂本龍馬記念館提供）
156 坂本龍馬肖像陶板（高知県立坂本龍馬記念館提供）
158 亀山社中の跡（長崎県観光連盟提供）
159 海援隊の隊士たち（国立国会図書館所蔵）
163 桂小五郎（国立国会図書館所蔵）／小五郎の生家（山口県提供）
165 木戸孝允肖像画（お茶の水女子大学所蔵）
167 長州再征軍進発図（下関市立歴史博物館所蔵）／馬関戦争図絵（山口県立山口博物館所蔵）
169 西郷隆盛画像（東京大学史料編纂所所蔵[模写]）
170 西郷肖像[床次正精画]（鹿児島市立美術館所蔵）
173 小松帯刀（国立国会図書館所蔵）
175 中岡慎太郎肖像写真（正座・笑顔）・中岡慎太郎着用袴（中岡慎太郎館所蔵）
177 山内容堂（国立国会図書館所蔵）／容堂の銅像（高知市提供）／明治天皇紀附図 王政復古（宮内庁所蔵）
179 後藤象二郎肖像写真（福井市立郷土歴史博物館所蔵）／象二郎の誕生地（高知市提供）
183 徳川慶喜肖像写真（福井市立郷土歴史博物館所蔵）／禁裏御守衛総督時代の慶喜（国立国会図書館所蔵）
184 二条城二の丸御殿大広間一の間、二の間（元離宮二条城事務所提供）／徳川治蹟年間紀事十五代徳川慶喜公（東京大学史料編纂所所蔵）
185 油絵徳川慶喜像（国立歴史民俗博物館所蔵）／弓を射る慶喜（国立国会図書館所蔵）
187 二条城二の丸御殿車寄（元離宮二条城事務所提供）／京都上落[洛]将軍二条城出門之図（東京大学史料編纂所所蔵）／新政府綱領八策（国立国会図書館所蔵）
188 佐久間象山（国立国会図書館所蔵）
189 横井小楠（国立国会図書館所蔵）
191 緒方洪庵肖像画・適塾（大阪大学適塾記念センター提供）
192 元治夢物語（東京大学史料編纂所所蔵）
194 久坂文・お登勢（国立国会図書館所蔵）
195 木戸松子（国立国会図書館所蔵）
196 桂太郎・有栖川宮威仁親王（国立国会図書館所蔵）／五代友厚（長崎大学附属図書館所蔵）
207 勝海舟肖像写真（福井市立郷土歴史博物館所蔵）／咸臨丸に乗った頃の海舟（国立国会図書館所蔵）
208 勝海舟（国立国会図書館所蔵）
211 岩倉具視（国立国会図書館所蔵）／特命全権岩倉使節一行（山口県文書館所蔵）／錦旗図（山口県立山口博物館所蔵）
213 三条実美（国立国会図書館所蔵）／七卿落図（山口県立山口博物館所蔵）／明治天皇紀附図 廃藩置県（宮内庁所蔵）
215 明治天皇紀附図 伏見鳥羽戦（宮内庁所蔵）
217 大久保一翁肖像写真（福井市立郷土歴史博物館所蔵）／徳川家達（国立国会図書館所蔵）
219 山岡鉄舟（国立国会図書館所蔵）
221 小栗忠順（国立国会図書館所蔵）／横須賀造船所全景（横浜開港資料館所蔵）
223 伊達宗城（国立国会図書館所蔵）
225 鍋島直正（国立国会図書館所蔵）／築地反射炉（佐賀市観光協会提供）
226 佐賀城（佐賀市観光協会提供）／副島種臣・大木喬任・佐野常民（国立国会図書館所蔵）
227 築地反射炉絵図（公益財団法人鍋島報效会所蔵）／反射炉と大砲（佐賀市観光協会提供）
229 大村益次郎（国立国会図書館所蔵）／益次郎の墓（山口県提供）
231 アームストロング砲（佐賀県立佐賀城本丸歴史館所蔵）／黒門付近での激戦（国立国会図書館所蔵）
233 板垣退助・迅衝隊（国立国会図書館所蔵）
235 河井継之助肖像写真（長岡市立中央図書館提供）／継之助の銅像（長岡市観光・交流部観光企画課提供）
237 長岡城攻防絵図（長岡市立中央図書館所蔵）／ガトリング砲（長岡市観光・交流部観光企画課提供）
239 新島八重肖像写真（同志社大学提供）
241 若松城下絵図屏風・会津戦争記聞（福島県立博物館所蔵）
243 白虎隊自刃の図（白虎隊記念館所蔵）／山川健次郎（国立国会図書館所蔵）
245 榎本武揚肖像写真（函館市中央図書館所蔵）／箱館奉行所（函館市観光部提供）
247 大鳥圭介（国立国会図書館所蔵）
249 黒田清隆（国立国会図書館所蔵）／帝国万歳憲法発布略図（山口県立萩美術館・浦上記念館所蔵）／丸坊主になった黒田清隆〈「明治・大正期の北海道（写真編）」からの転載　北海道大学附属図書館提供〉
251 箱館戦争図（市立函館博物館所蔵）／競勢酔虎伝伊場七郎（東京都立中央図書館特別文庫室所蔵）
252 グラバー肖像写真（長崎大学附属図書館所蔵）／旧グラバー住宅（長崎県観光連盟提供）／ロッシュ肖像写真（福井市立郷土歴史博物館所蔵）／オールコック肖像写真（横浜開港資料館所蔵）

写真資料所蔵・提供一覧

15 阿部正弘・徳川家慶（国立国会図書館所蔵）

17 ペリー・案内されるペリー（国立国会図書館所蔵）／蒸気機関車（横浜開港資料館所蔵）

18 堀田正睦（国立国会図書館所蔵）

21 北亜墨利加人物ペルリ像・ペリー提督横浜上陸の図・力士力較（横浜開港資料館所蔵）

23 酒食賜墨夷之図（横浜開港資料館所蔵）／モールス電信機（郵政博物館所蔵）

25 井伊直弼画像（彦根 清凉寺 蔵／彦根城博物館写真提供）

26 ハリス（国立国会図書館所蔵）／斎藤きち（長崎大学附属図書館所蔵）

27 徳川家定画像（東京大学史料編纂所所蔵[模写]）／徳川十五代記略 米使ペルリ家定公を拝謁の図（東京都立中央図書館特別文庫室所蔵）

29 天璋院篤姫肖像写真（尚古集成館所蔵）／近世人物誌 やまと新聞附録 第壱 天璋院殿（東京都立中央図書館特別文庫室所蔵）

31 島津斉彬（国立国会図書館所蔵）／反射炉跡（写真協力：公益社団法人 鹿児島県観光連盟）

33 松平春嶽肖像画・春嶽の書（福井市立郷土歴史博物館所蔵）

34 橋本左内肖像画（福井市立郷土歴史博物館所蔵）

35 藤田東湖画像（東京大学史料編纂所所蔵[模写]）

37 徳川斉昭（国立国会図書館所蔵）

39 生麦の発殺（横浜市中央図書館所蔵）／駐日外国人（国立国会図書館所蔵）

41 咸臨丸（木村家所蔵・横浜開港資料館保管）／木村喜毅（国立国会図書館所蔵）

42 ポーハタン号・土下座する武士（国立国会図書館所蔵）／遣欧使節とスフィンクス（横浜美術館所蔵）

43 ロンドンの長州藩留学生（横浜開港資料館所蔵）／遣欧使節一行[池田筑後守]（東京大学史料編纂所所蔵）／池田筑後守の名刺（国立国会図書館所蔵）

49 絹本着色吉田松陰像［自賛］（山口県文書館所蔵）／松陰の誕生地（山口県提供）

50 松下村塾（山口県提供）

53 有村次左衛門（国立国会図書館所蔵）

59 徳川家茂画像（東京大学史料編纂所所蔵[模写]）／京都へ向かう家茂（国立国会図書館所蔵）

61 和宮肖像写真（阿育王山阿弥陀寺所蔵）／葵艸松の裏苑 第十四帙 家茂公御配偶和宮（東京都立中央図書館特別文庫室所蔵）

63 和宮の行列（国立国会図書館所蔵）

65 島津久光（国立国会図書館所蔵）／生麦事件の現場（横浜開港資料館所蔵）

67 有馬新七（国立国会図書館所蔵）

70 島津忠義（国立国会図書館所蔵）

71 薩英戦争絵巻（尚古集成館所蔵）

72 鶴丸城跡（写真協力：公益社団法人 鹿児島県観光連盟）／薩州鹿児島見取絵図のうち磯別邸の図[集成館部分]（武雄鍋島家資料 武雄市所蔵）

73 島津忠義（国立国会図書館所蔵）

74 千葉周作肖像（東條會館所蔵）／剣術のけいこ（国立国会図書館所蔵）

75 斎藤弥九郎（国立国会図書館所蔵）

76 福岡藩邸と広島藩邸（国立国会図書館所蔵）／福岡藩邸の写真（長崎大学附属図書館所蔵）

89 高杉晋作肖像画（山口県立山口博物館所蔵）／晋作の誕生地（山口県提供）

90 教導立志基（東京都立中央図書館特別文庫室所蔵）／晋作像（山口県提供）

91 古今英雄一覧（山口県立萩美術館・浦上記念館所蔵）

93 久坂玄瑞像（山口県立山口博物館所蔵）／玄瑞の誕生地（山口県提供）

99 蛤御門合戦図屏風（会津若松市所蔵）／日本外史之内 禁門の変（東京都立中央図書館特別文庫室所蔵）

101 下関に到着した連合艦隊（長崎大学附属図書館所蔵）／前田砲台を占領したイギリス軍（横浜開港資料館所蔵）

102 萩城五層楼写真（山口県文書館所蔵）／三田尻塩田記念公園（山口県提供）

103 毛利敬親肖像画・周布政之助肖像画（山口県立山口博物館提供）

105 孝明天皇画像（東京大学史料編纂所所蔵[模写]）

107 松平容保・会津若松城（国立国会図書館所蔵）

109 西郷頼母肖像写真（写真提供：会津武家屋敷）

110 日新館（国立国会図書館所蔵）

113 武市半平太肖像画（霊山歴史館所蔵）

114 吉田東洋（国立国会図書館所蔵）

117 中濱万次郎肖像写真（写真提供：万次郎直系5代目中濱京）

118 山内一豊画像（東京大学史料編纂所所蔵[模写]）

120 徳川慶勝・慶勝の兄弟たち（国立国会図書館所蔵）

121 松平定敬（国立国会図書館所蔵）

125 近藤勇（国立国会図書館所蔵）

126 戦友姿絵[近藤勇]（市立函館博物館所蔵）／甲州勝沼駅ニ於テ近藤勇驍勇之図（東京大学史料編纂所所蔵）

129 土方歳三肖像写真（函館市中央図書館所蔵）／壬生屯所跡（八木家提供）

130 戦友姿絵[土方歳三]（市立函館博物館所蔵）／画巻国史函館五稜廓奮戦之図（東京大学史料編纂所所蔵）

イラストレーター紹介

あおひと

阿部正弘、堀田正睦、橋本左内、吉田松陰、久坂玄瑞、禁門の変、松平容保、吉田東洋、岡田以蔵、沖田総司、山内容堂、大政奉還、佐久間象山、横井小楠、お登勢、大村益次郎、由利公正、谷干城、渋沢栄一、大隈重信

一気

板垣退助、大隈重信

奥田みき

幾松、荻野吟子

カゼマチ

島津久光、徳川慶喜、岩倉具視、山県有朋

喜久家系

安藤信正、藤田東湖、桃井春蔵、徳川慶勝、芹沢鴨、佐々木只三郎、伊達宗城、大鳥圭介

狛ヨイチ

紀尾井坂の変、下関講和会議、明治維新、西郷隆盛自害、慶応義塾、総選挙

ナチコ

前島密、新島襄

なんばきび

井伊直弼、有馬新七、寺田屋騒動、池田屋事件、近藤勇、西郷隆盛、河井継之助、明治天皇、大久保利通、江藤新平、岩崎弥太郎

福田彰宏

篤姫、島津斉彬、家茂と和宮の結婚、千葉周作、高杉晋作、第二次長州征伐、孝明天皇、土方歳三、小栗忠順、新島八重、征韓論争、児玉源太郎、西郷従道、五代友厚

ホマ蔵

松平定敬、榎本武揚、クラーク、乃木希典、井上馨

宮本サトル

徳川斉昭、大久保一翁、鍋島直正

山口直樹

ペリー、ハリス、松平春嶽、徳川家茂、斎藤弥九郎、吉田稔麿、伊東甲子太郎、永倉新八、斎藤一、清河八郎、桂小五郎、緒方洪庵、山岡鉄舟、板垣退助、黒田清隆、伊藤博文、陸奥宗光、桐野利秋

Natto-7

西郷頼母、新選組、坂本龍馬、船中八策、薩長同盟、小松帯刀、中岡慎太郎、武市半平太、後藤象二郎、楢崎龍、勝海舟、三条実美、白虎隊、グラバー、大山巌、福沢諭吉、広岡浅子

tsumo

和宮、ジョン万次郎、山南敬助、久坂文、津田梅子、韓国併合

zeNOx

徳川家定

松浦はこ

１～３章解説イラスト・「なるほどエピソード」「ウソ？ホント!?」「トンデモ伝説」「幕末のきずな」

pigumo

４～６章解説イラスト・「なるほどエピソード」「ウソ？ホント!?」「トンデモ伝説」「幕末／明治のきずな」「有力藩クローズアップ」

成瀬京司

１～５章 CG

マンガ家紹介

小坂伊吹

１章～６章マンガ

桐丸ゆい

１～６章４コママンガ

監修者 **矢部健太郎**（やべ けんたろう）

1972年、東京都生まれ。國學院大學大学院文学研究科日本史学専攻博士課程後期修了、博士（歴史学）。現在、國學院大學文学部教授。専門は日本中世史および室町・戦国・安土桃山時代の政治史。おもな著書に、『豊臣政権の支配秩序と朝廷』（吉川弘文館）、『関ヶ原合戦と石田三成』（吉川弘文館）、『関白秀次の切腹』（KADOKAWA）など。監修に『超ビジュアル！日本の歴史人物事典』『超ビジュアル！日本の歴史大事典』『超ビジュアル！戦国武将大事典』『超ビジュアル！歴史人物伝 織田信長』『超ビジュアル！歴史人物伝 坂本龍馬』（すべて西東社）がある。

CG製作	成瀬京司
マンガ	小坂伊吹、桐丸ゆい
イラスト	あおひと、一気、奥田みき、カゼマチ、喜久家系、狛ヨイチ、ナチコ、なんばきび、福田彰宏、ホマ蔵、松浦はこ、宮本サトル、山口直樹、Natto-7、pigumo、tsumo、zeNOx
地図製作	ジェオ
デザイン	五十嵐直樹　石野春加　坂口博美（ダイアートプランニング）
DTP	ダイアートプランニング、明昌堂
校正	マイプラン、群企画
編集協力	浩然社、入澤宣幸（λプロダクション）

超《ちょう》ビジュアル！ 幕末《ばくまつ》・維新《いしん》人物《じんぶつ》大事典《だいじてん》

2016年12月20日発行　第1版

監修者	矢部健太郎
発行者	若松和紀
発行所	株式会社 西東社
	〒113-0034　東京都文京区湯島2-3-13
	http://www.seitosha.co.jp/
	営業部　03-5800-3120
	編集部　03-5800-3121〔お問い合わせ用〕

※本書に記載のない内容のご質問や著者等の連絡先につきましては、お答えできかねます。

ISBN 978-4-7916-2540-6